禮

中華禮藏 禮俗卷
歲時之屬

歲時廣記

（外六種）

劉芮方
張楊濞蓁　等　點校

浙江大學出版社
ZHEJIANG UNIVERSITY PRESS

本書受　浙江大學『中華優秀傳統文化傳承與創新專項』資助

總目録

歲時廣記 ……………………………………………………………（1）

賞心樂事 ……………………………………………………………（462）

月令解 ………………………………………………………………（476）

養生月覽 ……………………………………………………………（550）

乾淳歲時記 …………………………………………………………（597）

歲華紀麗譜 …………………………………………………………（619）

月令七十二候集解 …………………………………………………（627）

歲時廣記

（四十二卷本）

陳元靚　撰

劉芮方、翁　彪　點校

【題解】

歲時廣記,現行版本分四卷本和四十二卷本兩种,皆題南宋陳元靚編撰。元靚,生卒年不詳,祖籍福建崇安(今福建武夷山),自署廣寒仙裔,《四庫全書總目提要》推測其約"理宗時人"。除本書外,尚有《事林廣記》《博聞錄》等出自其手。胡道静在爲《事林廣記》作前言時(中華書局 1963年),對陳元靚之生平著作有所考證,可以參看。

《歲時廣記》在內容上主要記載了南宋之前歲時節日資料,結構上按春夏秋冬四季,以元旦、立春、人日、上元、正月晦、中和節、二社日、寒食、清明、上巳、佛日、端午、朝節、三伏節、立秋、七夕、中元、重九、小春、下元、冬至、臘日、交年節、歲除等節日爲序,博引諸書,廣列條文,取古證今,涉及飲食、氣象、耕種、祭祀等諸多方面,可以視爲中國古代歲時禮俗文獻的總結性文獻,對於元明清時期歲時禮俗文獻的編撰具有重要的啓發和借鑑意義。

該書雖成書於南宋,但《宋史・藝文志》却不見著録,故有學者懷疑原書或早已亡佚。至明晁瑮《晁氏寶文堂書目》(古典文學出版社 1957年)於"類書"條裏方列《歲時廣記》《事林廣記》二書,但並未提及卷數、作者和年代。明徐𤊹《徐氏紅雨樓書目》(古典文學出版社 1957年)將其歸入經部"月令"條,且記:"《歲時廣記》四卷,宋陳元靚。"蓋四卷本之記始此。後清莫友芝《邵亭知見傳本書目》、清錢曾《讀書敏求記》等目録,皆作同樣記載,《學海類編》和《四庫全書》所收者即此四卷本。再據《天一閣存目》(《新編天一閣書目》,中華書局 1996)"史部時令類"所記:"《歲時廣記》四十二卷,存四十卷,宋陳元靚編。明烏絲欄抄本,四冊,存首卷,卷一至四,六至四十,四十二。"後世所傳四十二卷本或即源自天一閣,後經劉燕庭、朱述之、胡珽等人抄寫、傅增湘等人著録,遂廣爲傳播。今日就內容言之,世傳之四卷本實係節録四十二卷本前四卷而成。牛會娟《〈歲時廣記〉版本考》(《中華文化論壇》2007年第2期)對該文獻的版本流傳情況考證較詳，可以參看，不再贅述。

今據《歲時廣記》的具體情況，將兩種版本，分別予以整理。四十二卷本以清陸心源《十萬卷樓叢書》本（收入《續修四庫全書》史部時令類，第885 册，上海古籍出版社 2002 年）爲底本。該本前有劉純"引"、朱鑑"序"和分卷目録，首卷係"圖説"，正文四十卷（第六卷全缺、第五、三十二、三十七卷各缺數百字不等），末卷爲"總載"。是故若僅據正文言之，即偶有藏書目録所言之"四十卷"本者。四卷本以清曹溶《學海類編》本（上海涵芬樓 1920 年據清道光十一年（1831）晁氏木活字排印本之影印本）爲底本，該本前有朱鑑"序"和分卷目録，然僅有文字，無圖説。需要特別説明的是，這兩種版本在具體文字上略有不同，却又各成系統，文句基本通順，因而一般不予互校。另，正文中避清諱字形如"丘"作"邱"、"玄"作"元"者，皆徑回改。

歲時廣記引

　　識貴乎博，書患乎略，故入鄧林則知杞梓之良，闚武庫則識甲兵之富，此太平時祖所以廣其記也。然或記録雖詳，而採擇之未精，或條目雖備，而顛末之多舛，覽者病焉。龜峰之麓，梅谿之灣，有隱君子，廣寒之孫，涕唾功名，金玉篇籍，採九流之芳潤，擷百氏之英華，輔以山經海圖，神録怪牒，窮力積稔，萃成一書，目曰：歲時廣記。搜節物之異聞，考風俗之攸尚，手編心緝，博而不煩，補白孔之或遺，續晏曾之未備，亦後來雜家者流之奇書也。誠使操觚之士得之，非特可施於竿牘之貽，抑且具助於江山之詠。至於芳辰麗景，懷古感今，江心鏡之徵，敷於散之辨，隨叩隨應，取之不窮，當有發久不見異人、必有得異書之歎者矣。其有詢故實則筆閣而不書，質異聞則口呿而不對，此記問不廣之由，故書不負人而人負書。

　　文林郎、新得行在、太平惠民和劑局監門、道山居士劉純君錫撰。

歲時廣記序

　　有天之時，有人之時，寒暑之推遷，此時之運於天者也，曆書所載，蓋莫詳焉。至於因某日而載某事，此時之係於人者。端千緒萬，非託之記述，則莫能探其源委耳。噫！慶道長於一陽之生，謹履端於一歲之始，是蓋天時人事之相參，尤有可據，彼仲夏之重五、季秋之重九，豈天之氣候然也？而人實爲之。使微考訂，就知競渡之繇楚靈均、登高之因費長房乎？引類而伸若此者衆。雖然荆楚歲時之記善矣，惜乎失之拘也；秦唐歲時之所記多矣，惜乎未之備也。今南潁陳君蒐獵經傳，以至野史異書，凡有涉於節序者，萃爲巨帙，殆靡一遺，仰以稽諸天時，俯以驗之人事，題其篇端曰“歲時廣記”，求予文而序之。予惟陳君嘗編博聞三録，盛行於世，況此書該而不冗，雅而不俚，自當與並傳於無窮云。

　　宣教郎、特差知無爲軍巢縣事、兼理武民兵軍正、總轄屯戍兵馬、借緋、新安朱鑑撰。

歲時廣記目録

廣寒仙裔陳　元靚　編

首　卷　圖説《月令》主屬大全,春季氣數悉備,夏季氣數悉備,秋季氣數悉備,冬季氣數悉備。《爾雅》十幹歲陽,十二歲名,十幹月陽,十二月名。氣候循環易見①,日永短,月盈虧,經星昏明迭見,閏月成歲爲章,玉衡隨氣指建,招摇逐月推移,日月交會,陰陽消長,律管淺深候氣,律吕損益相生。…………………………(8)

卷第一　春 ……………………………………………………(21)

卷第二　夏 ……………………………………………………(33)

卷第三　秋 ……………………………………………………(46)

卷第四　冬 ……………………………………………………(56)

卷第五　元旦上 ………………………………………………(66)

卷第六　元旦中原缺 …………………………………………(76)

卷第七　元旦下 ………………………………………………(77)

卷第八　立　春 ………………………………………………(88)

卷第九　人　日 ………………………………………………(97)

卷第十　上元上 ………………………………………………(103)

卷第十一　上元中 ……………………………………………(115)

卷第十二　上元下 ……………………………………………(126)

卷第十三　正月晦　中和節 …………………………………(137)

卷第十四　二社日 ……………………………………………(143)

卷第十五　寒食上 ……………………………………………(155)

---

①　"侯",疑當校讀作"候"。

卷第十六　寒食下 …………………………………… (166)

卷第十七　清明 ……………………………………… (176)

卷第十八　上巳上 …………………………………… (188)

卷第十九　上巳下 …………………………………… (200)

卷第二十　佛日 ……………………………………… (212)

卷第二十一　端五上 ………………………………… (221)

卷第二十二　端五中 ………………………………… (235)

卷第二十三　端五下 ………………………………… (249)

卷第二十四　朝節　天貺節 ………………………… (262)

卷第二十五　三伏節　立秋 ………………………… (267)

卷第二十六　七夕上 ………………………………… (274)

卷第二十七　七夕中 ………………………………… (285)

卷第二十八　七夕下 ………………………………… (296)

卷第二十九　中元上 ………………………………… (306)

卷第三十　中元下 …………………………………… (314)

卷第三十一　中秋上 ………………………………… (320)

卷第三十二　中秋中 ………………………………… (329)

卷第三十三　中秋下 ………………………………… (336)

卷第三十四　重九上 ………………………………… (344)

卷第三十五　重九中 ………………………………… (352)

卷第三十六　重九下 ………………………………… (360)

卷第三十七　小春　下元 …………………………… (367)

卷第三十八　冬至 …………………………………… (372)

卷第三十九　臘日　交年節 ………………………… (381)

卷第四十　歲除 ……………………………………… (391)

末卷　總載 …………………………………………… (401)

歲時廣記首卷

廣寒仙裔陳　元靚　纂

圖　説

月令主屬大全圖①

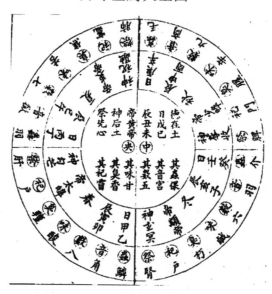

《禮記・月令》注云:仲春之月,盛德在木,故所主皆木屬也。仲夏之月,盛德在火,故所主皆火屬也。仲秋之月,盛德在金,故所主皆金屬也。仲冬之月,盛德在水,故所主皆水屬也。惟土居中央,而分旺四時,故所主皆土屬也。

---

① 底本卷首正文原無小標題,今將底本目録所列小標題散於卷首各節之前。

春悉備圖

梁元帝《纂要》：春曰青陽，氣清而温陽。亦曰發生、芳春、青春、陽春、三春、九春。天曰蒼天。萬物蒼蒼而生。風曰陽風、春風、暄風、柔風、惠風。景曰媚景、和景、韶景。時曰良時、嘉時、芳時。辰曰良辰、嘉辰、芳辰。節曰嘉節、韶節、淑節。草曰芳草、弱草、芳卉。木曰華木、華樹、芳樹、陽樹。林曰茂林、芳林。鳥曰陽鳥、時鳥、候鳥、好鳥。禽曰陽禽、時禽、好禽。

夏悉備圖

夏曰朱明，氣赤而光明。亦曰長嬴、朱夏、炎夏、三夏、九夏。天曰昊天。言氣浩汗。風曰炎風。節曰炎節。草曰茂草、雜草。

木曰蔚林、茂林、密樹、茂樹。

秋悉備圖

秋曰白藏，氣白而收藏萬物。亦曰收成、萬物成而皆收斂。三秋、九秋、素秋、素商、高商。天曰旻天。旻，愍也，愍萬物之彫零。風曰商風、素風、凄風、高風、涼風、悲風、激風、清風。景曰朗景、澄景、清景。時曰凄辰、霜辰。節曰素節、嘉節。草曰衰草。木曰疏木、衰林、霜柯。

冬悉備圖

冬曰玄英、氣黑而清英。三冬、九冬。天曰上天。言時無事，在上臨下。風曰寒風、勁風、嚴風、厲風、哀風、陰風。景曰冬景、寒景。時曰寒辰。節曰嚴節。鳥曰寒鳥、寒禽。草曰寒卉、黃草。木曰寒木、寒柯、素木、寒條。

《爾雅》歲陽、歲名之圖

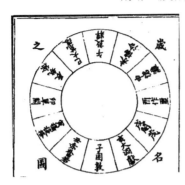

《爾雅疏》釋曰：此别太陽在日在辰之名也。甲至癸爲十日，日爲陽；寅至丑爲十二辰，辰爲陰。《漢書·律曆志》：乃以前曆上元泰初四千六百一十七歲，至元封七年，復得閼逢攝提格之歲，中冬。孟康曰：言復得者，上元泰初時亦是閼逢之歲，歲在甲曰閼逢，在寅曰攝提格，此謂甲寅之歲也。然則乙卯之歲曰旃蒙單閼，丙辰之歲曰柔兆執徐，丁巳之歲曰彊圉大荒落，戊午之歲曰著雍敦牂，己未之歲曰屠維協洽，庚申之歲曰上章涒灘，辛酉之歲曰重光作噩，壬戌之歲曰元黓閹茂，癸亥之歲曰昭陽大淵獻，甲子之歲曰閼逢困敦，乙丑之歲曰旃蒙赤奮若。推此，周而復始可知也。

《爾雅》月陽、月名之圖

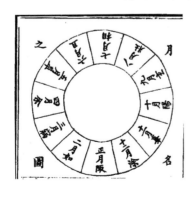

《爾雅疏》釋:此乃辨以日配月之名,設若正月得甲曰畢陬,二月得乙曰橘如,三月得丙曰修寎,四月得丁曰圉余,五月得戊曰厲皋,六月得己曰則且,七月得庚曰室相,八月得辛曰塞壯,九月得壬曰終玄,十月得癸曰極陽,十一月得甲曰畢辜,十二月得乙曰橘涂。周而復始,抑又可知也。

《容齋隨筆》:太史公《曆書》以閼逢爲焉逢,旃蒙爲端蒙,柔兆爲遊兆,疆圉爲疆梧,著雍爲徒維,屠唯爲祝犁,上章爲商橫,重光爲昭陽,元默爲橫艾,昭陽爲尚章,大荒落爲大芒落,協洽爲汁洽,涒灘爲赤奮若,作噩爲作鄂,閹茂爲淹茂,大淵獻與困敦更互,赤奮若乃爲芮漢。此年久傳說,不必深辨。

氣候循環易見圖

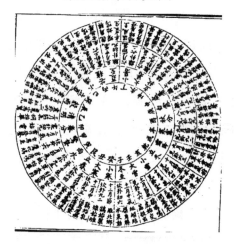

《尚書正義》曰:節氣者,周天三百六十五日四分日之一,分爲十二月,則月各得三十日十六分日之七[①]。以初爲節氣,半爲中氣,故一歲有二十四氣,分居辰次焉。

董巴議曰:伏犧造八卦,作三畫,以象二十四氣。一行《卦候

---

① "三十日",底本原作"二十日",茲逕典正。

驗》曰：七十二候，原於周公，較諸《月令》，頗有增損，然後先之次則同。自後魏始載於曆，乃依《易軌》所傳，不合經義，令改從古。凡五日爲候，三候爲氣，六氣成時，四時成歲。

日出日没永短之圖

《淮南子》曰：日出於暘谷，浴於咸池，拂於扶桑，是謂晨明。登於扶桑之上，東方之野。爰始將行，是謂朏明。謂將明也。至於曲阿，曲阿，山名。是謂朝明。臨於曾泉，東方多水之地。是謂早食。次於桑野，是謂晏食。臻於衡陽，是謂禺中。對於昆吾，昆吾，丘在南方。是謂正中。靡於鳥次，西南方之山名。是謂小還。至於悲谷，悲谷，西北方之山名。是謂脯時。回於女紀，西方陰地。是謂大還。經於泉隅，是謂高舂。頓於連石，西方山名。是謂下舂。爰止羲和，爰息六螭，是謂懸車。薄於虞泉，是謂黃昏。淪於蒙谷，是謂定昏。

梁元帝《纂要》云：日光曰景，日影曰晷，日初出曰旭，日昕曰晞，在午曰亭午，在未曰昳，日晚曰旰，日西落，反照於東，景在上曰反景，在下曰倒景。

《爾雅·釋名》曰[①]：月，闕也，言滿則復缺也。朏，音斐。月未成明也；魄，月始生魄然也。承大月生二日謂之魄，承小月生三日謂之朏。朔，月初之名也。朔，蘇也，月死復蘇生也。晦，月盡之名也。晦，灰也，死爲灰，月光盡，似之也。弦，月半之名也，其形一旁曲一旁直，若張弓弦也。望，月滿之名也，日月遥相望也。

月生月盡盈虧之圖

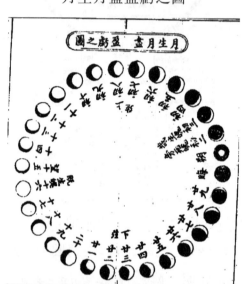

《尚書·武成》曰：惟一月壬辰，旁死魄。旁，近也。旁死日，近死魄。又曰：厥四月，哉生明。哉，始也。月三日，始生明。又曰：既生魄。魄生明死，十五之後。又《大傳》曰：晦而月見，西方謂之朓。他了切。朔而月見，東方謂之朒。女六切。《五經通義》曰：月中有兔與蟾蜍何？兔，陰也。蟾蜍，陽也，而與兔並，明陰係陽也。

---

①　此處所引文字與今存《爾雅》《釋名》均異，疑係陳元靚轉引自《初學記》或其他文獻。

經星昏明迭見之圖

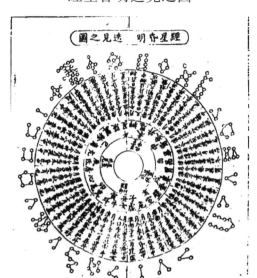

《堯典》疏曰：二十八宿，隨天轉運，更互在南，每月各有中者。《洪範》"四曰星辰"注云：二十八宿迭見，以敘節氣。疏云：二十八宿，昏明迭見，若《月令》十二月皆紀昏旦、所中之星，所以敘節氣也。《隋書·天文志》云：庖犧氏仰觀俯察，以天之二十八宿周於圓穹之度，以麗十二位也。隨天而轉，謂之經星。《堯典》：四仲迭見之星，則以午爲正。《月令》：昏旦迭見之星，則以未爲中。蓋星之運始則見於辰，終則伏於戌，自辰至戌，正於午而中於未。故《堯典》言"日永星火，以正仲夏"，是以午爲正也。《月令》至於季夏乃曰"昏火中"，則是以未爲中。《左傳》曰"火星中而寒暑退"，《詩》曰"定之方中"，亦皆以未中也。

閏月成歲爲章之圖

先王體元以居正,順時以授民。是必迎日以推策之啓閉,以爲節分,至以爲中推閏,定時以成歲。以周天之數考之,三百六十五度四分度之一。日之行也,一日經一度,一年則餘五度四分度之一。小月又餘六度,則每歲日行於天餘十有一度四分度之一,是餘十有一日四分日之一也。三年即餘三十三日四分日之三,三年一閏而餘三日四分日之三五。歲再閏,而少三日四分日之三。十九年七閏,謂之一章,總餘二百一十三日四分日之三。七閏計二百十一日,尚餘三日四分日之三。積至八十一章,然後盈虛之數終而復始矣。

玉衡隨氣指建圖

《孝經緯》：大雪後，玉衡指子冬至，指癸小寒，指丑大寒，指艮立春，指寅雨水，指甲驚蟄，指卯春分，指乙清明，指辰穀雨，指丙立夏，指巳小滿，指巽芒種，指午夏至，指丁小暑，指未大暑，指坤立秋，指戌處暑，指庚白露，指酉秋分，指辛寒露，指戌霜降，指乾立冬，指亥小雪，指壬大雪。《漢志》云："玉衡，北斗也。"

招搖逐月推移圖

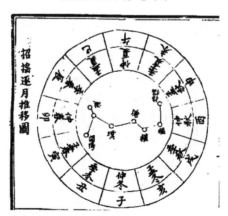

《淮南子》：孟春招搖指寅，仲春指卯，季春指辰，孟夏指巳，仲夏指午，季夏指未，孟秋指申，仲秋指酉，季秋指戌，孟冬指亥，仲冬指子，季冬指丑。《漢志》云：閏月無中氣，斗餘指兩辰之間。

《晉志》云①:北斗七政之樞機,陰陽之本元,運乎天中,而臨制四方,以建四時,輔星傳乎闓陽,所以佐斗而成功者也。

<h2 style="text-align:center">日月次舍交會圖</h2>

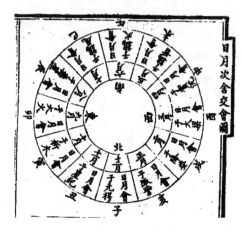

《堯典》曰:曆象日月星辰,敬授人時。注云:日月所會,曆象其分節,是謂日月交會於十二次也。《左傳》云:日月之會是謂辰。《月令》注云:日月之行,一歲十二會,蓋周天三百六十五度四分度之一。日行遲,一日經一度,一歲一周天。月行速,一日經十三度,一月一周天,更行二十九日半,方與日相會也。

<h2 style="text-align:center">陰陽變合消長圖</h2>

---

① "晉"字前底本原有一"漢"字,疑係誤衍。以下引文出自《晉書》卷十一《天文志》。

《太玄經》：子則陽生於十一月，陰終於十月；午則陰生於五月，陽終於四月。觀此則乾坤消息可見矣。陽生於子而終於巳，故乾爲四月之卦；陰生於午而終於亥，故坤爲十月之卦。蓋陰不極則陽不生，故先坤而後復；陽不極則陰不萌，故先乾而後姤[①]。餘皆以意推之，則陰陽消長之理又可知矣。

律管淺深候氣圖

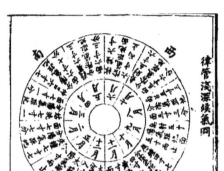

《隋·天文志》：候氣之法，先治一室，令地極平，迺埋列管，皆使上齊，入地有淺深，各從其方位排列，以葭莩灰實管中，候之氣至則一律飛灰。假如冬至，陽氣距地面九寸，而至惟黃鐘一管達之，故黃鐘爲之應。正月，距地面八寸止，自太簇以上皆達，黃鐘大呂皆已虛，故惟太簇一律飛灰，餘皆倣此。

---

① "姤"，底本原作"垢"，形误，兹逕典正。

律吕損益相生圖

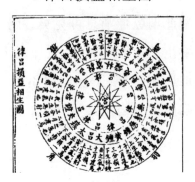

《荆璞集》曰：律以統氣類物，吕以旅陽宣氣。律吕者，氣候之管也，以銅爲之。某月氣至，則某律爲應焉。應謂吹葭灰也。然必隔八相生，而又始於黃鐘之九寸，而黃復始於十一月者，蓋物以三成，聲以五立，以三參五，而八數成矣。人以八尺而爲尋，物以八竅而卵生，故十二律之音，皆隔八而成焉。

歲時廣記圖説卷

歲時廣記卷第一

廣寒仙裔陳　元靚　編

春

《孔子家語》曰：春者，四時之首。《尚書大傳》曰：春，出也，萬物之所出也。《禮記·鄉飲酒》曰：東方曰春，春之爲言蠢也。《淮南子》曰：春爲規，規者，所以圜萬物也。規度不失，生氣乃理。《前漢·律曆志》曰：少陽者，東方。東，動也，陽氣動物，於時爲春。春，蠢也，物蠢生乃動。運木曲直仁者生，生者圜，故爲規也。《月令》曰：春三月，其日甲乙，其帝太皞，其神勾芒，其蟲鱗，其音角，其數八，其味酸，其臭羶，其祀户，祭先肝。

孟春月

《禮記·月令》曰：孟春之月，日在營室，昏參中，旦尾中。律中太簇。東風解凍，蟄蟲始振，魚上冰，獺祭魚，鴻雁來。天氣下降，地氣上騰。天地和同，草木萌動。

《孝經緯》：周天七衡六間曰大寒，後十五日，斗指艮，爲立春；後十五日，斗指寅，爲雨水。

劉歆《三統曆》曰：立春爲正月節，雨水爲正月中氣。雨水者，言雪散爲雨水也。

《周書·時訓》曰：立春之日，東風解凍；後五日，蟄蟲始振；後五日，魚上冰。雨水之日，獺祭魚；後五日，鴻雁來；後五日，草木萌動。

《白虎通德論》曰：正月律謂之太簇何？太亦大也，簇者湊也，言萬物始大，湊地而出也。

《晉·樂志》曰：正月之辰謂之寅。寅，津也，謂之物生津途也。

《大戴禮·夏小正》曰：正月，啓蟄，雉震呴，時有俊風，滌凍塗，田鼠出，農及雪澤，采芸，柳稊，梅杏、杝桃則華。

《春秋·隱公元年》“王正月”注云：隱公之始年，周王之正月也。凡人君即位，欲其體元居正，故不言一年一月。

《玉燭寶典》曰：正月爲端月。

梁元帝《纂要》曰：正月曰孟陽、孟陬、上春、開春、發春、獻春、首春、首歲、獻歲、發歲、初歲、肇歲、芳歲、華歲。

《月令》曰：孟春行夏令，則雨水不時，草木早落，國時有恐；行秋令，則其民大疫，猋風暴雨總至，藜莠蓬蒿並興；行冬令，則水潦爲敗，雪霜大摯，首種不入。

仲春月

《月令》曰：仲春之月，日在奎，昏弧中，旦建星中。律中夾鍾。始雨水，桃始華，倉庚鳴，鷹化爲鳩，玄鳥至，日夜分，雷乃發聲，始電。蟄蟲咸動，啓户始出。

《孝經緯》曰：雨水後十五日，斗指申，爲驚蟄；後十五日，斗指卯，爲春分。

《三統曆》曰：驚蟄爲二月節，春分爲二月中氣。驚蟄者，蟄蟲驚而始出也。

《周書·時訓》曰：驚蟄之日，桃始華；後五日，倉庚鳴；後五日，鷹化爲鳩。春分之日，玄鳥至；後五日，雷乃發聲；後五日，始電。

《白虎通德論》曰：二月建律謂之夾鍾何？夾者，孚也。言萬物孚甲，種類分也。

《晉·樂志》曰：二月之辰，名爲卯。卯者，茂也，言陽氣生而孳茂也。

《夏小正》曰：二月祭鮪，采蘩，來降燕乃睇。

《淮南子》曰：二月之夕，女夷鼓歌，以司天和，以長百穀、禽獸、草木。女夷，春夏長養之神也。江淹文云："春暉馭節，女夷司景。"

《纂要》曰：二月曰仲陽，又曰令月。張平子《歸田賦》云："仲春令月，時和氣清。"

《月令》曰：仲春行夏令，則國乃大旱，暖氣早來，蟲螟爲害；行秋令，則其國大水，寒氣總至，寇戎來征；行冬令，則陽氣不勝，麥乃不熟，民多相掠。

季春月

《月令》曰：季春之月，日在胃，昏七星中，旦牽牛中。律中姑洗。桐始華，田鼠化爲鴽。音如。虹始見，萍始生。鳴鳩拂其羽，戴勝降於桑。

《孝經緯》云：春分後十五日，斗指乙，爲清明；後十五日，斗指辰，爲穀雨。

《三統曆》曰：穀雨爲三月節，清明爲三月中氣。穀雨者，言雨以生百穀。清明者，謂物生清淨明潔。

《周書·時訓》曰：清明之日，桐始華；後五日，田鼠化爲鴽；後五日，虹始見。穀雨之日，萍始生；後五日，鳴鳩拂其羽；後五日，戴勝降於桑。

《白虎通德論》曰：三月律謂之姑洗何？姑者，故也。洗者，鮮也。言萬物皆去故就新，莫不鮮明也。

《晉·樂志》云：三月之辰，名爲辰。辰者，震也，謂時物盡震動而長也。

《夏小正》曰：參則伏。螫音斛。則鳴。頒冰。拂桐芭。

《詩》曰：蠶月條桑。蠶月，三月也。吳民載詩云："條風著野方蠶月，高樹移陰又麥秋。"《唐百家詩》曰："蠶月桑葉青，鶯時柳花白。"

《纂要》曰：三月曰暮春、末春、晚春。

《月令》曰：季春行冬令，則寒氣時發，草木皆肅，國有大恐；行夏令，則民多疾疫，時雨不降，山陵不收；行秋令，則天多沉陰，淫雨蚤降，兵革並起。

花信風

《東皋雜録》：江南自初春至初夏，五日一番風候，謂之花信風。梅花風最先，楝花風最後，凡二十四番，以爲寒絶也。後唐人詩云："楝花開後風光好，梅子黃時雨意濃。"徐師川詩云："一百五日寒食雨，二十四番花信風。"又古詩云："早禾秧雨初晴後，苦楝花風吹日長。"

條達風

《易通卦驗》：立春，條風至。宋均注云：條者，條達萬物之風也。唐太宗詩云："條風開獻節，灰律動初陽。"

榆莢雨

《氾勝書》：三月榆莢雨，高地強土，可種秫。

杏花雨

《提要録》：杏花開時，正值清明前後，必有雨也，謂之杏花雨。古詩："沾衣欲濕杏花雨,吹面不寒楊柳風。"又云："楊柳杏花風雨外,不知佳句落誰家。"晏元獻公詞云："紅杏開時,一霎清明之雨。"趙德麟詞云："紅杏枝頭花幾許,啼痕正恨清明雨。"

凌解水

《水衡記》:黃河水,三月名凌解水。

桃花水

《水衡記》:黃河水,二月、三月名桃花水。又顏師古《漢書音義》云:《月令》:"仲春之月始雨水,桃始華。"蓋桃方華時,既有雨水,川谷漲泮,衆流盛長,故謂之桃花水。老杜詩云："春岸桃花水。"又云："三月桃花浪。"注曰:峽中以三月桃花發時春水生,謂之桃花水。王摩詰詩云："春來到處桃花水。"又歐陽公詩云："桃花水下清明路。"

擊春曲

《酉陽雜俎》:唐明皇好羯鼓,云八音之領袖,諸樂不可為比。嘗遇二月初,詰旦,巾櫛方畢,時宿雨初晴,景色明麗,小殿亭前,柳杏將吐,睹而嘆曰:"對茲景物,豈可不與他判斷乎!"左右相目,將命備酒。獨高力士遣取羯鼓,旋命之臨軒縱擊一曲,名《春光好》,神思自得。反顧杏花,皆已發坼,指而笑之,謂嬪嬙內官曰:"此一事,不喚我作天公可乎!"皆呼萬歲。東坡詩云："宮中羯鼓催花柳。"陳簡齋詩云："可是天公須羯鼓,已回寒馭作春酣。"又六言云："未央宮中紅杏,羯鼓三聲打開。"

踏春歌

《異聞錄》:邢鳳之子,夢數美人歌踏陽春之曲,曰《踏陽春》:"人間二月雨和塵,陽春踏盡秋風起,腸斷人間白髮人。"又《酉陽雜俎》云:元和初有士人醉臥廳中,及醒,見古屏上婦人悉於牀前踏歌，歌曰："長安少女踏春陽，無處春陽不斷腸。舞袖弓腰渾忘却，蛾眉空帶九秋霜。"又歌曰："流水涓涓芹長芽，野鳥雙飛客還家。荒村無處作寒食，殯宮空對棠梨花。"中一人問曰："如何是弓腰?"歌者曰："首髻及地，腰勢如規也。"士人驚叱之，忽皆上屏。東坡詩云："城上湖光暖欲波，美人唱我踏春歌。"又詹克愛《春睡》詩云："覺後不知身是幻，耳根猶聽踏歌聲。"

夢春草

《南史》：謝惠連，年十歲能屬文，族兄靈運嘉賞之。每有篇章對，惠連輒得佳句。嘗於永嘉西堂思詩，竟日不就，忽夢見惠連，而得"池塘生春草"之句，大以爲工，常云："此語有神助，非吾語也。"杜甫詩云："詩應有神助。"東坡詞云："酒闌詩夢覺，春草滿池塘。"又詩云："春草池塘夢惠連。"陳后山《春夜》詩云："夢中無好語，池草爲春生。"

移春檻

《開元遺事》：楊國忠子弟春時移名花異木植檻中，下設輪脚，挽以綵絚，所至自隨，號移春檻。

探春宴

《天寶遺事》：都人士女每至正月半後，各乘車跨馬，供帳於園圃或郊野中，爲探春之宴。

探春遊

皇朝《東京夢華錄》：上元收燈畢，都人爭先出城探春。大抵都城左近皆是園圃，百里之內並無閑地，並縱遊人賞玩。

作樂車

《天寶遺事》：楊氏子弟恃后族之貴，極於奢侈。每春遊，以大車結綵爲樓，載女樂數十人，自私第聲樂前引，出遊園苑。長安豪民貴族争傚之。

載油幕

《天寶遺事》：長安貴家子弟，每至春日，遊宴供帳於園圃中。隨行載以油幕，或遇陰雨，以幕覆之，盡歡而歸。

掛裙幄

唐《輦下歲時記》：長安士女遊春野步，遇名花則設席藉草，以紅裙插掛，以爲宴幄，其奢侈如此。

擲金錢

《開元別紀》：明皇與貴妃在花蕚樓下，以金錢遠近爲限，賽其無擲於地者，以金觥賞之。《天寶遺事》云：内庭妃嬪，每至春日，各於禁中結伴，擲金錢爲戲。

駐馬飲

《天寶遺事》：長安俠士，每春日，結朋約黨，各置矮馬，飾以錦韉金絡並轡，於花樹下往來，使僕從執酒盃而從之，遇好花則駐馬而飲。

隨蝶幸

《開元遺事》：開元末，明皇每春時，旦暮宴於宮中，使嬪妃輩争插艷花，帝親捉粉蝶放之，隨蝶所止幸之。後貴妃專寵，遂不復用此戲。

鬭奇花

《天寶遺事》：長安王士安春時鬭花，戴插以奇花，多者爲勝。皆用千金市名花，植於庭中，以備春時之鬭。

插御花

《天寶遺事》：長安春日，盛於遊賞園林，日無閒地。蘇頲應制詩云："飛埃結紅霧，遊蓋翻青雲。"帝覽詩嘉焉，遂以御花插頸之巾上，時人榮之。

取紅花

虞世南《史略》：北齊盧士深妻，崔林義之女，有才學。春日以桃花䩄面，咒曰："取紅花，取白雪，與兒洗面作光悦。取白雪，取紅花，與兒洗面作光華。取雪白，取花紅，與兒洗面作顏容。"

裝獅花

《曲江春宴錄》：曲江貴家遊賞，則剪百花裝成獅子，互相送遺。獅子有小連環，欲送則以蜀錦流蘇牽之，唱曰："春光且莫去，留與醉人看。"

探花使

《秦中歲時記》：進士杏花苑初會，謂之探花宴。以少俊二人爲探花使，徧遊名園。若他人先折得名花，則二使皆有罰。

護花鈴

《天寶遺事》：天寶初，寧王少時好聲色，風流蘊藉，諸王弗如也。每春日於後園中紐紅絲爲繩，綴金鈴，繫花梢之上。有烏鵲翔集，則令園吏掣鈴索以驚之，號護花鈴。

括花香

唐《玉塵錄》：穆宗，每宮中花香，則以重頂帳蒙蔽檻外，置惜春御史掌之，號曰括香。

卧花酒

《曲江春宴錄》：虞松方春以謂："握月擔風，且留後日；吞花卧酒，不可過時。"

作紅餤

《曲江春宴錄》：春遊之家，以脂粉作紅餤，竿上成雙挑掛，夾雜畫帶，前引車馬。

繋煎餅

《拾遺記》:江東俗,號正月二十日爲天穿日,以紅縷繋煎餅餌置屋上,謂之補天穿。李白詩云:"一枚煎餅補天穿。"

釀梨春

《白氏六帖》:杭州俗,釀酒趁梨花時,熟號梨花春。

賜柳圈

《唐書》:李適爲學士。凡天子饗食遊豫,惟宰相與學士得從。春幸梨園,並渭水褉除,則賜柳圈辟癘。

羹錦帶

《荆湖近事》:荆渚中有花名錦帶,其花條生,如郁李仁。春末開花,紅白如錦。初生,葉柔脆,可食。老杜詩云:"滑憶雕胡飯,香聞錦帶羹。"

憐草色

《長慶集》"杭州春望"詩:"誰開湖寺西南路,草綠裙腰一道斜。"自注云:"孤山在湖洲中,草綠時,望如裙腰。"又東坡詩云:"春入西湖到處花,裙腰芳草抱山斜。"王介甫詩云:"遙憐草色裙腰綠,湖寺西南一徑開。"

望杏花

《四民月令》:清明節,令蠶妾理蠶室。是月也,杏花盛。又云:杏花生,種百穀。宋子京詩云:"催耕併及杏花時。"蜀主孟昶《勸農詔》云:"望杏敦耕,瞻蒲勸穡。"王元長《策秀才文》云:"杏花菖葉,畎穫不愆。"

看菖葉

《吕氏春秋》:冬至後五旬七日,菖葉生。蓋菖者,百草之先生也。於是始耕。又云:菖始生,於是耕。儲光羲詩云:"菖葉日已長，杏花日已滋。農人要看此，貴不違天時。"

種辰瓜

《齊民要術》：三月辰日最宜種瓜。山谷詩云："夏栽醉竹餘千箇，春糞辰瓜滿百區。"

栽雜木

《氾勝書》：栽樹正月爲上時，二月爲中時，三月爲下時。然棗，鷄口；槐，兔目；桑，蝦蟆眼；榆，負瘤散；其餘雜木，鼠耳、蛇趄各其時。凡種栽并插，皆用此等形象。

遊蜀江

《杜氏壺中贅録》：蜀中風俗，舊以二月二日爲踏青節，都人士女，絡繹遊賞，緹幕歌酒，散在四郊。歷政郡守，慮有強暴之虞，及分遣戍兵於岡阜坡塜之上，立馬張旗望之。後乖崖公帥蜀，迺曰："慮有他虞，不若聚之爲樂。"乃於是日，自萬里橋，以錦繡器皿結綵舫十數隻，與郡僚屬官分乘之，妓樂數船，歌吹前導，名曰遊江。於是都人士女，駢於八九里間，縱觀如堵，抵寶曆寺橋，出讌於寺内。寺前剏一蠶市，縱民交易，嬉遊樂飲，倍於往歲，薄暮方回。

售農用

《四川記》：同州以二月二日與八日爲市，四方村民畢集，應蠶農所用，以至車檐、椽木、果樹、器用、雜物皆至，其值千緡至萬緡者。郡守就於城之東北隅龍興寺前立山棚①，設幄幕樂，以宴勞將吏，累日而罷。

鬻蠶器

樂誠文《蠶市》詩序云：蜀人以二月望日鬻蠶器，謂之蠶市。

---

① "於(于)"，底本原誤作"子"，兹據四卷本改。

東坡先生詩云:"蜀人衣食常苦艱,蜀人行樂不知還。十夫耕農萬夫食,一年辛苦一春閒。閒時尚以蠶爲市,共忘辛苦逐欣歡。"又張仲殊詞云:"成都好,蠶市趁遨遊。夜放笙歌喧紫陌,春邀燈火上紅樓。車馬溢瀛洲。人散後,繭館喜綢繆。柳葉已饒烟黛細,桑條何似玉纖柔。立馬看風流。"

驗歲草

黃帝問師曠曰:吾欲若樂善心,可知否? 對曰:歲欲甘,甘草先生,薺是也。歲欲苦,苦草先生,葶藶是也。歲欲雨,雨草先生,藕是也。歲欲旱,旱草先生,蒺藜是也。歲欲流,流草先生,蓬是也。歲欲惡,惡草先生,水藻是也。歲欲病,病草先生,艾是也。皆以孟春占之。

占雨霧

《占書》:正月朔雨,春旱,人食一升。二日雨,人食二升。三日雨,人食三升。四日雨,人食四升。五日雨,主大熟。五日內霧,穀傷民飢。元日霧,歲必飢。

禳鬼鳥

《荊楚歲時記》:正月,夜多鬼鳥度,家家槌牀打户,捩狗耳,滅燈火,以禳之。《玄中記》云:此鳥名姑獲,一名天帝女,一名隱飛鳥,一名夜遊女,好取人女子養之。有小兒之家,即以血點其衣以爲誌,故世號鬼鳥。荊湖彌多,斯言信矣。

飲雨水

《本草》:三月雨水①,夫妻各飲一杯,還房獲,時有子,神助也。

---

① "三月",疑當作"正月"。

去妖邪

《西京雜記》：賈佩蘭云：在宮中，正月上辰出池邊盥濯，食蓬餌，以祓妖邪。

辟官事

《曆書》：二月上丑日，取土泥竈屋，宜蠶。上辰日，取道中土泥門，應辟官事。

照百鬼

《荆楚歲時記》：正月未日夜，蘆苣火照井廁，百鬼皆走。

歲時廣記卷第一

歲時廣記卷第二

廣寒仙裔陳　元靚　編

夏

《禮記·鄉飲酒》曰：南方曰夏，夏之爲言假也。養之，長之，假之，仁也。《太玄經》曰：夏者，物之修長也。董仲舒《策》曰：陽常居大夏，以生育長養爲事。《淮南子》曰：夏爲衡，衡者，所以平萬物也。《前漢·律曆志》曰：太陽者，南方。南，任也，陽氣任養物，於時爲夏。夏，假也，物假大，乃宣平。火炎上，禮者齊，齊者平，故爲衡也。《月令》曰：夏三月，其日丙丁，其帝炎帝，其神祝融，其蟲羽，〔其音徵〕①，其數七，其味苦，其臭焦，其祀竈，祭先肺。

孟夏月

《禮記·月令》曰：孟夏之月，日在畢，昏翼中，旦婺女中。律中仲吕。螻蟈鳴，蚯蚓出，王瓜生，苦菜莠，靡草死，麥秋至。

《三統曆》曰：立夏爲四月節，小滿爲四月中氣。小滿者，言物長於此，小得盈滿。

《孝經緯》曰：穀雨後十五日，斗指巽，爲立夏；後十五日，斗指巳，爲小滿。

---

① “其音徵”三字，據四卷本校補。

《周書·時訓》曰：立夏之日，螻蟈鳴；後五日，蚯蚓出；後五日，王瓜生。小滿之日，苦菜秀；後五日，靡草死；後五日，麥秋至。

《白虎通德論》曰：四月律謂之仲呂何？言陽氣極將，彼故復中難之也。《晉志》云：呂者，助也，謂陽氣盛長，陰助成功也。

《晉·樂志》云：四月之辰謂之巳。巳者，起也。物至此時，畢盡而起也。

《夏小正》曰：四月昴則見。

《詩·七月》曰：四月秀葽。注云：不榮而實曰秀。葽，草也。

《西京雜記》曰：陽德用事，則和氣皆陽，建巳之月是也，故陽謂之正陽之月。又曰：四月陽，雖用事而陽不獨存，此月純陽，疑於無陰，故謂之陰月。

《纂要》云：四月曰首夏、維夏。

《文選》注：鄭玄曰：四月爲除月。

《月令》曰：孟夏行秋令，則苦雨數來，五穀不滋，四鄙入保；行冬令，則草木蚤落，後乃大水，敗其城郭；行春令，則蝗蟲爲災，暴風來格，秀草不實。

仲夏月

《月令》曰：仲夏之月，日在東井，昏亢中，旦危中。律中蕤賓。小暑至，螳蜋生，鵙始鳴，反舌無聲，鹿角解，蟬始鳴，半夏生，木菫榮。

《孝經緯》曰：小滿後十五日，斗指丙，爲芒種；後十五日，斗指午，爲夏至。

《三統曆》曰：芒種爲五月節，夏至爲五月中氣。芒種者，言有芒之穀，可稼種也。

《周書·時訓》曰：芒種之日，螳螂生；後五日，鵙始鳴；後五日，反舌無聲。夏至之日，鹿角解；後五日，蟬始鳴；後五日，半夏生。

《白虎通德論》曰：五月律謂之蕤賓何？蕤者，下也。賓者，敬也。言陽氣上極，陰氣始，賓敬之也。

《晉·樂志》云：五月之辰，謂之午。午者，長也，大也，言物皆長大也。

《夏小正》曰：五月參則見，蜋蜩鳴，初昏，大火中。注云：大火，心星名也。

《詩·七月》曰：五月鳴蜩。又曰：五月斯螽動股。注云：蜩，蟬也。斯螽，蜙蝑也。

吳《子夜四時歌》曰：鬱蒸仲暑月。

東坡詩云：飛龍御月作秋涼。注云：謂五月也。

《月令》曰：仲夏行冬令，則雹凍傷穀，道路不通，暴兵來至；行春令，則五穀晚熟，百螣時起，其國乃飢；行秋令，則草木零落，果實早成，民殃於疫。

季夏月

《月令》曰：季夏之月，日在柳，昏火中，旦奎中。律中林鐘。溫風始至，蟋蟀居壁，鷹乃學習，腐草為螢，土潤溽暑，大雨時行。

《孝經緯》曰：夏至後十五日，斗指丁，為小暑；後十五日，斗指未，為大暑。

《三統曆》曰：小暑為六月節，大暑為六月中氣。小暑、大暑，就極熱之中分為小、大，月初為小，月半為大。

《周書·時訓》曰：小暑之日，溫風至；後五日，蟋蟀居壁；後五日，鷹乃學習。大暑之日，腐草為螢；後五日，土潤溽暑；後五日,大雨時行。

《白虎通德論》曰:六月律謂之林鍾何? 林者,衆也,萬物成熟,種類衆多。

《晉·樂志》云:六月之辰謂之未。未者,味也,謂時萬物向成,有滋味也。

《夏小正》曰:六月鷹始摯。

《詩·七月》曰:六月莎雞振羽。又云:六月食鬱及薁。注云:鬱,棣屬。薁,蘡薁也。

《纂要》曰:六月曰徂暑。

《月令》曰:季夏行春令,則穀實鮮落,國多風欬,民乃遷徙;行秋令,則丘隰水潦,禾稼不熟,乃多女災;行冬令,則風寒不時,鷹隼蚤鷙,四鄙入保。

黄梅雨

《風土記》:夏至雨名黄梅雨,霑衣服皆敗黦。《四時纂要》云:梅熟而雨曰梅雨,又閩人以立夏後逢庚日爲入梅,芒種後逢壬爲出梅,農以得梅雨乃宜耕耨,故諺云:梅不雨,無米炊。《瑣碎録》又云:芒種後逢壬入梅,前半月爲梅雨,後半月爲時雨,遇雷電謂之斷梅。數説未知孰是。又《陳氏手記》云:梅雨水洗瘡疥,滅瘢痕;入醬,令易熟,沾衣便腐,澣垢如灰汁,有異他水。江淮以南,地氣卑濕,五月上旬連下旬尤甚。梅雨壞衣,當以梅葉洗之,餘並不脱。杜甫詩云:"南京犀浦道,四月熟黄梅。湛湛長江去,冥冥細雨來。"歐陽公詩云:"春寒欲盡梅黄雨。"東坡詩云:"不趁青梅嘗煮酒,要看細雨濕黄梅。"又云:"佳節連梅雨。"又云:"怕見梅黄雨細時。"王維詩云:"梅天一雨清。"

送梅雨

《埤雅》：今江湘、二浙，四五月間，梅欲黃落，則水潤土溽，柱礎皆汗，蒸鬱成雨，謂之梅雨。自江以南，三月雨謂之迎梅，五月雨謂之送梅。林逋詩云①："石枕凉生菌閤虛，已應梅潤入圖書。"

濯枝雨

《風土記》：仲夏雨，濯枝盪川。注云：此節常有大雨，名曰濯枝雨。

留客雨

陸機《要覽》：昔羽山有神人焉，逍遙於中嶽，與左元放共遊蓟子訓所。坐欲起，子訓應欲留之，一日之中三雨。今呼五月三雨亦爲留客雨。

薇香雨

李賀《四月詞》：依微香雨青氛氳，膩葉蟠花照曲門。

暴涷雨

《爾雅》：暴雨謂之涷。郭璞注云：江東呼夏月暴雨爲涷雨，《離騷經》云：令飄風兮先驅，使涷雨兮灑塵。涷，音東。

海颶風

《南越志》：熙安間多颶風。颶風者，具四方之風也。常以五月六月發，未至時，雞犬爲之不鳴。《國史補》云：南海有颶風，四面而至，倒屋拔木。每數年一至。鄭熊《番禺雜記》云：颶風將發，有微風細雨先緩後急，謂之鍊風。又有石尤，亦此之類。韓文公詩云："雷威固已加，颶勢仍相借。"又云："颶風有時作，掀簸

① "林逋"，底本原作"杜甫"，誤，兹逕典正。

真差事。"又云："峽山逢颶風，雷電助撞捽。"颶，音具。

落梅花

《風俗通》：五月有落梅風，江南以爲信風。李白詩云："天長信風吹，日出宿霧散。"

黃雀風

《風土記》：南中六月則有東南長風，至時，海魚化爲黃雀，故俗名黃雀風。

麥黃水

《水衡記》：黃河水，四月名麥黃水。

苽蔓水

《水衡記》：黃河水，五月名苽蔓水。苽生蔓也。東坡詩云："河水眇縣苽蔓流。"

礬山水

《水衡記》：黃河水，六月名礬山水。

麥熟秋

《月令章句》：百穀各以初生爲春，熟爲秋，故麥以孟夏爲秋。山谷詩云："生物趨功日夜流，園林纔夏麥先秋。"趙師民詩云："麥秋晨氣潤，槐夏午陰涼。"

分龍節

《圖經》：池州俗以五月二十九、三十日爲分龍節，雨則多大水。閩人以夏至後爲分龍雨，各有方。

龍生日

《岳陽風土記》：五月十三日謂之龍生日，栽竹多茂盛。又前輩作《蒼筤傳》曰：筤每歲惟五月十三日獨醉，或爲人，迎置它處，不知也。當時諺曰：此君經歲常清齋，一日不齋醉如泥。有時倒載過晉地，茫然乘墜俱不知。宋子京《種竹》詩云："除地墻陰植翠筠，疏枝茂葉與時新。賴逢醉日終無損，正似德全於酒人。"晏元獻公詩云："竹醉人還醉，蠶眠我亦眠。"又云："苒苒渭濱族，蕭蕭塵外姿。如能樂封植，何必醉中移。"又東坡詩云："竹是當年醉日栽。"

竹迷日

《筍譜》：民間説竹有生日，即五月十三，移竹宜用此日。或陰雨土虛，則鞭行，明年筍篁交至。一云竹迷日栽竹，年年生筍。劉延世《竹迷日種竹》詩云："梅蒸方過有餘潤，竹醉由來自古云。掘地聊栽數竿玉，開簾還當一溪雲。"然則竹迷亦正此日也。陳簡齋《種竹》詩云："何須俟迷日，可笑世俗情。"

櫻筍廚

唐《輦下歲時記》：四月十五日，自堂廚至百司廚，通謂之櫻筍廚。又韓偓《櫻桃詩》注云：秦中以三月爲櫻筍時。陳后山詩云："春事無多櫻筍來。"又古詞云："水竹舊院落，櫻筍新蔬果。"

臨水宴

《因話録》：李少師與賓僚飲宴，暑月臨水，以荷爲杯，滿酌密繫，持近人口，以筯刺之，不盡則重飲。宴罷，有人言昨飲大歡者。公曰："今日言歡，則明日之不歡。無論好惡，一不得言。"

霹靂酒

《醉鄉日月》：暑月候大雷霆時，收雨水，淘米，炊飯，釀酒，名曰霹靂酒。

寒筵冰

《醉鄉日月》：盛夏、初夏，於井側安鑊，以大水晶一塊大如拳無瑕釁者，以新汲水熾火煮千沸，取越瓶口小腹大者，滿盛其湯，以油帛密封口，勿令泄氣。復以重湯煮千沸，急沉井底，平旦出之，破瓶，冰已結矣，名寒筵冰。又見《杜陽雜編》。

壬癸席

《河東備錄》：申王取豬毛，刷淨，命工織以爲席，清而且涼[①]，號曰壬癸席。

澄水帛

《杜陽編》：同昌公主一日大會，暑氣將甚。公主令取澄水帛，以水蘸之，掛於高軒，滿座皆思挾纊。澄水帛長八、九尺，似布而細，明薄可鑒，云其中有龍涎，故能消暑。

冰絲裀

《樂府雜錄》：唐老子本長安富家子，生計蕩盡，遇老嫗持舊裀，以半千獲之。有波斯人見之，乃曰此是冰蠶絲所織，暑月置於座，滿室清涼，即酬萬金。

消涼珠

《拾遺記》：黑蚌珠千年一生，燕昭王常懷此珠，當盛暑之月，體自清涼，名消暑招涼之珠。

辟暑犀

《提要錄》：唐文宗夏月延學士講《易》，賜辟暑犀。章簡公《端午帖子》云：“已持犀辟暑，更鬥草迎涼。”

迎涼草

《杜陽雜編》：李輔國夏於堂中設迎涼草，其色類碧，而幹似苦竹，葉細如杉，雖若乾枯，而未嘗彫落。盛暑束之窗戶間，則涼風自至。

---

① “清”，四卷本作“淸”，義長。

白龍皮

《劇談録》：李德常夏日邀同列及朝士宴，時畏景赤曦，咸有鬱蒸之苦，既延入小齋，列坐開樽，煩暑都盡，颸風涼冽，如涉高秋。及昏而罷，出户則大雲烈日，燏然焦灼。有好事者求親信問之，云：此日以金盆貯水，漬白龍皮，置於座末。龍皮者，新羅僧得之海中。

犀如意

《楊妃外傳》：唐玄宗夏月授楊妃却暑犀如意。

灑皮扇

《開元遺事》：王元寶，都中巨豪也。家有皮扇，制作甚精寶。每暑月宴客，即以此扇置於座前，以新水灑之，則颸然風生。酒筵之間，客有寒色，遂命撤去。明皇亦曾差中使取看，愛而不受，曰此龍皮扇也。

服丸散

《抱朴子》曰：或問不熱之道。曰：服玄冰丸、飛雪散。王仲都等用此方也。劉孝威《苦暑》詩云："玄冰術難驗，赤道漏猶長。"

環爐火

桓子《新論》：元帝被病，廣求方士。漢中逸人王仲都者，詔問所能爲，對曰：但能忍寒暑耳。因爲待詔。至夏大暑日，使暴坐，又環以十爐火，不言熱，而身汗不出。

入寒泉

《括地圖》：天毒國最大暑熱。夏，草木皆乾死。民善没水以避日，遇暑時常入寒泉之下。

激涼風

《唐書》：拂林國，盛暑之節，乃引水潛流，上通於屋宇，機制於巧匠，人莫之知。觀者唯於屋上聞泉鳴，俄見四檐飛溜，懸波如瀑，激氣成涼風。

没水底

《抱朴子》：葛洪從祖仙公，每大醉，及夏天盛熱，輒入水底，入日乃出，正以能閉氣胎息耳。

開七井

《雲林異景志》：霍仙鳴別墅在龍門，一室之中開七井，皆以雕鏤盤覆之。夏月坐其上，七井生涼，不知暑氣。

乘小駟

《開元雜記》：玄宗幸洛，至綉嶺宮，時屬炎暑。上曰：姚崇多計，令力士探之。回奏曰：崇方袗絺，乘小駟，按彎木陰。上乃命駟，頓忘繁溽。

卧北窗

《晉書》：陶潛，字淵明，謚靖節先生。嘗言：“夏月虛閑，高卧北窗之下，清風颸至，自謂羲皇上人。”東坡詩云：“一枕清風值萬錢，無人肯買北窗眠。”又云：“只應陶靖節，會買北窗眠。”又云：“北窗仙人卧羲軒。”又云：“北窗高卧等羲炎。”

書新裙

《南史》：羊欣，字敬元，長於隸書，父不疑爲烏程令。欣時十五，王獻之爲吳興守，甚知愛之。嘗夏月入縣，欣著新練裙晝寢，獻之書裙數幅而去。欣本攻書，因此彌善。東坡詩云：“載酒無人歌子雲，掩門晝卧客書裙。”翟公遜《睡鄉賦》云：“客書裙而滿幅。”

作夏課

《南部新書》：長安舉子落第者，六月後不出，謂之過夏。多借清净廟院作文章，曰夏課。時語曰："槐花黃，舉子忙。"又見《秦中記》。《遯齋閒覽》云：謂槐之方花，乃進士赴舉之日也。唐翁承贊詩云："雨中裝點望中黃，勾引蟬聲送夕陽。憶得當年隨計吏，馬蹄終日爲君忙。"又稼軒詞云："明年此日青雲路，却笑人間舉子忙。"

逐樹陰

《北齊書》：僕射魏收，字伯起，初習武不成，改節讀書。夏日坐板牀，隨逐樹陰，諷讀累年，牀爲之銳，遂工辭令也。

練螢囊

《晉陽秋》：車胤，字武子，家貧，讀書不常得油。夏月，則以練囊盛數十螢，以夜繼日。

頒冰雪

《止戈集》：長安冰雪至夏月則價等金璧，每頒冰雪，論筐，不復償價，日日如是。

賜朱櫻

《唐史》：李適爲學士，見天子饗會遊豫，唯宰相及學士得從，夏宴蒲萄園，賜朱櫻。

獻雪瓜

《唐列傳》：明崇儼以奇技自名，高宗召見，甚悅。盛夏，帝思瓜，崇儼坐頃，取以進，自云：往陰山取之。四月，帝憶瓜，崇儼索百錢，須臾，以瓜獻，曰：得之緱氏老人圃中。帝召老人問故，曰：埋一瓜失之，土中得百錢。

沈瓜李

魏文帝《與吳質書》：浮甘瓜於清泉,沉朱李於寒水。杜詩云"翠瓜碧李沉玉甃",注云：玉甃,井也。

賦杞菊

《提要錄》：陸龜蒙自號天隨子,常食杞菊。及夏月,枝葉老硬,氣味苦澀,猶食不已。因作《杞菊賦》以自廣云：爾杞未棘,爾菊未莎,其如余何? 東坡詩云："飢寒天隨子,杞菊自擷芼。"

調寢餗

《攝生月令》：四月爲乾,萬物以成,天地化生,勿冒極熱,勿大汗後當風,勿暴露星宿,以成惡疾。勿食大蒜,勿食生薤,勿食雞肉、蛇蟮。是月肝藏以病,神氣不行,火氣漸臨,水力漸衰。稍補腎助肝,調和胃氣,無失其時。

埋蠶沙

《河圖》：四月收蠶沙於宅內,亥地埋之,令人大富得蠶。又甲子日,以一碩三斗鎮宅,令家財千萬。

求蛇醫蛇醫,即蜥蜴也。

《酉陽雜俎》：王彥威鎮汴地之二年,夏旱,季玘過汴,因以旱爲言。季醉曰："欲雨甚易,可求蛇醫四頭,石甕二枚,每甕實水,浮二蛇醫,以木爲蓋,密泥之,置於閒處,甕前後設席,燒香,選小兒十歲以下十餘人,令執小青竹晝夜更擊其甕,不得少輟。"王如其言試之,一日兩夜,雨大注數百里。舊説龍與蛇醫爲親家焉。又張師正《倦遊錄》云：熙寧中,京師久旱。按古法令坊巷以甕貯水,插柳枝,泛蜥蜴,小兒呼曰："蜥蜴蜥蜴,興雲吐霧。降雨滂沱,放汝歸去。"《翰府名談》云：宋內翰祁鎮鄭州,夏旱,公文祭蜥蜴於祈所,即時大雨,告足,民乃有秋。東坡詩云："甕中蜥蜴爲可笑。"

占蝗旱

《四時纂要》：四時辰雨皆爲蝗蟲，大雨大蟲，小雨小蟲。二日雨，百草旱，五穀不成。三日雨，小旱，風從西來，麻吉。四日雨，五穀貴。五日、六日雨，有旱處。四日至七日風者，大豆吉。八日微雨，熟俗云："八日雨斑闌，高低田可憐。"此月自一日至十四日惡風者，皆不可種豆。

歲時廣記卷第二

歲時廣記卷第三

廣寒仙裔陳　元靚　編

秋

《禮記·鄉飲酒》曰：西方曰秋，秋之爲言愁也，愁之以時，察守義者也。《太玄經》曰：秋者，物皆成象而聚也。《管子》曰：秋者，陰氣始下，故萬物收。《說文》曰：秋，禾穀熟也。《淮南子》曰：秋爲矩。矩者，所以方萬物也。《前漢·律曆志》曰：少陰者，西方。西，遷也。陰氣遷，落物也，於時爲秋。秋，䆖也，物䆖斂乃成熟。金從革，改更也。義者成，成者方，故爲矩。《月令》曰：秋三月，其日庚辛，其帝少皞，其神蓐收，其蟲毛，其音商，其數九，其味辛，其臭羶，其祀門，祭先肝。䆖，子由反。

孟秋月

《禮記·月令》曰：孟秋之月，日在翼，昏建星中，旦畢中。律中夷則。涼風至，白露降，寒蟬鳴，鷹乃祭鳥，天地始肅，農乃登穀。

《孝經緯》曰：大暑後十五日，斗指坤，爲立秋；後十五日，斗指申，爲處暑。

《三統曆》曰：立秋爲七月節，處暑爲七月中氣。處暑者，謂暑將過伏而潛處也。

《周書·時訓》曰：立秋之日，涼風至；後五日，白露降；後五日，寒蜩鳴。涼風不至，國無嚴政。白露不降，民多欬病。寒蜩不鳴，人臣力爭。處暑之日，鷹乃祭鳥；後五日，天地始肅；後五日，農乃登穀。

《白虎通德論》曰：七月律謂之夷則何？夷，傷；則，法也，言萬物始傷，被刑法也。歐陽公《秋聲賦》云：其為樂也，商聲主西方之音，夷則為七月之律。商，傷也，物既老而悲傷。夷，戮也，物既盛而當殺。

《晉·樂志》曰：七月之辰謂之申，申者，身也，言時萬物身體皆成就也。

《夏小正》曰：七月貍子肇肆。肇，始也。肆，遂也。言其始遂也。

《詩·七月》曰：七月流火。又曰：七月鳴鵙。又曰：七月烹葵及菽。又曰：七月食瓜。注云：流，下也。火，大火也。李白詩云：“火落金風高。”謝靈運詩云：“火逝首秋節。”《七命》云：“龍火西頹。”

《提要錄》曰：七月為蘭月。

《纂要》曰：七月為首秋、上秋、蘭秋、肇秋。

《月令》曰：孟秋行冬令，則陰氣大勝，介蟲敗穀，戎兵乃來；行春令，則其國乃旱，陽氣復還，五穀無實；行夏令，則國多火災，寒熱不節，民多瘧疾。

仲秋月

《月令》曰：仲秋之月，日在角，昏牽牛中，旦觜觿中。律中南呂。盲風至，鴻雁來，玄鳥歸，群鳥養羞，日夜分，雷乃收聲，蟄蟲坯户，殺氣浸盛，陽氣日衰，水始涸。

《孝經緯》曰：處暑後十五日，斗指庚，為白露；後十五日，斗指酉，爲秋分。

《三統曆》曰：白露爲八月節，秋分爲八月中氣。白露者，陰氣漸重，露濃色白。

《周書·時訓》曰：白露之日，鴻雁來；後五日，玄鳥歸；後五日，群鳥養羞。鴻雁不來，遠人背叛；玄鳥不歸，室家離散；群鳥不羞，臣下驕慢。秋分之日，雷乃始收；後五日，蟄蟲坏戶；後五日，水始涸。雷不始收聲，諸侯淫泆；蟄蟲不坏戶，民靡有賴；水不始涸，介蟲爲害。

《白虎通德論》曰：八月律謂之南呂何？南者，任也，言陽氣尚有，任生薺麥也，故陰拒之也。

《晉·樂志》曰：八月之辰謂之酉，酉者，緒也，謂時物皆緒縮也。

《夏小正》曰：八月辰則伏丹鳥，羞白鳥。白鳥，蚊蚋也。崔豹《古今註》云：螢火，一名丹鳥，腐草化之。羞，進也，謂食蚊蚋也。

《詩·七月》曰：八月萑葦。又曰：八月載績。又曰：八月其穫。又曰：八月剥棗。又曰：八月斷壺。註云：薍爲萑。葦爲葭。載績者，絲事畢而麻事起。其穫者，禾可穫也。剥，擊也。壺，瓠也。

《提要録》曰：八月爲桂月。

《纂要録》曰：八月曰仲商。

《月令》曰：仲秋行春令，則秋雨不降，草木生榮，國乃有恐；行夏令，則其國乃旱，蟄蟲不藏，五穀復生；行冬令，則風災數起，收雷先行，草木蚤死。

季秋月

《月令》:季秋之月,日在房,昏虚中,旦柳中。律中無射。鴻雁來賓,雀入大水爲蛤,菊有黃華,豺乃祭獸戮禽。草木黄落,蟄蟲咸俯在内,皆墐其户。

《孝經緯》曰:秋分後十五日,斗指辛,爲寒露;後十五日,斗指戌,爲霜降。

《三統曆》曰:寒露爲九月節,霜降爲九月中氣。寒露者,言露氣寒,將欲凝結。

《周書·時訓》曰:寒露之日,鴻雁來賓;後五日,雀入大水爲蛤;後五日,菊有黃華。霜降之日,豺祭獸;後五日,草木黄落;後五日,蟄蟲咸俯。

《白虎通德論》曰:九月謂之無射何?射者,終也,言萬物隨陽而終也。

《晉·樂志》曰:九月之辰謂之戌。戌者,滅也,謂時物皆衰滅也。

《夏小正》曰:九月内火。注云:大火,心星也。

《詩·七月》曰:九月授衣。又曰:九月叔苴。又曰:九月滌場圃。又曰:九月肅霜。注云:叔,拾也。苴,麻子也。肅,縮也,霜降而收縮萬物也。

《國語》曰:至於玄月。注云:九月爲玄月。范蠡曰:王姑待至於玄月。漢《韓明府修孔子廟器表碑》曰:永壽二年,霜月之靈。說者疑是九月。

《提要録》曰:九月爲菊月。

《纂要》曰:九月曰暮秋、末秋、季商、杪秋,亦曰霜辰,亦曰授衣。

《月令》曰：季秋行夏令，則其國大水，冬藏殃敗，民多鼽嚏；行冬令，則國多盜賊，邊境不寧，土地分裂；行春令，則暖風來至，民氣懈惰，師興不居。

仙掌露

《前漢・班固傳》：武帝建章宮露盤上，有仙人掌承露，和玉屑飲之。金莖，銅柱也。《神農本草》云：繁露水，是秋露繁濃時也，作盤以收之，煎令稠，可食之，延年不飢。漢武帝時，東方朔得玄黃青露，各盛五合，帝賜群臣，老者皆少，病者皆除。東方朔曰：日初出處，露皆如糖可食。後武帝立金莖，作仙人，掌承露盤，取雲表之露服食之，以求仙。《文選》孟堅《西都賦》云："抗仙掌以承露，擢雙立之金莖。"張平子《西京賦》云："承雲表之清露。"

青女霜

《淮南子》：秋三月，氣不藏，百蟲蟄，青女乃出，以降霜雪。注云：青女乃天神，青腰玉女，主霜雪也。杜甫詩云："飛霜任青女，賜被隔南宮。"山谷詩云："姮娥攜青女，一笑粲萬瓦。"李商隱詩云："青女素娥俱耐冷，月中霜裏鬥嬋娟。"呂夷簡詩云："花愁青女再飛霜。"

蓼花風

《月令章句》：仲秋白露節，盲風至①。鄭玄云：疾風也。秦人謂之蓼花風。梁文帝《初秋詩》云："盲風度函谷，墜露下芳枝。"

裂葉風

《洞冥記》：裂葉風乃八月節也。

---

① "盲風"，底本原作"肓風"，形誤，茲逕訂正。下一處同。

離合風

陸機《要覽》：列子御風而行，常以立春歸於八荒，立秋日遊於風穴。風至則草木皆生，去則草木搖落，謂之離合風。

鯉魚風

《提要録》：鯉魚風，乃九月風也。李賀詩云："樓前流水江陵道，鯉魚風起芙蓉老。"又古詞云："瑞霞成綺映斫艋，棹輕鯉魚狂風起。"

黃雀雨

《提要録》：九月雨爲黃雀雨。羅鄂州詞云："九月江南秋色，黃雀雨、鯉魚風。"

荳花雨

《荊楚歲時記》：荳花雨乃八月雨也。

荻苗水

《水衡記》：黃河水，七八月名荻苗水，荻花正開也。

登高水

《水衡記》：黃河水，九月名登高水。

一葉落

《淮南子》：一葉落而天下知秋。韓文公詩云："淮南悲葉落，今我亦傷秋。"唐人詩云："山僧不解數甲子，一葉落知天下秋。"韋蘇州詩云："新秋一葉落。"

草木衰

《文選》宋玉《九辨》：悲哉，秋之氣也。皇天平分四時兮，竊獨悲此凜秋。蕭瑟兮，草木搖落而變衰。泬寥兮，天高而氣清。寂寥兮，收潦而水清。憭慄兮，若在遠行。李白詩云："深秋宋玉悲。"老杜詩云："搖落深知宋玉悲。"又云："清秋宋玉悲。"陳簡齋詩云:"宋玉有文悲落葉。"

警鶴鳴

《風土記》:鳴鶴戒露,白鶴也。此鳥性警,至八月白露降,即鳴而相警。東坡詩云:"由來警露雀。"

石雁飛

《南康記》:平固縣覆笥山上有湖,中有石雁,浮於湖上,每至秋,飛鳴如候時也。

鱖魚肥

《海録碎事》:楝木華而石首至,秋風起而鱖魚肥。

蟋蟀吟

《天寶遺事》:每秋時,宮中妃妾以小金籠閉蟋蟀,置枕函畔,夜聽其聲,時民間争傚之。

親燈火

《昌黎文》韓退之《送子阿符讀書城南》詩云:"時秋積雨霽,新涼入郊墟。燈火稍可親,簡編可卷舒。"

圍棋局

《西京雜記》:戚夫人侍兒賈佩蘭言,宮中八月四日,出雕房北戶,竹下圍棋。勝者終年有福,負者終年多病。取絲縷就北辰星下求長命,乃免。

秋菊酒

《唐書》:李適爲學士,凡天子饗會遊豫,唯宰相及學士得從。秋,登慈恩浮圖,獻菊花酒,稱壽。

思蓴鱸

《晉·文苑傳》:張翰,字季鷹,吳郡人,爲齊王冏東曹掾。見秋風起,思吳中菰米、蓴羹、鱸魚膾,嘆云:"人生貴得適志,何能羈宦數百里外，以要名爵乎？"乃嘆云："秋風起兮木葉飛，吳江水清鱸魚肥。"遂命駕而歸。後齊王敗，人皆謂之見機。又《海物異名記》云：江南人作鱠，名郎官鱠，言因張翰得名。東坡詩云："浮世功名食與眠，季鷹直得水中仙。不須更說知機早，直爲鱸魚也自賢。"又《送人歸吳有詞》云："更有鱸魚堪切鱠。"山谷詩云："東歸止爲鱸魚鱠，未敢知言許季鷹。"王荆公詩云："慷慨秋風起，悲歌不爲鱸。"

收兔毫

《墨藪》：筆取崇山絕仞中兔毛，八九月收之。筆頭長一寸，管長五寸，鋒齊腰強者，揮襟作之，屈曲眞草，皆須盡一身之力而送之。

驗美玉

《地鏡經》：八月中，草木獨有葉枝下垂者，必有美玉。又云：八月後，草木死者亦有玉。

點艾枝

《文昌雜録》：唐歲時節物，八月一日有點艾枝。《盧公範・饋餉儀》云：點炙枝，以梨枝爲之，反銀盞中，有硃砂銀枝子也。

厭兒疾

《荆楚歲時記》：八月十日，泗民以朱點小兒頭，名爲天炙，以厭疾也。

取柏露

《續齊諧記》：鄧紹八月朝入華山，見一童子，以五綵囊承取柏葉上露，皆如珠子，且云："赤松先生取以明目。"今人八月朝作眼明袋是也。又《荆楚歲時記》云：四民並以錦綵爲眼明囊，云赤松子以八月囊承柏樹露，爲宜眼。後世以金箔爲之，遞相餉遺。

結絲囊

《隋唐嘉話》：八月五日，明皇生辰，號千秋節。王公戚里進金鏡，士庶結承露絲囊相遺。《述征記》云：八月作五明囊，盛百草露，以洗眼。

登南樓

《晉史·庾亮傳》：亮鎮武昌，諸佐史殷浩之徒秋夜乘月，共登南樓。俄而亮至，諸人將起避之。亮徐曰："諸君小住，老子於此興復不淺。"便據胡牀，與浩等談詠竟夕，其坦率如此。陶侃曰："亮非惟風流，更有爲政之實也。"老杜詩云："月靜庾公樓。"

懷故里

《提要錄》：王粲觀秋月，懷弟妹故里而傷神。老杜詩云："曉鶯工迸淚，秋月解傷神。"注云：春鶯、秋月，人所賞玩。而鶯所工者，在於迸人之淚；月所解者，在於傷神之人。蓋亂離疾病之所感也。

悲遊子

《梁史》：江淹過灞陵，秋深葉脫，乃嘆曰：何限風物寥落，祇悲遊子故園之思。老杜詩云："風物悲遊子，江山憶故人。"

歎謫仙

《文粹》李白《秋興歌》："我覺秋興逸，誰云秋興悲。"賀知章見之，曰："是子謫仙人也。"

賞白蓮

《天寶遺事》：明皇八月，太液池有千葉白蓮數枝盛開，帝與貴戚宴賞，左右皆嘆羨久之。帝指貴妃，示左右："爭如我解語花。"古詞云："翠蓋盈盈紅粉面，葉底荷花解語。"

水晶宮

《漁隱叢話》：吳興謂之水晶宮，而不載之《圖經》，惟《吳興集》有之。刺史楊漢公《九月十五日夜絕句》云："江南地暖少嚴風，九月炎涼正得中。溪上玉樓樓上月，清光合在水晶宮。"疑因此而得名也。

歲時廣記卷第三

歲時廣記卷第四

廣寒仙裔陳　元靚　編

冬

《禮記·鄉飲酒》曰：北方曰冬，冬之爲言中也。中者，藏也。《管子》曰：冬者，陰之畢，下伏萬物。《尸子》曰：冬爲信。《淮南子》云：冬爲權。權者，所以權萬物也。權正而不失，萬物乃藏。《前漢·律曆志》曰：大陰者，北方。北，伏也，陽氣伏於下，於時爲冬。冬，終也，物終藏，乃可稱。水潤下。智者謀，謀者重，故爲權也。又《月令》曰①：冬三月，其日壬癸，其帝顓頊，其神玄冥，其蟲介，其音羽，其數六，其味鹹，其臭朽，其祀行，祭先腎。

孟冬月

《禮記·月令》曰：孟冬之月，日在尾，昏危中，旦七星中。律中應鍾。水始冰，地始凍，雉入大水爲蜃，虹藏不見，天氣上騰，地氣下降，天地不通，閉塞而成冬。

《孝經緯》曰：霜降後十五日，斗指乾，爲立冬；後十五日，斗指亥，爲小雪。

《三統曆》曰：立冬爲十月節，小雪爲十月中氣。小雪、大雪者，以霜雨凝結而雪，十月猶小，十一月轉大。

---

① 此三字底本原作“曰月令”，茲逕乙正。

《周書·時訓》曰：立冬之日，水始冰；後五日，地始凍；後五日，雉入大水爲蜃。小雪之日，虹藏不見；後五日，天氣上騰，地氣下降；後五日，閉塞而成冬。

《白虎通德論》曰：十月律謂之應鍾何？鍾，動也，言萬物應陽而動，下藏也。

《晉·樂志》云：十月之辰謂之亥。亥者，劾也，言時陰氣劾，殺萬物也。

《夏小正》曰：十月黑鳥浴。黑鳥，烏也。浴也者，謂飛乍上乍下也。

《詩·七月》曰：十月隕蘀。又曰：十月蟋蟀入我牀下。又曰：十月穫稻。又曰：十月納禾稼。又曰：十月滌場。

《左傳·莊公十六年》：公父定叔使以十月入，曰：“良月也，就盈數焉。”

《西京雜記》曰：陰德用事，則和氣皆陰，建亥之月是也，故謂之正陰之月。又曰：十月陰雖用事，而陰不孤立，此月純陰，疑於無陽，故亦謂之陽月。歐陽公詞曰：“十月小春梅蕊綻。”

《纂要》曰：十月曰上冬。

《月令》曰：孟冬行春令，則凍閉不密，地氣上泄，民多流亡；行夏令，則國多暴風，方冬不寒，蟄蟲復出；行秋令，則霜雪不時，小兵時起，土地侵削。

仲冬月

《月令》曰：仲冬之月，日在斗，昏東壁中，旦軫中。律中黃鍾。冰益壯，地始坼，鶡旦不鳴，虎始交，芒始生①，荔挺出，蚯蚓

---

① “芒”，底本原作“芸”，形誤，茲逕據四卷本校改。

結,麋角解,水泉動。

《孝經緯》曰:小雪後十五日,斗指壬,爲大雪;後十五日,斗指子,爲冬至。

《三統曆》曰:大雪爲十一月節,冬至爲十一月中氣。

《周書·時訓》曰:大雪之日,鶡旦不鳴;後五日,虎始交;後五日,荔挺出。冬至之日,蚯蚓結;後五日,麋角解;後五日,水泉動。

《白虎通德論》曰:十一月律謂之黃鍾何?黃,中和之色。鍾者,動也,言陽氣動於黃泉之下,動養萬物也。

《晉·樂志》曰:十一月辰謂之子。子者,孳也,言陽氣至此更孳生也。

《夏小正》曰:十一月王狩。言王狩之時也,冬獵爲狩。

《呂氏春秋》曰:仲冬命之曰暢月。注云:暢,充也。

《月令》曰:仲冬行夏令,則其國乃旱,氛霧冥冥,雷乃發聲;行秋令,則天時雨汁,瓜瓠不成,國有大兵;行春令,則蝗蟲爲敗,水泉咸竭,民多疥癘。

季冬月

《月令》曰:季冬之月,日在婺女,昏婁中,旦氐中。律中大呂。雁北鄉,鵲始巢,雉雊,雞乳,征鳥厲疾,冰方盛,水澤腹堅。日窮於次,月窮於紀,星回於天。數將幾終,歲且更始。

《孝經緯》曰:冬至後十五日,斗指癸,爲小寒;後十五日,斗指丑,爲大寒。

《三統曆》曰:小寒爲十二月節,大寒爲十二月中氣。小寒、大寒者,十二月極寒之時,相對爲大、小,月初爲小寒,月半爲大寒也。

《周書·時訓》曰:小寒之日,雁北鄉;又後五日,鵲始巢;又五日,雉始雊,雁不北嚮,民不懷主;鵲不始巢,一國不寧;雉不始雊,國乃大水。大寒之日,鷄始乳;又五日,鷙鳥厲疾;又五日,水澤腹堅。鷄不始乳,淫女亂男;鷙鳥不厲,國不除兵;水澤不腹堅,言乃不從。

《白虎通德論》曰:十二月律謂之大吕何?大,大也。吕者,拒也,言陽氣欲出,陰不許也。吕之爲言拒者,旅抑拒難之也。

《晉·樂志》曰:十二月之辰謂之丑。丑者,紐也,言終始之際,故以紐結爲名也。

《夏小正》曰:十二月,玄駒賁。玄駒,蟻也。賁者,走於地中也。

《纂要》曰:十二月曰暮冬,亦曰杪冬、涂月、暮節、暮歲、窮稔、窮紀①。

《月令》曰:季冬行秋令,則白露蚤降,介蟲爲妖,四鄙入保;行春令,則胎夭多傷,國多固疾,命之曰逆;行夏令,則水潦敗國,時雪不降,冰凍消釋。

一色雲

《韓詩外傳》:凡草木花多五出,雪花獨六出。雪花曰霙,雪雲曰同雲。同,謂雲陰與天同爲一色也。故《詩》云:"上天同雲,雨雪雰雰。"

一丈凍

郭義恭《廣記》:北方地寒,冰厚三尺,地凍一丈。

千里雪

《楚詞》:層冰峨峨,飛雪千里。王逸注云:北極常寒也。東

---

① "杪冬",底本原作"抄冬",兹逕典正。

坡詩云:"峨眉山西雪千里。"謝朓《雨雪曲》云:"峨峨六尺冰,飄飄千里雪。"

千年冰

《杜陽雜編》:順宗即位年,拘弭國貢常堅冰,云其國有大凝山,其中有冰,千年不釋。及齎至京師,潔冷如故,雖盛暑赭日,終不消。嚼之,與中國冰凍無異。又《神異經》云:北方有層冰萬里,厚百丈。《尸子》曰:朔方之寒冰,厚六尺。北極左右,有不釋之冰。《漢·五行志》云:元和間,琅邪井冰厚丈餘。

紺碧霜

《拾遺記》:廣延國霜色紺碧。又云:嵊州霜甘也。《漢武帝內傳》曰:仙家上藥,有玄霜紺雪。

入液雨

《瑣事錄》:閩俗,立冬後過壬日,謂之入液。至小雪出液得雨,謂之液雨。無雨,則主來年旱。諺云:液雨不流籗,高田不要作。又謂之藥雨,百蟲飲此水而蟄。林公弁詩云:"液雨初生小院寒。"

復槽水

《水衡記》:黃河水,十月名復槽水,落復故道也。

蹙凌水

《水衡記》:黃河水,十一月、十二月名蹙凌水,冰斷復結,蹙起成層也。

寶硯爐

《天寶遺事》:內庫有七寶硯爐一所,曲盡其巧。每冬寒硯凍,置於爐上,硯冰自消,不勞置火。冬月帝用之。

暖玉鞍

《天寶遺事》：岐王有玉鞍一面，每至冬月則用之，雖天氣寒嚴，此鞍在座下，如有温火之氣。

暖金合

《裴鉶傳奇》：進士張無頗過袁天罡女，袁大孃受藥，以暖金合盛之，曰：寒時值出此合，則一室暄熱，不假爐炭矣。合乃廣利王宮中之寶。

却寒簾

《杜陽雜編》：咸通九年，同昌公主下降，賜錢五百萬貫，仍罄内庫寶貨以實其宅，更賜金麥銀米數斛。堂設連珠之帳，續真珠以成也，却寒之簾，類玳瑁班，有紫色，云却寒鳥骨所爲也。則未知出何國。

却寒犀

《杜陽雜編》：同昌公主堂中設却寒犀，又綴五色香囊，貯辟寒香。前輩詩云："辟寒犀外凍雲平。"

禦寒毯

《提要録》：太祖登極，九州各貢方物，燕國劉大王守光使進禦寒毯一牀。

辟寒金

《古今詩話》：啾寒鳥出崑明國，形如雀，色黃。魏明帝時，其國來獻，飼以真珠及兔腦，常吐金屑如粟，宮人爭取爲釵鈿，名之辟寒金。此鳥不畏寒也。宮人相嘲曰："不取辟寒金，那得帝王心。不服辟寒鈿，那得帝王憐。"古樂府云："誰似辟寒金，聊借與，空牀暖。"

辟寒香

《述異記》:漢武帝時,外國貢辟寒香,室中焚之,雖大寒必減衣。

衣狐裘

《呂氏春秋》曰:衛靈公天寒鑿池,言不寒。宛春曰:"君衣狐裘,坐熊席,四隅有火,所以不寒。"

設羆褥

《拾遺記》:周靈王起昆昭之臺,設狐腋素裘、紫羆文褥。一人以指彈席上,而暄風入室,裘褥皆棄臺下。

揑鳳炭

《天寶遺事》:楊國忠以炭屑用蜜揑塑成雙鳳,至冬至日,則焰於爐中。及先以白檀木鋪於爐底,餘灰不許參雜。

置鳳木

《杜陽編》:李輔國嚴凝之時,置鳳首木於高堂大廈中。其木高一尺,而雕刻如鸞鳳之形,和煦之氣如二三月,故別名常春木。

呵牙筆

《天寶遺事》:李白嘗於便殿對明皇撰詔誥。時十月,大寒,筆凍莫能書字。帝敕宮嬪十人侍於李白左右,令冬各執牙筆呵之,白遂取而書詔。李白之受聖眷也,如此之厚。

得玉馬

臧榮緒《晉書》①:新蔡王騰發於并州常山之真定縣,遇天大雪,平地數丈,融不積。騰發怪而掘之,得玉馬,高尺許,上表獻之。蔾藋野人《立春》詩云:"玉馬自能消朔雪,土牛更爲發

---

① "晉書",底本原作"續晉書",疑"續"字涉上"緒"字誤衍,茲逕刪。

春風。"

炷暖香

《雲林異景志》:寶雲溪有僧舍,盛冬若客至,不燃薪火,暖香一炷,滿室如春。詹克愛《題西山禪房》詩云:"暖香炷罷春生室,始信壺中別有天。"

吐氣火

《葛仙翁別傳》:公與客談話,時天寒,仙翁謂客曰:居貧,不能人人得爐火,請作一大火,共致暖者。仙公因吐氣,火從口中出,須臾火滿室,客皆熱脫衣也。

煮建茗

《開元遺事》:逸人王休居太白山下,日與僧道異人往還。每至冬日,取冰,敲其精瑩者煮建茗,以供賓客飲之。

飲羔酒

《提要錄》:世傳陶穀學士買得黨太尉家故妓。遇雪,陶取雪水烹團茶,謂妓曰:"黨家應不識此。"妓曰:"彼粗人,安有此景,但能於銷金帳下,淺酌、低唱,飲羊羔酒耳。"陶默然愧其言。東坡詩云:"試問高吟三十韻,何如低唱兩三杯。"

作妓圍

《天寶遺事》:申王每冬月苦寒之際,令宮女密圍於坐側,以禦寒氣,謂之妓圍。

揣妓肌

《天寶遺事》:岐王每冬寒手冷,不近火,惟於妙妓懷中揣其肌膚,爲之暖手。

選肉陣

《開元遺事》:楊國忠選婢妾肥大者,行列於前,令遮風,謂之肉陣。

暖寒會

《開元遺事》：巨豪王元寶每冬月大雪之時，令僕夫掃雪爲徑，躬立坊前，迎揖賓客，具酒炙宴之，爲暖寒會。

送臘粥

皇朝《東京夢華錄》：十二月都城賣散佛花，至初八日，有僧尼三五爲群，以盆盛金銅佛像，浸以香水，楊柳灑浴，排門教化。諸大寺作浴佛會，并送七寶五味粥，謂之臘八粥。都人是日亦以果子雜料煮粥而食。

省療火

《前漢書》：冬，民既入，婦人同巷，相從夜績，一月得四十五日，以省療火，同巧拙而合習俗也。療，力召反。

溫母席

《搜神記》：羅威，字德行，少喪父，事母至孝。母年七十，天大寒，常以身自溫席，而後授其母。

暖母枕

《東觀漢記》：黃香，字文疆，江夏安陸人，事母至孝。每冬寒，則身暖枕席。夏，則扇之使涼。東坡詩云：“願子聚爲江夏枕，不勞揮扇自寧親。”

扣冰魚

《孝子傳》：王祥，少有德行，事後母至孝。盛寒冰凍，網罟不施，母欲生魚，祥解褐，扣冰求之。忽冰開，有雙魚躍出，祥獲以奉母。時人謂之至孝所致。黃民《本後章》云：“臥冰泣竹慰母心。”

號林筍

《楚國先賢傳》：左臺御史孟宗，事後母至孝。母性嗜筍，及母亡，冬節至，宗入林，哀號而筍生，以供祭祀。杜甫詩云："遠傳冬筍味，更覺綵衣春。"

問歲餘

《魏略》：董遇好學，人從學者，遇不肯教，云："當先讀書百遍，而義自見。"學者云："苦暇無日。"遇曰："當以三餘。"或問三餘之意。遇曰："冬者，歲之餘；夜者，日之餘；閏者，月之餘。"又見任彥升《策》。山谷詩云："皇文開萬卷，家學陋三餘。"東坡詩云："酒飽高眠真事業，此生有味在三餘。"

足文史

《漢書》：方朔自言年十三學，三冬文史足用。注云：貧子冬日乃得學。

歲時廣記卷第四

歲時廣記卷第五

廣寒仙裔陳　元靚　編

元旦上

（以上缺。）時之禮也，故於此日，採椒花以獻尊者。古詞云：
"□□□□□金縷①，探聽春來處。"又云："佳人重勸千長壽，柏
葉椒花分翠袖。"

屠蘇散

《歲華紀麗》：俗説，屠蘇者，草庵之名也。昔有人居草庵之
中，每歲除夕遺里閭藥一貼，令囊浸井中。至元日，取水置於酒
樽，合家飲之，不病瘟疫。今人得其方，而不識名，但曰屠蘇而
已。孫真人《屠蘇飲論》云：屠者，言其屠絶鬼氣。蘇者，言其蘇
省人魂。其方用藥八品合而爲劑，故亦名八神散。大黃、蜀椒、
桔梗、桂心、防風各半兩，白术、虎杖各一分，烏頭半分，咬咀，以
絳囊貯之，除日薄暮懸井中，令至泥，正旦出之，和囊浸酒中，頃
時捧杯，咒之曰："一人飲之，一家無疾。一家飲之，一里無病。"
先少後長，東向進飲。取其滓懸於中門，以辟瘟氣。三日外，棄
於井中。此軒轅黃帝神方。李漢老詞云："一年滴盡蓮花漏，翠

---

① 此處五個缺字，底本即作缺字符號，兹亦照録。後文有多處同此情況者，均
照録，一般不再出校記説明。

井屠蘇沉凍酒。”洪舍人邁《容齋續筆》云：今人元日飲屠蘇，自小者起，相傳已久，然固有來處。後漢李膺、杜密以黨人同繫獄，值元日，於獄中飲酒曰：“正旦從小起。”《時鏡新書》：晉董勛云：“正旦飲酒，先飲小者，何也？”勛曰：“俗以小者得歲，故先酒賀之。老者失歲，故後飲殿之。”《初學記》載《四人月令》云：正旦進酒，次第當從小起，以年小者起。唐劉夢得、白樂天元日舉酒賦詩，劉云：“與君同甲子，壽酒讓先杯。”白云：“與君同甲子，歲酒合誰先？”白又有《歲假內命酒》一篇云：“歲酒先拈辭不得，被君推作少年人。”顧況云：“不覺老將春共至，更悲攜手幾人全。還丹寂寞羞明鏡，手把屠蘇讓少年。”裴夷直云：“自知年幾偏應少，先把屠蘇不讓春。儻更數年逢此日，還應惆悵羨他人。”成文幹云：“戴星先捧祝堯觴，鏡裏堪驚兩鬢霜。好是燈前偷失笑，屠蘇應不得先嘗。”方干詩云：“纔酌屠蘇定年齒，坐中皆笑鬢毛班。”然則尚矣。東坡亦云：“但把窮愁博長健，不辭最後飲屠蘇。”其義亦然。潁濱詩云：“井底屠蘇浸舊方，床頭冬釀壓瓊漿。”

五辛盤

《風土記》：正元日，俗人拜壽，上五辛盤，松柏頌，椒花酒，五熏煉形。五辛者，所以發五臟氣也。《正一旨要》云：五辛者，大蒜、小蒜、韭菜、蕓薹、胡荽是也。孫真人《食忌》云：正月之節食五辛，以辟癘氣。孫真人《養生訣》云：元日取五辛食之，令人開五臟，去伏熱。《衛生必用》云：韭性暖，春食補益。齊周顒隱鍾山，王儉謂曰：山中所食何者最勝？曰：春初早韭，秋末晚菘。庾肩吾詩云：“聊開柏葉酒，試奠五辛盤。”一云，五辛，薑也。

敷于散

葛洪《鍊化篇》：敷于散，用柏子仁、麻仁、細辛、乾薑、附子等，分爲末，元日井花水服之，抑陰助陽，却邪辟疫。一云胡治方。

彈鬼丸

《劉氏方》：彈鬼丸，武都雄黃、丹砂二兩，合前五藥爲末，鎔蠟五兩，和圓如彈大。正旦，男左女右佩之，大辟邪氣。又有所謂却鬼丸。唐人詩云：“走鹿枯風吼夜闌，頌花還喜向椒盤。人情此日非前日，歲事新官對舊官。竹葉莫辭終日醉，梅花已拼隔年看。書生但恐寒爲祟，不用朱泥却鬼丹。”

辟瘟丹

《千金方》：辟瘟丹，皂角、蒼朮、降真香爲末，水圓如龍眼大，朱砂爲衣。正旦五更，當門焚之，禳滅瘟氣。

膠牙餳

《荆楚歲時記》：元日食膠牙餳，取膠固不動之義，今北人亦如之。白樂天詩云：“一楪膠牙餳。”

粉荔枝

《金門歲節》：洛陽人家正旦造鷄絲、蠟燕、粉荔枝，更相餽送。古詞云：“曉日樓頭殘雪盡，乍破臘、風傳春信。綵燕絲鷄，珠幡玉勝，併歸釵鬢。”

擘柿橘

《瑣碎録》：京師人歲旦用盤盛柏一枝，柿、橘各一枚，就中擘破，衆分食之，以爲一歲百事吉之兆。

餐蓬餌

《西京雜記》：漢宮中正旦出池邊盥濯，食蓬餌，以祓除邪惡氣。

食索餅

《歲時雜記》：元日，京師人家多食索餅，所謂年餺飥者或此類。

服桃湯

《荆楚歲時記》：元旦，服桃湯。桃者，五行之精，能厭伏邪氣，制禦百鬼。又《風俗通》云：元日，飲桃湯及柏葉酒。

煎朮湯

皇朝《歲時雜記》：正月一日，京城人皆煎朮湯以飲之，并燒蒼朮，以辟除疫癘之氣。

服濬豆

《四時纂要》：歲旦，服赤小豆二七粒，向東以濬汁下，可終歲無疾，家人悉令飲之。

吞鹽豉

皇朝《歲時雜記》：元旦，吞鹽豉七粒，可令終歲不誤食蠅子。

咽雞卵

《風俗通》：元日，食雞子一枚，以鍊形也。又《莊子》注云：正旦，皆當吞生雞子一枚。

浴香湯

《雜修養書》：正月一日，取五木湯以浴，令人至老鬢髮稠黑。徐鍇注云：道家以青木香爲五香，亦名五木，道家多以此爲浴。《海録碎事》云：一木五香：根，旃檀；節，沉；花，雞舌；葉，藿；膠，薰陸。

燒丁香

《瑣碎録》：樞密王博文正旦四更燒丁香，以辟瘟氣，取性烈也。

燃爆竹

《神異經》：西方深山中，有人長尺餘，犯人，則病寒熱，名曰山臊。以竹著火中，煏烞有聲，而山臊驚憚。《玄黄經》云：此鬼是也。俗以爲爆竹起於庭燎，不應濫於王者。又《荆楚歲時記》云：元日庭前爆竹，以辟山臊惡鬼也。潁濱《除日》詩云："楚人重歲時，爆竹鳴磔磔。"又王荆公詩云："爆竹驚鄰鬼。"古詞云："南樓人未起。爆竹聲聞，應在笙歌裏。"又云："竹爆當門庭。"震門陛也。

飾桃人

《山海經》：東海有度朔山，上有大桃樹，蟠屈三千里，其卑枝間東北，曰鬼門，萬鬼所出入也。上有二神，一曰神荼，一曰鬱壘。主閲領衆鬼之惡害人者，執以葦索，而用飼虎焉。於是黄帝法而象之，毆除畢，因立桃梗於門户之上，畫鬱壘持葦索，以禦凶鬼，畫虎於門，當食鬼鬼也。《後漢・禮儀志》注云：虎者，陽物，百獸之長，能擊鷙鳥，食魑魅者也。又《風俗通》云：黄帝上古之時有神荼、鬱壘兄弟二人①，性能執鬼，於度朔山桃樹下簡閲百鬼之無道者，縛以葦索，執而飼虎。是故，縣官常以臘祭，夕飾桃人，垂葦索，畫虎於門，以禦凶也。又《括地圖》云：桃都山有大桃樹，盤屈三千里，上有金鷄，日照此則鳴。下有二神，一名鬱，一名壘，並執葦索，以伺不祥之鬼，得則殺之。又《玄中記》云：今人正朝作兩桃人，立門傍，以雄鷄毛置索中，蓋示勇也。張平子《東都賦》云："度朔作梗，守以鬱壘，神荼副焉，對操葦索。"李善注云："梗桃，木人也。"

畫桃梗

《戰國策》：蘇秦説孟嘗君曰：土偶人語桃梗曰：今子東國之

---

① "二"，底本原作"三"，今據《風俗通義》改。

桃木，削子爲人，假以丹彩，用子以當門户之癘。高誘注云：東海中有山，名度朔。上有大桃樹，其枝間東北曰鬼門。下有二神人，一曰余與，二曰鬱壘，主治害鬼。故世刊此桃，畫余與鬱壘，正歲以置門户，號之曰桃梗。《後漢・禮儀志》注云：梗者，更也，歲終更始，受介祉也。或曰：即黄帝立桃人之事耳。

插桃梧

《淮南子・詮言訓》：羿死於桃梧。許慎注云：梧，大杖也，取桃爲之，以擊殺羿，由是以死，鬼畏桃。今人以桃梗徑寸許，長七八寸，中分之，書祈福禳災之辭，歲旦插於門左右地而釘之，即其制也。

寫桃版

皇朝《歲時雜記》：桃符之制，以薄木版長二三尺、大四五寸，上畫神像、狻猊、白澤之屬，下書左鬱壘、右神荼，或寫春詞，或書祝禱之語，歲旦則更之。王介甫詩云："總把新桃換舊符。"東坡詩云："退閑擬學舊桃符。"

造仙木

《玉燭寶典》：元日，造桃版著户，謂之仙木，以像鬱壘山桃樹，百鬼畏之也。

辯荼壘

《藝苑雌黄》：荼壘之設，數説不同。《山海經》及《風俗通》則曰神荼、鬱壘，高誘注《戰國》又曰余與、鬱壘，《玉燭寶典》直以鬱壘爲山名，《括地圖》又分鬱壘爲二，而無神荼。不知當以何説爲是。然今人正旦書桃符，多用鬱壘、神荼。古詞云："待醉裏小王，書寫副，神荼、鬱壘。"

繪門神

《荆楚歲時記》:歲旦繪二神,披甲持鉞,貼於户之左右,謂之門神。又吕原明《歲時雜記》云:除夕圖畫二神形傅於左右扉,名曰門神户尉。

書豐字

《酉陽雜俎》:元日,俗好於門上畫虎頭,書"豐"字,謂陰司鬼名,可息虐癘也。又《讀書舊儀》云:歲旦儺逐疫鬼,立桃人、葦索、滄耳、虎頭等於門。所謂滄耳者,恐即"豐"字之訛也。又《宣室志》云:斐漸隱居伊水,善洞視鬼物,時有道士李君見漸於伊上,寓書博陵崔公曰:當今制鬼,無過漸耳。是時,朝士咸聞漸耳之説,而不審所謂,竟書其字於門,以辟祟癘。後人效之,遂至成俗。

貼畫鷄

《藝苑雌黃》:古人以正旦畫鷄於門,七日貼人於帳。杜公瞻注《歲時記》云:餘日不刻牛羊狗豬馬之像,而二日獨施人、鷄,此則未喻。予以意度之,正旦畫鷄於門,謹始也。七日貼人於帳,重人也。

刻明鳥

《拾遺記》:堯在位七年,祇支國獻重明鳥,似鳳而小,云能禳妖災,或一歲數來,或數歲一來。國人每掃户以望其集,或以金寶刻爲其狀,置户牖間,則鬼類自伏。今人元日刻爲畫鷄於户上,蓋其遺像也。

釘麵蛇

《歲時雜記》:京師人以麵爲蛇形,又以炒熟黑豆煮熟鷄子三物,於元日四鼓時,用三姓人掘地,逐件以鐵釘各釘三下,咒曰:

蛇行則病行，黑豆生則病行，雞子生則病行。咒畢，遂掩埋之。

掛兔頭

《歲時雜記》：元旦，取兔頭，或兼用麵蛇，或以竹筒盛雪水，與年幡面具，同掛門額。

斬鼠尾

《雜術》：臘月捕鼠，斷其尾。正月一日日未出時，家長於蠶室祝曰：制斷鼠蟲，切不得行。三祝而置之壁上，永無暴鼠。

燒鵲巢

《四時纂要》：元旦，取鵲巢燒之，著廁，辟兵，極效。

取古磚

陳藏器《拾遺》云：正月朝早，將物去塚頭，取古磚一口，禱咒，要斷一年無時瘟，懸安大門也。

鏤色土

《易通卦驗》：正旦五更，整衣冠於家庭中，燃爆竹，帖畫雞，或鏤五色土於户上，厭不祥也。

造華勝

董勛《答問禮俗》：正月一日，造華勝以相遺，像瑞圖金勝之形。賈充李夫人《典誡》曰：每見時人，月旦花勝，交相遺與，謂正月旦也。李漢老《元旦》詞云：“又喜椒觴到手，寶勝裏，仍翦金花。”東坡《元日》詩云：“蕭索東風雨鬢華，年年幡勝剪宮花。”又云：“勝裏金花巧耐寒。”

剪年幡

皇朝《歲時雜記》：元旦，以鴉青紙或青絹剪四十九幡，圍一大幡，或以家長年齡戴之，或貼於門楣。仲殊《元日》詞云：“椒觴獻壽瑤觴滿，綵幡兒、輕輕剪。”又云：“柏觴潋灩銀幡小。”

懸葦索

《荆楚歲時記》：元日，懸葦索、桃棒於門户上。《海録碎事》云：南陽葦杖用劉寬蒲鞭事。《韓詩外傳》曰：老蒲爲葦。

投麻豆

《雜五時書》：正旦及上元日，以赤豆麻子二七粒置井中，辟瘟癘，甚效。

折松枝

董勛《答問禮俗》：歲首，祝椒酒飲畢，又折松枝於户，男一七、女二七，亦同此義。

取楊柳

《蘇氏演義》：正旦，取楊柳枝著户，百鬼不入家。

照桑果

《齊民要術》：正旦鷄鳴時，把火遍照五果及桑樹上下，則無蟲。時年有桑果灾生蟲者，元旦照之，免灾。

嫁棗李

《四時纂要》：元旦日未出時，以斧斑駁錐斫棗李等樹，則子繁而不落，謂之嫁樹。晦日同，嫁李則以石安樹間。

採款花

《本草圖經》：款冬花生於冰下，十二月、正月旦採之。傅咸《〈款冬賦〉序》曰：余曾逐禽，登北山，於時中冬，冰凌盈谷，積雪被崖，顧見款冬花，煒然始敷華艷，當是正於冰下爲花也。主欬逆，古今方用之。

忌針綫

《歲時雜記》：京人元日皆忌針綫之工，故諺有"懶婦思正月，饞婦思寒食"之語。

治酒食

《李晟傳》：正歲，崔氏女歸寧，晟曰：爾有家而姑在堂，當治酒食以待賓客。即却之，不得進。

祝富貴

《唐文粹》：元稹《元旦》詩云："富貴祝來何所遂，聰明鞭得轉無機。"稹自注云：祝富貴、鞭聰明，皆正旦童稚語。

禳長短

《歲時雜記》：小兒生太短者，元日五鼓，就廁傍偃卧，從足倒曳跬步許。太長者，以木枕拍其頭。

賣懞懂

《歲時雜記》：元日五更初，猛呼他人，他人應之，即告之曰：賣與爾懞懂。賣口吃亦然。

呼畜類

《五行書》：元日向晨，至門前呼牛馬雜畜令來，仍置粟豆於灰，散之宅内，云可以招牛馬，未知所出。

驗牛卧

《玉堂閑話》：正月一日，於牛屋下驗牛，俱卧，則五穀難生苗；半卧半起，歲中平；牛若俱立，則五穀大熟。

歲時廣記卷第五

歲時廣記卷第六①

---

① 此卷底本原缺,業已亡佚,兹僅列之。

歲時廣記卷第七

廣寒仙裔陳　元靚　編

元旦下

會兩禁

《古今詞話》：慶曆癸未十二月十九日，立春，甲申元日，丞相晏元獻公會兩禁於私第。丞相席上自作《木蘭花》以侑觴曰：“東風昨夜回梁苑，日腳依稀添一線。旋開楊柳綠蛾眉，暗折海棠紅粉面。無情欲去雲間雁，有意飛來梁上燕。無情有意且休論，莫向酒杯容易散。”於時坐客皆和，亦不敢改首句“東風昨夜”四字。今得三闋，皆失姓名，其一曰：“東風昨夜吹春晝，陡覺去年梅蕊舊。誰人能解把長繩，繫得烏飛並兔走。清香瀲灩杯中酒，新眼苗條江上柳。樽前莫惜玉顏酡，且喜一年年入手。”其二曰：“東風昨夜傳歸耗，便覺銀屏寒料峭。年華容易即凋零，春色只宜長恨少。池塘隱隱驚雷曉，柳眼初開梅萼小。樽前貪愛物華新，不道物新人漸老。”其三曰：“東風昨夜歸來後，景物便爲春意候。金絲齊奏喜新春，願介香醪千歲壽。尋花插破桃枝臭，造化工夫先到柳。鎔酥剪綵恨無香，且放真香先入酒。”

入仙洞

《夷堅丁志》：李大川，撫州人，以星禽術遊江淮。政和間，至和州，值歲暮，不盤術。正旦日，逆旅主人拉往近郊，見懸泉如簾,下入洞穴,甚可愛,因相攜登隴,觀水所注。其地少人行,陰苔滑足,李不覺隕墜。似兩食頃,乃坐於草壤上,肌膚不少損。睨穴中正黑如夜,攀緣不能施力,分必死,試舉右手,空無所著,左手即觸石壁,循而下,似有微徑,可步,稍進,漸明,右邊石池,荷方爛熳,雖飢渴交攻,而花與水皆不可及。已而明甚,前遇雙石洞門,欲從右入,恐益遠,乃由左戶而過,如是者三,則在大洞中,花水亦絕,了不通天日,而晃耀勝人間。中有石棋局,聞誦經聲,不見人,遠望若有坐而理髮者,近則無所睹。俄抵一大林,陰森慘澹,悽神寒骨,悸怖疾走,已出曠野間,舉頭見日,自喜再生,始緩行,見道傍僧寺,憩於門。僧出問故,皆大驚,爭究其說。李曰:“與我一杯水,徐當言之。”便延入寺具飯,悉道所歷。僧嘆曰:“相傳兹山有洞,是華陽洞後門,然素無至者。”李問:“此何處?”曰:“滁州境。”“今日是何朝?”曰:“人日也。”李曰:“吾已墜七日,才如一晝耳。”僧率衆挾兵刃,邀李尋故蹊,但怪惡種種,不容復進。李還歷陽,訪舊館,到已暮,夜扣戶,主人問爲誰,以姓名對,舉室吐罵曰:“不祥!不祥!”李大聲呼曰:“我非鬼也,何得爾!”遂啟戶,留數日而歸。每爲人話其事,或誚之曰:“爾亦愚人,正旦荷花發,詎非仙境乎?且雙石洞門,安知右之遠而左可出也?”李曰:“方以死爲慮,豈暇念此,雖悔之何益。”

遊星宮

《夷堅丙志》:建昌李氏,奉紫姑甚謹,一子未娶。每見美女子往來家間,遂與狎昵。時對席飲酒,烹羊擊鮮,莫知所從致。父母知而禁之,乃閉諸空室,女子猶能來。經旬日,謂曰:“在此非樂處,盍一往吾家乎?”即攜手出外,高馬文輿,導從已具,促登車,障以帷幔,略無所睹。不移時,到一大城,瑤宮瑤砌,佳麗列屋，氣候和淑，不能分晝夜，時時縱遊他所，見珠球甚多。粲絢五色，掛於椽間，問其名，曰：“此汝常時望見，謂爲星者也。”留久之，一日凭欄立，女曰：“今日世間正旦也。”生豁然省悟，私自悼曰：“我在此甚樂，當新歲節，不於父母前再拜上壽，得無貽親念乎？”女已知其意，悵然曰：“汝有思親之念，吾不可復留汝，宜亟還，亦宿緣止此爾。”命酌酒語別，取小樸納其懷，戒之曰：“但閉目斂手，任足所向，道上逢奇獸、異鬼、百靈、秘怪，從汝覓物，可探懷以一與之，切不得過此數，過則無繼矣。俟足踏地，則到人間，然後爲還家計。”生泣而訣，既行，覺耳旁如崩崖飛湍，響振河漢，天風吹衣，冷透肌骨，巨獸張口銜其祛，生憶女所戒，與物即去。俄又一物來，如是者殆百數，摸索所攜，只餘其一。忽聞市聲嘈嘈，足亦履地，開目問人，乃泗洲也。空孑一身，茫不知爲計。啓樸視之，正存金鑰匙一箇，貨於市，得錢二十千，會綱舟南下，隨以歸。家人相悲喜，曰失之數月矣。

遇真人

《夷堅志》：丹陽蘇養直庠，居後湖，暮年徙太湖馬跡山。紹興甲子十一月中，酒病困臥，所使村童持謁扣牀曰：“有客稱江宣贊，欲求見。”視其謁刺，曰：“惠州羅浮山水簾洞長生道人江觀潮。”兩畔各書詩一句曰：“富貴易逢日月短，此中難遇是長生。”蘇悅其語，強起延之，客曰：“羅浮黃真人以君不欲世間聲利，姓名已書仙籍，命我持丹授君。”蘇時年八十矣，應之曰：“庠平生未嘗識真人，且又形骸已壞，何以丹爲哉？”客曰：“此非五金八石比，蓋真人真氣所化也，服之無嫌。”蘇視之，客衣服侈麗，類貴遊，言辭鄙俗，甚惡之，冀其速去，曰：“雖然，終不願得也。老病缺於承迎，當令兒曹奉陪次。”客曰：“我專爲君来，君不欲丹，當復持以歸。但路絕遠，願借一宿，明旦晴即去。不然，須少留也。"不獲已，命館於菊墅。時天久晴，五更大雨作。蘇憶昨日語，頗悔。亟邀致具酒，未及飲，蘇曰："丹可見否？"客喜，便於腰間篋中取授蘇，連云："且延一紀。"藥僅如豆大，紫黃色，亦不作丸劑。客曰："困篤則服之，方見奇效。凡身有疾，但敬想丹力所行至即愈。餌此者，當飛升度世，若情欲未畢，故自延一紀壽，壽終亦爲仙官矣。飲罷遂別去，約五年復來，來時君異於今日。"蘇以丹并刺字置笥中，歲未盡五日，忽大病，至除夕氣絕。家人以頂暖，不忍斂。及明，諸子記前事，發笥視之，藥故在，取投口中，須臾即起，灑然若無疾，飲啗自如。再令拾刺字并丹貼，欲燒末飲之，不復見。蘇鬚髮如霜，自是其半再黑。初建炎中，喪右目瞳子，至此亦瞭然。後十二年，作書與鄴林向伯恭，云："吾耳中時聞異音，羅浮山人期以數年相見，應盡便盡，餘不復較。"十二月，往茅山別諸道友。元日，聚族歡飲達旦，披衣曳杖出門，云："黃真人至矣！"其行如馳，婢僕驚奔，僅能挽衣裳，已立化矣。

乞如願

《録異記》：盧陵邑子歐明者，從賈客，道經彭澤湖，每過，輒以船中所有多少投湖中。見大道之上有數吏，皆著黑衣，乘車馬，云是青洪君使邀明過。明知是神，然不敢不往。吏車載明，須臾，見有府舍，門下吏卒。吏曰："青洪君感君有禮，故邀君以重送。君皆勿取，獨求如願耳。"去，果以繒帛贈之，明不受，但求如願。神大怪明知之，意甚惜之，不得已，呼如願，使隨明去。如願者，青洪君婢，常使取物。明將如願歸，所須輒得之，數年成富人，意漸驕盈，不復愛如願。正月歲朝，雞初鳴，呼如願，如願不即起。明大怒，欲捶之，如願乃走於糞上。有故歲掃除聚薪，足以偶人，如願乃於此逃得去。明謂逃在積薪糞中，乃以杖捶糞使出，又無出者，乃知不能得，因曰：“汝但使我富貴，後不捶汝。”今人歲朝雞鳴時，輒往捶糞，云使人富。山谷詩云：“政當爲公乞如願，作牋遠寄君亭湖。”《荆州記》曰：君亭湖，即彭澤湖，又謂之彭蠡湖。

吞壽丹

《稽神録》：張武者，始爲廬江道中一鎮副將，頗以拯濟行旅爲事。嘗有老僧過其所，武謂之曰：“師年老，前店尚遠，今夕止吾廬中，可乎？”僧欣然。其鎮將聞之，怒曰：“今南北交戰，間諜如林，知此僧爲何人而敢留之也？”僧乃求去，武曰：“吾業已留師，行又益晚，但宿無苦也。”武室中唯有一牀，即以奉其僧，己即席地而寢，盥濯之備，皆自具焉。夜數視之，至五更，僧乃起而歎息，謂武曰：“少年乃如是耶！吾有藥贈子十丸，每正旦吞一員，可延十年之壽，善自愛。”珍重而去，出門忽不見。武今爲常州團練副使，有識者計其年，已百歲，常自稱七十，輕健如故。

服歲丹

《麗情集》：開、寶中，賈知微遇曾城夫人杜蘭香及舜二妃於巴陵。二妃誦李群玉《黄陵廟》詩曰：“黄陵廟前春草生，黄陵女兒茜裙新。輕舟短楫唱歌去，水遠天長愁殺人。”賈與夫人別，命青衣以秋羅帕覆定命丹五十粒，曰：“此羅是織女採玉蠶織成，遇雷雨密收之。其丹每歲旦服一粒，可保一年。”後大雷雨，見篋中一物如雲烟騰空而去。

獲仙藥

《劉貢父詩話》：黄覺旅舍見一道士，共飲舉杯，撮水寫吕字，覺乃悟其爲洞賓也。懷中出七大錢、三小錢，曰：“數不可益也。與藥可數寸許，歲旦以酒磨服，可一歲無疾。”覺如其言，至七十餘，藥亦垂盡，作詩曰："牀頭曆日無多子，屈指明年七十三。"果以是歲終。

知飲饌

《逸史》：李宗回者，有文詞，應進士舉，曾與一客自洛至關，客云："吾能先知人飲饌。"臨正旦，將謁華陰縣令，李謂客曰："明日到彼，得何物喫？"客撫掌曰："大奇，當與公各飲一盞椒蔥酒，食五般餛飩，不得飯喫。"李亦未信。翌日，同見，令喜曰："二賢衝寒，且速暖兩杯酒來，仍著椒蔥。"良久，臺盤至，有小奴與令耳語，令曰："總煮來。"謂二客曰："某有小女，常言何不令我勾當家事，因惱渠，檢點作歲飲食。適來云有五般餛飩，問煮那般，某云總煮來。"逡巡，以大椀盛，二客食盡，忽報敕使到，舊例合迎，令忙鞭馬而去。客出，而僕已結束，先行數里，二客大笑登途，竟不得飯喫。異哉，飲啄之分也。

作齋會

《歲時雜記》：僧家以冬年爲俗節，唯重解結夏日爲受歲。又以一夏爲一臘。冬正日，在京寺院常作大齋會，不受賀，禪老又頌曰："衆人皆拜歲，山僧不賀年。孟春寒猶在，日月幾曾遷。"大率以齋會爲重。

請紫姑

《詩詞紀事》：曹掄者，戊子歲旦集會親友。先夕雪作，至旦尤甚。掄請紫姑乞詩，運筆不可遏，書五十六字，云："朝元初退紫宸班，花落東風響佩環。瑞雪再飛天有意，好詩未就我何顏。青羅帶露中流水，白玉屏開四面山。鶴駕欲歸歸未得，水晶宮闕在人間。"

祭瘟神

《歲時雜記》：元旦四鼓祭五瘟之神，其器用酒食並席，祭訖，皆抑棄於牆外。

遇疫鬼

《夷堅丁志》：縉雲管樞密師仁爲士人時，正旦出門，遇大鬼一陣，形見狂惡。管叱問之，對曰："我等疫鬼也，歲首之日當行病於人間。"管曰："吾家有之乎？"曰："無之。"管曰："何以得免？"曰："或三世積德，或門戶將興，又不食牛肉。三者有一者，我不能入，家無疫患。"遂不見。

化青羊

《法苑珠林》：唐長安市里，每歲元日已後，遞飲食相邀，號爲傳坐。東市筆生趙大次當設之，有客先到，見碓上有童女，青衫白帽，以索繫頸，屬於碓柱，泣謂客曰："我，主人女也。往年未死時，盜父母錢，欲買脂粉，未及而死。其錢今在廚舍壁中，然我未用，既以盜之坐此得罪，今當償命。"言畢，化爲青羊，白頭。客驚，告主人。主人問其形貌，乃是小女，死已二年，果廚壁得錢，於是送羊僧寺，闔門不復食肉焉。

揲蓍卦

《夷堅丙志》：王昇待制，素精禮學，又傳《易》象數於葆光張弼先生，占筮如神。每歲首月旦，輒探蓍定卦，以考一歲一月休咎，雖一日亦然。宣和中，爲明堂司令，朝廷興伐燕之役，發書占之，知必貽後害，掛冠歸嚴州，結廬於烏龍山下，與江邈侍郎先有中外親。建炎四年冬十月，江丁家難，王來吊，言曰："吾處世亦不久矣。"江曰："翁春秋雖高，殊無衰態，何遽至爾？"曰："天數已定，豈復分毫可增損耶？"江曰："然則在何時？"曰："正月也。先是王嘗言，我已受玉帝敕，當爲天地水三官。"鄉人莫之信。入新歲兩日，遣信，呼江甚急，江猶未卒哭，辭不可往。翌日，顧其子，取所爲禮書，親鐍藏之，戒曰："勿輕示人，更十二年乃可開，當以畀江十三官也。"端坐而絕，時年八十餘。紹興中，造五輅，或以其書可用，言於時相者，詔本郡給筆札繕寫上進，距其卒正一紀。

求響卜

《鬼谷子·響卜法》：竈者，五祀之首也。吉凶之柄，悉歸所主。凡有疑慮，俟夜稍靜，掃灑竈室，滌釜，注水令滿，以木杓一箇頓竈上，燃燈二盞，一置竈腹，一置竈上，安鏡一面於竈門邊，炷香鏡前，叩齒咒曰："維年月日，某官敢爇信香昭告於司命竈君之神，竊聞福既有基，咎豈無徵，事之先兆，唯神是司，以今某伏爲某事，中心營營，罔知攸措。敬於神靜夜，移薪息爨，滌釜注泉，求趨響卜之途，恭俟指迷之柄，情之所屬，神實鑒之，某不勝聽命之至。"禱畢，以手撥鍋水，令左旋，執杓祝之曰："四縱五橫，天地分明。神杓所指，禍福攸分。"祝畢，以杓置水之上，任自旋自定，隨柄所指之處，抱鏡出門，徐去，不得回顧，密聽傍人言語，纔聞第一句，即是響卜。急歸，置鏡牀上，細推其意，自合所禱，便見吉凶。事應後，方得言之，香燈亦未得撤去。其或杓柄指處，無路可行，則是所占有阻，別日再占。凡穢褻不誠之語，則不可占，恐速禍也。元旦，宜占一歲之休咎。

占日干

《四時纂要》：元旦值甲，米賤，人民疫；值乙，米麥貴，人病死；值丙，四十日旱，人安，一云四月旱；值丁，絲綿六十日貴；值戊，粟魚鹽貴，又旱四十五日；值己，稻貴，蠶凶，多風雨；值庚，金銅貴，禾熟，民多病；值辛，麻麥貴，禾大收；值壬，米麥賤，絹布、大豆貴;值癸,禾災,人疫,多雨。

決風候

《史記·天官書》:正月旦,決八風:從南方來,大旱;西南,小旱;〔西方〕[①],有兵;西北,胡豆成,趣兵;北方,爲中歲;東北,爲上歲;東方,大水;東南,民有疾疫,歲惡。

卜晴雨

《占書》:元旦,清明而溫,不風至暮,蠶善而米賤;若有疾風雨,折木發屋,揚沙走石,絲綿貴,蠶敗,而穀不成。

驗民食

《天官書》:正月旦比數雨,率日食一升,至七升而極。注云:月一日雨,民有一升之食;二日雨,民有二升之食。如此至七日。又數十二日,占水旱。注云:月一日雨,則正月水。《占書》云:元日溫,正月糴賤。十二日占十二月,取最風最寒之日,爲最貴之日。

望氣色

《占書》:元旦,四面有黃雲氣,其歲大豐,四方普熟;有青氣雜黃,有蝗蟲;赤氣,大旱;黑氣,大水。

秤江水

鳳臺《麈史》:京師槐放花盛,則多河魚疾;比北人喬麥熟,則早晚霜降。罔有差焉。江湖間常於歲除汲江水秤,與元日又秤,重則大水。

觀雲霞

《占書》:元旦日初出時,有赤雲如霞蔽日,蠶凶,綿帛貴;四

---

① "西方"二字,底本漫漶,今據《史記·天官書》(《四庫全書》本)補。

面並有赤雲,歲猶善,但小旱。

認雷鳴

《占書》:元旦雷鳴,禾黍麥善。又云:元日雷雨者,下田與麥善,禾黍小熟。

聽人聲

《史記·天官書》:正月旦,聽都邑人民之聲。聲宮,則歲善吉;商,則有兵;徵,旱;羽,水;角,歲惡。然必察太歲所在。金,穰;水,毀;木,飢;火,旱。此其大經也。

受符禁

《四時纂要》:正月朔旦,宜受符禁。

拜日月

《唐書》:新羅俗,以元旦拜日月。

占豐歉

《酉陽雜俎》:龜茲國,十二月及元旦,王及首領分爲兩朋,各出一人,著甲,衆人執瓦石、棒杖,東西互擊,甲人先死即止,以占當年豐歉。

卜善惡

《提要錄》:西域寧遠,每元日,王及首領判二朋,朋出一人被甲鬭,衆以瓦石相及,有死者止,以卜歲善惡。

鬭馬駞

《酉陽雜俎》:龜茲國,元日,鬭羊馬駞爲戲,七日觀勝負,以占一年羊馬減耗繁息。婆羅遮,並服狗頭猴面,男女無晝夜歌舞。

來朝賀

皇朝《東京夢華錄》:正旦駕坐大慶殿,諸國使人朝賀。大遼大使頂金冠，後簷尖長，如大蓮葉，服紫窄袍，金蹀躞；副使展裹金帶，如漢服。大使拜，則立左足，跪右足，以兩手著右肩爲一拜；副使拜，如漢儀。夏國使、副皆金冠，短小樣製，緋窄袍、金蹀躞、吊敦背[①]，叉手展拜。高麗與南蕃交州使人，並如漢儀。回紇皆長髯高鼻，以匹帛纏頭，散披其服。于闐皆小金花氈笠、金絲戰袍、束帶，并妻男同來，乘駱駞，氈兜銅鐸入貢。三佛齊皆瘦脊纏頭、緋衣，上織成佛面。又有南蠻五姓番，皆堆髻烏氈，並如僧人禮拜，入見，旋賜漢裝錦襖之類。更有大理、真臘、大食等國，亦有時來朝賀。

改歲首

《賢己集》：唐南詔以寅爲正，四時大抵與中國同。又環王以二月爲歲首，又西趙蠻以十二月爲歲首，西戎東女國以十一月爲歲首，西戎未禄國以五月爲歲首。

嫋捏離

武珪《燕北雜記》：每正月一日，戎主以糯米飯、白羊髓相和爲團，如拳大，於逐帳內各散四十九個。候五更三點，戎主等各於本帳內摠中擲米團在帳外，如得雙數，當夜動蕃樂飲宴；如得隻數，更不作樂，便令師巫十二人，外邊遶帳撼鈴，執箭唱叫，於帳內諸火爐內爆鹽，并燒地拍鼠，謂之驚鬼。本帳人第七日方出，乃禳度之法。番呼此謂之"嫋捏離"，漢人譯曰嫋是丁、捏離是日。

歲時廣記卷第七

---

① "背"，底本原作"皆"，當係形近而誤，今據元刊本《東京夢華録》改。"吊敦背"，是西夏語"皮靴"的譯音。

歲時廣記卷第八

廣寒仙裔陳　元靚　編

立　春

《玉泉記》曰：立春之日，取宜陽、金門竹爲管，河内葭草爲灰，以候陽氣。

出土牛

《禮記·月令》：季冬之月，命有司大儺，旁磔，出土牛，以送寒氣。注云：出猶作也。作土牛者，丑爲牛，牛可牽上。送猶畢也。《月令章句》云：是月之會建丑，丑爲牛，寒將極，故出。其物類形像，以示送寒之意，且以升陽也。

送寒牛

《後漢·律曆志》：季冬立土牛六頭，於國都郡縣城外丑地，以送大寒。又《禮儀志》云：立春之日，施土牛耕人於門外，以示兆民也。

應時牛

《論衡》：立春爲土，象人男女各二秉耒耡，或立土象牛。土牛未必耕也，順氣應時，示率下也。

示農牛

《删定月令》：季冬出土牛，以示農耕之早晚。説者謂，若立春在十二月望前，策牛人近前，示農早也；月晦及正旦，則在中，示農平也；正月望，則近後，示農晚也。其成周之制乎？

進春牛

皇朝《東京夢華錄》：立春前一日，開封府進春牛，入於禁中，鞭春。開封、祥符兩縣，置春牛於府前。四鼓，府僚鞭春訖，官屬大合樂。燕飲訖，辨色即入朝門，謝春幡勝。

鞭春牛

國朝《會要》：令立春前五日，都邑並造土牛、耕夫犁具於大門外之東。是日黎明，有司爲壇，以祭先農。官吏各具綵仗，環擊牛者三，所以示勸耕之意。

爭春牛

皇朝《歲時雜記》：立春鞭牛訖，庶民雜遝如堵，頃刻間分裂都盡，又相攘奪，以至毀傷身體者，歲歲有之。得牛肉者，其家宜蠶，亦治病。《本草》云：春牛角上土，置户上，令人宜田。

買春牛

《東京夢華錄》：立春之節，開封府前左右，百姓賣小春牛。大者如貓許，清塗板，而立牛其上，又或加以泥爲樂工、爲柳等物。其市在府南門外，近西至御街。貴家多駕安車就看，買去相贈遺。

造春牛

《嘉泰事類》：諸州縣依形色造土牛耕人，以立春日示衆，倚郭縣，不別造。

送春牛

《東京夢華錄》：立春之日，凡在外州郡公庫造小春牛，分送諸廳。《歲時雜記》云：天下唯真定府土牛最大。

評春牛

《藝苑雌黃》：立春日，祀勾芒，決土牛，其來尚矣。然土牛有二說，一曰以送寒氣，一曰以示農之早晚。予謂二說可合爲一。土爰稼穡，牛者，稼穡之具，故用之以勸農。冬則水用事，季冬建丑，寒氣極矣，土實勝水，故用以送寒。古人制此，良有深意。

繪春牛

《提要錄》：春牛之製，以太歲所屬綵繪顏色，干神繪頭，支神繪身，納音繪尾，足如太歲甲子。甲屬木，東方青色，則牛頭青；子屬水，北方黑色，則牛身黑；納音屬金，西方白色，尾足俱白。太歲庚午，則白頭赤身黃足尾，他並以是推之。田家以此占水旱云。謔詞云：“揑箇牛兒體態，按年令、旋拖五彩。鼓樂相迎，紅裙捧擁，表一箇、勝春節屆。”

舁牧人

皇朝《歲時雜記》：郡縣每擊春牛罷，民間爭取其肉。唯牧牛人號太歲，皆不敢爭，多是守土官，舁去，置土地廟中。閩中以牧人爲大小哥，實勾芒神也。

纏春杖

《歲時雜記》：春杖子，用五綵絲纏之，官吏人各二條，以鞭春牛。東坡詞云：“春牛春杖，無限春風來海上。”

立春幡

《續漢書・禮儀志》：立春之日，夜漏未盡五刻，京都百官皆衣青，郡國縣官下至令史皆服青幘，立青旛於門外。陳徐陵《新曲》云：“立春曆日自當新，正月春旛底須故。”

賜春旛

《東京夢華錄》：立春日，自郎官御史寺監長貳以上，皆賜春旛勝，以羅爲之；宰執親王近臣，皆賜金銀幡勝。入賀訖，戴歸私第。周美成《內制春帖子》云：“鶯輅青旂殿閣寬，祠官奠璧下春壇。曉開魚鑰朝衣集，綵勝飄揚百辟冠。”

簪春旛

《提要録》：春日刻青繒爲小旛樣，重累十餘相連綴而簪之，亦漢之遺事也。古詞云：“綵縷旛兒花枝小，鳳釵上輕輕斜裊。”稼軒詞云：“春已歸來，看美人頭上，裊裊春幡。”陳簡齋《春日》詩云：“争新遊女幡垂鬢。”山谷詩云：“隣娃似與春争道，酥酒花枝剪綵幡。”

賜春勝

《文昌雜録》：唐制，立春日，賜三省官綵勝，各有差，謝於紫宸門。又《續翰林志》云：立春，賜鏤銀飾彩勝之類。

剪春勝

《後漢書》：立春之日，皆立青旛，今世或剪綵錯繒爲旛勝，以戴於首。杜臺卿云：公卿之家尤重此日，莫不鏤刻金繒，加飾珠翠，或以金銀，窮極工巧，交相遺問。東坡詩云：“分爲纖手裁春勝，況有新詩點蜀酥。”

剪春花

《唐書》：景龍四年正月八日立春，上令侍臣自芳林門經苑東度入仗，至望春宫迎春。内出綵花樹，人賜一枝，令學士賦詩。宋之問《立春詠剪綵花》應制詩云：“今年春色好，應爲剪刀催。”又周美成《内制帖》云：“明朝春仗當行樂，刻燕催花擲萬金。”又趙彦若《剪綵花》詩云：“花隨紅意發，葉就綠情新。”

戴春燕

《荆楚歲時記》：立春日，悉剪綵爲燕以戴之。傅咸《燕賦》

云：“四氣代王，敬逆其始。彼應運而方臻，乃設燕以迎止。翬輕翼之岐岐，若將飛而未起。何夫人之工巧，式儀形之有似。銜青書以贊時，著宜春之嘉祉。”王沂公《春帖子》云：“綵燕迎春入鬢飛，輕寒未放縷金衣。”又歐陽永叔云：“不驚樹裏禽初變，共喜釵頭燕已來。”鄭毅夫云：“漢殿鬬簪雙綵燕，併知春色上釵頭。”皆春日帖子句也。曹松春詩云：“綵燕表年時。”又古詞云：“釵頭燕，妝臺弄粉，梅額故相誇。”

爲春鷄

《文昌雜録》：唐歲時節物，立春則有綵勝鷄燕。皇朝《歲時雜記》云：立春日，京師人皆以羽毛雜繒綵，爲春鷄、春燕，又賣春花、春柳。万俟公《立春詞》云：“寒甚正前三五日，風將臘雪侵寅。綵鷄縷燕已驚春。玉梅飛上苑，金柳動天津。”又《春》詞云：“曉月樓頭未雪盡，乍破臘，風傳春信。綵鷄縷燕，珠幡玉勝，併歸釵鬢。”

進春書

《酉陽雜俎》：北朝婦人立春進春書，以青繒爲幟，刻龍象銜之，或爲蝦蟆。

貼春字

《荆楚歲時記》：立春日，貼宜春字於門。王沂公《皇帝閣立春帖子》云：“北陸凝陰盡，千門淑氣新。年年金殿裏，寶字貼宜春。”周美成《内制春帖》云：“夾輦司花百士人，繡楣瓊璧寫宜春。”

撰春帖

皇朝《歲時雜記》：學士院立春前一月，撰《皇帝、皇后、夫人閣門帖子》送後苑作院，用羅帛縷造，及期進入。前輩諸學士所撰但宮詞而已，及歐陽公入翰林，始伸規諫，後人率皆依傚之，端午亦然。或用古人詩，或後生擬撰，作爲門帖，亦有用厭勝禱祠之言者。《隱居詩話》云：溫成皇后初薨，會立春進帖子，是時歐陽、王珪同在翰苑，以其虛閣，故不進。俄有旨令，進溫成閣帖子，歐陽未能成詩，王珪遽口占一首云："昔聞海上有仙山，煙鎖樓臺日月閒。花下玉容長不老，只應春色勝人間。"歐公深歎其敏麗。王珪，字禹玉。

請春詞

《司馬文正公日録》云：翰林書待詔請春詞，以立春日剪貼於禁中門帳。《皇帝閣》六篇，其一曰："自然天造與時新，根著浮漚一氣均。萬物不須雕刻巧，正如恭己布深仁。"《皇后閣》五篇，其一曰："春衣不用蕙蘭薰，領緣無煩刺繡紋。曾在蠶宮親織就，方知縷縷盡辛勤。"《夫人閣》四篇，其一曰："聖主終朝親萬機，燕居專事養希夷。千門永晝春岑寂，不用車前插竹枝。"

賜春饌

皇朝《歲時雜記》：立春前一日，大内出春盤并酒，以賜近臣。盤中生菜染蘿蔔爲之裝飾，置盒中，烹豚、白熟餅、大環餅，比人家散子其大十倍。民間亦以春盤相饋。有園者，園吏獻花盤。

作春餅

唐《四時寶鏡》：立春日，食蘆菔、春餅、生菜，號春盤。屏山先生《次韻張守立春》云："曉院簾幃卷，春盤餅餌香。慇懃分綵勝，〔爲掩鬢邊霜〕①。"

饋春盤

《摭遺》：東晉李鄂立春日命蘆菔、芹芽爲菜盤饋貺，江淮人

---

① 此句底本闕，今據劉子翬《屏山集》（《四庫全書》本）卷十六補足。

多傚之。《爾雅》曰：蘆菔即蘿蔔也。古詩云："蘆菔白玉縷，生菜青絲盤。"老杜詩云："春日春盤細生菜，忽憶兩京梅發時。盤出高門行白玉，菜傳纖手送青絲。"

食春菜

《齊人月令》：凡立春日食生菜，不可過多，取迎新之意而已。東坡詩云："漸覺東風料峭寒，青蒿黃韭試春盤。"又云："蓼茸蒿筍試春盤。"石學士《春日》詩云："春菜紅牙□，春盤黃雀花。"万俟雅言《立春》詞云："春盤共飣餖，遶坐慶時新。"

設酥花

《復雅歌詞》：熙寧八年乙卯，楊繪在翰林，十二月立春日肆筵，設滴酥花，陳汝羲即席賦《減字木蘭花》云："纖纖素手，盤裏酥花新點就。對葉雙心，別有東風意思深。瓊霙粉綴，消得玉堂留客醉。試嗅清芳，別有紅蘿巧袖香。"

釀柑酒

《摭言》：安定郡王立春日作五辛盤，以黃柑釀酒，謂之洞庭春色。東坡詩云："辛盤得青韭，臘酒是黃柑。"又稼軒《立春》詞云："渾未辨、黃柑薦酒，更傳青韭堆盤。"

餐冷淘

《歲時雜記》：立春日，京師人家以韭黃生菜食冷淘。

進漿粥

《齊人月令》：凡立春日，進漿粥，以導和氣。

尚烹豚

《歲時雜記》：都人立春日尚食烹豚，爲之暴貴。其朡切有細如絲者，用此爲工巧，堂廚供諸公各一拌。

忌食薑

《歲時雜記》：俗説，立春日食薑者，至納婦拜門日，腰間有聲，如嚼薑然，皆以爲戒。

浴蠶種

《博聞録》：閩俗，以立春日採五果枝并桑柘枝燒灰，淋水，候冷，以浴蠶種，藏之。或只以五果置灰汁中，亦得。但取其成實之義也。

辟蚰蜓

《瑣碎録》：立春日，打春罷，取春牛泥，撒簷下，蚰蜓不上。

貯神水

《治生要術》：立春日貯水，謂之神水，釀酒不壞。

占氣候

《四時纂要》：立春日，雞鳴丑時，艮上有黄氣出，乃艮氣也，宜大豆。艮氣不至，萬物不成，應在衝，衝乃七月也。

驗風雨

《占書》：立春日艮卦用事。艮風來，宜大豆。其日雨，傷五穀。

望白雲

《修真入道秘言》：以立春日清朝北望，有紫緑白雲者，爲三元君，三素雲也。三元君以是日乘八輿之輪，上詣天帝，子候見當再拜，自陳某乙乞得給侍輪轂三過，見元君之輦者，白日昇天。注云：不見輿服之形，亦宜拜乞之。《歲時廣紀》載此事：臣鍇舉場嘗試《立春日望三素雲詩》，蓋取此也。蘇子容作《皇太妃閣春帖子》云："萬年枝上看春色，三素雲中望玉晨。"許冲元作《皇帝閣春帖子》云："三素飛雲依北極，九農星正見南方。"

移芒兒

《成都記》：太平興國二年冬，縣司以春牛呈知府，就午門外安排，薦以香燈酒果。其芒兒塑之頗精，同判王洗馬晦伯慮觸損闕事，移置廳上。知府程給事晚忽見廳角有一土偶，問左右。對曰："春牛芒兒。"遽令移出，仍問何人置此，欲罪之。對云："乃同判指攄。"遂召同判過廳泪見①，謂曰："上自開封府，中至刺史，下至縣令，皆有衙廳，是行德教政令之所，其餘則公廳而已。某雖不才，忝爲刺史。且芒兒者，耕墾之人，不合將上廳，乃不佳之兆，將來恐村夫輩或有不軌耳。"至甲午年，果順賊之亂，乃其應焉。

歲時廣記卷第八

---

① "泪見"，不辭，疑爲"相見"之誤。

歲時廣記卷第九

廣寒仙裔陳　元靚　編

人　日

《北史·魏收傳》曰：魏孝静宴百僚，問何故名人日，皆莫能知。魏收謝曰："晉議郎董勛《問答禮俗》云：正月一日爲鷄，二日爲狗，三日爲豬，四日爲羊，五日爲牛，六日爲馬，七日爲人。"時邢邵在側，甚惡也。

最重人

董勛《問禮俗》曰：正月一日爲鷄，二日爲狗，三日爲豬，四日爲羊，五日爲牛，六日爲馬，七日爲人。則正旦畫鷄於門，七日鏤人户上，良爲此也。予以意求之：正旦畫鷄於門，謹始也；七日鏤人户上，重人故也。

尤重穀

《容齋五筆》：東方朔《占書》：歲後八日，一爲鷄，二爲犬，三爲豕，四爲羊，五爲牛，六爲馬，七爲人，八爲穀。謂其日晴則所主之物育，陰則灾。杜詩云："元日到人日，未有不陰時。"用此也。八日爲穀，所係尤重，而人罕知者，故書之。

占禽獸

《月令·占候圖》曰：元首至八日占禽獸。一日鷄，天清氣朗，人安國泰，四夷遠貢，天下豐熟；二日狗，無風雨，即大熟；三日豬,天晴朗,君安;四日羊,氣色和暖,即無災,臣順君命;五日馬,晴朗,四望無怨氣,天下豐稔;六日牛,日月光明,即大熟;七日人,從旦至暮日色晴明,夜見星辰,人民安,君臣和會;八日穀,如晝明,夜見星辰,五穀豐稔。

驗陰明

《西清詩話》:都人劉克窮該典籍,嘗與客論杜子美《人日》詩而云:"四百年中,惟子美與克會耳。"就架取書與客曰:"此東方朔《占書》也。歲後八日,一日雞,二日犬,三日豕,四日羊,五日牛,六日馬,七日人,八日穀。其日晴明溫暖,迺蕃息安泰之祥。陰寒慘冽,爲疾病衰耗之兆。子美詩云:元日到人日,未有不陰時。子美意謂天寶亂離,四方雲擾幅裂,人物歲俱災。豈《春秋》書王正月之意耶!"深得古人用心如此。又韓文公詩云:"初正候纔兆,涉七氣已弄。靄靄野浮陽,暉暉水披凍。"東坡詩云:"曉雨暗人日,春愁連上元。"

鏤金薄

《荆楚歲時記》:正月七日剪綵爲人,或鏤金薄爲人,以相遺。劉臻妻陳氏《進見儀》云:正月七日,上人勝於人。李商隱《人日即事》云:"鏤金作勝傳荆俗,剪綵爲人起晉風。"

剪華勝

董勳《問禮俗》:人日剪綵爲人勝,帖屏風上,亦戴諸頭鬢,像人入新年,形容改新也。陳無己詩云:"巧勝向人真奈老,衰顏從俗不宜新。"賀方回《人日》詞云:"巧剪合歡羅勝子,釵頭春意翩翩。"

傚梅妝

《宋書》:武帝女壽陽公主人日臥於含章殿簷下,梅花落公主額上，成五出花，拂之不去。皇后留之，看得幾時，三日洗之乃落。宮人奇其異，竟傚之，今人梅花妝是也。章簡公《帖子》云："太極侍臣皆賀雪，含章公主正妝梅。"陳簡齋《墨梅》詩云："含章簷下春風雨，造化功成秋兔毫。"又《梅花》詩云："同心不見昭儀種，五出時驚公主花。"

造麵䭔

《歲時雜記》：人日京都貴家造麵䭔，以肉或素餡，其實厚皮饅頭餕餡也，名曰探官䭔。又立春日作此，名探春䭔。餡中置䀞簽，或削木書官品，人自探取，貴人或使從者。以卜異時官品高下。街市前期賣探官䀞，言多鄙俚，或選取古今名人警策句，可以占前程者，然亦但舉其吉祥之詞耳，燈夕亦然。歐陽公詩云："來時擘䭔正探官。"

食煎餅

《述征記》：北人以人日食煎餅於庭中，俗云薰天。未知所從出也。

進節料

《唐六典》：膳部有節日食料，謂正月七日煎餅。又《文昌雜錄》云：唐歲時節物，人日則有煎餅。

爲菜羹

《荊楚歲時記》：人日，以七種菜爲羹。

服麻豆

《肘後方》：正月七日，吞麻子小豆各二七粒，消疾疫。

上君壽

《壽陽記》：正月七日，宋王登望仙樓，會群臣。父老集於城下，令皆飲一爵，文武千人拜賀上壽。

勞卿至

唐劉餗《傳》記魏鄭公嘗出行，以正月七日謁見。太宗勞之曰：“今日卿至，可謂人日。”

宴群臣

《談藪》：北齊高祖正月七日升高宴群臣，問曰：“何故名人日？”魏收對以董勛《問俗》“正月一日爲鷄，七日爲人”。

賜綵勝

《景龍文館記》：中宗景龍四年正月七日，宴大明殿，賜王公以下綵勝。

詔賦詩

《景龍文館記》：三年正月七日，上御清輝閣，令學士賦詩，云：“青陽既兆人爲日。”

著假令

《藝苑雌黃》云：古今著令，自元日以後，唯人日有假。

侍御宴

《隋書》：楊休之正月七日登高侍宴，賦詩云：“廣殿麗年年，上林起春色。風生拂雕輦，雲回浮綺翼。”

登仁峰

郭緣生《述征記》：壽張縣安仁峰，魏東平王蒼鑿山頂爲會望處，以正月七日登峰。李充銘之曰：“正月元七，厥日惟人。策我良駟，陟彼安仁。”

立義樓

《壽陽記》：趙伯符爲豫州刺史，立義樓，每元日、人日、七夕、月半，乃於樓上作樂，樓下男女盛飾，遊觀行樂。

升西山

晉李充正月七日登剡西寺，賦詩云：“命駕升西山，寓目眺原疇。”

謁真君

《歲時雜記》：每月三七日，士庶拜謁醴泉觀真君。正月七日人盛，仍争趁第一爐香。

授經訣

《北斗經》：爾時太清天中大聖老君，以永壽元年正月七日，授與天師《北斗本命經訣》，廣宣要法，作人舟舡，津梁男女，普濟衆生，使不失人路。

述道要

《天師二十四化記》：玉局化在益州城南門，周回百步。漢桓帝永壽元年正月七日，天師與老君自鶴鳴山來息，此時地上忽湧出玉局玉牀，方廣一丈。老君升座，重述道要，却自升天，玉局陷入地中。東坡詩云：“劍閣西望七千里，乘興真爲玉局遊。”

建善功

《正一旨要》：正月七日，上元天官三宮九府三十六曹，同地水二官六宮十八府，同考罪福，此日大宜齋醮，建置善功。

宜齋戒

《雜五行書》：正月七日上會日，可齋戒，早起。男吞小豆七粒，女二七粒，一年不病。

送窮鬼

《歲時雜記》：人日前一日，掃聚糞帚，人未行時，以煎餅七枚覆其上，棄之通衢，以送窮。石曼卿《送窮》詩云：“世人貪利意非均，交送窮愁與底人。窮鬼無歸於我去，我心憂道不憂貧。”

得舊詩

杜甫《人日草堂即事詩》序：開文書帙中，檢所遺忘，因得故常侍高適往歲在成都時任蜀州刺史，人日相憶見寄詩，淚灑行間，讀終篇末。自作詩已十餘年，莫記存亡又六七年矣。老病懷舊，生意可知。詩云："自蒙蜀州人日作，不意清明久零落。今晨散帙眼忽開，迸淚幽吟事如昨。"

括新詞

《古今詞話》：白雲先生之子張才翁，風韻不羈，敏於詞賦。初任臨卭秋官，卭守張公庠不知之，待之不厚。臨卭故事，正月七日有白鶴之遊。郡守率屬官同往，而才翁不預焉。才翁密語官妓楊皎曰："此老子到彼，必有詩詞，可速寄來。"公庠既到白鶴，登信美亭，便留題曰："初眠官柳未成陰，馬上聊爲擁鼻吟。遠宦情懷銷壯志，好花時節負歸心。別離長恨人南北，會合休辭酒淺深。欲把春愁閑抖擻，亂山高處一登臨。"楊皎錄此詩以寄，才翁得詩，即時增減作《雨中花》一闋以遺楊皎，使皎調歌之曰："萬縷青青，初眠官柳，向人猶未成陰。據征鞍無語，擁鼻微吟。遠宦情懷誰問，空勞壯志銷沈。好花時節，山城留滯，又負歸心。別離萬里，飄蓬無定，誰念會合難憑。相聚裏，莫辭金盞酒還深。欲把春愁抖擻，春愁轉更難禁。亂山高處，憑欄垂袖，聊寄登臨。"公庠再坐晚筵，皎歌於公庠側，公庠怪而問皎，進稟曰："張司理恰寄來，令楊皎歌之，以獻台座。"公庠遂青顧才翁，尤加禮焉。

歲時廣記卷第九

歲時廣記卷第十

廣寒仙裔陳　元靚　編

上元上

吕原明《歲時雜記》曰道家以正月十五日爲上元,洪邁舍人《容齋五筆》云上元張燈。《太平御覽》所載《史記·樂書》曰:漢家祀太一,以昏時祠到明。今人正月望日,夜遊觀燈,是其遺事。而今《史記》無此文。《提要録》云:梁簡文帝有《列燈》,陳後主有《光璧殿遥詠山燈》詩,唐明皇先天中東都設燈,文宗開成中以燈迎三宫。是則唐以前歲不常設,燒燈故事多出佛書。

敕燃燈

《僧史略》:太平興國六年,敕燃燈放夜爲著令。

請燃燈

《唐書·嚴挺之傳》:睿宗先天二年正月望夜,胡人婆陁請於玄武樓外,燃百千燈供佛,縱都民出觀。

九華燈

《西京雜記》:元夜燃九華燈於南山上,照見百里。杜甫詩云:“紫殿九華燈。”

百枝燈

《天寶遺事》:韓國夫人置百枝燈樹,高八十尺,竪之高山,上元點之,百里皆見,光明奪月色也。

千炬燭

《天寶遺事》：楊國忠子弟，每至上元夜，各有千炬燭圍遶於左右。

三夜燈

《古今詩話》：正月望夜，許三夜金吾弛禁，察其寺觀及前後街巷，要盛造燈籠燒燈，光明若晝，山棚高百餘尺，神龍已後復加嚴飾。士女無不夜遊，罕有居者，車馬塞路，有足不躡地，被浮行數十步者。王公之家，皆數百騎行歌。蘇味道詩云：“火樹銀花合，星橋鐵鎖開。暗塵隨馬去，明月逐人來。遊騎皆穠李，行歌盡落梅。金吾不禁夜，玉漏莫相催。”郭利正詩云：“九陌連燈影，千門度月華。傾城出寶騎，匝路轉香車。爛漫惟愁曉，周旋不問家。更聞清管發，處處落梅花。”

四夜燈

《歲時雜記》：張乖崖帥蜀，增十三日一夜燈，謂之掛搭，不敢明言四夜燈。三數年來，杭、益先爲五更觀燈，爾後諸郡，但公帑民力可辦者，多至五夜。

五夜燈

國朝《會要》：乾德五年詔，朝廷無事，區宇咸寧，況年穀之屢豐，宜士民之縱樂，上元可更增兩夜，起於十四，止於十八。自後十六日，開封府以舊例奏請增放兩夜。又趙德璘《侯鯖錄》云：京師上元舊例放燈三夕，錢氏納土進金錢買兩夜，今十七、十八夜是也。《本事詞》載：宣和盛時，京師宮禁五夜上元燈，少監張仲宗上元詞云：“長記宮中五夜，東風鼓吹。”

弛禁夜

唐《西京新記》：京師街衢有金吾，曉暝傳呼，以禁夜行，唯正

月十五日夜,敕許金吾弛禁,前後各一日,以看燈。上元詞云:
"金吾不禁元宵,漏聲更莫催曉。"又古詞云:"況今宵好景,金吾
不禁,玉漏休催。"

不禁夜

《春明退朝錄》:本朝太宗時,三元不禁夜。上元,御乾元門;
中元、下元,御東華門。而上元遊觀獨盛,冠於前代。呂原明《歲
時雜記》云:真宗以前,御東華門或御角樓,自仁宗來,唯御正陽
門。即宣德門。

開坊門

《南史》:朱梁開平中,上元詔開坊門三夜。

開重門

《唐實錄》:睿宗先天二年正月望夜,初弛門禁。玄宗天寶六
年正月十八日,詔重門夜開,以達陽氣。

作燈輪

《朝野僉載》:唐睿宗先天二年正月十五、十六夜,於京安福
門外作燈輪,高二十丈,衣以錦繡,飾以金銀,燃五萬盞燈,豎之
如花樹。宮女千數,衣羅綺,曳錦綉,耀珠翠,施香粉,一花冠、一
巾帔,不下萬錢,裝束一妓女皆至三百貫。妙簡長安、萬年少女
婦千餘人,衣服、花釵、媚子稱是,於燈輪下踏歌三日夜,歡樂之
極,未始有之。

結綵樓

《廣德神異錄》:唐玄宗於正月十五夜,移仗上陽宮,大陳影
燈,設庭燎,自禁中至殿庭皆設蠟炬,連屬不絕,洞照宮室,熒煌
如畫。時有尚方都匠毛順心多巧思,結締繒綵,爲燈樓二十間,
高一百五十尺,懸以珠玉金銀,微風一至,鏘然成韻,仍以燈爲龍

鳳虎豹騰躍之狀，似非人力。

縛山棚

皇朝《東京夢華録》：正月十五日元宵，大内前自歲前冬至後，開封府絞縛山棚，立木正對宣德樓，遊人已集御街兩廊下。奇術異能，歌舞百戲，鱗鱗相切，樂聲嘈雜十餘里：擊丸蹴踘，踏索上竿，趙野人倒喫冷淘，張九哥吞鐵劍，李外寧藥法傀儡，小健兒吐五色水，旋燒泥丸子，大特落灰藥，榾柮兒雜劇；温大頭、小曹嵇琴，党千簫管，孫四燒煉藥方，王十二作劇術，鄒遇、田地廣雜扮，蘇十、孟宣築毬，尹常賣五代史，劉伯禽蟲蟻，楊文秀鼓笛；更有猴呈百戲，魚跳刀門，使唤蝶蜂，追呼螻蟻，其餘賣藥賣卦、沙書地謎，奇巧百端，日新耳目。至正月七日，外國人使朝辭出門，燈山上綵，金碧相射，錦繡交輝。面北悉以綵結山，沓上皆畫神仙故事。或坊市賣藥、賣卦之人，橫列三門，各有綵結金書大牌，中曰"都門道"，左右曰"左右禁衛之門"，上有大牌曰"宣和與民同樂"。綵山以綵結文殊、普賢，跨獅子、白象，各以手指出水五道，其手搖動，用轆轤絞水上燈山尖高處，用木櫃貯之，逐時放下，如瀑布狀。又於左右門上，各以草把縛成戲龍之狀，用青布遮籠，草上密置燈燭數萬盞，望之蜿蜒，如雙龍飛走。山東西旁又爲龍象，積百千燈，以絳紗籠之。梅聖俞詩有"燭龍啣火夜珠還"之句，又云"火龍蹻蹻紅波翻"。自燈山至宣德門橫大街，約百餘丈，用棘刺圍遶，謂之棘盆。内設兩長竿，高數十丈，以繒綵結束，紙糊百戲人物，懸於竿上，風動宛若飛仙。内設樂棚，差衙前樂人作雜戲動樂，並左右軍百戲在其中，駕坐一時呈拽。宣德樓上，皆垂黃緣，簾中一位乃御座，用黃羅設一綵棚，御龍直執黃蓋掌扇，列於簾外。兩朵樓各掛燈毬一枚，約方圓丈餘，内燃椽燭，簾內亦作樂。宮嬪嬉笑之聲，下聞於外。樓下用枋木壘成露臺一所，綵結欄檻，兩邊皆禁衛排立。樂棚教坊鈞容直、露臺子弟更互雜戲，萬姓皆在露臺下觀看，樂人時引萬姓山呼。梅聖俞詩云：“露臺鼓吹聲不休，腰鼓百回紅臂韝。先打六么後梁州，棚簾夾道多夭柔。”又彭器資《上元》詩云：“樓前樂奏九成曲，樓下人呼萬歲聲。”

立棘盆

皇朝《歲時雜記》：闕下燈山前爲大樂場，編棘爲垣，以節觀者，謂之棘盆。山棚上、棘盆中，皆以木爲仙佛、人物、車馬之像，又左右廂盡集名娼，立山棚上。開封府奏衙前樂，選諸絕藝者，在棘盆中，飛丸、走索、緣竿、擲劍之類。每歲正月十一日或十二日、十四日，車駕出時，雖駕前未作樂，然山棚棘盆中，百戲皆作。晝漏盡，上乘平頭輦，從寺觀出，由馳道入穿山樓下過，衛士皆戴花，鈞容教坊樂導從，山樓上下皆震作。至棘盆中，回輿南嚮。人人竭盡其長，旨召精絕，至輦前優賜，其餘等級霑賚。從官亦從山樓中過至棘盆中，分左右出，輦從露臺側迂過，闕宣德中閤而入。丞相晏公詩云：“金翠光中寶焰繁，山樓高下鼓聲喧。兩軍伎女輕如鶻，百尺竿頭電線翻。”至尊時御看位内，門司、御藥、知省、太尉悉在簾前，用弟子三五人祇應。棘盆照耀，有同白日。仕女觀者，中貴邀住，賜酒一金盃。當時有夫婦並遊者，忽宣傳聲急，夫不獲進，其婦蒙賜飲罷，輒懷其盃，進謝恩詞一闋，名《鷓鴣天》：“燈火樓臺處處新，笑攜郎手御街行。回頭忽聽傳呼急，不覺駕鴛兩處分。天表近，帝恩榮。瓊漿飲罷臉生春。歸來恐被兒夫怪，願賜金盃作證明。”上覽詞，命賜之。

觀燈山

《東京夢華錄》：正月十四日，車駕幸五嶽觀迎祥池，至晚還內圍子。親從官皆頂氊頭大帽，簪花，紅錦團答戲獅子衫，金鍍天王腰帶，數重骨朵。天武官皆頂雙捲腳幞頭，紫上大搭天鵞結帶寬衫，殿前班頂兩腳屈曲向後花裝幞頭，著緋、青、紫三色撚金線結帶，望仙花袍，跨弓劍乘馬，一札鞍轡，纓紼前導。御龍直一腳指天，一腳圈曲幞頭，著紅方勝錦襖子，看帶束帶，執御從物，金交椅、唾盂、水罐、果壘、掌扇、纓紼之類。御椅子皆黃羅珠麞背座，則親從官執之。諸班直皆幞頭錦襖束帶，每常駕出有紅紗帖金燭籠一百對，元夕加以琉璃玉柱掌扇燈。快行家各執紅紗珠絡燈籠。駕將至，則圍子外有一人捧月樣兀子錦，覆於馬上。天武官十餘人，簇擁扶策，喝曰：“看駕頭！”次有吏部小使臣百餘人，皆公裳，執珠絡氊杖，乘馬聽喚。近侍餘官皆服紫緋綠公服，三衙太尉、知閤御帶羅列前導，兩邊皆內等子。選諸軍脊力者，著錦襖頂帽，握拳顧望，有高聲者捶之流血。教坊鈞容直樂部前引，駕後諸班直馬隊作樂，駕後圍子外左前宰執侍從，右則親王、宗室、南班官。駕近，則列橫門十餘人擊鞭，駕後有曲柄小紅繡傘，亦殿侍執坐馬上。駕入燈山，御輦院人員輦前喝“隨竿媚來”，御輦團轉一遭，倒行觀燈山，謂之“鵓鴿旋”，又謂之“踏五花兒”，則輦官有喝賜矣。駕登宣德樓，遊人奔赴露臺下。十五日，駕詣上清宮，至晚還內。御製《勝勝慢》詞云：“宮梅粉淡，岸柳金勻，皇都乍慶春回。鳳闕端門，端門，宣德門也。鼇山綵結蓬萊。沉沉洞天向晚，寶輿還、花滿鈞臺。誰將金蓮，陸地勻開。是處簫鼓聲沸，彫鞍趁、金輪隱隱輕雷。萬家羅幕，千步錦繡相挨。蟾光夜色如晝，共成歡、爭忍歸來。疏鐘斷，聽行歌、猶在禁街。”

瞻御表

《東京夢華録》:正月十六日,車駕不出,自進早膳訖,登門樂作,捲簾,御座臨軒,宣百姓。先到門下者,得瞻見天表,小帽紅袍,獨卓子。左右近侍,簾外傘扇執事之人。須臾下簾,則樂作,縱萬姓遊賞。華燈寶燭,月色花光,霏霧融融,洞燭遠近。至三鼓,樓上以小紅紗燈毬緣索而至半空,都人皆知車駕還內矣。須臾聞樓外擊鞭之聲,則山樓上下,燈燭數十萬盞,一時滅矣。於是貴家車馬,自內前鱗切,悉南去遊相國寺。諸門皆有官中樂棚。萬街千巷,盡皆繁盛。每一切巷口,無樂棚去處,多設小影戲棚子,以防本坊遊人小兒相失,以引聚之。殿前班在禁中右掖門裏,則相對右掖門設一樂棚,放本班家口,登皇城觀看。宮中有宣賜茶酒妝粉錢之類。諸營班院於法不得夜遊,各以竹竿出燈毬於半空,遠近高低,若飛星焉。阡陌縱橫,城闉不禁。別有深坊小巷,繡額珠簾,巧製新粧,競誇華麗,春情蕩颺,酒興融怡,雅會幽歡,寸陰可惜,景色浩鬧,不覺更闌。寶騎駸駸,香塵輵輵,五陵年少,滿路行歌,萬户千門,笙簧未徹。自古太平之盛未有斯也。《拾遺詞》中有《絳都春慢》云:"融和又報。乍瑞靄霽開,皇都春早。翠幰競飛,玉勒爭馳都門道。鰲山綵結蓬萊島。向晚雙龍銜照。絳綃樓上,瓊芝蓋底,仰瞻天表。縹緲。風傳帝樂,慶三殿共賞,群仙同到。迤邐御香,飄落人間聞嬉笑。須臾一點星毬小。隱隱鳴鞘聲杳。遊人月下歸來,洞天未曉。"

賜御筵

《歲時雜記》:祖宗以來,每燈夕命輔臣詣太一,焚香,賜會寺中,或大臣私第。自仁宗以來,專在景德、嘉祐中,曹相公懇請諸公遷就開化一次。元豐末,王丞相就寶梵行香廳作御筵,後又遷在開寶。元祐中，又於啓聖，皆出臨時主席之意。宣和間，上元賜觀燈御筵，范左丞致虛進《滿庭芳慢》一闋云：“紫禁寒輕，瑤津冰泮，麗月光射千門。萬年枝上，甘露惹祥氛。北闕華燈預賞，嬉遊盛、絲管紛紛。東風峭，雪殘梅瘦，煙鎖鳳城春。風光何處好，綵山萬仞，寶炬凌雲。盡歡陪舜樂，喜贊堯仁。天子千秋萬歲，徵招宴、宰府師臣。君恩重，年年此夜，長祝奉嘉辰。”御製同韻《賜范左丞》序云：“上元賜公師宰執觀燈御筵，遵故事也。卿初獲御坐，以《滿庭芳》詞來上，因俯同其韻以賜。”詞云：“寰海清夷，元宵遊豫，爲開臨御端門。暖風搖曳，香氣藹輕氛。十萬鈞陳燦錦，釣臺外、羅綺繽紛。歡聲裏，燭龍銜耀，黼藻太平春。靈鼇擎綵岫，冰輪遠駕，初上祥雲。照萬宇嬉遊，一視同仁。更喜維垣大第，通宵燕、調燮良臣。從玆慶，都俞賡載，千歲樂昌辰。”

御賜宴

《廬陵居士集》：嘉祐八年上元夜，賜中書樞密院御筵於相國寺羅漢院。國朝之制，歲時賜宴多矣，自兩制已上皆與，惟上元一夕祇賜中書、樞密院，雖前兩府見任使相，皆不得與。是歲昭文韓相、集賢曾公、樞密張太尉，皆在假不赴，惟余與西廳趙侍郎概、副樞胡諫議宿、吳諫議奎四人在席。酒半相顧，四人皆同時翰林學士，相繼登二府，前此未有也。因相與道玉堂舊事爲笑樂，皆引滿劇飲，亦一時之盛事也。

乘仙鶴

皇朝《歲時雜記》：闕下前上元數月，有司蕫治端樓，增丹艧之飾，至正月初十日，簾幕帷幄幬綏及諸什物皆備。十四日登樓，近臣侍坐，酒行五，上有所令，下有所稟之事，皆以仙人執書乘鶴，以綵繩升降出納。王都尉作《換遍歌頭》云：“雪霽輕塵斂，

好風初報柳。春寒淺、當三五。是處鼇山聳,金羈寶乘,遊賞遍
蓬壺。向黃昏時候,對雙龍闕門前,皓月華燈射,變清晝。綵鳳
低銜天語,承宣詔傳呼。飛上層霄,共陪霞觴頻舉。更漸闌、正
回路。遙擁車佩珊珊,籠紗滿香衢。指鳳樓、相將醉歸去。"

飛金鳳

《東京夢華録》:正月十六日,車駕登門作樂,縱萬姓遊賞,兩
朵樓相對:左樓相對,鄆王以次綵棚幕次;右樓相對,蔡太師以次
執政戚里幕次。時復自樓上有金鳳飛下諸幕次,宣賜不輟。諸
幕次中,家妓競奏新聲,與山棚露臺上下,樂聲鼎沸。西朵樓下,
開封尹彈壓,幕次羅列罪人滿前,時復決遣,以警愚民。樓上時
傳口敕,特令放罪。

備御喚

《東京夢華録》:宣和間,自十二月,於晨輝門外設主上看位
一所,前以荊棘圍繞,周回約五七十步。都人賣鵪鶉、骨飿兒、圓
子、鎚拍、白腸、水晶鱠、科頭細粉、旋炒栗子、銀杏、鹽豉、湯鷄、
段金橘、橄欖、龍眼、荔枝。諸般市合,團團密擺,准備御前索喚,
直至上元,謂之預賞。

拆山樓

《歲時雜記》:正月十八夜,謂之收燈。諸神御殿獻曲,綵樓
最後,一曲畢,多就拆之。闕前山樓十八日輦聲歸内,亦稍稍解
去。晏相《正月十九日》詩云:"樓臺寂寞收燈夜,里巷蕭條掃雪
天。"又云:"星逐綺羅沉晚色,月隨歌舞下層臺。千蹄萬轂無尋
處,祇是華胥一夢回。"

州郡燈

《歲時雜記》:燈夕,外郡唯杭、蘇、溫、華侈尤甚,自非貧人,

家家設燈,有極精麗者。浙西大率以琉璃燈爲主。蘇州賣藥朱家燈燭之盛號天下第一。以琉璃肖物之形,如牡丹、蓮花、曼陀羅,又盆中蓮荷、車輿、瓶鉢、屏風、帳幔、挂衣、佛塔、轉藏、鬼子母等像,皆以琉璃爲之,亦用雲母石爲燈,及繪楮等,品類繁夥,而皆琉璃,掩其名焉。成都府燈山,或過於闕前,上爲飛橋山亭,太守以次,止三數人,歷諸亭榭,各數盃乃下。從僚屬飲棚前,如京師棘盆處,緝木爲垣,其中旋植花卉,舊日捕山禽雜獸滿其中,後止,圖刻土木爲之。蜀人性不兢,以次登垣,旋遠觀覽。

公用燈

《歲時雜記》:上元,諸官府前期堂廡公帑供諸廳燈,三省樞密院開封外供,舊日出於衙校及行户,後來但出公庫。天下莫盛於温州,熙寧前温州供太守堂内,絹燈至千盞。

竹架燈

《歲時雜記》:上元燈架之制,以竹一本,其上破之爲二十條,或十六條,每二條以麻合繫其稍,而彎屈其中,以紙糊之,則成蓮花一葉。每二葉相壓,則成蓮花盛開之狀。爇燈其中,旁插蒲捧、荷葉、剪刀草於花之下。唯都人能爲,近甌浙間亦有效之者。今禁城上團團皆植燈架,猶用此製。

衮毬燈

《歲時雜記》:上元衮燈,設機關於燈毬之内,以安燈盞,大率用衮香毬制度,外郡多爲之。太守觀燈,使人預於馬前斡旋以運轉無窮,而其中初未嘗動,其膏油不灑,其烽焰不闌云。

坐車燈

《歲時雜記》:都人上元作坐車釣掛燈,大率做燈籠、燈毬之類,但不可用火,特以飾車爾,其精纖華焕,天下不能爲,又用繪蠟刻名花以間廁之。

黄龍燈

《影燈記》：元夜唐玄宗於常春殿臨光宴，爲白鷺轉花、黄龍吐水、金鳬、銀燕、浮光洞、攢星閣，皆燈也，奏月分光曲。

寺院燈

《東京夢華録》：元夕，相國寺大殿前設樂棚，諸軍作樂，兩廊有詩牌燈云：“天碧銀河欲下來，月華如水浸樓臺。”又云：“火樹銀花合，星橋鐵鎖開。”牌以木爲之，雕鏤成字，以紗絹冪之於内，密燃其燈，相次排定，亦可愛賞。資聖閣前安頓佛牙，設以水燈，皆係戚里貴近占設看位，就中九子母殿又最爲要鬧。及東西塔院，惠林、智海、寶梵，競陳燈燭，光彩争華，直至達旦。其餘宮觀寺院，皆放萬姓燒香，如開寶、景德、大佛寺等處，皆設樂棚，作樂燃燈，惟禁宮觀寺院不設燈燭。次則葆真宫有玉柱、玉簾窗隔燈。諸坊巷、馬行，諸香藥鋪席、茶坊酒肆，燈燭各出新奇，惟蓮花王家香鋪燈火又最出群。而又命僧道場打花鈸、弄槌鼓，遊人無不駐足。

大明燈

《僧史略·漢法本傳》：西域十二月三十日乃中國正月之望，謂之大神農變月。漢明帝令燒燈，以表佛法大明。

繞城燈

《涅槃經》：正月十五日，如來闍維訖，收舍利罌，置金牀上，天人散花奏樂，繞城步步燃燈三十里。

張神燈

崔液《上元夜遊》詩：“神燈佛火百輪張，刻像圖形百寶粧。影裏惟開金口説，空中似散玉毫光。

觀舍利

《西域記》：摩竭阤國正月十五日僧徒俗衆雲集，觀佛舍利放光雨花。

會群仙

《靈寶朝修圖》：正月十五日，虛無自然元始天尊於八景天宮集會三界群仙，漢祖天師三天扶教輔元大法師正一靜應真君誕生之日。

拜章表

《正一旨要》：正月十五日上元，十天靈官神仙兵馬無鞅數衆與上聖高真妙行真人同降人門，較善賜福之辰，其日宜修齋醮，拜章表，請益壽算。

誦道經

《修行記》：正月上元、七月中元，皆大慶之月，長齋誦度人經，則福及上世，身得神仙。按，《度人經》云：正月長齋誦詠是經，爲上世亡魂斷地逮役，度上南宮。

歲時廣記卷第十

歲時廣記卷第十一

廣寒仙裔陳　元靚　編

上元中

宴元老

《玉壺清話》：至道元年燈夕，太宗御樓，時李文正昉以司空致仕於家，上亟以安輿就其宅，召至，賜坐於御樓之側，數對明爽，精力康勁。上親酌御樽飲之，選餚核之精者賜焉，謂近侍曰："昉可謂善人君子也，事朕兩入中書，未嘗有傷人害物之事，宜其今日所享也。"又從容語及平日藩邸唱和之事，公遽然離席，歷歷口誦御詩七十餘篇，一句不誤，上謂曰："何記之精邪？"公奏曰："臣不敢妄，臣自得謝，每晨起盥櫛，坐於道室，焚香誦詩，每一詩日誦一遍，間或却誦佛道書。"上喜曰："朕亦以卿詩別笥貯之，每愛卿翰墨也，楷字老來筆力在否？"公對曰："臣素不善書，皆狨犬宗訥所寫爾。"上即令以六品正官與之，除國子監丞。

稱善人

《青鎖高議》：大丞相李公昉嘗謂子弟曰：建隆年元夜，藝祖御宣德門。初夜燈燭熒煌，簫鼓間作，士女和會，填溢禁陌。上臨軒引望，目顧問余曰："人物比之五代如何？"余對以民物繁盛比之五代數倍。帝意甚歡，命移余席切近御座，親分果餌遺余，顧謂兩府曰："李昉事朕十餘年，最竭忠孝，未嘗見損害一人，此所謂善人君子也。"孔子曰："善人吾不得而見之也。"吾歷官五十年，兩立政地，雖無功業可書竹帛，居常進賢，雖一善可稱，亦俾進用。而又金口稱爲"善人君子"，則吾不忝爾父也。爾等各勉學問，思所以起家，爲忠孝以立，則爾無忝吾所生也。

與民樂

《東齋録》：仁宗正月十四日御樓中，遣使傳宣從官曰："朕非好遊觀，與民同樂耳。"翌日，蔡君謨獻詩云："高列千峰寶炬森，端門方喜翠華臨。宸遊不爲三元夜，樂事還同萬衆心。天上清光留此夕，人間和氣閣春陰。要知盡慶華封祝，四十餘年惠愛深。"

徇人心

皇朝《歲時雜記》：觀《景龍文館》列敍唐中宗時燈夕，侈靡之甚，比於今兹十倍百倍，乃知本朝諸聖特徇民心，與人同樂耳。故於舊制不廢，亦未嘗加新焉，非有意於自逸。

燕近臣

王明清《揮麈録》：徽宗宣和七年十二月二十一日，就睿謨殿張燈預賞元宵，曲燕近臣。命左丞王安中、中書侍郎馮熙載爲詩以進。安中賦五言一百韻，熙載賦七言四十四韻。

斥伶官

《澠水燕談》：元祐中，上元，駕幸凝祥池宴從臣，教坊伶人以先聖爲戲。刑部侍郎孔宗翰奏："唐文宗時嘗有爲此戲者，詔斥去之。今聖君宴犒群臣，豈宜尚容有此？"詔付伶官於理。或曰："此細事何足言者？"孔曰："非爾所知。天子春秋鼎盛，方且尊德樂道，而賤工乃爾褻禮。縱而不治，豈不累聖德乎？"聞者慚而歎服。

出御詩

《歲時雜記》：祖宗朝，以時和歲豐，與民同樂，多出御詩，或命近臣屬和。神宗因館伴高麗使畢仲衍有詩，乃即其韻賡之，以賜仲衍及麗使。名士詞人佳句，傳於時者不一。楊劉丁錢數鉅公連句。至今榜清福院，禮部唱和中，形容景色尤爲詳備焉。熙寧中，宋次道龍圖撰集《歲時雜詠》，而上元詩尤多。

和御製

《松窗詩話》：大觀初年，京師以元夕張燈開宴。時再復湟部，徽宗賦詩賜群臣，其頷聯云：“午夜笙歌連海嶠，春風燈火過湟中。”席上和者皆莫及。開封尹宋喬年不能詩，密走介求援於其客周子雍，得句云：“風生閶闔歸來早，月到蓬萊夜未中。”爲時輩所稱。子雍，汝陰人，曾受學於陳無己，故有句法。則作文爲詩者，可無師承乎？

賞佳詞

《本事詞》：康伯可上元應制作《瑞鶴仙》，太上皇帝稱賞“風柔夜暖”已下至末章，賜金甚厚。詞云：“瑞烟浮禁苑。正絳闕春回，新正方半。冰輪桂華滿。溢花衢歌市，芙蕖開遍。龍樓兩觀。見銀燭、星毬燦爛。捲旗亭、盡日笙歌，盛集寶釵金馬。堪羨。綺羅叢裏，蘭麝香中，正宜遊玩。風柔夜暖。花影亂，笑聲遠。鬧蛾兒滿路，成團打塊，簇著冠兒鬭轉。喜皇都、舊日風光，太平再見。”

作句法

《韻語陽秋》：應制詩非他詩比，自是一家句法，大抵不出於“典、實、富、艷”爾。如夏英公《上元觀燈詩》與夫王岐公《應制上元詩》，二公雖不同時，而二詩如出一人之手，蓋格律當如是也。

若作清癯平淡之語,終不近爾。夏英公詩云:"魚龍曼衍六街呈,金鎖通宵啓玉京。冉冉遊塵生輦道,遲遲春箭入歌聲。寶坊月皎龍燈淡,紫館風微鶴馭平。宴罷南端天欲曉,回瞻河漢尚盈盈。"王岐公詩見《侯鯖録》。

使故事

《侯鯖録》:元豐中元夕,上御樓觀燈,有御制詩。時王禹玉、蔡持正爲左右相,持正問禹玉云:"應制上元詩如何使故事?"禹玉曰:"鼇山鳳輦外不可使。"章子厚笑曰:"此誰不知?"後兩日登對,上獨賞禹玉詩妙於使事。詩云:"雪消華月滿仙臺,萬燭當樓寶扇開。雙鳳雲中扶輦下,六鼇海上駕山來。鎬京春酒霑周宴,汾水秋風陋漢才。一曲昇平人盡樂,君王又進紫霞杯。"是夕,以高麗進樂,又添一杯。

免文解

《本事詞》:連仲宣者,信之貴溪人也,少不事科舉,留意觴詠。宣和間客京師,適遇元宵。徽宗御宣德樓,錫宴近臣,與民同樂。仲宣進《念奴嬌》詞稱旨,特免文解。詞曰:"暗黄著柳,漸寒威收斂,日和風細。□□端門初錫宴,鬱鬱蔥蔥佳氣。太一行春,青藜照夜,夜色明如水。鼇山綵結,恍然移在平地。曲蓋初展湘羅,玉皇香案,近雕欄十二。夾道紅簾齊卷上,兩行絶新珠翠。清蹕聲乾,傳柑宴罷,閃閃星毬墜。下樓歸去,觚稜月銜龍尾。"

預賞燈

《復雅歌詞》:景龍樓先賞,自十二月十五日便放燈,直至上元,謂之預賞。《東京夢華録》云:景龍門在大内城角寶籙宫前也。万俟雅言作《雪明鳷鵲夜慢》云:"望五雲多處春深,開閬苑、別就蓬島。正梅雪韻清，桂月光皎。鳳帳龍簾縈嫩風，御座深、翠金間繞。半天中、香泛千花，燈掛百寶。聖時觀風重臘，有簫鼓沸空，錦繡匝道。競呼盧、氣貫歡笑。暗裏金錢擲下，來侍燕，歌太平睿藻。願年年此際，迎春不老。”

賜金甌

《復雅歌辭》：万俟雅言作《鳳皇枝令·憶景龍先賞》，序曰：景龍門，古酸棗門也。自左掖門之東，爲夾城南北道，北抵景龍門。自臘月十五日放燈，縱都人夜遊。婦女遊者，珠簾下邀住，飲以金甌酒。有婦人飲酒畢，輒懷金甌。左右呼之，婦人曰：“妾之夫性嚴，今帶酒容，何以自明？懷此金甌爲證耳。”隔簾聞笑聲曰：“與之。”其詞云：“人間天上。端樓龍鳳燈先賞。傾城粉黛月明中，春思蕩。醉金甌仙釀。一從鸞輅北向。舊時寶座應蛛網。遊人此際客江鄉，空悵望。夢連昌清唱。”

傳黄柑

《詩話》：上元夜登樓，貴戚宮人以黃柑遺近臣，謂之傳柑。東坡《上元侍飯端樓》詩云：“歸來一盞殘燈在，猶有傳柑遺細君。”又《上元夜有感》云：“搔首淒涼十年事，傳柑歸遺滿朝衣。”又《答晉卿傳柑》云：“侍史傳柑玉座傍，人間草木盡天漿。”又《上元》詞云：“拼沉醉、金荷須滿。怕明年此際，催歸禁籞，侍黃柑宴。”

奪重關

《筆談》：狄青宣撫廣西，時儂智高守崑崙關。青至賓州，值上元，大張燈燭，首夜享將佐，次夜宴從軍官。二鼓後，青稱疾，輒起，令孫元規暫主席，數使人勞坐客，至曉各未敢退。忽有馳報，是夜三鼓，青已奪崑崙矣。

撾疊鼓

《後漢書》:禰衡善擊鼓,被魏武謫爲鼓吏。正月十五日,因大會賓客,閱試音節,衡乃揚桴作《漁陽摻撾》,蹀躞而前,淵淵有金石聲也。《文士傳》云:衡擊鼓作《漁陽摻槌》,蹋地來前,躡鼓足腳□能□常鼓聲甚悲[1]。易衣畢,復擊鼓,三槌而去。至今有《漁陽三槌》,自衡始也。楊文公《談苑》云:禰衡作《漁陽摻撾》,古歌曰:“邊城宴開漁陽摻,黃塵蕭蕭白日暗。”東坡詩云:“疊鼓誰摻《漁陽撾》。”宋子京詩云:“波生客浦揚舲遠,潤逼漁撾作摻遲。”唐李義山《聽鼓》詩云:“欲問《漁陽槌》,時無禰正平。”又口占詩云:“必投潘岳果,誰摻禰衡撾。”摻,七鑒切,三撾鼓也。所謂《漁陽摻》者,正如《廣陵散》是也。

觀樂舞

《明皇雜録》:唐玄宗每賜宴設酺會,則上御勤政殿。金吾及四軍兵士,未明陳仗,盛列旗幟,太常陳樂,衛尉張幕,府縣教坊大陳山車、旱船、尋橦、走索、飛劍、角抵、戲馬、鬥雞。又令宮女數百飾以珠翠,衣以錦繡,自帷中出擊雷鼓爲破陣樂、太平樂、上元樂。又引大象、犀牛入場,或拜或舞,動中音律。每正月望夜,又御勤政樓觀作樂,貴臣戚里,官設看樓,夜闌即遣宮女於樓前歌舞以娛之。洪舍人《容齋隨筆》云:唐開元天寶之盛,見於傳記歌詩多矣。而張祐所詠尤多,皆他詩人所未嘗及者。如《正月十五夜燈》云:“千門開鎖萬燈明,正月中旬動帝京。三百內人連袖舞,一時天上著詞聲。”

進壽禮

唐《蕭皇后傳》:穆宗貞獻皇后蕭氏,生文宗,文宗立,上尊號

---

[1] 此處兩個字底本空而無字,茲補以缺字符。

曰“皇太后”。初太和中，懿安太皇后居興慶宮，寶曆太后居義安殿，后居大内，號三宫太后。禁城中正月望夜，帝御咸泰殿，大燃燈作樂，迎三宫太后，奉觴進壽，禮如家人。

偷新曲

《明皇實録》：明皇幸上陽，新番一曲。明夕正月十五日，潛遊，忽聞酒樓上有笛奏前夕新番曲，大駭之。密捕笛者詰問，且云：“其夕於天津橋上玩月，聞宫中奏曲，愛其聲，遂以爪畫譜記之。”即長安少年李謨也。元積《連昌宫詞》云：“李謨擫笛傍宫墻，偷得新番數聲曲。”

争馳道

《楊妃外傳》：開元十載上元日，楊家五宅夜遊，與廣寧公主騎從争西市門。楊氏奴鞭公主衣，公主墮馬，駙馬程昌裔扶主，因及數撾。主泣奏，上令決殺楊家奴，昌裔停官，於是楊氏轉横。時謡云：“生女勿悲酸，生男勿喜歡。”又曰：“男不封侯女作妃，君看女却爲門楣。”近代詩人亦有“固應生女作門楣”之句。

縱出遊

《唐書列傳》：中宗庶人韋氏，嗣聖初立爲皇后。初帝幽廢，與后約：“一朝見天日，不相制。”至是與武三思升御牀博戲，帝從旁典籌，不爲忤。景龍三年，帝親郊，后亞獻。明年正月望夜，帝與后微服過市，徜徉觀覽，縱宫女出遊，皆淫奔不還。

造䴵䚤

《天寶遺事》：每歲上元，都人造䴵䚤，以官位高下散帖䚤中，謂之探官䚤。或賭筵宴，以爲戲笑。詳見人日。

咬焦䭔

《歲時雜記》：京師上元節食焦䭔，最盛且久，又大者名栢頭焦䭔。凡賣䭔必鳴鼓，謂之䭔鼓。每以竹架子出青傘，綴裝梅紅縷金小燈毬兒，竹架前後亦設燈籠，敲鼓應拍，團團轉走，謂之打旋。羅列街巷，處處有之。

作盤餐

《歲時雜記》：京師上元日，有蠶絲飯，搗米爲之。朱綠之，玄黃之，南人以爲盤餐。

鬻珍果

《歲時雜記》：京師買人，預畜四方珍果，至燈夕街鬻。以永嘉柑實爲上味，橄欖綠橘，皆席上不可闕也。慶曆中，金柑映日果不復來，其果大小如金橘，而色粉紅。嘉祐中，花羞栗子，皆一時所尚。又以紙帖爲藥囊，實乾縷、木瓜、菖蒲、鹹酸等物，謂之下酒果子。

貨香藥

《歲時雜記》：京師上元有獨體朱砂丸、龍腦丸、橄欖丸、梅花丸、藥丁香，又以藥丁香爲字及花，皆謂之宵夜果子。又貨茶丁香，今行在三省大門前金葫蘆張家，賣獨體朱砂圓，每帖一百貫。

賣節食

《歲時雜記》：京人以菉豆粉爲科斗羹，煮糯爲丸，糖爲臛，謂之圓子。鹽豉捻頭，雜肉煮湯，謂之鹽豉湯。又如人日造蠶，皆上元節食也。

戴燈毬

《歲時雜記》：都城仕女有神戴燈毬燈籠，大如棗栗，加珠茸之類。又賣玉梅、雪梅、雪柳、菩提葉及蛾蜂兒等，皆繒楮爲之。古詞云："金鋪翠、蛾毛巧，是工夫不少。鬧蛾兒揀了蜂兒賣，賣雪柳、宮梅好"云云。又云："燈毬兒小，鬧蛾兒顫，又何須頭面。"

紙飛蛾

《歲時雜記》：都人上元以白紙爲飛蛾，長竹梗標之，命從卒插頭上，晝日視之，殊非佳物。至夜，稠人列炬中，紙輕竹弱，紛紛若飛焉。又作宜男蟬，狀如紙蛾，而稍加文飾。又有菩提葉蜂兒之類。

火楊梅

《歲時雜記》：京城上元節，以熟棗搗炭丸爲彈，傅之鐵枝而點火，謂之火楊梅，亦以插從卒頭上。又作蓮花牡丹燈盌，從卒頂之。

打簇戲

《海錄碎事》：魏氏舊俗，以正月十五日夜爲打簇戲，能中者賞帛。

撲蛾戲

《雜志》：荊邸魚軒，上元日卒，徹樂，教坊伶人戲爲撲燈蛾。

變蠶種

《集正曆》：正月十五日，浴蠶種了，絣小繩子掛搭一七日，令春氣少改變色，却收於清涼處。著一甕盛，須去甕底一寸，以草蓋覆，貴得清涼處，令生遲也。

祭蠶室

《續齊諧記》：吳縣張誠之，夜見一婦人，立於宅東南角，舉手招誠，誠就之。婦人曰：“此地是君家蠶室，我即地之神。明日正月半，宜作白粥泛膏於上以祭我，當令君蠶桑百倍。”言訖失之。張如其言，爲作膏粥，年年祭之，大得蠶焉。或云，其神降於陳氏之家，云蠶神也。世人正月半作膏粥，由此故也。今俗傚之，謂之粘錢財。《壺中贅錄》云：今人正月半作粥禱，加以肉覆其上，

"登膏糜,採鼠朏,欲來不來,待我三蠶老。"則以爲蠶禳鼠。

祠門戶

《玉燭寶典》:正月十五日,作膏以祠門戶。又《荆楚歲時記》云:今人州里風俗,正月望日祭門,先以楊柳枝插門,隨枝所指向,以酒脯飲食及豆粥餻糜祭之。

賽紫姑

《異苑》:世有紫姑神,古來相傳是人家妾,爲大婦所嫉,每以穢事相役。正月十五日,感激而卒,故世人以其日作其形於廁間,或豬欄邊迎之,亦必須淨潔。祝曰:"子胥不在,曹姑亦歸去,小姑可出。"戲捉者覺重,便是神來。奠設果酒,亦覺面輝輝有色,便跳躑不住。能占衆事,卜蠶桑。又善射鈎,好則大舞,惡則仰眠。平昌孟氏恒不信,躬往試捉,便自躍穿屋,永失所在。子胥是其壻,曹姑即其大婦也。又《時鏡洞覽記》曰:帝嚳女將死,云生平好樂,正月十五日可來迎我。二説未知孰是。又沈存中《筆談》云:舊俗正月望夜迎廁神,謂之紫姑。亦不必正月,常時皆可召之。李義山詩云:"消息期青鳥,逢迎冀紫姑。"又云:"昨日紫姑神去也,今朝青鳥使來賒。"又云:"身閑不睹中興盛,羞逐鄉人賽紫姑。"劉偉明詩云:"大奴聽響住屋隅,小女行卜迎紫姑。"又歐陽公詞云:"應卜紫姑神。"

禱天女

《三仙雜録》序云:天聖壬申正月幾望,予以守職退裔。太夫人思江西燃燈之盛,忽忽有不樂之色。亟遣僮稚蠲潔隅館,沿襲舊俗,禱賽紫姑,以豁太夫人之幽鬱。於時漏板初驚,月華微明,人祝神以誠,神憑物以應。降之筵几,俟乎指蹤,移晷聚觀,乃雲篆盤餐中數十字,悉無能解之者。因請從其俗,貴使情接。於是

去篆從隸，顧予從容而呼曰："我天之令女也。令女乃三仙謙以自
呼。^①名隸仙籍，慎無以神命我，以君世積餘慶，骨氣稍異，因來
耳。"酒肴盈籩，雖設之且不歆；六會神丁，縱召之亦不至。往來
自若，聚散爲常。駭乎篆隸各精，音律俱善。伎乃巨細，無問不
能。謂吉凶之由人，謂善惡之由積。撫絃扣鐵，無鄭衛之淫；賡
歌和詩，有風雅之妙。乘興則繪素，多暇則奕棋。不泄者陰機，
不談者丹竈。揮箏以握，不以指；治病以水，不以金石草木。多
才多藝，舉無與偕。信乎天仙之尤，固不可臆度而究乎萬一也。
《漫録·觀燈二詩》云："無種新蓮萬萬根，齊争春氣縱黄昏。那
堪更上高樓望，疑撮流星撒九門。"其二曰："天翁留下上元辰，處
處依時氣節新。萬點紅蓮銀燭市，月中煙裏亂星勾。"

歲時廣記卷第十一

---

① "令女乃三仙謙以自呼"一句，原文爲正文，據文意乃前文之注，故改之。

歲時廣記卷第十二

廣寒仙裔陳　元靚　編

上元下

幸西涼

《廣德神異録》：開元初，唐玄宗於正月望夜上陽宮大陳影燈，精巧似非人力。道士葉法善在聖真觀，上促召來。既至，潛引法善觀於樓下，人莫知之。法善謂上曰："影燈之戲，天下固無與比，然西涼府今夕之燈，亦亞於此。"上曰："師頃嘗遊乎?"法善曰："適自彼回，便蒙急召。"上異其言曰："今欲一往，得否?"法善曰："此易事爾。"於是令上閉目，約曰："不可妄視，誤有所視，必當驚駭。"依其言，閉目距躍，身在霄漢，而足已及地。法善曰："可以觀矣。"既視，燈燭連亘十數里，車馬駢闐，士女紛委，上稱甚善。久之，法善曰："觀覽畢，可回矣。"復閉目與法善騰空而去，俄頃還故處，而樓下歌吹猶未終。法善至西涼州，將鐵如意質酒。翌日，上命中官託以他事，使於涼州，因求如意以還，驗之非謬。

遊廣陵

《幽怪録》：開元十八年正月望，明皇謂葉仙師曰："四方此夕，何處極盛?"對曰："天下無踰廣陵。"帝欲一觀。俄而虹橋起於殿前，師奏橋成，慎無回顧。於是帝步而上，太真及高力士樂官從行，直造雲際。俄頃，已到廣陵。士女皆仰望曰："仙人現於雲中。"帝大悦，師曰："請敕伶官奏《霓裳》一曲，可回矣。"後數旬，廣陵奏曰："上元夜有仙人乘彩雲自西來，臨孝感寺，奏《霓裳羽衣》一曲，曲終而去。初元朝禮之晨，而慶雲現；小臣踐修之地，而仙樂陳。"上覽表，大悦。

生真人

《漢天師家傳》：真人諱道陵，字輔漢，姓張氏，豐邑人，留侯子房八世孫也。母初夢天人自北斗魁星降至地，長丈餘，衣繡衣，以薇蕪之香授之。既覺，衣服居室，皆有異香，經月不散，感而有孕。於後漢光武建武十年甲午正月望日，生於吳地天目山。時黄雲覆室，紫氣盈庭，室中光氣如日月，復聞昔日之香，浹日方散。

遇道士

《郡閣雅談》：沈道士，筠州高安人，故吏部郎中彬第三子也。性孤僻，形貌秀徹，初名有隣，棄妻入道，居玉笥山，易名庭瑞。遇深山古洞，竟日不返。嚴寒風雪，常單衣危坐，或絕食經月，或縱酒行歌，緣峭壁，升喬木，若猿猱之狀。骨肉相尋，便却走避，忘情世俗，人莫測之，往往爲同道者困。雍熙二年正月内，於玉笥山先不食七日，至上元日早辰，辭道侶歸所居院集仙亭，念人生幾何，賦畢，無病而終。遺言於弟子，將畫土宿一幀、《度人經》一卷隨葬。後二年二月十二日，有閣皂山僧昭瑩於山門數里相遇。閣皂山去玉笥山一百六十里，僧昭瑩問所往，云暫到廬山尋知己，留下土宿一幀及《度人經》一卷、五言詩一首爲別，云："南北東西路，人生會不無。早曾依閣皂，却又上玄都。雲片隨天闊，泉聲落石孤。何期早相遇，藥共煮菖蒲。"後昭瑩到玉笥山話及,方知沈道士也亡,其説途中相遇,遂出所留土宿及經、詩示人,衆皆駭異。遂往墳上看,見土交橫坼裂,闊及尺餘,至今不敢發,質其文、驗其事,即尸解而去。

打專僧

《廣古今五行志》:侯景爲定州刺史日,有僧名阿專師,在州下,聞有會社齋供、嫁娶喪葬之席,或少年放鷹走狗,追隨宴集之處,嘗在其間,鬥諍喧囂,亦曲助朋黨,如此多年。後正月十五日,觸他長幼,惡口聚罵,主人欲打殺之,市徒救解而去。明旦捕覓,見阿專騎一破墙喜笑,捕者奮杖欲擲,前人復遮,阿專云:“汝等何厭賤我? 我捨汝去。”以鞭擊墻,口唱叱叱,所騎之墻忽然昇天,見者無不禮拜。須臾,映雲而滅。經一年,聞在長安,還如舊態,後不知所終。

尚公主

《本事詩》:陳太子舍人徐德言之妻,後主叔寶之妹,封樂昌公主,才色冠絶。時陳政方亂,德言知不相保,謂妻曰:“以君才容,國亡必入權豪之家。儻情緣未斷,猶冀相見,宜有以信之。”乃破一鏡,人執其半,約曰:“他時必以正月望日,賣於都市,我當以是日訪之。”及陳亡,果入越公楊素之家,寵嬖殊厚。德言流離辛苦,僅能至京,以正月望訪於都市。有蒼頭賣半鏡者,大高其價,人皆笑之,德言直引至其居,具言其故,出半鏡以合之,仍題詩曰:“鏡與人俱去,鏡歸人不歸。無復嫦娥影,空餘明月輝。”公主得詩,悲泣不食,越公知之,愴然改容,即召德言至,還其妻,仍厚遺之。因與餞別,仍三人共宴,命公主作詩以自解,詩曰:“今日何遷次,新官對舊官。笑啼俱不敢,方信作人難。”遂與德言歸江南,竟以終老。後人作詞嘲之,寄聲《新水令》云:“冒風連騎出金城，聞孤猿韻切，懷念親眷。爲笑徐都尉，徒誇彩繪，寫出盈盈嬌面。振旅闃闃。睹訝閬苑神仙。越公深羨，驟萬馬，侵凌轉盼。感先鋒，容放鏡，收鸞鑑一半。歸前陣，慘怛切，同陪元帥恣歡戀。二歲偶爾，將軍沉醉連綿，私令婢捧菱花，都市尋偏。新官聽説邀郎宴，因命賦悲歡。孰敢？做人甚難。梅粧復照，傅粉重見。"秦少遊有詩云："金陵往昔帝王州，樂昌主第最風流。一朝隨兵到江上，共把凄凄去國愁。越公萬騎唱簫鼓，劍推玉人天上去。空攜破鏡望紅塵，千古江楓籠輦路。"又《調笑令》云："輦路江楓古，樓上吹笙人在否？菱花半襞香塵污。往日繁華何處，舊歡新愛誰爲主。啼笑兩難分付。"又東坡詞云："若爲情緒，更問新官，向舊啼。"

會美婦

《古今詞話》：崇寧間，上元極盛。太學生江致和在宣德門觀燈，會車輿上遇一婦人，姿質極美，恍然似有所失，歸運毫楮，遂得小詞一首。明日，妄意復遊故地。至晚，車又來，致和以詞投之。自後屢有所遇，其婦笑謂致和曰："今日喜得到蓬宮矣。"詞名《五福降中天》："喜元宵三五，縱馬御柳溝東。斜日映朱簾，瞥見芳容。秋水嬌橫俊眼，膩雪輕鋪素胸。愛把菱花，笑勻粉面露春蔥。徘徊步懶，奈一點、靈犀未通。悵望七香車去，慢輾春風。雲情雨態，願暫入陽臺夢中。路隔烟霞，甚時許到蓬宮。"

約寵姬

《蕙畹拾英集》：近世有《鴛鴦燈傳》，事意可取，第綴緝繁冗，出於閭閻，讀之使人絕倒。今一切略去，掇其大概而載之云。天聖二年元夕，有貴家出遊，停車慈孝寺側。頃而有一美婦人降車登殿，抽懷袖間，取紅綃帕裹一香囊，持於香上，默祝久之，出門登車，擲之於地。時有張生者，美丈夫、貴公子也，因遊偶得之，持歸玩，見紅帕上有細字書三章，其一曰："囊香著郎衣，輕綃著郎手。此意不及綃，共郎永長久。"其二曰："囊裏真香誰見竊，絲紋滴血染成紅。殷勤遺下輕綃意，好付才郎懷袖中。"其三曰："金珠富貴吾家事，常渴佳期乃寂寥。偶用至誠求雅合，良媒未必勝紅綃。"又章後細書云："有情者得此物，如不相忘，願與妾面，請來年上元夜，於相籃後門相待，車前有鴛鴦燈者是也。"生嘆咏之久，作詩繼之，其一曰："香來著吾懷，先想纖纖手。果遇贈香人，經年何恨久。"其二曰："濃麝應同瓊體膩，輕綃料比杏腮紅。雖然未近來春約，也勝襄王魂夢中。"其三曰："自得佳人遺贈物，書牕終日獨無寥。未能得會真仙面，時賞囊香與絳綃。"翌歲元宵，生如所約，認鴛鴦燈，果得之。因獲遇乾明寺，婦人乃貴人李公偏室，故皆不詳載其名也。

惑妖女

《夷堅甲志》：宣和間，京師士人元夕出遊，至美美樓下，觀者闐咽，不可前。少駐步，見美婦人舉措張皇，若有所失。問之，乃曰："我逐隊觀燈，適遇人極隘，遂迷失侶，今無所歸矣。"以言誘之，欣然曰："我在此稍久，必爲他人掠賣，不若與子歸。"士人喜，即攜手還舍。如是半年，嬖寵殊甚，亦無有人蹤跡之者。一日，召所善友與飲，命婦人侍酒甚款。後數日，友復來，曰："前夕所見之人，安從得之？"曰："我以金買之。"友曰："不然，子宜實告我。前夕飲酒時，見每過燭後色必變，意非人類，不可不察。"士人曰："相處累月矣，焉有是事？"友不能強，乃曰："葆真宮王文卿法師善符籙，試與子謁之。若有祟，渠必能言，不然，亦無傷也。"遂往。王師一見，驚曰："妖氣極濃，將不可治，此祟絕異，非尋常鬼魅比也。"歷指坐上他客曰："異日當爲左證。"坐者盡恐。士人已先聞友言，不敢復隱，備告之。王師曰："此物平時有何嗜好？"曰："一錢篋極精巧，常佩於腰間，不以示人。"王師即朱書二符授之，曰："公歸，俟其寢，以一置其首，一置篋中。"士人歸，婦人已大罵曰："托身於君許久，不能見信，乃令道士書符，以鬼待我，何故？"初尚設辭諱，婦人曰："某僕爲我言，一符欲置我首，一置篋中，何諱也？"士人不能辨。密訪僕，僕初不言，始疑之。至夜，伺其睡，則張燈製衣，將旦不息。士人愈窘，復走謁王師，王師喜曰："渠不過能忍一夕，今夕必寢，第從吾戒。"是夜，果熟睡，如教施符，天明無所見，意謂已去。越二日，開封遣獄吏逮王師下獄，曰："某家一婦人，瘵疾三年，臨病革，忽大呼曰：'葆真宮王法師殺我！'遂死。家人爲之沐浴，見首上及腰間篋中皆有符，乃詣府投牒云'王以妖術取其女'。"王具述所以，即追士人并向日坐上諸客，證之皆同，遂得免。王師，建昌人。

償冤鬼

《青鎖高議》：宣和間，有龔球在京城，元夜閑隨青氈車，有一婦人下車攜青囊，其去甚速。球逐至暗處，曰："我李太保家青衣，今夕走耳，君能容我，願爲侍人。"球與攜手同行，妄指一巷云："吾所居也，汝且坐此，吾先報家人，然後呼汝。"球攜囊入巷，從他衢而去。囊中皆金珠，售獲千緡，往來爲商，錢益增羨。一夕，泊舟山陽，並舟一婦，似識而不憶，婦曰："子何在此？子攜我青囊去，坐待至曉，爲街吏所擒，付獄窮治，竟死獄中，訴於陰府，得與子對。"婦人忿然登舟。球如醉扶臥，爲一吏攝至陰府。王者召吏云："球命祿雖已盡，但王氏受重苦，合令球於人世償之。"球乃再甦，遍體生瘡，臭穢不可近，日夜號呼，手足墮地而卒。

見怪物

《夷堅丁志》:翁起予商友家於建安郭外,去郡可十里。上元之夕,約隣家二少年入城觀燈,步月松徑行,未及半,遇村夫荷鉏而歌。二少年悸甚。不能前,但欲宿道傍民舍。翁扣其故,一人曰:"適見青面鬼持刀來。"一人曰:"非也,我見朱鬣豹褌持木骨朵耳。"翁爲證其不然,明旦方入城。其説青面者,不疾而卒;朱鬣者,得疾還死於家。翁獨無恙。

拔鬼嬪

《道經應驗》:蜀王孟昶時,於青城山丈人觀折麻姑壇,偶石城令獻一女曰張麗華,納之丈人觀側。忽一夕,迅雷暴雨猛風,電火騰空散落,張氏遂殞命,葬於山下。後數年,有丈人觀道士李若冲,是夜醮回憩於山前。俄頃,竹陰間有一女子號泣而出,詣若冲前云:"獨卧經秋墜鬢蟬,白楊風起不成眠。沈思往日椒房寵,淚濕衣襟損翠鈿。"言訖,復泣而退。若冲亟還。是夜,偶上元令節,三官考校罪福之辰。若冲窺殿上有衣冠朱履之士,皆面北立,有奏對殿下。廊廡間列罪人,中有一女子,爲獄卒繫於鉄柱,杖之痛號。徐察之,若山前見者。俄而,有人以劍指若冲云:"今夕上元,天官洎五岳丈人校勘罪目,不宜久立。"若冲乃潛避。達旦,具白其師唐洞卿,師曰:"汝知之否? 此乃張麗華也。昔寵幸於此,褻瀆高真,致獲斯罪。既以詩告汝,汝當救拔。"若冲曰:"何術可救?""但轉《九天生神章》,焚金籙白簡,可免斯苦。"即自託生,偶值臨卭牧田魯儔設黃籙,若冲遂置簡書疏,轉經至一卷,往彼醮所。適丁懺罪燒簡之時,若冲遂即焚之。明旦,復至山前,竹陰間有一塚乃張麗華墳,其地上有沙字四句曰:"符吏忽忽扣夜扃,旋憑金簡出幽冥。蒙師薦拔恩非淺,更乞生神九卷經。”

償前冤

《夷堅丁志》：鄭毅夫内翰姪孫爟爲林才中大卿婿，成親五年，生一男一女，伉儷甚睦。鄭因入京，遇上元節。先一日，將遊上清宫，偶故人留飯，食牛脯甚美，暮方至宫。才觀燈，鄭忽覺神思敞罔，亟歸，已發狂妄語，手指其前，若有所見，曰：“吾前生曾毒殺此人，當時有男子在旁見用藥，亦同爲蔽匿。旁人乃今妻也。”呼問林氏，亦約略能記憶。中毒者責罵之頗峻，林氏曰：“本非同舉意，何爲及我？”其人曰：“因何不言？”自是鄭生常如病風，數歐詈厥妻，無復平時歡意，不能一朝居。林卿命其女仳離歸家，冤隨之不釋，遂爲尼。鄭訖爲廢人，後亦出家著僧服，死於無錫縣寺。

入蔌堂

《夷堅丁志》：邛州李大夫之孫，元夕觀燈，惑一遊女，隨其後不暫捨。女時時回首微笑，若招令出郭。及門外，又一男子同途，適素所善者，以爲得侣，竊自喜。徐行至江邊，男子忽捨去，女不從橋過，而下臨水濱。李心猶了然，頗怪訝，亟往呼之。女從水面掩冉而返，逼李之身，環繞數四，遂迷不顧省。乃攜手凌波而度，徑入山寺中，趨廊下曲室。屋甚窄，幾壓其背，不勝悶極，大聲呼寺僧，罔知所謂。秉炬來訪，蓋誰家婦蔌堂，李踞卧於上，如欲入而未獲者。僧識之曰：“此李中孚使君家人也。”急扶掖詣方丈，灌以藥，到明稍甦，送之歸。凡病彌月乃愈。

問禄壽

《前定録》：韋泛，大曆初罷潤州金壇縣尉，客遊吴興，維舟於興國佛寺之水岸。時正月望夕，士女繁會。泛方寓目，忽然暴卒,經宿而蘇。云見一吏持牒云"府司追",遂與同行。約數十里,忽至一城,兵衛甚嚴。既入,所見多是親舊,方悟死矣。俄見數騎呵道而來,中有一人,衣服鮮華,容貌甚偉。泛視之,乃故人也。驚曰:"君何爲來此?"曰:"爲所追。"其人曰:"嘻,誤矣,所追者非君也,乃兖州金鄉縣尉韋泛也。"遽敕吏以送歸,泛恃其故人,因求知禄壽。其人不得已,密令一吏引於別院,立泛門外。吏入,持一丹筆書左手示之曰:"前揚復後揚,後揚五年強,七月之節歸玄鄉。"泛既出,前所追吏亦送之。既醒,具述其事。沙門法寶好異事,盡得其實,因傳之。泛後六年調授太原陽曲縣主簿,秩滿,以鹽鐵使薦爲揚子巡官,在職五年。建中元年六月二十八日,將趨選,以暴疾終於廣陵旅舍,其日乃立秋日也。

助醮錢

《夷堅甲志》:福州左右司理院,每歲上元,必空獄設醮,因大張燈,以華靡相角,爲一郡最盛處,舊皆取辦僧寺。紹興庚午,侍郎張公淵道作守,命毋擾僧徒,獄吏計無所出,恥不及曩歲,相率強爲之。前一夕,左司理陳燡夢朱衣吏著平上幘揖庭下曰:"設醮錢已符,右院關取。"明日有負萬錢持書至,取而視,乃閩清令以助右院者,方送還次。群吏曰:"今夕醮事,正苦乏使,留之何害?"陳亦悟昨夢,乃自答令書,而取其金,醮筵之外,其費無餘,是雖出於一時之誤,然冥冥之中蓋先定矣。

得寶石

《夷堅丙志》:德興縣新建村居民程氏,屋後二百步有溪,程翁每旦必攜漁具往,踞磻石而坐,施罔罟焉。年三十時,正月望夜,夢人告曰:"明日亟去釣所,當獲吞舟魚。"覺而異之,雞鳴便往,久無所睹。自念"夢其欺我歟",忽光從水面起,照石皆明,掬水濯面，澄心諦觀，但有大卵石白如雪，光耀燦爛，一舉網即得之。持以歸，婦子皆驚曰："爾遍身安得火光？"取置佛卓上，一室如晝。妻窺之，乃如乾紅色，頃刻化爲帶，長三尺，無復石體。益驚異，炷香欲爇間，大已如楹，其長稱是，懼而出，率家人列拜。俄聞屋中膕膊聲，穴隙而望，如人抛擲散錢者。妻持竹畚入，漫貯十餘錢，方持待，已滿畚矣。小兒女用他器拾取，莫不然。良久遍其所居，或擲諸小塘，未移時已滿。其物在室中連日，翁拜而禱曰："貧賤如此，天賜之金，已過所望，願神明亟還，無爲驚動鄉閭，使召大禍。"至暮，不復見，程氏由此富贍。每歲必正月十六日設齋飯緇黃，名曰"龍會齋"。翁頗能振施貧乏，里人目爲"程佛子"。紹興二十九年，壽八十三而卒，其孫亦讀書應舉。

犯天使

《影燈記》：梁鄰上元後忽髮變如血，卜曰："元夜食牛肺，犯天樞巡使，禱謝可免。"

視月人

《神仙傳》：尹思，字少龍，安定人也。晉元康五年正月十五夜，遣兒視月中有異物否，兒曰："今年當大水，月中有一人披蓑帶劍。"思出視之，曰："非也，將有亂卒。"兒曰："何以知之？"曰："月中人乃帶甲伏矛，當大亂三十年，復小清耳。"後果如其言。

候竿影

王仁裕《玉堂閑話》：上元夜，立一杖竿於庭中，候月午，其影至七尺，大稔；六尺、八尺，小稔；九尺、一丈，有水；五尺，歲旱；三尺，大旱。

卜飯箕

《稽神錄》：江左有支戩者，好學爲文。正月望日，俗取飯箕衣以衣服，插箸爲觜，使畫粉盤，以卜一歲休咎。戩見家人爲之，即戲祝曰："請卜支秀才他日至何官？"乃畫粉成空字，後戩仕至檢校司空，果如其卜。

偷燈盞

《瑣碎録》：亳社里巷小人上元夜偷人燈盞等，欲得人咒詛，云吉利。都城人上元夜一夕亦如此，謂之放偷得匙者尤利，故風俗於此日不用匙。一云偷燈者生男子之兆。又《本草》云：正月十五日燈盞，令人有子。夫婦共於富家局會所盜之，勿令人知，安臥牀下，當月有娠。

題紈扇

《侯鯖録》：韓康公上元召從官數人，出家妓侍飲。其專寵者曰魯生，偶中蜂螫，少頃，持扇就東坡乞詩，詩中有"窗搖日影魚吹浪，舞罷花枝蜂遶衣"之句，上句記姓，下句書蜂事。

作俗詩

《提要録》：舒州兵曹田太靖，輕獧子也。好作詩，庸俗穢野，至自製序鏤板，首云："田氏，太原人，國初勳臣之族，家世能詩，至太靖尤工，上元一絶云：'元宵燈火照樓臺，車馬駢駢去又來。田郎試向樓上望，燈前好箇阿孩孩。'"

歲時廣記卷第十二

歲時廣記卷第十三

廣寒仙裔陳　元靚　編

月晦

《荆楚歲時記》曰：每月皆有晦朔，以正月晦爲初年，時俗重以爲節。《釋名》曰：晦者，月盡之名也。晦，灰也，死爲灰，月光盡似灰也。《南部新書》曰：貞元元年九月二日，敕方今邊隅無事，烝庶小康，其正月晦日、三月三日、九月九日三節日，宜任文武百僚，擇勝地追賞爲樂，仍各賜錢以充宴會。貞元五年，廢晦日，置中和節。

彫蓂莢

《帝王世紀》：堯時有草夾階而生，每月朔生一莢，月半則生十五莢，自十六日一莢落，至月晦而盡彫，月小盡則餘一莢，厭而不落，堯視之爲曆。唯盛德之君，應和氣而生，以爲瑞草，名曰蓂莢。一名曆莢，一名仙茆。後魏盧元明《晦日泛舟應詔》詩云："輕灰吹上管，落蓂飄下蒂。遲遲春色華，婉婉年光麗。"

盡桂樹

虞喜安《天論》曰：俗傳月中仙桂樹，月初則生，月晦則盡也。

湔裙裳

《荆楚歲時記》：元日至月晦，人並爲醮食渡水，士女悉湔裳酹酒於水湄，以爲度厄，今人唯晦日臨河解除，婦人或湔裙。

醵飲食

《玉燭寶典》：元日至月晦，並爲醵聚飲食，士女泛舟，或臨水宴樂。醵聚者，大飲之名也，一云出錢爲醵，出食爲醵。

作膏糜

《唐六典》：膳部有節日食料，注云"晦日膏糜"。

拔白髮

《四時纂要》：正月甲子拔白髮，晦日汲井水服，令髭髮不白。

稼果樹

《治生要術》：正月晦日日未出時，以斧班駁錐斫棗李樹，則子繁而不落，謂之稼樹。

種冬瓜

《齊民要術》：正月晦日，倚墻區種冬瓜。區圓二寸，深五寸，著糞種之。苗生，以柴引上墻，每日午後澆之。

占穀價

《雜五行書》：正月晦日風雨，主穀貴。

避戰車

《白氏六帖》：陣不違晦，以犯天忌，故戰車避晦日也。

號窮子

《文宗備問》：昔顓帝時，宮中生一子，性不著完衣，作新衣與之，即裂破以火燒穿著，宮中號爲窮子。其後以正月晦日死，宮人葬之。相謂曰："今日送却窮子也。"因此相承送之。又《圖經》云：池陽風俗，以正月二十九日爲窮九日，掃除屋室塵穢，投之水中，謂之送窮。

除貧鬼

唐《四時寶鑑》：高陽氏子好衣弊食糜，正月晦日巷死，世作糜棄破衣，是日祝於巷，曰除貧也。韓文公《送窮文》云：元和六年正月乙丑晦，主人使奴星星結柳作車，縛草爲船，載糗輿粻，牛繫軛下，引帆上檣。三揖窮鬼而告之，曰："聞子行有日矣，鄙人不敢問所途。躬具船與車，備載糗糧，日吉時良，利行四方。子飯一盂，子啜一觴，攜朋挈儔，去故就新。駕塵彏風，與電爭先，子無底滯之尤，我有資送之恩。"

送窮鬼

《古今詞話》：太學有士人，長於滑稽，正月晦日以芭蕉船送窮，作《臨江仙》，極有理致。其詞曰："莫怪錢神容易致，錢神盡是愚夫。爲何此鬼却相於？只由頻展義，長是泣窮途。韓氏有文曾餞汝，臨行慎莫躊躇。青燈雙點照平湖。蕉船從此逝，相共送陶朱。"予幼時亦聞巴談《送窮鬼詞》曰："正月月盡夕，芭蕉船一隻。燈盞兩隻明輝輝，内裏更有筵席。奉勸郎君小娘子，飽吃莫形迹。每年只有今日日，願我做來稱意。奉勸郎君小娘子，空去送窮鬼，空去送窮鬼。"

中和節

李肇《國史補》曰：唐貞元五年，置中和節。《唐書·李泌傳》曰：德宗以前世上巳、重九皆大宴集，而寒食多與上巳同時，欲以二月爲節，自我作古。李泌請以二月朔爲中和節。《道藏·元微集》云：二月一日爲天正節，冲應太虛王真人、誠應妙遠郭真人，同此日飛昇。

代晦日

《唐書》：貞元五年正月十一日，詔曰："四序嘉辰，歷代增置。

漢宗上巳，晉紀重陽。或説禳除，雖因舊俗，與衆燕樂，誠洽當時。朕以春方發生，候維仲月，勾萌悉達，天地和同，俾共昭蘇，宜均茂暢。自今後以二月一日爲中和節，内外官司並休假一日，先敕百寮以三令節集會，宜令中和節代晦日。"白居易頌曰："中者揆三陽之中，和者酌四氣之和。兹以八九節，七六氣，排重陽而抗上巳。照元氣於厚壤，則幽蟄蘇而勾萌達，噓和風於窮荒，則槃鷟化而獷俗淳。"

揆明時

《唐書》：貞元五年正月二十八日，中書侍郎李泌奏："伏以仲春初吉，制佳節以□之，更晦日於往月之終，揆明時於來月之始。請令文武百辟，以是日進農書，司農獻穜稑，王公戚里上春服，士庶以刀尺相遺。村社作中和酒、祭勾芒、聚會宴樂，名爲享勾芒、祈年穀。仍望下各州府所在頒行。"從之。

賜宴會

李蘩《鄴侯家傳》：德宗曰："前代三九皆有公會，而上巳日與寒食往往同時，來年合是三月二日寒食，乃春無公會矣。欲以二月創置一節，何日而可？"泌曰："二月十五日以後，雖是花時，與寒食相值。二月一日，正是桃李時，又近晦日，以晦爲節，非佳名也。臣請以二月一日爲中和節，其日賜大臣方鎮勳戚尺，謂之裁度。令人家以青囊盛百穀果實相問遺，謂之獻生子。醞酒謂之宜春酒。村閭祭勾芒神祈穀，百僚進農書以示務本。"上大悦，即令行之。并與上巳、重陽謂之三令節，中外皆賜錢尋勝宴會。

備物儀

《文選》：時惟太平，日乃初吉，作爲令節，以殷仲春。發輝陽和，幽贊生植，敬授人時，亦以表節。仲序，謂仲春也；中和，謂其節也。助發生之德，覃作解之恩。助陰陽之交泰，表天地之和同。當太平之昭代，屬初吉之良辰。國家授時建節，備物陳儀。

遊曲江

唐《輦下歲時記》：開元中，都人遊賞於曲江，莫盛於中和上巳節。按《西京雜記》：朱雀街東第五街，皇城之東第三街，昇道坊龍華尼寺南，有流水屈曲，謂之曲江。此地在秦爲宜春苑，在漢爲樂遊原。《寰宇記》云：曲江，漢武帝所造。其水屈曲，有似廣陵之曲江，故以名之。

讌勝境

康駢《劇談錄》：曲江地本秦隑州。開元中，疏鑿爲勝境，其南有紫雲樓、芙蓉苑，其西有杏園、慈恩寺。花卉環列，烟水四際，都人遊玩盛於中和節。中和上巳，錫讌江側。菰蒲蔥翠，柳陰四合，碧波紅蕖，湛然可愛。隑即碕字，巨依反。

賜御詩

《唐書》：貞元六年，德宗以中和節宴百寮於曲江，上賦詩以賜之，百官皆和焉。是歲，戴叔倫遷容州刺史，素有詩名，上乃令錄其詩以賜之，詩曰："中和變柳梅，萬彙生春光。中和紀月令，芳與天地長。耽樂豈不尚，懿茲時景良。庶遂亭毒恩，同致寰海康。君臣永終始，交泰符陰陽。曲沼新水碧，華池桃梢芳。勝賞信多歡，戒之在無荒。"

作朝假

皇朝《歲時雜記》：自唐中和節令，唯作朝假，亦不休務。然朝士自是日著單公服，唯政事臣猶衣夾袍入宮，見上御單袍，即亟易之。

視農事

《唐文粹》：李庾《西都賦》曰："立中和而視農。"

頒度量

白居易頌：當晝夜平分之時，頒度量合同之令。

進牙尺

《唐六典》：中尚署，中和節日進鏤牙尺及木畫紫檀尺。

有節物

《文昌雜録》：唐歲時節物，二月一日，則有迎富貴果子。

瞎里盰

《燕北雜記》：二月一日，番中姓蕭者，並請耶律姓者於本家筵席。番呼此節爲瞎里盰，漢人譯云："瞎里是請，盰是時。"

歲時廣記卷第十三

歲時廣記卷第十四

廣寒仙裔陳　元靚　編

二社日

《禮記·月令》曰：擇元日，命民社。注云：爲祀社稷。春事興，故祭之，以祈農祥。元日，謂近春分先後，戊日元吉也。《統天萬年曆》曰：立春後五戊爲春社，立秋後五戊爲秋社，如戊日立春立秋，則不算也。一云，春分日時在午時以前，用六戊；在午時以後，用五戊。國朝乃以五戊爲定法，紹興癸亥三月一日社，紹興丙寅正月二十八日社。

立社稷

《白虎通德論》：王者所以有社稷何？爲天下求福報功。人非土不立，非穀不食。土地廣博，不可徧敬。五穀衆多，不可一而祭。故封土立社，示有土也。稷，五穀之長，故立稷而祭之也。

祀社稷

《國語》：共工氏之伯有九有也，其子曰后土，能平九土，故祀以爲社；列山氏之有天下也，其子曰柱，能殖百穀，故祀以爲稷。

舉社稷

蔡邕《獨斷》：社神蓋共工氏之子勾龍也，能平水土。帝顓頊之世，舉以爲土正，天下賴其功，堯祠以爲社。稷神蓋厲山氏之子柱也，能植百穀，帝顓頊之世舉以爲田正，天下賴其功。周棄亦播植百穀，以稷五谷之長，因以稷名其神也。故封社稷。露之者必受霜，露以達天地之氣，樹之者尊而表之，使人望見則加畏敬也。

配社稷

《禮記·祭法》曰：厲山氏之有天下也，其子曰農，能植百穀。夏之衰也，周棄能繼之，故祀以爲稷。共工氏之霸九州也，其子曰后土，能平九州，故祀以爲社。

祠社神

《風俗通》：謹按禮傳，共工之子曰修，好遠遊，舟車所至，足迹所達，靡不窮覽，故祀以爲社神。

祭稷神

《孝經緯》：社，土地之主也。土地闊不可盡祭，故封土爲社，以報功也。稷，五穀之長也，穀衆不可徧祭，故立稷神以祭之。

五帝神

《祭法》：顓帝祀勾龍爲社，柱爲稷。高辛氏、唐虞夏皆因之。殷湯爲旱，遷柱而以周棄代之，勾龍無可德者，故止。又郡國順天應人，逆取順守，而有慚德。故革命創制，改正易服，變置社稷，而後世無及勾龍者，故不可而止。

成周社

《周禮·大司徒》曰：設其社稷之壇。又曰：血祭社稷。《尚書·召誥》曰：戊午，乃社於新邑，牛一、羊一、豕一。

西漢社

《西漢紀》：高祖三年二月，命民除秦社稷，立漢社稷。又《通典》曰：漢高祖起，禱豐枌榆社。二年，東擊項籍還入關，因命縣爲公社。後四年，天下定，詔御史令豐謹理枌榆社。其後又令縣常以春二月及臘祠后稷以羊、彘，民里社各自裁以祠。

後漢社

《後漢·祭祀志》：光武建武二年，立社稷於洛陽宗廟之左。方壇無屋，有門墻而已。二月、八月祠皆太牢，郡縣置社稷，太守令長侍祠用羊、豕。惟州所治有社無稷。

魏國社

《通典》：魏自漢後，但大社有稷，官社無稷，故二社一稷也。明帝景初中，立帝社。

兩晉社

《通典》：晉武帝太康九年，制曰：社實一神，其並二社之祀。東晉元帝建武元年，又依洛京，二社一稷。

南朝社

《通典》：宋仍晉故，齊武帝永明十一年修儀：其神一，位北向。稷東向。齋官社壇東北，南向立，以西爲上。諸執事西向，以南爲上。稷名大稷。梁社稷在太廟西，又加官稷，並前爲五壇。陳依梁而帝，社以三牲首，餘以骨體薦焉。

北朝社

《通典》：後魏大興二年，置太社、大稷、帝社於宗廟之右，爲四方壇四陛。以二月、八月，日用戊，皆太牢。勾龍配社，周棄配稷。北齊立太社、帝社、大稷三壇於國右，每仲春、仲秋、元辰，各以太牢祭焉。後周立社稷於國左。

隋朝社

《通典》：隋文帝開皇初，建社稷，並列於含光門內之右。仲春仲秋吉戊，各以一太牢祭焉。牲色用黑。郡縣並以少牢各祭，百姓亦各爲社。

唐朝社

《通典》：唐社稷亦於含光門內之右，仲春、仲秋二時戊日，祭太社、太稷。社以勾龍配，稷以后土配。武后天授三年九月爲社。長安四年三月，制社依舊用八月。神龍元年，致先農爲帝社壇，於壇西立帝稷壇，禮同太社、大稷。又《唐志》曰：開元十九年，停帝稷而祀神農氏於壇上，以后稷配。又《通典》曰：天寶三載，詔社稷列爲中祀，頗紊大猷，自今已後，社稷升爲大祀。寶曆六年，敕中祀並用少牢。至貞元五年，國子祭酒包佶奏請社稷復依正祀用太牢，從之。

皇朝社

《長編》：太祖初，有事於太社，乃詔竇儀定其儀注。儀以開元禮參酌於三代之典，繼以進食之際，作雍和樂。太社之饌，自正門入；配坐之饌，自左闈入。皇帝詣罍洗之，議如員丘。又《元龜》云：真宗景德四年，李維言：“天下祭社稷，長吏多不親行事。及闕三獻之禮，甚非爲民祈福之意。禮官申明舊典，州縣祭社稷。禮行三獻，致齋三日。”《東都事略》云：徽宗崇寧二年，詔曰：“自京師至於郡縣，春秋祈禱，唯社稷爲然。今守令乃或器用弗備，粢盛弗蠲，其令監司察不如儀。”

天子社

蔡邕《獨斷》：天子太社，以五色土爲壇。封諸侯者，取其方面土，苞以白茅授之，各以其方色以立社於其國，故謂之授茅土。漢興，惟皇子封爲王，得茅土。其他功臣以戶數租入爲節，不授茅土，不立社也。

王者社

《祭法》曰：王爲群姓立社曰太社，王自爲立社曰王社，亡國之社曰亳社。太社爲天下報功，王社爲京師報功也。

諸侯社

《祭法》曰：諸侯爲百姓立社曰國社，諸侯自爲立社曰侯社。

大夫社

《祭法》：大夫以下成群立社曰置社。立名雖異，其神則同，皆勾龍配之。稷，周棄配之。

州縣社

《國朝會要》：州縣祭社稷儀，自祥符中定之。又《嘉泰事類》云：諸州縣春秋社日祭社稷。社以后土勾龍配，稷以后稷氏配。牲用羊一、豕一、黑幣二，官司假寧一日。

春秋社

《提要録》：國朝張文琮出爲建州刺史，州尚淫祠，不立社稷。文琮乃下教曰：“春秋二社本於農，今此州廢而不立，尚何觀焉？”於是始建祀場。

建酉社

晉稽含《社賦序》：社之在於世尚矣，自天子至於庶人，莫不咸用。有漢卜曰丙午，魏氏釋用丁未。至於大晉，則社孟月之酉日。各因其行運，三代固有不同，雖共奉社，而莫議社之所由興也。説文云：祈請道神爲之社。後漢蔡邕《祝社文》曰：元正令午，時惟嘉良。乾坤交泰，太簇運陽。乃祀社靈，以祈福祥。晉應碩《祝社文》曰：元首肇建，吉酉辰良。命於嘉賓，宴兹社箱。敬享社君，休祚是將。

用未社

《魏臺訪議》：帝問何用未社丑臘？王肅曰：魏，土也，畏木，丑之明日便寅。寅，木也，故以丑臘。土成於未，故歲始未社也。

結綜社

《荊楚歲時記》:社日,四鄰並結綜會社,牲醪爲屋於樹下。先祭神,然後享其胙。鄭氏云:百家共一社。《白虎通》云:社稷有樹,表功也。

鷄豚社

韓文公詩:"願爲同社人,鷄豚宴春秋。"陳簡齋詩云:"盍簪共結鷄豚社,一笑相從萬事休。"又云:"要爲同社宴春秋。"方伯休詩云:"稻葉青青水滿塍,夕陽林下賽田神。投身便入鷄豚社,老去人間懶問津。"

歌載芟

《詩·載芟》:春籍田而祈社稷也。

頌良耜

《詩·良耜》:秋報社稷也。

達天氣

《禮記》:天子太社,必受霜露風雨,以達天地之氣。社所以親地也,地載萬物也。天垂象,取法於天,所以尊天親地也。社供粢盛,所以報本反始也。

神地道

《禮記》云:社所以神地道也。取地於天,是以尊天而親地,故教人美報焉。

撰祝文

《玉壺清話》:太祖初有事於太社,時國中墜典,多或未修,太社祝文,亦亡舊式。詔詞臣各撰一文,謄錄糊名以進,上覽之,謂左右曰:"皆輕重失中。"由御筆親點一文,曰:"惟此庶乎得體。"開視之,乃竇儀撰者,文曰:"惟某年太歲月朔日,宋天子某,敢昭告於太社。謹因仲春仲秋，祇率常禮，敬以玉帛。一元大武，柔毛剛鬣，明粢香萁，嘉薦醴馨，猶兹禋瘞，用伸報本。敢以后土勾龍氏配神位，惟神品物賴之。載生庶類，資以含宏。方直所以著其首，博厚所以兼其德，有社者敢忘報乎？尚享！”遂詔定其儀。

享壽星

《國朝會要》：景德三年七月，王欽若言：“《禮記·月令》：‘八月，命有司秋分享壽星於南郊。’唐開元二十四年七月，敕所司置壽星壇，祭老人星及角亢七宿。今百神咸秩，而獨略壽星，望俾崇祀。禮院言：‘壽星，南極老人星也。’《爾雅》云：‘壽星，角亢也。’注云：‘數起角亢，列宿之長。’故云唐開元中，上封事者言《月令》：‘八月，日月會於壽星，居列宿之長。’請八月社日，配壽星於太社壇享之。”當時遂敕特置壽星壇。

報勳庸

何承天《社頌》：社實陰祇，稷惟穀先。霸德方將，時號共工。厥有才子，實曰勾龍。陶唐救災，決河疏江。棄亦播殖，作乂萬邦。克配二社，以報勳庸。

求豐年

曹植《社頌》：於惟太社，官名后土。是曰勾龍，功著上古。德配帝皇，實爲靈主。克明播植，農政曰柱。尊以作稷，豐年是與。義與社同，方神此宇。

卜禾稼

《周禮·春官·肆師》：社之日，涖卜來歲之稼。

祈粢盛

隋牛弘《社歌》：厚地閒靈，方壇崇祀。建以風露，樹之松梓。勾萌既申，芟柞伊始。恭祈粢盛，薦脣休社。

飲福杯

《倦遊録》：京師祭社，多差近臣。王禹玉在兩禁二十年，熙寧間，復被差，題詩於齋宮曰："隣雞未動曉驂催，又向靈壇飲福杯。自笑治聾知不足，明年強健更重來。"

治聾酒

《海録碎事》：俗言社日酒治聾。《倦遊録》云：楊尚書以耳聾致仕，居鄠縣別業。同里高氏貲厚，有二子，小字大馬、小馬。一日，里中社飲，小馬攜酒一榼就楊公曰："此社酒善治聾，願侍杯杓之餘瀝。"楊書絕句與之云："數十年來聾耳瞶，可將社酒便能醫。一心更願青盲了，免見高家小馬兒。"杜社日詩云："共醉治聾酒。"兵部李濤詩云："社翁今日没心情，爲乏治聾酒一瓶。"李濤，字社翁。

造環餅

皇朝《歲時雜記》：社日，舊四方館先期下御廚造大環餅、白熟餅、蒸豚，並以酒賜近臣，大率與立春同。白居易有《社賜酒餅狀》，想唐亦有此賜也。

作饊餅

《歲時雜記》：社日人家旋作饊餅，佐以生菜、韭、豚肉。

賜社飯

《歲時雜記》：社日有漫潑飯，加之鷄餅，青蒿、芫荽、韭以蔽之，亦嘗出自中禁，以賜近輔。

送社餻

《東京夢華録》：社日，以社餻、社酒相賷送貴戚。宮院以豬羊曲、腰子、嬭房、肚肺、鴨餅、瓜薑之類，切作棋子片樣，滋味調和，鋪於飯上，謂之社飯。

宰社肉

漢《陳平傳》：里中社，平爲宰，分肉甚均，里父老曰善。陳孺子之爲宰，平曰："使平得宰天下，亦如此肉矣。"杜甫《社日》詩云："陳平亦分肉，太史竟論功。"翁起予《社日即事》云："平生宰肉手，老矣任乾坤。"

殺社豬

劉貢父《詩話》：張端爲河南司録，府當祭社，買豬已呈尹。豬突入，端即殺之。史以白尹，尹召問端，對曰："按律，諸無故夜入人家，主人登時殺之勿論。"尹大笑，爲別市豬。

贖社狚

《法苑珠林》：隋大業八年，宜州城民皇甫遷多盜母錢。死之日，其家豬生一狚子。八月社，賣與遠村。遂託夢於婦曰："我是汝夫，爲盜取婆錢，令作豬償債，將賣與社家縛殺。汝是我婦，何忍不語？"寤而報姑，姑夢亦如之。遲明，令兄賫錢就社官收贖之，後二年自死。

噴社酒

《本草》云：社酒噴屋四壁，去蚊蟲。納小兒口中，令速語。此祭祀餘酒者也。

飲社錢

《東京夢華録》：社日，市學先生預斂諸生錢作社會，以致雇倩、祇應、白席、歌唱之人。歸時，各攜花籃、果實、食物、社餻而散。

罷社祭

《魏志》：王修字叔治，年七歲，母以社日亡。來歲隣里社，修感念母悲哀，其隣里爲罷社。

值社會

《武陵先賢傳》：潘京爲州辟進謁，值社會，因得見次。及探得不孝，刺史問曰："辟士爲不孝耶？"京舉版答曰："今爲忠臣，不得復爲孝子。"其機辯如此。

降社雨

《提要録》：社公社母不食舊水，故社日必有雨，謂之社翁雨。陸龜蒙詩云："幾點社翁雨，一番花信風。"又云：社日雨，社公以之沐髮。李御史《社日書懷》云："社公沐髮望年豐，豈謂雨餘仍苦風。"

種社瓜

《齊民要術》：種絲瓜，社日爲上。又云：社日，以杵春百果樹下，則結實牢，不實者亦宜用此法。

放社假

《嘉泰事類·假寧格》：二社假一日。

戒兒女

《歲時雜記》：社日，人家皆戒兒女夙興。以舊俗相傳，苟宴起，則社翁社婆遺糞其面上，其後面黃者，是其驗也。

宜外甥

《東京夢華録》：社日，人家婦女皆歸外家，晚即歸，外翁、姨舅皆以新葫蘆兒、棗兒爲遺。俗云：是日歸寧，宜外甥。

求計算

《歲時雜記》：社日，小學生以蔥繫竹竿上，於窗中觸之，謂之開聰明。或又加之以蒜，欲求能計算也。

忌學業

《歲時雜記》：社日，學生皆給假，幼女輟女工。云：是日不廢業,令人懍憧。

乞聰明

《提要録》:稚子社日爬溝,乞聰明,江浙間風俗也。御史李方叔《社日書懷》云:"社公沐髮望年豐,豈謂雨餘仍苦風。未報田間禾穎秀,但驚堂上燕巢空。里人分胙祈微福,稚子爬溝擬乞聰。老病不知秋過半,謾努新釀要治聾。"李御史之集,洪景盧舍人爲其序云。

同俚俗

李伯時《春社出郊書事》:"千尋古櫟笑聲中,此日春風屬社公。開眼已憐花壓帽,放懷聊喜酒治聾。攜刀割肉餘風在,卜瓦傳神俚俗同。聞説已栽桃李徑,隔溪遥認淺深紅。"此詩見《唐宋詩選》,未詳卜瓦傳神事。

不食薑

《歲時雜記》:社日食薑,則至初昏拜翁姑時腰響,或云立春日忌此。

得黃金

《搜神記》:後漢有應嫗,生四子,見神光照社,試探之,乃得黃金。自是諸子官學,並有才名。

取天劍

《録異傳》:賀瑀死三日,蘇。云上天入官府典房,有印有劍,使瑀唯意取之。瑀取劍出門,問何得,云得劍,曰唯使社公耳。

飲神酒

《夷堅丙志》:乾道初,元衡山民以社日祀神,飲酒大醉,至暮獨歸,跌於田坎水中。恍忽如狂,急緣田塍行,至其家,已閉門矣。扣之不應,身自從隙中能入。妻在牀績麻,二子戲於前,妻時時咄罵其夫暮夜不還舍。民叫曰:"我在此!"妻殊不聞,繼以怒罵,亦不答。民驚曰:"得非已死乎?"遽趨出,經家先香火位過,望父祖列坐其所。泣拜以告,其父曰:"勿恐,吾爲汝懇土地。"即起,俄土地神至,布衣草屨,全如田夫狀。具問所以,顧小童,令隨民去。相從出門,尋元路復至坎下,教民自抱其身,大呼數聲,蹶然而寤。時妻以夫深夜在外,倩隣人持火索之,適至其處,遂與俱歸。

乞社語

《啓顔録·千字文語乞社》云:敬白社官三老等:竊聞政本於農,當須務滋稼穡。若不雲騰致雨,何以稅熟貢新?聖上臣伏羌戎,愛育黎首,用能閏餘成歲,律吕調陽。某人等,並景行維賢,德建名立,遂乃肆筵設席,祭祀蒸嘗,鼓瑟吹笙,絃歌酒宴。上和下睦,悦豫且康,禮别尊卑,樂殊貴賤。酒則川流不息,肉則似蘭斯馨。非直菜重芥薑,兼亦果珍李奈,莫不矯首頓足,俱共接盃舉觴,豈徒戚謝歡招,信乃福緣善慶。但某乙索居閑處,孤陋寡聞,雖復屬耳垣墙,未曾攝職從政。不能堅持雅操,專欲逐物意移。憶肉則執熱願涼,思酒如骸垢想浴。老人則飽飫烹宰,某乙則飢厭糟糠。欽風則空谷傳聲,仰惠則虛堂習聽。脱蒙仁慈隱惻,庶可濟弱扶傾,希垂顧答審詳,望減藁荷滴瀝。某乙則稽顙再拜,終冀勒碑刻銘,但知悚懼恐惶,實若臨深履薄。

歲時廣記卷第十四

歲時廣記卷第十五

廣寒仙裔陳　元靚　編

寒食上

《荆楚歲時記》曰：去冬至一百五日，即有疾風甚雨，謂之寒食。據曆合在清明前二日，亦有去冬至一百六日者。禁火三日，今謂之禁烟節是也，又謂之百五節。洪舍人《容齋五筆》云：今人謂寒食爲一百五日，以其自冬至之後至清明，歷節氣五，凡爲一百七日。而先兩日爲寒食，故云他節皆不然也。《提要録》云：秦人呼寒食爲熟食日，言其不動烟火，預辦熟食過節也。齊人呼爲冷烟節。王君玉詩云：“疾風甚雨青春老，瘦馬疲牛緑野深。”又《明老詩稿》中《寒食》有句云：“疾風甚雨悲遊子，峻嶺崇岡非故鄉。”又胡仔詩云：“飛絮落花春向晚，疾風甚雨暮生寒。”陳去非《道中寒食》云：“飛絮春猶冷，離家食更寒。”

百三日

《歲時雜記》：去冬至一百三日爲炊食熟，以將禁烟則饗餐當先具也。而以是日沐浴者，因其炊熟之盛，又從此三日無燀湯之具也。慶曆中，京師人家庖廚滅火者三日，各於密室中烹炮，爾後稍緩矣。

百四日

《歲時雜記》引《假寧格》：清明前二日爲寒食節，前後各三日，凡假七日。而民間以一百四日始禁火，謂之私寒食，又謂之大寒食。北人皆以此日掃祭先塋，經月不絕。俗有"寒食一月節"之諺。

百五日

《東京夢華録》：尋常京師以冬至後一百五日爲大寒食。《歲時雜記》又謂之官寒食。國朝舊制：冬、正、寒食爲三大節，縱民間蒲博三日。江西宗派詩云："一百五日足風雨，三十六峰勞夢魂。"姚合《寒食》詩云："今朝一百五，出户雨初晴。"子由《寒食前一日寄子瞻》云："寒食明朝一百五，誰家冉冉尚廚煙。"

百六日

《歲時雜記》：斷火三日者，謂冬至後一百四日、一百五日、一百六日也。百六日，乃小寒食也。杜甫《小寒食日》詩云："佳辰強飲食猶寒。"既云"食猶寒"，則是一百六日也。元積《連昌宮詞》云："初過寒食一百六，店舍無煙宮樹緑。"則"一百六者"，禁煙之第三日也。又東坡詩云："細雨晴時一百六，畫船簫鼓莫違民。"《容齋四筆》云：吾州城北芝山寺，爲禁烟遊賞之地。寺僧建華嚴閣，請予作勸緣疏，其末一聯云："大善知識五十三，永壯人天之仰；寒食清明一百六，鼎來道俗之觀。"又李正封《洛陽清明雨霽》詩云："曉日清明天，夜來嵩少雨。千門上燈火，九陌無塵土。"則是百七日開火禁爲清明，而前三日禁火明矣。

介之推

《春秋·僖公二十四年》[①]：晉侯賞從亡者，介之推不言禄，禄亦勿及。之推曰："身將隱，焉用文？"母曰："與汝偕隱。"遂隱

---

① 此處所引實際出自《左傳》，非《春秋》。

而死。晉侯求之不獲，以綿上爲之田，曰：“以志吾過，且旌善人。”

介子綏

《琴操》：晉文公與子綏俱遁，子綏割腓股以啖文公。文公復國，子綏無所得，怨恨作《龍蛇之歌》而隱。文公求之，不肯出，乃燔山求之，子綏抱木而死。文公哀之，令民五月五日不得舉火。子綏即推也。

介子推

劉向《新序》：晉文公反國，召舅犯而將之，召艾陵而相之，介子推無爵。推曰：“有龍矯矯，將失其所；有蛇從之，周流天下。龍入深淵，得安其所；有蛇從之，獨不得甘雨。”遂去而之介山之上。文公求之不獲，乃焚山求之，子推燒死，因禁火以報之。吕夷簡《寒食》詩云：“人爲子推初禁火。”

介子推

劉向《列仙傳》：介子推，晉人也。隱居無名，晉公子重耳異之，與出居外十餘年，勞而不辭。及還，介山伯子常晨來呼推曰：“可去矣。”推辭禄，與母入山中，從伯常遊。後文公遣數千人以玉帛求之，不出。

潔惠侯

《翰府名談·潔惠侯記》云：汾州靈巖縣東有山曰綿田，山下有潔惠侯廟，朝廷錫之號，其神乃世謂介子推也。昔文公遭驪姬之難，削跡燕趙，竄身齊楚，山潛水伏，晝隱暮興，周流天下。起居坐卧，跋涉不捨者十九年，惟子推一人而已。洎文公復國，子犯輩無功而俱受官爵，獨遺子推。國人哀其有德於君而不見用，因代子推爲歌，而懸之國門，云：“龍欲上天，五蛇爲輔；龍已升雲,四蛇各入;其宇一蛇,終不見處所。"文公見之,曰:"此必子推之言也。"乃思其人而用之。子推乃請於母曰:"就仕乎?不仕乎?"母曰:"二者汝宜深惟之。與其俯就一時之禄,不若成萬世之名。"子推乃入綿田山不出。文公遣人焚山,意子推避火出山。是日烈風,火勢雷動,玉石俱焚,草木盡灰,子推竟身爲燋屍。里人憫子推之節義,横夭而不得用,乃記其死日,一曰"陽來復",一百五日也。至其日,不舉火,不炊飯,咸食冷物,自兹其日爲寒食也,迄今天下皆如此。自洪河之北,尤重此節。先期數日具膳,滅火封竈,無少長咸食冷食,靈巖之民尤爲謹畏。故舉火造飯,雷電即至其家,山之頂有地數畝,土石色燋,亦若新過火焉。

妬女廟

《朝野僉載》:并州石艾、壽陽二界有妬女泉,有神廟。泉潨水深沉,潔澈千丈,祭者投錢及羊骨,皎然皆見。俗傳妬女者,介之推妹,與兄競,去泉百里,寒食不許斷木,至今猶然。女錦衣紅鮮,裝束盛服,及有人取山丹百合經過者,必雷風電雹以震之。

噪仁烏

王子年《拾遺記》:晉文公焚林以求介推,有白鴉繞烟而噪,或集介子之側,火不能焚,晉人嘉之,起一高臺名曰思賢臺。或云,戒所焚之山數百里不得設網,呼曰仁烏。俗亦謂烏白臆者爲慈烏,則其類也。又《拾遺記》云:文公焚山求子推,時有白鳥烟中斃。

製木履

《殷芸小説》曰:介之推不出,晉文公焚林求之,抱木而死,公撫之盡哀。及伐木製履,每俯視則流涕曰:"悲乎足下。"

絶火食

魏武帝《明罰令》:聞太原、上黨、西河、雁門,冬至後百五日皆絶火食寒，云爲介子推。且北方沍寒之地，老少羸弱，將有不堪之患，令人不得寒食，犯者家長半歲刑，主吏百日刑，令長奪一月俸。

預温食

《後漢·周舉傳》：周舉遷并州刺史。太原一郡，舊俗以介子推焚骸，有龍忌之禁。至其亡月，咸言神靈禁舉火，由是士民每冬中輒一月寒食，莫敢烟爨，老少不堪，歲多死者。舉既到州，乃作吊書置子推廟，言“盛冬禁火殘損民命，非賢者之意”，以宣示愚民。使還預温食，由是衆惑少解，風俗頓平。注云：龍星，木之位也，春見東方。心爲火心，懼火之盛，故爲之禁。俗傳云，子推此日被焚，故禁火也。《容齋三筆》云：然則所謂寒食乃是中冬，非節令二三月也。

辦冷食

《鄴中記》：并州俗，冬至後一百五日，爲介子推斷火，冷食三日，作乾粥，今之糗是也。又《荆楚歲時記》云：昔介子推三月五日爲火所焚，并人哀之，每歲春莫，爲不舉火，因以寒食。至今晉人重此禁，云“犯之則雨雹傷其田”。

進寒食

《汝南先賢傳》：太原舊俗，以介子推焚骸，一月寒食，莫敢烟爨。又《奇應録》云：太原舊以介子推登山燔燎，一月禁火，至趙石勒建平中廢之，暴風折木壞田。

嚴火禁

《歲時雜記》：元豐初，官鎮陽，鎮陽距太原數百里，寒食火禁甚嚴。有輒犯者，閭里記其姓名，忽遇風雹傷稼，則造其家衆口交徧謫之，殆不能自容，以是相率不敢犯。紹聖年來，江淮之南，寂無此風，聞二淛民俗，以養火靈，亦於寒食日火云。

修火禁

《太平御覽》云：周舉《移書》及魏武《罰令》、陸翽《鄴中記》並云，寒食斷火起於子推，《琴操》所言子綏即推也。又云，五月五日，與令有異，皆因流俗所傳。據《左傳》及《史記》，並無介子推被焚之事。按《周禮·司烜氏》“仲春以木鐸修火禁於國中”，注云：“謂季春將出火也。”今寒食節氣是仲春之末，清明是三月之初，然則禁火蓋周之舊制。河南《程氏外書》載伊川先生曰：“寒食禁火只是將出新火，必盡熄天下之火，然後出之也。世間風俗，蓋訛謬之甚耳。”

煮糯酪

《鄴中記》：寒食三日作醴酪，又煮糯米及麥爲酪，搗杏仁煮作粥。孫楚《祭子推文》云：黍飯一盤，醴酪一盂，清泉甘水，充君之廚。今寒食節物有杏酪、麥粥，即其遺風也。又見《荆楚歲時記》。東坡詩云：“火冷餳稀杏粥稠。”韋蘇州詩云：“杏粥猶堪食，榆羹已可煎。”崔魯《春日》詩云：“杏酪漸看隣舍粥，榆烟欲變舊爐灰。”

作麥粥

《玉燭寶典》：今人寒食悉爲大麥粥，研杏仁爲酪，引餳以沃之。白樂天詩云：“留餳和冷粥，出火煮新茶。”李義山詩云：“粥香餳白杏花天。”宋子京詩云：“漠漠輕花著早桐，客甌餳粥對禺中。”歐陽公詩云：“杯盤餳粥春風冷，池館榆錢夜雨新。”又云：“多病正愁餳粥冷。”又云：“已改煎茶火，猶調入粥餳。”

爲醴餳

《歲華紀麗》：寒食作醴酪，以大粳米或大麥爲之，即今之麥粥也。醴即今之餳是也。宋考功詩云：“馬上逢寒食，春來不見錫。洛中逢甲子，何日是清明。"又沈雲卿《詠驪州不作寒食》云：
"海外無寒食，春來不見錫。"江西詩體云："齒軟不禁寒食錫。"

賣餳錫

《東京夢華錄》：一百五日，都城賣餳錫、麥糕、乳粥酪、乳餅
之類最盛。東坡詩云："不比賣錫人，又有吹簫賣錫事。"宋子京
《寒食》詩云："草色引開盤馬路，簫聲吹暖賣錫天。"梅聖俞詩云：
"千門走馬將開榜，廣市吹簫尚賣錫。"藜藿野人《寒食》詩云："流
水有人題墜葉，吹簫何處賣煎錫。"

染青飯

《零陵總記》：楊桐葉細冬青，臨水生者尤茂。居人遇寒食，
採其葉染飯，色青而有光，食之資陽氣，謂之楊桐飯，道家謂之青
精乾石飿飯。彭祖云：大宛有青精先生、青靈真人，霍山道士鄧
伯元者，受青精飯法，能冥中夜書。陶隱居《登真隱訣》云：太極
真人青精乾石飿飯法方授王褒。又《圓散十法》中有精石飯。注
云：上仙靈方，服之令人童顏。杜甫詩云："豈無青精飯，使我顏
色好。"皮日休詩云："半月始齋青飿飯。"東坡詩云："亦松餲青
精。"謝伯任云，諸書並無飿字。按《道藏經音義》云：飿一作秐，亦作飿，並音信，又音
峻。赤松，赤松子也。

炊紺飯

《登真隱訣》：神仙王君青飿飯方，云此飯用白米一斛五斗，
得稻有青衣佳，如豫章西山青米、吳越青龍稻米是也。蓋青米裏
虛而受氣，故堪用之。取南燭草木葉五斤，煮汁漬米炊，即灑之，
令飯作紺青也。服二合，填胃補髓，殺三蟲，神仙食之。按《本
草》木部有南燭枝，久服輕身長年，令人不飢，能益顏色，取汁炊
飯，名烏飯，又名黑飯。唐高宗幸嵩山，至逍遙谷，見室中大瓠，

問潘師正,答曰:"中有青飯,昔西城王君以南燭草爲之,服食得道。"乃命道士葉法善往江東造青飯飯,變白去老,取莖葉搗碎,漬汁浸粳米,九浸九蒸九暴。米粒緊小,正黑,如璧珠,袋盛之,可適遠方,日進一合,不飢。益顏色,堅筋骨,能行。取汁炊飯,名烏飯,亦名烏草,亦名牛筋,言食之健如牛筋也。色赤,名文燭,生高山,經冬不凋。《日華子》云:名烏飯草,又名南燭。鄭畋詩云:"圓明青飯飯,光潤碧霞漿。"山谷詩云:"飢蒙青飯飯,寒贈紫陀衣。"

造棗䭃

《東京夢華録》:京師以寒食前一日,謂之炊熟。用麪造棗䭃飛燕,柳條串之,插於門楣,謂之子推燕。又吕原明《歲時雜記》云:以棗麪爲餅,如此地棗菰而小,謂之子推穿。以楊枝插之户間,而不知何得此名也。或謂昔人以此祭介子推,正猶角黍祭屈原焉。《藝苑雌黄》云:以麪爲蒸餅樣,團棗坿之,名曰棗䭃。

蒸糯米

《歲時雜記》:寒食以糯米合采荈葉裹以蒸之,或加以魚肉鵝鴨卵等,又有置艾一葉於其下者。

凍薑豉

《歲時雜記》:寒食煮豚肉並汁露頓,候其凍取之,謂之薑豉。以薦餅而食之,或剜以匕,或裁以刀,調以薑豉,故名焉。

鏤雞子

《唐史》:寒食進雜綵雞子。《景龍文館記》云:寒食賜鏤雞子。《玉燭寶典》曰:寒食節,城市尤多鬬雞卵之戲。《管子》曰:雕卵熟斮之,所以發積藏散萬物。

畫鴨卵

《鄴中記》：寒食日，俗畫鴨子以相餉。張衡《南都賦》曰：“春卵夏筍，秋韭冬菁。”

畜食品

《歲時雜記》：京都寒食多畜食品，故諺有“寒食十八頓”之説。又云“饞婦思寒食，懶婦思正月”，蓋正月多禁忌女工也。

煮臘肉

《歲時雜記》：去歲臘月糟豚肉掛竈上，至寒食取以啖之，或蒸或煮，其味甚珍。

設饊餅

《尚書故實》：晉書中有飯食名寒具者，亦無注解處。後於《齊民要術》並《食經》中檢得，是今所謂饊餅也。桓玄嘗或陳法書名畫請客①，有食寒具不濯手而執書畫，因有涴，玄不懌，自是會客不設寒具。

供良醞

《秦中歲時記》：寒食内宴宰執以酴醾釀酒。《王立之詩話》云：酴醾本酒名也，以花顔色侣之，故取以爲名。按唐《百官志·良醞署令》：進御則供酴醾、桑落之酒。

飲梨花

《雲齊廣録》：汝陽溪穆清叔因寒食縱步郊外，見數少年共飲於梨花下。穆長揖就坐，衆皆哂之。或曰：“能詩否？即以‘香輪莫碾青青破，留與愁人一醉眠’爲韻，各賦梨花詩。”清叔得愁字，詩曰：“共飲梨花下，梨花插滿頭。清香來玉樹，白蟬泛金甌。粧

---

① “桓玄”，底本原作“柏玄”，兹逕典正。

靚青娥妬，光凝粉蝶羞。年年寒食夜，吟繞不勝愁。"衆客閣筆。東坡詩云："梨花寒食隔江路。"又古詩云："梨花寒食天。"陳簡齋詩云："寒食清明驚客意，暖風遲日醉梨花。"

插柳枝

《歲時雜記》：今人寒食節，家家折柳插門上，唯江淮之間尤盛，無一家不插者。北人稍辦者，又加以子推。

裝花輿

《金門歲節》：寒食，裝萬花輿，煮楊花粥。

掛暑麭

《瑣碎録》：寒食日以紙袋盛麭當風處，中暑調水飲之。

服強餳

《外臺秘要》：治蛟龍瘕。寒食餳三升，每服五合，日三服，遂吐蛟龍。開皇六年，有人正月食芹得之。其病發似癇，面色青黃。服寒食強餳二升，日三吐出蛟龍，有兩頭及尾，是其驗也。

燒飯灰

《本草》：寒食飯主滅瘢痕，有舊瘢及雜瘡，並細研傅之。飯灰主病後食病。又云，寒食大麥粥有小毒。主咳嗽，下熱氣，調中。和杏仁作之佳也。

畜井水

《歲時雜記》：世傳婦人死於產蓐者，其鬼唯於百五日得自湔濯，故人家前一日皆畜水，是日不上井以避之。

設梭門

《歲時雜記》：人間舊不知梭門之制。元豐年，修景靈宮十一殿成，其國忌日適在寒食節假中者。百官趨行香，見梭門與鞦韆並建於庭中，梭門似毬門而小，但不見設梭。

畫圖卷

《新唐書·藝文志》：談皎畫《武惠妃舞圖》《佳麗寒食圖》《佳麗伎樂圖》一卷。《談氏家傳》云：開元中有皎者善畫。

看花局

釋仲殊《花品序》：每歲禁烟前後，遲日融和，花既勞矣，人亦樂矣。於是置酒饌，命樂工，以待賓賞花者，不問親疏，謂之看花局。故里諺云："彈琴種花，陪酒陪歌。"

改詩歌

《烏臺詩話》：東坡與郭生遊於寒溪，主簿吳亮置酒，郭生善作挽歌。酒酣發聲，坐爲悽然。郭生言："恨無佳詞。"因爲略改樂天寒食詩歌之，坐客有泣者，其詞曰："烏嘅鵲噪昏喬木，清明寒食誰家哭。風吹曠野𣹟錢飛，古墓纍纍春草綠。棠梨花映白楊路，盡是死生離別處。冥漠重泉哭不聞，蕭蕭暮雨人歸去。"每句雜以散聲。

遵唐律

《說苑》：興國中，高昌入貢，言其國有唐敕律，"開元九年三月九日寒食"，至今遵用之。

用唐曆

《揮麈前録》：太平興國六年五月，詔遣供奉官王延德、殿前承旨白勳使高昌。七年四月，乃至高昌。八年春，與其謝恩使凡百餘人循舊路而還。雍熙元年四月，至京師。延德等敘其行程來上云："高昌用開元七年曆，以三月九日爲寒食，餘二社、冬至亦然。以銀或鍮爲筒，貯水激以相射，或以水交潑爲戲，謂之壓陽氣去病。"

歲時廣記卷第十五

歲時廣記卷第十六

廣寒仙裔陳　元靚　編

寒食下

望南莊

《五代史》：晉出帝天福八年三月寒食，望顯陵，於南莊焚御衣、𫄧錢。注云，焚衣野祭之類，閭巷之事。

祭西郊

《五代史》：唐莊宗同光三年三月寒食，望祭於西郊俚俗之祭。周太祖廣順元年三月寒食，望祭於蒲地佛寺名也。二年三月丁巳朔寒食，望祭於郊。

薦雷車

《禮志》：天寶二年，諸陵常以寒食薦錫粥、雞毬、雷車子。《海録碎事》云：諸陵戲物也。

奉春衣

《歲事記》及《輦下歲時記》曰：寒食，內人諸陵薦春色衣。

焚紙錢

《五代·周本紀後序》：寒食野祭而焚紙錢，則禮樂政刑，幾何其不壞矣。

有破散

《五代會要》：奉先之道，無寒食野祭之禮。近代莊宗每年寒食出祭，謂之破散。則今人有破散之語，自後唐莊宗始也。

進節物

《文昌雜録》：唐歲時節物，寒食則有假花雞毬、鏤雞子、乾堆蒸餅、餳粥。

獻綵毬

唐《百官志》：中尚書寒食獻綵毬。

賜草臺

唐《酉陽雜俎》：寒食，賜侍臣帖彩毬，繡草官臺。[①]

貢食料

《唐六典》：膳部有節日食料，注謂寒食麥粥。

宴近臣

《楊漢公傳》：會寒食宴近臣，帝自擊毬爲樂。

休假務

《嘉泰事類·假寧格》：寒食假五日，前後各二日休務。又《軍防格》云：寒食，諸軍住教三日。

展墓薦

《錢狀元世範》：寒食墓祭，前輩譏之，以爲吉禮不可用於野也。禮奔喪不及殯則之墓，去國則哭於墓。宗子去國而庶子無爵，則不敢以祭於廟。於是有望墓爲壇以時祭者，魂氣無不之。墓則體魄所藏也，如此設祭，義亦可行。但古人時祭，必具牲鼎。行之於墓，於事非便，故有爲壇而祭之儀。今時祭之外，特具寒食，展墓而薦之，亦復何害。

---

① 據《酉陽雜俎》（四部叢刊本）卷一作“寒食日，賜侍臣帖彩球，繡草宣臺”，“官”當爲“宣”之誤。

定墓儀

唐侍御鄭正則《祠享儀》云：《儀禮》及《開元禮》，四仲月祭享，皆以卜筮擇日。士人多遊宦遠方，或僻居村閭，無蓍龜處，即一取分至，亦不失禮經之意。古者士以上皆有廟，庶人祭於寢，無墓祭之文。《春秋左傳》云：辛有適伊川，見披髮於野而祭者，曰：“不及百年，此其戎乎？”竟爲陸渾氏焉。漢光武初纂大業，諸將出征，有經鄉里者，詔有司給少牢，令拜掃以榮之。曹公過橋玄墓致祭，其文悽愴。寒食墓祭，蓋出於此。又司馬溫公《展墓儀》定以寒食。

望墓祭

《唐書》：開元二十年四月二十九日，敕：“寒食上墓。禮經無文，近代相傳浸以成俗。士庶既不廟享，何以用展孝思？宜許上墓，同拜埽禮。於塋門外奠祭，徹饌訖，泣辭，食餘胙，仍於他處，不得作樂。”若士人身在鄉曲，准敕墓祭，以當春祠爲善。遊宦遠方，則准禮望墓以祭可也。有使子弟皂隸上墓，或求餘胙，隨延親知，不敬之甚。

辨墓域

《錢狀元世範》：禮有祝有宗人，專職祭祀，不治他業，故能審知鬼神之儀、昭穆之位，以所祝辭號之別，今人無之。而田巷之祝，又皆鄙俚，宜擇審其可用者，因爲家祝，稍稍訓習，使知吾家世系昭穆墳墓之詳。每歲寒食，巡行墓兆，辨其疆域，傳之子孫，世世掌之。仍以贍塋之租有餘，量給其備，若老成凋謝，而後生出來，有所稽考。

遣奠獻

《孫氏仲享儀》：開元年，敕：“士庶有不合立廟，但祭於寢，何以展於孝思?"許寒食上墓。今卿大夫家有廟,至寒食亦攜饌上墓,寖而成俗。或伯叔兄弟,各在一方,且拘官守,不敢離位。至寒食,准逐處各自遣子弟親僕奠獻。又《吕氏家祭儀》云:凡寒食展墓,有薦一獻,守官者遣其子弟行。

依家享

《周氏祭錄》:寒食,掌事設位於塋門左百步,西面,於塋南門外設主人位於東,西面。主人至换公服,無官常服,就位再拜。讚者引主人奉行墳塋,情之感慕,有泣無哭。至封樹外,展省三周,有摧缺即修補,如荆棘草莽接連,皆芟除,不令火田得及。掃除訖,主人却復塋門外。既設位,辨三獻①,一依家享。主人已下,執笏就罍洗後,執爵奠酒,畢,讚祝。《鄭氏祠享儀》曰:維某年歲次某月,官階某乙,謹以柔毛剛鬣,明粢嘉蔬,醞齊庶饈之禮,敢昭告於祖考某官,祖妣某氏夫人。時維寒食,春露既濡,卉木榮茂,觸緒悽愴,感懷難勝,尚享。

以時祀

周元陽《祭錄》:開元敕許寒食上墓,則先期卜日。古者宗子去他國,庶子無廟,孔子許墓以時祭,即今之寒食上墓。義或有憑,唯不卜日耳。今或羈宦寓於他鄉,不及此時拜埽松檟,則寒食在家,不可祠祭。又《通典·祭儀》云:寒食上墓,如拜埽儀,唯不占日。

設位席

徐潤《家祭儀》:案開元制,寒食上墓儀如拜埽,但不卜日。古者宗子去在他國,庶子無廟,夫子許望墓爲壇,以時祭之。即

---

① "辨",當校讀作"辦"。

今之上墓，義憑於此。然神道尚幽，不可逼黷。宜於塋南門之外，設淨席爲位，望而祭之，以時饌如平生嗜。若一塋數墳，每墳各設位席，昭穆異列，以西爲上。三獻禮畢，徹饌，主人已下泣辭塋，食饌者可於僻處，不當墳所，此亦孝子之情者也。

祭諸閹

《玉泉子》：杜宣猷大夫自閩中除宣城，中官之力也。諸道每歲進閹人所謂私白者，閩爲首焉，且多任用。以故大閹已下，桑梓多係閩焉，時以爲中官藪澤。宣猷既至，每歲寒食節，輒散將吏，荷鍥食物，祭諸閹墓，所謂灑掃也，故時號爲敕使看墓。

號北面

柳宗元《貽許孟容書》：近世禮重拜埽，今已闕者四年矣。每遇寒食，則北面長號，以首頓地。

鞦韆戲

《荆楚歲時記》：春節懸長繩於高木，士女袨服坐立其上，推引之，名鞦韆，楚俗謂之拖鈎，《涅槃經》謂之罥索，又字書云鞦韆，"繩戲也"。陳簡齋《清明》詩云："不用鞦韆並蹴踘，只將詩句答年華。"韋莊《長安清明》詩云："紫陌亂嘶紅叱撥，綠楊高映畫秋千。"

山戎戲

《古今藝術圖》：寒食鞦韆，本北方山戎之戲，以習輕趫者也。後人因之，每至寒食，而爲戲樂之事。後中國女子學之，乃以綵繩懸樹立架，曰鞦韆。或云，齊桓公北伐山戎，此戲始傳中國。

半仙戲

《天寶遺事》：天寶宮中至寒食節，競豎鞦韆，令宮嬪戲笑，以爲宴樂。帝呼爲半仙戲，都人士女因而呼之。

後庭戲

王延壽《千秋賦》：鞦韆，古人謂之千秋，或謂出漢宮後庭之戲，祝辭也。後人妄易其字爲鞦韆，而語復顛倒，不本意。又旁加以革，實未嘗用革。山谷詩云：“未到清明先變火，還依桑下繫千秋。”又云：“穿花蹴踏千秋索，桃李嬉遊二月晴。”

繩檄戲

《秦中歲時記》：寒食節，內僕司車與諸軍使爲繩檄之戲。合車轍道兩頭打大檄，張繩檄上，高二尺許，須緊榜定。駕車盤轉，碾輪於繩上，過不失者勝，落輪繩下者輸。裝飾車牛，賄物以千計。

蹋踘戲

劉向《別錄》：寒食蹋鞠，黃帝所造，或云起於戰國之時，乃兵勢也。所以講武，知有材也。按“踘”與“毬”同，古人蹋踘以爲戲。杜甫《清明》詩云：“十年蹴踘將雛遠，萬里鞦韆習俗同。”又裴說《寒食》詩云：“畫毬輕蹴壺中地，綵索高飛掌上身。”

擊毬戲

《歲時雜記》：寒食節，京師少年多以花毬棒爲擊踘之戲，又爲兒弄者，或以木，或以泥，皆以華麗爲貴。

蒲博戲

《歲時雜記》：都城寒食，大縱蒲博，而博扇子者最多，以夏之甚邇也。民間又賣小秋遷，以悅兒童。團沙爲女兒，立於上，亦可舉之往來上下。又以木爲之，而加綵畫者甚精。

竹籠兒

《歲時雜記》：寒食又作竹籠兒，大率如寄信物小菴，以片竹爲檐，插柏枝，加以木刀槍、小旗、小扇、小躲帖、弓箭，綴以瓦鈴。

小車兒

《歲時雜記》：寒食又造輜軿以賣，其長尺許，其大稱之。以木爲之者最精，亦有編竹爲之者。其粗者桃花車兒，轅輪簾蓋皆具，以木爲牛，皆可運行。或爲載土車、水車，其製不一。

約樂妓

《古今詞話》：瀘南營二十餘寨，各有武臣主之。中有一知寨，本太學士人，爲壯歲流落，隨軍邊防，因改右選，最善詞章。嘗與瀘南一妓相款，約寒食再會。知寨者以是日求便相會。既而妓爲有位者拉往踏青，其人終日待之不至。次日，又逼於回期，然不敢輕背前約，遂留《駐馬聽》一曲以遺之而去。其詞曰："雕鞍成漫駐。望斷也不歸，院深天暮。倚遍舊日，曾共憑肩門户。踏青何處所，想醉拍、春衫歌舞。征斾舉。一步紅塵，一步回顧。行行愁獨語。想媚容、今宵怨郎不住。來爲相思苦。又空將愁去。人生無定據。嘆後會、不知何處。愁萬縷。仗東風、和淚吹與。"亦名《應天長》。妓歸見之，輒逃樂籍，往寨中從之，終身偕老焉。

得故婢

《唐末遺史》：唐崔郊之姑，有婢端麗，郊嘗私之。他日姑鬻婢於司空于頓家，得錢四十萬。郊因寒食出遊，婢見郊立於花陰之下。郊因作詩，密以贈之，曰："公子王孫逐後塵，綠珠垂淚滴羅巾。侯門一入深如海，從此蕭郎是路人。"疾郊者録詩以示，頓召郊執其手曰："詩，公所作也。四十萬小哉！何不早言？"以婢贈郊。

薦亡女

《夷堅丁志》：紹興末，淮陰小民喪其女，經寒食節，欲作佛事薦。嚴寒而無資，其母截髮鬻之，得六百錢。出街將尋僧，會有五人過門，迎揖作禮，告其故，皆轉相推避。良久，一僧始留曰："今日不攜經文行，能自往假借否？"婦人訪諸隣，得《金光明經》一部以授。僧方展卷啓白，婦人涕淚如雨。僧惻然曰："不謂汝悲痛若此，吾當就市澡浴以來，爲汝盡心。"既至，潔誠持誦，具疏回向畢，乃受錢歸。遇向同行四人者於茶肆，扣其所得，邀與共買酒。已就坐，未及舉盃，俱聞窗外有女子呼聲，獨經僧起應之。泣曰："我乃彼家亡女也，淪滯冥路已久，適蒙師課經，精專之功，遂得超脫。閻王已敕令受生，文符悉具，但未用印耳。師若飲酒破齋，則前功盡棄，實爲可惜，能忍俟明日乎？"僧大感懼，以語衆，皆悚然而退。

瘞戍婦

《酉陽雜俎》：荆州民郝惟諒，性粗率，勇於私鬭。會昌二年寒食日，與其徒遊於郊外，蹴踘角力，醉卧冢間，宵分始寤，將歸。道左值一人家，室絕卑陋，遂詣乞漿。有一婦，姿容慘悴，服裝素雅，方向燈紉縫。良久，謂郝曰："知君胆氣，故敢請托。妾本秦人，姓張，健兒李歡妻。歡太和中，戍邊不返，遘厲疾而歿，爲隣里殯，此已逾一紀。遷葬無因，肌骨離散，魂神恍惚，如醉如夢。君或使遺骸歸土，精爽有托，斯願畢矣。"郝曰："薄力不辦如何？"婦曰："某雖爲鬼，不廢女工，常造雨衣與胡氏備作數歲矣，所聚十三萬，葬備有餘。"郝諾而歸。訪之胡氏，物色皆符，及具以告，即與偕往殯所。毀塗視之，散錢培襯，數如其言。胡氏與郝哀而瘞於鹿頂原。是夕，見夢於胡郝。

見鬼男

《錄異記》：校書郎張仁寶素有才學，年少而逝，自成都歸葬闐中，權殯東津寺中。其家寒食日聞扣門甚急，出視無人，唯見門上有芭蕉，上有題曰："寒食家家盡禁烟，野棠風墜小花鈿。如今空有孤魂夢，半在嘉陵半錦川。"舉族驚異。端午日，又聞扣門。其父於門罅伺之，乃見其子，足不踐地。門上題云："五月五日天中節。"題未畢，其父開門，即失所在。頃之克葬，不復至矣。

問故夫

《夷堅丙志》：王德少保葬於建康數十里間。紹興三十一年，其妻李夫人以寒食上冢。先一夕宿城外，五鼓而行，至村民家少憩。天尚未明，民知爲少保家，言曰："少保夜來方過此，今尚未遠。"夫人驚問其故，答曰："昨夜過半，有馬軍數十過門，三貴人下馬叩戶，以錢五千買穀秣馬，良久乃去。意貌殊不款曲，密詢後騎，曰：'韓郡王、張郡王、王少保，以番賊欲作亂，急領兵過淮北捍禦也。'"夫人命取所留錢，乃楮鏹耳。傷感不勝情，祀畢還家，得疾而卒。是年四月，予在臨安，聞之於媒嫗劉氏，不敢與人言，但密爲韓子温道之。及秋末，虜果入寇。

悟破魚

《夷堅乙志》：處州龍泉縣米鋪張氏之子，十五歲，嘗攜鮮魚一籃，就溪邊破之。魚撥剌不已，刀誤傷指，痛殊甚。停刀少憩，忽念曰："我傷一指痛如是，而群魚刮鱗剔腮，剖腹斷尾，其痛可知，特不能言耳。"盡棄於溪。即日入深山中，依石竇以居，絕不飲食。父母怪兒不歸，意其墮水死。明年寒食，鄉人遊山者始見之，身如枯腊，胸膌見骨，然面目猶可認。急報其父母來，欲呼以歸。掉頭不顧，曰："我非汝家人，無急我。"父母泣而去。後十年復往視，則肌體已復故，顏色悅澤，人不知所以然，今居山二十餘歲矣。

惑妖狐

《夷堅丁志》：高子勉世居荊渚，多貲而喜客，嘗捐錢數十萬買美妾，置諸別圃，作竹樓居之，名曰玉真道人。日遊其間，有佳客至，則呼之侑席，無事輒終日閉關，未嘗時節出嬉。歷數歲，當寒食拜埽，子勉邀與家人同出，辭不肯，強之至再三。則曰："主公有命，豈得終違。我此出必凶，是亦命也。"子勉怪其言，但疑其不欲與妻相見，竟使偕行。玉真乘轎雜於衆人間，甫出郊，上冢者紛紛，適有獵師過前，真戰栗之聲，已聞於外。少頃，雙鷹往來掠簾外，雙犬即轎中曳出，齧其喉立死。子勉奔救已無及，容質儼然如生。將舉屍，始見尾垂地，蓋野狐云。此事絶類唐鄭生也。

得怪鼠

《夷堅乙志》：邢大將者，保州人，居近塞，以不仁起富，積微勞得軍大將。嘗以寒食日率家人上冢，祀畢飲酒，見小白鼠出入松柏間，相與逐之。鼠見人至，首貼地不動，遂取以歸。鼠身毛皆白，而眼足頰紅可愛。邢捧置馬上，及家即走不復見。即日百怪畢出：釜鬲兩兩相抱持而行；器皿易位；猫犬作人言，不可訶叱。邢寢旁壁上脱落寸許，突出小人面，如土木偶。又五日，已長大成一胡人頭，長鬣髯髻，殊可憎惡，語音與生人不少異，且索酒肉。邢不敢拒，隨所需即與之，稍緩輒怒，一家長少服事之唯謹。凡一歲邢死，諸怪皆不見。

歲時廣記卷第十六

歲時廣記卷第十七

清　明

　　呂原明《歲時雜記》曰：清明節在寒食第三日，故節物樂事，皆爲寒食所包。國朝故事，唯自清明日開集禧太一三日，宮殿池沼、園林花卉諸事備具，繁臺在正東，登樓下瞰，尤爲殊觀。石曼卿詩云：“臺高地迥出天半，瞭見皇都十里春。”

改新火

　　《論語》“鑽燧改火”，蓋《周官·爟氏》“季春出火”①，然則出火爲改新火也。杜甫《清明》詩云：“朝來斷火起新烟。”賈島詩云：“晴風吹柳絮，新火起廚烟。”東坡《分新火》詩云：“三月清明改新火。”

取新火

　　《春明退朝録》：《周禮》“四時變國火”，謂春取榆柳之火，夏取棗杏之火，季夏取桑柘之火，秋取柞楢之火，冬取槐檀之火。《迁叟詩話》云：唐時唯清明取榆柳之火，以賜近臣戚里之家。韓翃詩云：“春城無處不飛花，寒食東風御柳斜。日暮漢宮傳蠟燭，

---

　　①　此處所稱“爟氏”即“司爟氏”也，見《周禮注疏》（清阮元校刻《十三经注疏》本）。

輕烟散入五侯家。"本朝因之。唯賜輔臣、戚里、帥臣、節察三司使、知開封府、樞密直學士、中使，皆得厚賜，非常賜例也。歐陽修詩云："桐華應候催佳節，榆火推恩忝侍臣。"

進新火

唐《輦下歲時記》：長安每歲清明，内園官小兒於殿前鑽火，先得上進者，賜絹三疋、金椀一口。

賜新火

《國朝會要》：禁火乃周之舊制，唐及皇朝故事，清明日賜新火，則亦周人出火之事。歐陽文忠公詩云："賜火清明忝侍臣。"韋莊《長安清明》詩云："内官初賜清明火，上相閑分白打錢。"韓文公《寒食直歸遇雨》云："惟時新賜火，向曙著朝衣。"

乞新火

魏野詩："無花無酒過清明，興味都來似野僧。昨日鄰家乞新火，曉窗分與讀書燈。"陳簡齋詞云："竹籬烟鎖，何處求新火？"魏野詩云："殷勤旋乞新鑽火，爲我新煎岳麓茶。"

謝新火

唐韋綬除宣察，鄭處誨爲判，作《謝新火狀》曰："節及桐華，恩頒銀燭。"綬曰："非不巧，但非大臣所宜言。"

汲新泉

《東坡詩話》：僕在黄州，參寥師自武陵來訪，館之。後東坡一日，夢參寥誦所作新詩，覺而記兩句，云"寒食清明都過了，石泉槐火一時新"。夢中問："火固新矣，泉何故新？"答曰："俗以清明日淘井。"後七年，出守錢塘，而參寥始卜居湖上智果院。有泉出石縫間，清泠宜作茶。寒食之明日，僕與客泛舟自孤山來謁，參寥汲泉鑽火，烹黄蘗茶。忽悟所夢詩，兆於七年之前，衆客驚嘆,知傳記所載,蓋不妄也。

煮新茶

白樂天《清明》詩云:“出火煮新茶。”東坡詩云:“已改煎茶火”,又云:“且將新火試新茶。”又云:“紅焙淺甌新活火,龍團小碾鬥晴窗。”又云:“新火發茶乳。”

餞國老

《澠水燕談》:元豐七年春,文太師告老,奏乞赴闕,親辭天陛,庶盡臣子之誠。既見,神宗即日對御錫宴,顧問温密,上酌御琖親勸。數日,將朝辭,上遣中使以手劄諭公留過清明,敕有司令與公備二舟,泝汴還洛。清明日,錫宴玉津園,公作詩示同席。將行,特命三省已上赴瓊林苑宴餞,復賜御詩送行。

宴進士

唐《輦下歲時記》:清明新進士開宴,集於曲江亭。既撤饌,則移樂泛舟。又有月燈閣打毬之會,東坡詩云:“飲食嬉遊事群聚,曲江舡舫月燈毬。”

燕百官

《西清詩話》:唐朝清明宴百官,肴皆冷食,又至夜而罷。張籍《寒食內宴》詩云:“朝光瑞氣滿宮樓,綵纛魚龍四面稠。廊下御廚分冷食,殿前香騎逐飛毬。千官盡醉猶教坐,百戲皆呈未放休。共喜拜恩侵夜出,金吾不敢問行由。”

朝諸陵

《東京夢華録》:寒食第三日,即清明也。凡新墳皆用此日拜掃,都人傾城出郊,禁中前月半,發宮人車馬朝陵。宗望南班近親,亦分詣諸陵墳享祀。從人皆紫衫,白絹三角子青行纏,皆係官給。禁中亦出車馬,詣奉先寺道者院祀諸宮人墳。莫非金裝紺幰，錦額珠簾，繡扇雙遮，紗籠前導，士庶闐塞諸門。

戲拔河

《景龍文館記》：清明節，命侍臣爲拔河戲，以大麻絚兩頭繫千條小繩，每繩數人執之以挽，力弱爲輸。時七宰相二騎馬爲東朋，三相五將爲西朋。僕射韋巨源、少師唐休璟年老，隨絚而踣，久不能起，帝以爲笑樂。

治鷄坊

《東城父老傳》：明皇樂民間清明節鬭鷄戲，及即位，治鷄坊，索長安雄鷄金尾鐵距高冠昂尾千數，養於鷄坊。選六軍小兒五百，使教飼之。民風尤甚，使諸王外戚，其後至於傾帑敗產。市鷄時，賈昌爲五百小兒長，天子甚愛幸之，金帛之賜，日至其家。又云，明皇以乙酉生而喜鬭鷄，是兆亂之象也。注：杜甫《鬭鷄》篇云：“鬭鷄初賜錦，舞馬既登牀。”陳翰《異聞録》云：明皇好鬭鷄，人以弄鷄爲事。有賈昌者，善養鷄，蒙寵。當時爲之歌曰：“生兒不用識文事，鬭鷄走馬勝讀書。賈家小兒年十三，富貴榮華代不如。能令金距期勝負，白錦繡衫隨軟輿。”又曹植詩云：“鬭鷄長安道，走馬長楸間。”

遊郊外

《東京夢華録》：京師清明之日，四野如市。芳樹之下，園圃之內，羅列盃盤，互相酬勸。都城之歌兒舞女，遍滿亭臺，抵暮而歸。各攜棗䭅炊餅、黃胖掉刀、名花異味、山亭戲具、鴨卵鷄雛，謂之“門外土儀”。轎子即以楊柳雜花裝簇頂上，四垂遮映，自此三日，皆出城上墳。

看車馬

唐《輦下歲時記》：清明，都人並在延興門看人出城灑埽，車馬喧闐。

修蠶具

《泗人月令》：清明節，令蠶妾理蠶室。又云：清明日修蠶具、蠶室，大宜蠶。

辟馬蚿蟲

《四時纂要》：清明前二日夜鷄鳴時，取炊湯澆井口、飯甕四面，辟馬蚿百蟲。

採薺枝

《瑣碎録》：清明日，日未出時，採薺菜花枝，夏夜挑燈，可以免飛蟲。

取薺菜

《提要録》：護生草，謂清明日取薺花菜陰乾，暑月置近燈燭處，能令蚊蛾不生。

貢紫筍

《蔡寬夫詩話》：唐茶品雖多，亦以蜀茶爲重，惟湖州紫筍入貢，每歲以清明日貢到。先薦宗廟，然後分賜近臣。紫筍生顧渚，在湖常之二境間。當採時，兩郡守畢至，最爲盛會。杜牧詩所謂：“溪盡停蠻棹，旗張卓翠苔。柳村穿窈窕，松澗渡喧豗呼回切。”又劉禹錫詩云：“何處人間似仙境，春山攜妓採茶時。”又《圖經》云：“顧渚湧金沙泉，每造茶時，太守已祭拜，然後水漸出。造茶畢，水稍減，至供堂茶畢，已減半，太守茶畢，遂涸。”

求來禽

王内史書帖有《與蜀郡太守書》：求櫻桃來禽，日給藤子。來禽言味甘，來衆禽也，故名來禽，俗作林禽。《圖經》云：林禽，一名來禽，清明開花，六七月成實。陳簡齋《清明》詩云：“東風也作清明意，開遍來禽一樹花"，又詩云："來禽花高不受折，滿意清明好時節。"

謁湖陰

《王直方詩話》：丹陽陳輔每歲清明過金陵上冢，事畢則過蔣山，謁湖陰先生之居，清談終日，歲率爲常。元豐辛酉癸亥，頻歲訪之不遇，因題一絕於門云："北山松粉未飄花，白下風輕麥脚斜。身似舊時王謝燕，一年一度到君家。"湖陰歸見其詩，吟賞久之，稱於舒王。聞之輒笑曰："此正戲君爲尋常百姓耳。"湖陰亦大笑。蓋古詩云："舊時王謝堂前燕，飛入尋常百姓家。"

遇呂仙

《述仙記》：胡儔，晉陵人也。乾道辛卯，僦居常之三板橋霍氏屋，待荆門守闕猶三年。午間與館客對茶，忽聞有道人看命，其聲清亮，使邀至。則著黃道服，結青巾，項帶數珠，提椶笠，上寫"知命先生遇仙得術"字。與論五行，甚愛儔命，云"此長年"，又云"合動"，儔答以見待遠次，道人云："不是清明前五日，則清明後七日動。"儔復問："先生在何處道堂？"答曰："尋常不喜道堂喧雜，在東廟前何店。"須臾出門，欲追之，已無所見。遣人往尋廟前，亦無有也。儔因悟曰："豈非知命？何店有二口，必呂公也。"既而清明前五日，相識王邦節推來報，代者梅世昌改除左藏提轄。清明後七日，進奏官申到見住人馮忠嘉被召。儔於是益信其爲呂公。壬辰秋，在荆門欲寫公像，衣冠並可爲，而容貌不得其真。偶一日便坐對客，忽有一兵至云："復州守有書。"又執一青軸云："此亦是書。"儔令牙校接之，則云："去峽州回取書。"既而客退閱書，寒溫外無他語，及啓青軸，乃呂公寫真，恍如儔向所見者。比因來守滁陽，敬刊諸石，置之天慶觀云。

賜宮娥

《麗情集》：明皇時，樂供奉楊羔以貴妃同姓，寵倖殊常，或謂之羔舅。天寶十三載，節屆清明，敕諸宮娥艦出東門，恣遊賞踏青。有狂生崔懷寶，佯以避道不及，映身樹下，睹車中一宮嬪，斂容端坐，流眄於生。忽見一人重戴黃緣衫，乃羔舅也。斥生曰："何人在此？"生惶駭告，以竊窺之罪。羔笑曰："爾是大憨漢，識此女否？乃教坊第一箏手，爾實有心，當爲爾作狂計，今晚可來永康坊東，問楊將軍宅。"生拜謝而去。晚詣之，羔曰："君能作小詞，方得相見。"生吟曰："平生無所願，願作樂中箏。得近玉人纖手子，硏羅裙上放嬌聲。便死也爲榮。"羔喜，俄而遣美人相見，曰："美人姓薛，名瓊瓊。本良家女，選入宮爲箏長。今與崔郎永奉箕箒。"因各賜薰肌酒一杯，曰："此酒千歲蘽所造，飲之白髮變黑，致長生之道。"是日，宮中失箏手，敕諸道尋求之不得。後旬日，崔因調補荆南司錄，即事行李，羔曰："瓊瓊好事，崔郎勿更爲本藝，恐驚人聞聽也。"遂感咽敘別，自是常以唱和爲樂。瓊有詩云："黃鳥翻紅樹，青牛臥綠苔。諸宮歌舞地，輕霧鎖樓臺。"後因中秋賞月，瓊瓊理箏彈之，聲韻不常，吏輩異之，曰："近來索箏手甚切，官人又自京來。"遂聞監軍，即收崔赴闕，事屬內侍司，生狀云："楊羔所賜。"羔求救貴妃，妃告云："是楊二舅與他，乞陛下留恩。"上赦之，下制賜瓊瓊與崔懷寶爲妻。

訪莊婦

《本事詩》：博陵崔護，姿質甚美，而孤潔寡合，舉進士下第。清明日，獨遊都城南，得居人莊。一畝之宮，花木叢萃，寂若無人。扣門久之，有女子自門隙窺之，問曰："誰耶？"護以姓字對，曰："尋春獨行，酒渴求飲。"女入，以杯水至，開門設牀命坐。獨倚小桃，斜倚佇立，而意屬殊厚。妖姿媚態，綽有餘妍。崔以言挑之，不對，目注久之。崔辭去，送至門，如不勝情而入，崔亦睠盼而歸，爾後絕不復至。及來歲清明日，忽思之，情不可抑，往尋之。門院如故，而已扃鎖之。崔因題詩於左扉，悵惘而去。女觀詩云："去年今日此門中，人面桃花相映紅。人面不知何處去，桃花依舊笑春風。"後數日，至都城南，復往尋之。聞其中有哭聲，扣門問之，有老父出曰："君非崔護耶？"曰："是也。"又哭曰："君殺吾女！"護驚怛，莫知所答。父曰："吾女笄年知書，未適人。自去年以來，常恍惚若有所失。比日與之出，及歸，見左扉有字，讀之，入門而病。遂絕食，數日而死。吾老矣，唯此一女，所以不嫁者，將求君子以託吾身。今不幸而殞，得非君殺之耶？"乃持崔大哭，崔亦感動，請入哭之，尚儼然在牀。崔舉其首，枕其股，哭而祝曰："某在斯！某在斯！"須臾開目，半日復活，老父大喜歸之。陳后山詩云："題門吟咏不逢人。"東坡詩云："去年崔護若重來，前度劉郎在千里。"

見情姬

《古今詞話》：近代有一士人，頗與一姬相捲，無何，為有力者奪去。忽因清明，其士人於官園中閑遊，忽見所捲，頗相顧戀。後一日，再往園中，姬擲一書與之。中有一詩，止傳得一聯云："莫學禁城題葉者，終身不見有情人。"士人感念，作《南歌子》一曲以見情，曰："禁苑沉沉靜，春波漾漾行。仙姿才韻兩相并，葉上題詩、千古得佳名。牆外分明見，花間隱約聲。銀鈎擲處眼雙明，應訝昔時、不得見情人。"

慚父婢

《三水小牘》：湖南觀察使李庾女奴曰却要，美容止，善辭令。

朔望通札謁於親姻家，惟却要主之。李侍婢數十，莫之偕也。而巧媚才捷，能承順顔色，姻黨亦多憐之。李四子，曰延禧，曰延範，曰延祚，所謂大郎而下四郎也。皆年少性俠，咸欲蒸却要而不能也。嘗遇清明節，時纖月娟娟，庭花爛發，中堂垂繡幕，背銀缸。而大郎與却要遇於櫻桃影中，乃持之求偶。却要取茵席授之，紿曰："可於廳之東南隅佇立相待，候堂前眠熟，當至。"大郎既去，却要至廊下，又逢二郎調之。却要復取茵席授之，曰："可於廳中東北隅相待。"二郎既去，又逢三郎束之。却要復取茵席授之，曰："可於廳中西南隅相待。"三郎既去，又與四郎遇，握手不可解。却要復取茵席授之，曰："可於廳中西北隅相待。"四人皆去。延禧於角中屏息以待，廳門斜閉，見其三弟比比而至，各趨一隅。少頃，却要燃密炬，疾向廳事豁雙扉而照之，謂延禧輩曰："阿堵貧兒，争取向這裏覓宿處。"皆棄所攜，掩面而走。却要復從而哈之，自是諸子懷慚，不敢失敬。

驚妻夢

《河東記》：貞元中，進士獨孤遐叔家於長安崇賢里，新娶白氏女，家貧下第。將遊劍南，與其妻訣曰："遲可周歲歸矣。"遐叔至蜀，羈栖不偶，逾二年迺歸取。是夕及家，至金門五六里，天色已昏暝，絕無逆旅，唯路隅有佛堂，遐叔止焉。時近望，月色如畫。繫馬庭外，入室堂中，有桃杏數株。更深，施衾幬於西窗之下偃卧，因吟舊詩曰："近家心轉切，不敢問行人。"至夜分不寐，忽聞牆外有人相呼聲。須臾，有夫設箕箒於庭中，設牀席，置酒具。遐叔意謂貴族賞會，慮爲斥逐，乃潛伏於佛堂梁間伺之。鋪陳既畢，有公子女郎十數輩，青衣蒼頭亦數人，步月徐來，言笑晏晏，間坐筵中，獻酬交錯。中有一女郎，憂傷憔悴，側身下坐，風韻若遐叔之妻。窺之大驚，迫而察焉，乃真其妻。一少年舉盃囑之曰："小人竊不自量，願聞金玉之聲。"其妻抑鬱悲愁，若強置於坐隅，遂收泣而歌曰："今夕何夕存没耶？良人去兮天之涯，園樹傷心兮不見花。"滿座傾聽。其妻轉面揮涕，一人曰："良人非遠，何天涯之謂乎？"相顧大笑。遐叔驚憤，就階陛間挕一大磚，向坐飛擊，而悄無所有。遐叔悵然悲嘆，謂妻已死矣，命駕即歸。疾趨入門，青衣報娘子夢魘方悟。遐叔造寢，妻猶未興，良久乃曰："適夢與姑妹之黨，相與玩月，出金光門外，向一野寺，忽爲凶暴脅與雜坐飲酒。方飲酒，忽有大磚飛墮，遂驚魘殆絕，纔寤而君至。"其所言夢中聚會談話，與遐叔見並同，豈憂憤所感耶。

吊柳七

《古今詞話》：柳耆卿祝仁宗皇帝聖壽，作《醉蓬萊》一曲云："漸亭皋葉下，隴首雲飛，素秋新霽。華闕中天，鎖蔥蔥佳氣。嫩菊黃深，拒霜紅淺，近寶堦香砌。玉宇無塵，金莖有露，碧天如水。整值昇平，萬機多暇，夜色澄鮮，漏聲迢遞。南極星中，有老人呈瑞。此際宸遊，鳳輦何處，動管弦清脆。太一波翻，披香簾捲，月明風細。"此詞一傳，天下皆稱妙絕，蓋中間誤使"宸遊鳳輦"挽章句。耆卿作此詞，惟務鉤摘好語，却不參考出處。仁宗皇帝覽而惡之，及御注差注至耆卿，抹其名曰："此人不可仕宦，儘從他花下'淺斟低唱'。"由是淪落貧窘，終老無子。掩骸僧舍，京西妓者鳩錢葬於棗陽縣花山。既出郊原，有浪子數人戲曰："這大伯做鬼也愛打鬨。"其後遇清明日，遊人多狎飲墳墓之側，謂之"吊柳七"。

掩舊墓

《博物志》：博陵崔生，住長安永樂里，有舊業在渭南。貞元中，嘗因清明歸渭南。行至昭應北墟壠閒，日將晚，歇馬於古道左北百餘步。見一女子，靚妝華服，穿越榛莽，如失路焉。崔閑步漸逼，乃以袂掩面，而足趾跌躓，屢欲仆地。崔使小童覘之，乃二八絕代姝也。因詰之曰："日暮何無儔侶，而復悽惶於墟間耶？"更以僕馬奉送，女郎回顧，意似微納，崔乃履而逐之，以觀其遠近。女郎上馬，一僕控之。北行一二里，到一樹林，室甚盛，桃李芬芳，有青衣數人迎接，捧女郎而共入。頃而，一青衣傳命曰："小娘子因避宴嬌醉，逃席失路，遇君子呷以僕馬。不然，日暮或值惡人處，狼欺狐媚，何所不加？閤室感戴，且憩即當奉邀。"頃之，邀崔入宅。玉姨接見命酒，從容敘言："某王氏外生女，麗艷精巧，人間無雙，便欲侍君子巾櫛，何如？"崔未遽諾，因酒拜謝於座側。俄命外生出，實神仙也。一住三日，讌遊歡洽，無不酣暢。忽一日，一家大驚曰："有賊至！"其妻推崔生於後門，生纔出，妻已不見。但自於一穴中出，唯見芫花半落，松風晚清。却省初見女郎之路，見童僕等以鍬鍤發一墓穴，已至櫬中，見銘記曰："後周趙王女玉姨之墓。平生憐重王氏外生，外生先歿，後令與之同葬。"崔問僕人。"但見郎君入柏林，尋覓不得，方尋掘此穴，果不誤也。"玉姨呼崔生奴僕為賊耳，崔生感之，即為掩瘞。

逢臭鬼

《夷堅乙志》：開封人張儼說，政和末年清明日，太學士人某與同舍生出郊縱飲。還，緣汴堤而上，見白衣人在後，相去十數步，堂堂一丈夫也，但臭穢逆鼻。初猶意其偶相值，已而接踵入學，問同舍，皆莫見，殊怪之。逮反室，則立左右，叩之不答，叱之則隱，倏忽復見。追隨不少置，臭日倍前。士人不勝其懼，或教之曰："恐君福淺，或為冤所劫，盍還家養親，無以功名為念，脫可免。"乃如之。甫出京，其人日以遠，遂不見。士人家居累年，不能無壹鬱，二親復督使修業，心忘前怪矣。遂如京師參告，踰月因送客至舊飲酒處，復遇其人，厲聲曰："此度見汝不捨矣。"相隨如初，而臭益甚。士人登時恍惚，遂臥病，旬日卒。

躋女塚

《博異志》：李晝爲許州吏，莊在扶溝。永泰二年春，因清明欲歸伯梁河。先是路傍有塚，去路約二十步，其上無草，牧童所戲。其夜，李晝忽見塚上有穴，大如盤，兼有火光。晝異之，下馬躋塚觀焉，見五女子垂華服，依五方坐而紉針，俱低頭就燭，矻矻不歇。晝叱之一聲，五燭皆滅，五女亦失所在。晝恐，上馬而走，未上大路。五炬火塚中出逐晝，晝夜不能脫，以鞭揮拂，爲火所熱。近行十里，方達伯梁河，有犬至，方滅。明日，看馬尾被燒盡，及股脛亦燒損，自後遂目此爲五女塚，今存焉。

歲時廣記卷第十七

歲時廣記卷第十八

廣寒仙裔陳　元靚　編

上巳上

嚴有翼《藝苑雌黃》曰：三月三日謂之上巳，古人以此日禊飲於水濱。又《韻語陽秋》曰：上巳於流水上洗濯，祓除去宿垢，謂之禊。禊者，潔也。又《唐文粹·魯令三月三日宴序》曰：以酒食出於野曰禊飲，古俗也。又蕭穎士《蓬池禊飲序》曰：禊，逸禮也，《鄭風》有之，説者謂始於《周禮》女巫掌歲時祓除之事也。鄭注云：如上巳水上之類。《後漢書》注云：曆法，三月建辰，巳即是除，可以拂除灾也。則古人止用巳日。今但三日者，按《漢書》注云：古時祓祭，三月巳日爲吉。偶值三日，故後人因以三日爲上巳，遂成俗也。《文選》王元長《曲水詩序》云：粤斯上巳，惟春之暮。沈約《宋書》云：魏以後，但用三日，不用上巳。今人每歲三月西池之遊，是其遺事耳。又曰“上除”，徐都幹《齊都賦》云：“青陽季月，上除之良，無大無小，祓於水陽。”又曰“元巳”，張衡《南都賦》云：“暮春之禊，元巳之辰，方軌齊軫，祓於陽濱。”沈約詩云：“麗日屬元巳，年芳俱在斯。”又張華《上巳篇》云：“姑洗應時月，元巳啓良辰。”

著令節

《新唐書·李泌傳》：德宗以前世上巳、九日皆大宴，而寒食多與上巳同時，欲以二月名節，自我作古，可乎？泌請廢晦日，著令以中和、上巳、九日爲三令節。杜甫《上巳詩》云："招尋令節同。"

展十日

《容齋續筆》：唐文宗開成二年，歸融爲京兆尹。時兩公主出降，府司供帳事繁，又俯近上巳曲江宴，奏請改日，上曰："去年重陽取九月十九日，未失重陽之意，改取十三日可也。"

按周禮

《風俗通》：按《周禮》女巫掌歲時以祓除疾病。禊者，絜也，故於水上盥絜之也。巳者，祉也，邪疾已去，祈介祉也。鄭注云：今上巳水上之類也。東坡詩云："猶當洗業障，更作臨水禊。"

觀鄭俗

《韓詩》曰：溱與洧，方洹洹兮，惟士與女，方秉蘭兮。注云：洹洹，盛貌，謂三月桃花水下之時至盛也。秉，執也，當此盛流之時，眾士與眾女，方執蘭拂除邪惡。鄭國之俗，三月上巳，於溱洧兩水之上，招魂續魄，秉蘭草，拂除不祥。故詩人願所與悅者，俱往觀之。杜甫《清明》詩云："路逢少壯非吾道，況乃今朝更祓除。"

絜東水

《晉·禮志》曰：漢儀，季春上巳，皆禊於東流水上，洗濯祓除宿垢爲大絜。絜者吉，陽氣布暢，萬物訖出，始絜之矣。晉中朝公卿以下，至於庶人，皆禊洛水之側。懷帝會天泉池，賦詩。陸機云："天泉池南石溝引御溝水，池西積石爲禊堂。"本水流杯飲酒，亦不言曲水。元帝又詔罷三日弄具。海西於鍾山立流水曲水，延百僚，皆其事也。

祓灞上

《漢書》：武帝即位數年無子，平陽公主求良家女十餘人，飾置其家。帝祓灞上而過焉，還平陽公主，見所侍美人，帝不悅。既飲，謳者進，帝獨悅衛子夫。應劭注云：祓，除也，今三月上巳祓禊是也。

禊曲江

唐《輦下歲時記》：三月上巳，有錫宴群臣，即在曲江。傾都人物，於江頭禊飲踏青，豪家縛棚相接，至於杏園。進士局在亭子上，宏詞拔萃宴在池南岸。內學士駙馬等張建封宴元巳曲江，特命宰相同榻入食。

幸芳林

《齊書》：齊武帝永明元年三月三日，幸芳林園，禊飲朝臣，敕王融爲詩序，文藻富麗，當代稱之。王融，字元長，其詩序見《文選》。

承御溝

戴延之《西征記》：天泉之內，有東西溝承御溝水，水之北有積石壇，云“三月三日御坐流盃之處”。

注天泉

《鄴中記》：華林園中千金堤，作兩銅龍，相向吐水，以注天泉池，通御溝中。三月三日，石季龍及皇后百官臨池會賞。

登故臺

《宋書》：宋武帝三月三日，登八公山劉安故臺，曰：“城郭如匹帛之遠叢花也。”

賞勝地

《南部新書》：貞元初，三月三日，宜任百僚擇勝地追賞爲樂，仍賜錢充宴會。

臨杯池

《晉起居注》：海西泰和六年三月庚午，詔三月三日臨杯池，依東堂小會。

禊洛水

《竹林七賢論》：王濟嘗解禊洛水。明日，或問王曰："昨日遊，有何語議？"答曰："張華善説史漢，裴逸民敘前言往行，滾滾可聽。"

置賞亭

《西京雜記》：樂遊園，漢宣帝所立。唐長安中，太平公主於原上置亭遊賞。其亭四望寬敞，每上巳、重九，士女戲就祓禊登高。幄幙雲布，車馬填塞，綺羅耀日，馨香滿路。朝士詞人賦詩，翌日傳於京師。老杜《樂遊園歌》曰："樂遊古園萃森爽，烟綿碧草萋萋長。公子華筵勢最高，秦川對酒平如掌。"

出臨水

《鄴中記》：石虎三月三日臨水會，公主妃主、名家婦女，無不畢出，臨水施帳幔，車服燦爛，走馬步射，飲宴終日。

飲樂苑

《宋略》：宋文帝元嘉十一年三月丙申，禊飲於樂遊苑，旦祖道江夏王義恭、衡陽王義季，有詔會者咸作詩，詔太子中庶子顏延年作序。見《文選》。

宴華林

《晉書》：晉朝上巳集宴於華林園也。曾子固《上巳瑞聖園錫宴呈同舍》詩云："華林清綴儒冠集。"

集西池

《王直方詩話》：元祐中，秘閣上巳日集西池。王仲至有詩，張文潛和最工，云："翠浪有聲黄繳動，春風無力彩旌垂。"秦少遊云："簾幙千家錦繡垂。"仲至笑曰："又待入小石調也。"

禊南澗

孫綽《詩序》：以暮春之始，禊於南澗之濱，高嶺千尋，長湖萬頃。

會蘭亭

王羲之《蘭亭序》：永和九年，歲在癸丑，暮春之初，會於會稽山陰之蘭亭，修禊事也。群賢畢至，少長咸集。此地有崇山峻嶺、茂林修竹；又有清流激湍，映帶左右，引爲流觴曲水，列坐其次。向之所欣，俛仰之間，已爲陳迹。東坡詞云："君不見蘭亭修禊事，當時坐上皆豪逸。到如今，修竹滿山陰，空陳迹。"又詩云："流觴曲水無多日，更作新詩繼永和。"

遊山陰

《法書要録》：晉穆帝永和九年暮春三月三日，嘗遊山陰，與太原孫統承公、孫綽興公，廣漢王彬之道生，陳郡謝安石，高平郤曇重熙，太原王藴叔仁，釋支遁道林，王逸少子凝、徽、操之等四十有一人，修祓禊之禮。揮毫製序，興樂而書，用蠶繭紙、鼠鬚筆，遒媚勁健，絶代更無。凡二十八行三百十四字，字有重者，皆搆別體，就中"之"字最多。

讌太學

昌黎文《上巳宴太學聽彈琴序》：天子肇置三令節，詔公卿有司率厥官屬，飲酒以樂。司業武公於是總太學儒官三十有六人，列宴於祭酒之堂。有一儒生，抱琴而來云云。

宴洛濱

《白氏長慶集·禊洛詩序》：開成二年三月三日，河南尹李待價以人和歲稔，將禊於洛濱。前一日，啓留守裴令公，公明日召太子少傅白居易、太子賓客蕭籍、李仍叔、劉禹錫、前中書舍人鄭居中、國子監司業李惲、河南少尹李道樞、倉部郎中崔晉、司封員外郎張可續、駕部員外郎盧言、虞部員外郎苗愔、和州刺史裴儔、淄州刺史裴洽、檢校禮部員外郎楊魯士、四門博士談宏謨一十五人，合宴於舟中。由斗亭，歷魏堤，抵津橋，登臨沂沿，自晨及暮，簪組交映，歌笑間發。前水嬉而後妓樂，左筆硯而右壺觴。望之若仙，觀者如堵。盡風光之賞，極遊泛之娛。美景良辰，賞心樂事，盡得於今日矣。若不記錄，謂洛無人。晉公首賦，鏗然玉振。顧謂四座繼而和之，居易舉酒抽毫，奉十二韻以獻。詩曰："三月草萋萋，黃鸝歇又啼。柳橋晴有絮，沙路潤無泥。禊事修初畢，遊人到欲齊。金鈿耀桃李，絲管駭鳬鷖。轉岸回船尾，臨流簇馬蹄。鬧平楊子渡，踏破魏王堤。妓接謝公宴，詩陪郇令題。舟同李膺泛，醴爲穆生攜。水引春心蕩，花牽醉眼迷。塵街從鼓動，烟樹任鴉棲。舞急紅腰旋，歌遲翠黛低。夜歸何用燭，新月鳳樓西。"

訪東山

《東坡志林》：黃州定慧院東小山上，有海棠一株，每歲盛開時，必爲置酒，已五醉其下矣。今年復與參寥及二三子訪焉，則園已易主。主雖市井人，然以余故，稍加培治。山上多老枳木，花白而圓，香色皆不凡，以余故，亦得不伐。既飲，憩於尚氏之第，竹林花木皆可喜，醉臥閣上。稍醒，聞坐客崔成老彈雷琴，作悲風曉角，錚錚然，意謂非人間也。晚乃步出城東，入何氏竹園，置酒竹陰下,興盡乃徑歸。元豐七年三月三日也,先生輒作數句云云。

樂新堤

《古今詞話》:東坡自禁城出守東武,適值霖潦經月,黃河決流,漂溺鉅野,及於彭城。東坡命力士,持畚插,具薪芻,萬人紛紛,增塞城之敗壞者。至暮,水勢益洶,東坡登城野宿,愈加督責,人意乃定。城不没者一板,不然,則東武之人盡爲魚鼈矣。坡復用僧應言之策,鑿清冷口積水入於古廢河,又東北入於海。水既退,坡具利害屢請於朝,築長堤十餘里以拒水勢,復建黃樓以厭之。堤成,水循故道,分流城中。上巳日,命從事樂成之。有一妓前曰:"自古上巳舊詞多矣,未有樂新堤而奏雅曲者,願得一闋,歌公之前。"坡寫《滿江紅》曰:"東武城南,新堤就、漣漪初溢。遍長林,翠阜外,臥紅堆碧①。枝上殘花吹盡也,與君試向江頭覓。問向前、猶有幾多春?三之一。官裏事,何時畢。風雨外,無多日。相將泛曲水,滿城争出。君不見蘭亭修禊事,當時座上皆豪逸。到如今、修竹滿山陰,空陳迹。"俾妓歌之,坐席歡甚。

出北門

《成都古今記》:三月三日,太守出北門,宴學射山。蓋張伯子以是日上升,即此地也。男覡女巫會於此,寫符篆以鬻於人,云宜田蠶、辟灾疫,佩者、戴者信以爲然。東坡《和子由》詩云:"何人聚衆稱道人,遮道賣符色怒嗔。宜蠶使汝繭如甕,宜畜使

---

① 此處三句疑有脱字,《四庫全書》本《東坡詞》作"隱隱遍,長林翠阜,臥紅堆碧",迥異。今且據底本標點如上。

汝羊如屬。"

遊金明

《歲時雜記》：京師有金明池，自三月一日開，人間多不知，故月初遊人甚少。御史臺預出榜申明祖宗故事，許士庶遊金明池一月，其在京官司，不妨公事，任便宴遊，閣門御史不得彈劾。池在州西順天門外街北，周圍約九里，池面徑七里。

至浮橋

《晉書·夏統別傳》：統，字仲御。母病，詣洛中藥會。三月三日，洛中公卿以下，莫不方軌連軫，並至南浮橋邊修禊。男則朱服耀路，女則錦綺粲爛。仲御在舟中，曝所市藥，危坐不顧。賈充望見，深奇其節，願相與語："此人有心胆，有似冀缺。"走問船中安坐者爲誰，仲御不應。重問，乃徐答曰："會稽北海閒民夏仲御。"

宴江渚

《荊楚歲時記》：荊楚四民，三月三日，並出江渚池沼間，爲流杯曲水宴。取黍麴菜汁和蜜爲食，以厭時氣。一云，用黍麴和菜作羹。

會薄津

《魏志》：袁紹三月上巳大會賓徒於薄落津。聞魏郡兵及黑山賊于毒等數萬人，共覆鄴城，殺守。坐中客家在鄴者，皆憂怖失色，或起而泣。紹容貌自若，不改常度。

問曲水

《續齊諧記》：晉武帝問尚書郎摯虞曰："三日曲水，其義何指？"對曰："漢章帝時，平原徐肇以三月初生三女，至三日俱亡，一村以爲怪，乃相攜之水濱洗祓。因水以泛觴，曲水之義，蓋起此也。"帝曰："若如所謂，便非佳事。"尚書郎束皙曰："摯虞小生，不足以知此，臣請説其始。昔周公城洛邑，因流水以泛酒，故《逸詩》云'羽觴隨波'。又秦昭王三日置酒河曲，有金人自泉而出，捧水心劍曰：'令君制有西夏。'及秦霸諸侯，乃因其處立爲曲水祠。二漢相沿，皆爲盛集。"帝曰："善！"賜金五十斤，左遷摯虞爲陽城令。東坡詩云："歲月斜川似，風流曲水慚。"又《上巳詞》云："曲水浪低蕉葉穩。"

適東流

《風土記》：漢末有郭虞者，有三女。一以三月上辰，一以上巳，一以上午，三日而三女産乳並亡，迄今時俗以爲大忌。故到是月是日，婦女忌諱，不復止家，皆適東流水上，就通遠地祈祓，自潔濯也。

祠江上

《拾遺録》：周昭王二十年，東歐貢女，一曰娟延，二曰延蟬，俱辯麗辭巧，能歌笑，步塵無跡，日中無影。及王遊江漢，與二女俱溺，故江漢之間，至今思之。及立祠於江上，後十年，人每見二女擁王泛舟，戲於水際。至暮春上巳之日，禊集祠間，或以鮮時甘果，採蘭杜包之，以沉於水中；或結五色綵以包之；或以金鐵繫其上，乃蛟龍不侵，故祠所號"招祇之祠"。

祓西沼

《湘山野録》：太祖、太宗潛耀日，嘗與一道士遊，無定姓名，自曰"混沌"，或曰"真無"，自御極，不復見。上巳祓禊西沼，道士揖太祖曰："別來喜安。"上亟見之，一如平昔，抵掌而談。上曰："我壽還得幾多？"對曰："今年十月二十夜晴，則可延一紀；不爾，當速措置。"上留之後苑，或見於木鳥巢中，或數日不見。至所期之日，上御太清閣以望氣。是夕晴明，星斗光燦，上心方喜。俄而，陰霾四起，天地陡變，雪雹驟降。移仗下閣，急傳宮鑰開端門召開封王，則太宗也。延入太寢，酌酒對飲，悉屏宮宦，太宗避席，有不可勝之狀。飲訖，禁漏三鼓，雪已數寸。帝引柱斧戳雪，顧太宗曰："好做好做！"遂解帶就寢，鼻息如雷。將五鼓，衆無所聞，帝已崩矣。

歌薤露

後漢梁商，字仲夏，上巳會賓客於洛水。酒酣，繼以《薤露》歌。周舉嘆之曰："哀樂失時，殃咎及矣。"商至秋，果薨。按崔豹《古今注》云：《薤露》《蒿里》，並喪歌也，出田橫門人。橫自殺，門人傷之，爲作悲歌，言"人命如薤上露，易晞滅也"，亦謂"人死魂魄歸於蒿里"。故有二章，其一曰："薤上朝露何易晞，露稀明朝更復滋。人死一去何時歸。"其二曰："蒿里誰家地，聚斂魂魄無賢愚。鬼伯一何相催促，人命不得久踟躕。"至孝武時，李延年分二章爲二曲，《薤露》送王公貴人，《蒿里》送士大夫庶人，使挽柩者歌之，世呼爲挽歌。老杜詩云："尚纏漳濱疾，永負蒿水餞。"東坡詩云："清唱一聲聞薤露。"杜甫又《哭李尚書》詩云："漳濱同蒿里。"

作蠻語

《世說》：晉郝隆爲南蠻參軍，三月三日作詩曰："娵隅躍清池。"桓溫問何物，答曰："蠻人名魚爲娵隅。"桓溫曰："何爲蠻語？"隆曰："千里投公，始得一蠻府參軍，那得不作蠻語耶？"杜甫詩云："兒童解蠻語，不必作參軍。"

賜柳圈

《景龍記》：三月三日被禊於渭濱，上賜侍臣細柳圈各一，言帶之免蠆毒。

引流盃

《文選》:顏延年有《三月三日應詔宴曲水》詩序。注云:曲水者,引水環曲爲渠,以流酒杯而行焉。

置羽觴

《逸詩》:羽觴隨波。《文選》注云:羽觴,謂其置鳥羽於觴以急飲也。陸士衡詩云:"四坐咸同志,羽觴不可算。"杜少陵詩云:"昨日瓊樹間,高談隨羽觴。"

飲罰酒

《世說》:郝隆爲桓温南蠻參軍,上巳會作詩不成,罰酒三斗,而隆得一句而已。

命賦詩

《翰林志》:天后上巳日宴從臣於龍門,命賦詩。

獻鞋履

唐盧範《饋餉儀》:凡三月三日,上踏青鞋履子。

結錢龍

《妝樓記》:長安有妓樂者,以三月三日結錢爲龍,作錢龍宴。

爲龍餅

《歲時記》:三月三日,或爲龍舌餅。

吞白蟾

《茅亭客話》:有鮮于熙者,上巳日飲萬歲池,旁見一小白蝦蟆,遂取之。即席,有姓劉人,奪而吞之。熙戲之曰:"閣下吞此白蟾,苟成道,祇成强盜耳。"吞訖,倉忙飲水,昏悶旬餘,醫治方愈。

祭靈神

《隋·禮儀志》:隋制於宮北三里爲壇,季春上巳,皇后服鞠衣重翟,率三夫人九嬪內外命婦,以太牢制幣祭先蠶於壇,用一獻禮。

知蠶善

《雜五行書》：欲知蠶善惡，以三月三日天陰而無日，不見雨，則蠶大善。

祈蠶福

《成都記》：三月三日遠近祈蠶福於龍橋，曰蠶市。

占桑柘

《博聞録》：湖人以三月三日晴雨占桑柘貴賤。諺曰："雨打石頭遍，葉子三錢片。"或言"四日雨尤甚"。杭人云："三日尚可，四日殺我。"又曰："三月十六晴，樹上掛銀餅；三月十六雨，樹上掛泥土。"皆桑柘之先兆也。

祝薺花

《圖經》：池陽上巳日，婦女以薺花點油，祝而灑之水中，若成龍鳳花卉之狀，則吉，謂之油花卜。

忌果菜

《養生必用》：三月三日勿食鳥獸五臟，及一切果品蔬菜五辛，大吉。

上冢墓

東坡云：南海人不作寒食，而以上巳上冢。

淘裏化

《燕北雜記》：三月三日戎人以木雕爲兔，分兩朋，走馬射之，先中者勝。其負朋下馬，跪奉勝朋人酒；勝朋於馬上接杯飲之。番呼此節爲"淘裏化"，漢人譯云"淘裏是兔，化是射"。

歲時廣記卷第十八

歲時廣記卷第十九

廣寒仙裔陳　元靚　編

上巳下

觀御札

王明清《揮麈餘録》云：某頃於蔡微處，得觀祐陵與蔡元長賡歌一軸，皆真跡也。上巳日賜太師云："金明春色正芳妍，修禊佳辰集眾賢。久矣愆陽罷暵旱，沛然膏雨潤農田。乘時謄插花盈帽，胥樂何辭酒滿船。所賴燮調功有自，佇期高廩報豐年。"微，元長之孫也。

讖狀元

《夷堅乙志》：福州福清縣太平鄉修仁里石竹山，俗曰蝦蟆山，去邑十五里。乾道二年三月三日夜半後，居民鄭周延等咸聞山上有聲如震雷，移時方止。或見門外天星光明，迹其聲勢，在瑞雲院後石竹山上。明旦相與視之，山頂之東南，有大石，方可九丈，飛落半腰間，所過成蹊，闊皆四尺，而山之木石，略無所損。縣士李槐云，山下舊有碑，刊囊山妙應師讖語，頃因大水碑失，今復在縣橋下。其語曰："天寶石移，狀元來期，龍爪花紅，狀元西東。"邑境有石陂，唐天寶中所築，目曰天寶陂，距石竹山財十里。是月，集英廷試多士，永福人蕭國梁魁天下。永福在福清之西，閩人以爲應讖矣。又三年，興化鄭僑繼之，正在福清之東。狀元西東之語，無一不驗云。

會群臣

《大業拾遺》：隋煬帝敕學士杜寶修《水飾圖經》十五卷新成，以三月上巳日會群臣於曲水，以觀水飾。有神龜負卦、黃龍負圖、元龜銜符、大鱸銜籙、鳳鳥降洛、丹龜銜書、鳳凰負圖、赤龍載圖、龍馬銜文、堯舜遊河、堯見四子、舜漁雷澤、舜陶河濱、龍負符璽、舜歌魚躍、人魚捧圖、龍尾導水、禹疏九河、黃龍負舟、授《山海經》、遇兩神女、魚化黑玉、姜嫄履巨跡、后稷棄寒冰、文王魚躍沼、太子發渡河、武王渡孟津、成王舉舜禮、穆天子奏鈞天樂、西王母過瑤池、塗修國獻青鳳、王子晉吹鳳笙、秦始皇見海神、漢高祖隱芒碭、漢武帝泛樓船、洛水神獻明珠、漢桓帝值青牛、曹瞞浴譙水、魏文帝興師、杜預造河橋、晉文帝臨會、五馬浮渡江一馬化爲龍、仙人酌醴泉、金人乘金船、蒼龜銜書、青龍負書、呂望釣磻溪、楚王得萍實、秦王宴河曲、吳帝臨釣臺、劉備渡檀溪、淄丘訴戰水神、澹臺子羽兩龍夾舟、屈原遇漁父、卞隨投潁水、秋胡妻赴水、陽谷女浴日、屈原沉汨羅、簡子值津吏女、孔子值浴河女子、周處斬蛟、許由洗耳、孔愉放龜、莊惠觀魚、鄭弘樵徑還風、趙炳張蓋過江、巨靈開山、長鯨吞舟，若此等總七十二勢。皆刻木爲人，或乘舟，或乘山，或乘平洲，或乘盤石，或乘宮殿。木人長二尺許，衣以綺羅，裝以金碧。及作禽獸魚鳥，皆能運動如生，隨曲水而行，水中安機，如斯之妙，皆出黃袞之思，巧性今古罕儔。

避車駕

《集異記》：天寶末，崔圓在益州。暮春上巳，與賓客將校數十百人，具舟檝遊於江，都人縱觀如堵。是日，風色恬和，波流静謐，初宴作樂，賓從肅然。忽聞下流十數里，絲竹競奏，笑語喧然，風水傳送如咫尺，須臾漸近。樓舡百艘，塞江而至。皆以錦繡爲帆，金玉飾舟，旄纛蓋傘，旌旗戈戟，繽紛照耀。中有朱紫十數人，綺羅妓女凡百，飲酒奏樂方酣。他舟則列從官武士五六千人，持兵戒嚴。泝沿中流，良久而過。圓即令詢問，隨行數里。近舟，舟中方言曰："天子將幸，已斂蜀中諸望神祇，遷移避駕，幸無深怪。"圓駭愕，因罷會。時朝廷無事，自此先爲具備，明歲南狩，圓應辦，卒無所闕。

降真聖

《玄天大聖本傳經》：昔大羅境上無慾天宮，淨樂國王善勝皇后，夜夢吞日，覺乃懷孕。其母氣不納邪，日常行道，既經二十四載，仍及八千餘辰，於開皇元年三月三日申時降誕，相貌殊倫。後既長成，玉皇有詔，封爲玄武，鎮於北方，顯迹之因，自此始也。

遇仙道

《續神仙傳》：王可交，蘇州華亭人也，以耕釣自業，居於松江南趙屯村。一旦棹漁舟高歌入江，行數里間，忽見一綵舫，漾於中流。有道士七人，皆玉冠霞帔，服色各異，侍衛皆鬟角雲鬟。一人呼可交姓名，方驚異，不覺漁舟已近舫側。一道士令引可交上舫，見七人之前，各有杯盤，可交立於筵末。一人曰："好骨相，合有仙分。生於凡賤間，已炙破矣。可與酒喫。"侍者瀉酒，再三不出。道士曰："酒乃靈物，若得入口，當換骨也。瀉之不出，亦命分也。但與栗喫。"俄一人於筵上取二栗與可交，令便喫。視之，其栗有赤光，如棗，長二寸許，齧之有核，肉脆而甘，久之食盡。一人曰："王可交已見之矣，可令去。"覓所乘漁舟，不見，道士曰："不必漁舟，但合眼自到。"於是合眼，似行非行，所聞若風水林木浩浩之聲。及開眼，但見峰巒重叠，松柏參天，坐於石上。

俄頃，採樵者并僧十餘人來問可交何人，具以前事對。又問何日離家，可交曰："今日早離家"。又問今日是何日，對："是三月三日。"樵者與僧驚異："今日九月九日矣"。可交問地何所，僧曰："此是天台瀑布寺前。"又問此去華亭多少地，僧曰："水陸千餘里。"可交自訝不已。僧邀歸寺設食，可交但言飽不喜聞食氣，唯飲水耳。可交食栗之後，已絕穀。動靜若有神助，不復耕釣，歸挈妻子往四明山。居十餘年，復出明州貨藥，里巷皆言"王仙人藥"。圖其形像，可辟邪魅。後三十年，再入四明山，不復出，亦時有見之者。

獲狐書

《乾𦠆子》：唐神龍中，廬江何讓之，上巳日將陟老君廟。瞰洛中遊春冠蓋，廟之東北二百餘步，有大丘三四，時亦號後漢諸陵。故張孟陽《七哀詩》云："恭文遥相望，原陵鬱膴膴。"原陵即光武陵。又一陵上有柏枝數株，其下盤土，可容數人坐。見一翁婆貌異常輩，眉鬚皓然，着賔幪巾襦袴幘烏紗，抱膝南望，吟曰："野田荆棘春，閨閣綺羅新。出没頭上日，生死眼中人。欲知我家在何處，北邙松柏正爲鄰。"俄有一貴戚金翠輿車，如花之妓數十，連袂笑樂而出徽安門。讓之正方歎栖遲，獨行踽踽。翁忽又吟曰："洛陽女兒多，無奈狐翁老去何。"讓之訝翁非人，遽前執之，翁倏然躍入丘中，讓之從焉。初入丘瞑黑，久辨其隧，翁已復本形矣。遽見一狐跳出，尾有火，復如流星。讓之出玄堂外，見一几，上有朱盞筆硯之屬，又一帖文書，紙盡灰色，文字不可曉解。略記可辨者，其一云："正色鴻燾，神思化伐。穹施后承，光負玄設。嘔淪吐萌，琅倪斬截。迷晹郁曲，霹_{音朦}霉_{乙林切}霪曀_{入聲}。雀燧甌水，健馳御屈。拿尾研動，袜袜唧唧。潛用秘功，以嶺以穴。拖薪伐藥，莽橙萬苗。順律則祥，佛倫惟薩。牡虛無有，頤咽蕊屑。肇素未來，晦明興滅。"其二辭曰："五行七曜，成此閏餘。上帝降靈，歲旦涓徐。蛇蛻其皮，吾亦神攄。九九六六，束身天除。何以充喉，吐納太虛。何以蔽踝，霞袂雲袖。哀爾浮生，櫛比荒墟。吾復顥氣，還形之初。在帝左右，道濟忽諸。"題云《應天狐超異秘策八道》。後文甚繁，難以詳載。讓之獲此書帖，懷以出穴。後數日，水北同德寺僧志靜來訪讓之，說云："前者所獲丘中文書，非郎子所用，留之不祥。前人近捷上界之科，可以禍福中國。其人已備三百縑，欲購贖此書。如何？"讓之許諾。志靜明日挈三百縑送讓之，讓之領訖，遂絕志靜。言其書為往還所借，更一兩日當徵之，便可歸。後志靜來，讓之悉諱云："殊無此事，兼不曾有此文書。"志靜無言而退。經月餘，讓之先有弟在東吳，別已踰年，一旦其弟且至焉。讓之話家私中外，因言一月前曾獲野狐之文書，今見存焉。其弟固不信，讓之揭篋取書帖示弟。弟捧而讀之，擲於讓之前，化為一狐矣。未幾，遽有敕捕內庫被人盜貢絹三百疋，尋踪及此。俄又吏掩至，直挈讓之囊揭焉，果獲同類縑。已費數十疋，執讓之付法，讓之不能雪，卒斃枯木。

感前定

《前定錄》：天寶十四年，李泌三月三自洛乘驢歸別墅。路旁有朱門，而驢徑入不可制。其家人各將出，泌因相問，遂並入宅，邀泌入。既坐，又見妻子悉羅拜，泌莫測之，疑是妖魅。問其姓氏，答曰："竇廷芬。"且請宿，泌甚懼之。廷芬曰："中橋有筮者胡蘆生，神之久矣，昨因筮告某曰：'不出三年，當有赤族之禍，須覓黃中君方免。'問如何覓黃中君，曰：'問鬼谷子。'又問安得鬼谷子，言公姓名是也。宜三月三日全家出城覓之，不見，必籍死無疑。若見，但舉家悉出哀祈，必免矣。適全家出訪覓，而偶遇公，乃天濟其舉族命也。"供待備至，凡十餘日，方得歸，自此獻遺不絕。及祿山亂，肅宗收西京，將還秦收陝府，獲刺史竇廷芬。肅宗令誅之，而籍其家。泌因具其事，且請使人問之，令其手疏驗之。肅宗乃遣使，使回，一如泌說。肅宗大驚，遽命赦之，因曰："天下之事，皆前定矣。"

歸艷女

《異聞錄》：垂拱中，太學進士鄭生晨發銅駞里，乘曉月渡洛橋，橋下有哭聲甚哀。生下馬察之，見一艷女，翳然蒙袂曰："孤養於兄嫂，嫂惡苦我，今欲赴水，故留哀須臾。"生曰："能逐我歸否？"應曰："婢御無悔。"遂載與歸所居。號曰氾人，能誦楚詞《九歌》《招魂》《九辯》之書，亦常擬詞賦為怨歌，其詞艷麗，世莫有屬者。因撰風光詞曰："隆往秀兮昭盛時，橘薰綠兮淑華歸。顧室荑與處蕚兮，潛重房以飾姿。見耀態之韶差兮，蒙長靄以為帷。醉融光兮眇眇瀰瀰，遠千里兮涵烟湄。晨陶陶兮暮熙熙，無婀娜之穠條兮，娉盈盈以披遲。酬遊顏兮倡蔓卉谷，流倩電兮髮隨旎。"生居貧，氾人嘗出輕繒端賣之，有胡人醻千金。後居歲餘，生將遊長安，氾人謂生曰："我湘中蛟室之姝也，謫而從君。今歲滿，無以久留君所。"乃與生訣而去。後十餘年，生兄為岳州刺史。會上巳日，與家徒登岳陽樓，望鄂渚張宴。樂酣，生愁思吟曰："情無限兮蕩洋洋，懷佳期兮屬三湘。"聲未終，有畫艣浮漾而來，有綵樓高百餘尺，其上施帷帳，欄籠畫飾，幛褰。有彈弦歌吹者，皆神仙蛾眉，披服烟霞裾袖。中有一人，起舞含嚬，怨慕形顏。氾人舞而歌曰："沂青春兮江之隅，拖湖波兮裛綠裾。何拳

205

拳兮來舒，非同歸兮何如。"舞畢斂袖，翔然凝望。樓中縱觀，生方臨檻，而波濤崩怒，遂迷所往。東坡贈人過徐州詞云："秋風南浦送歸船，畫簾重見水中仙。"

索幽婚

《搜神記》：盧充，范陽人，家西三十里，有崔少府墓。充冬至日出宅西獵，射麞中之，麞倒而起，充逐之，不覺遠。忽見道北一高門如府舍，問鈴下，對曰："崔少府宅也。"充進見少府，酒數行，曰："近得尊府君書，爲君索小女爲婚，故相迎爾。"崔以書示充，乃亡父手迹，即歔欷無復辭免。便敕內云："盧郎已來，便可使女莊嚴。"至黃昏，內白女郎嚴竟，崔語充可至東廊。既至，婦已下東，即共拜，爲給食。三日畢，崔謂充曰："君可歸，生男當以奉還；無相疑，生女當留養。"充到家，母問其故，充悉以對。別後四年，三月三日，充臨水戲，忽見傍有犢車，乍沉乍浮。既而上岸，充往開車，見崔氏女與三歲男共載。女抱兒以還充，又與金椀，并贈詩曰："煌煌靈芝質，光麗何猗猗。華艷當時顯，嘉異表神奇。含英未及秀，中夏罹霜萎。榮耀長幽滅，世路永無施。下悟陰陽運，哲人忽來儀。"充取兒、椀及詩，忽然不見。充後詣市賣椀，崔氏姨識之，語充曰："昔我姨嫁少府，生女未出而亡。家親痛之，贈以金椀着棺中，可說得椀本末？"充以事對，賷椀白母，母即令迎充及兒還。諸親悉集，兒有崔氏之狀，又似充貌。兒、椀俱驗，姨母曰："我外生也。"即字溫休。長成令器，歷郡守，子孫冠蓋相承。至今其後植字幹，有名天下。杜詩云："昨日玉魚蒙葬地，早時金椀出人間。"《廣異記》云：漢天子以玉魚一雙殮葬楚王戍之太子。

食烏芋

《本草》：烏芋一名水萍，三月三日，採根暴乾，主消渴益氣。

《衍義》曰：烏芋今人呼爲荸臍，皮厚黑肉硬者謂之豬荸臍，皮薄色白淡紫者謂之羊荸臍。正二月，人採食之，藥罕用。荒歲人多採以充糧，亦以作粉，食之厚人腸胃，不飢。服丹石尤宜，以其能解毒。《爾雅》謂之芍。

丸黃芩

《千金方》：巴郡太守奏"加減三黃丸"，療男子五勞七傷、消渴、不生肌肉，婦人帶下、手足寒熱者。春三月，黃芩四兩，大黃三兩，黃連四兩；夏三月，黃芩六兩，大黃一兩，黃連七兩；秋三月，黃芩六兩，大黃三兩，黃連三兩；冬三月，黃芩三兩，大黃五兩，黃連二兩。三物隨時合搗，蜜丸，如烏豆大。米飲服五丸，日三。不知，稍增七丸。服一月，病愈。久服，走及奔馬，近頻有驗。食禁豬肉。《本草》云：黃芩，一名腐腸，一名空腸，一名黃文，一名妬婦。三月三日採陰乾。

蓄紫給

《本草》：紫給味鹹，主毒風頭洩。注：一名野葵，生高陵下地。三月三日，採，根如烏頭。

乾赤舉

《本草》云：赤舉，味甘無毒，主腹痛。一名羊飴，一名陵蝸，生山陰。二月花瓮音銃，蔓草上。五月實黑，中有核。三月三日，採葉陰乾。

剪白薇

《本草》：白薇無毒，利陰益精，久服利人。一名骨美，一名薇草，近道處處有。根狀如牛膝而短，莖俱青，頗類柳葉。三月三日，採根乾用。

糞青瓜

《齊民要術》：種瓜宜用三月三日及戊辰日。黄魯直詩云："春糞辰瓜滿百區。"

漬桃花

《太清卉木方》：三月三日，收桃花漬酒服之，好顔色，治百病。又云，三月三日收桃葉，曬乾爲末，井花水調服一錢，治心痛。《本草》云：桃花令人好顔色，殺疰惡，味苦平，無毒。除水氣，破石淋，利大小便，悦澤人面。三月三日採陰乾。又云，三月三日採花供丹方所須。又言，服三樹桃花盡，則面色如桃花。人亦無試之者。

折楝花

《瑣碎録》：三月三日，取苦楝花或葉於薦席下，辟蚤蝨。

服芫花

《三國志》：魏初平中，有青牛先生，常服芫花，年如五六十，人或親識之，謂其已百餘歲。《圖經》曰：芫花生淮源川谷，今在處有之。春生苗，葉小而尖，似楊枝柳葉，開紫花，頗似紫荆，而作穗。三月三日採陰乾。須未成蕊，蒂細小，未生葉時收之。葉生花落，即不堪用。

鋪薺花

《瑣碎録》：淮西人三月三日取薺花，鋪竈上及床席下，可辟蟲蟻，極驗。

煮苦菜

《本草》：苦菜味苦寒，無毒。久服安心益氣，聰察少卧，輕身耐老，耐飢寒，豪氣不老。一名茶，一名遊冬，生益州川谷山陵道傍，凌冬不死。三月三日採陰乾。陶隱居云：取葉作屑煮汁飲，

即通夜不睡。煮鹽人惟資此飲，交廣人最所重，客來先供，加以
香茇。音毫。

製艾葉

《本草》：艾葉能炙百病。一名冰臺，一名醫草，生田野，葉背
苗短者爲佳。三月三日、五月五日採曝乾，作煎勿令見風，經久
方可用。又云，艾實壯陽，助水藏及暖子宮。梁簡文帝《三月三
日》詩云："握蘭唯是日，採艾亦今朝。"

摘蔓菁

《千金方》：三月三日摘蔓菁花，陰乾末，空心井水服方寸匕，
久服長生明目，可夜讀書。

種甘草

《本草》云：木甘草主療癰腫，盛熱煮洗之。生木間，三月生
大葉，如蛇狀，四四相值，但折枝種之便生。五月花白寔核赤，三
月三日採。

取羊齒

《圖經》：羊齒骨及五藏皆温平而主疾，惟肉性大熱。時疾初
愈，百日内不可食，食之當復發，及令人骨蒸也。《本草》云：羊齒
主小兒羊癇寒熱，三月三日取之。

粉鼠耳

《荆楚歲時記》：三月三日，取鼠麴汁蜜和爲粉，謂之龍舌料，
以壓時氣，山南人呼爲香茅。取花雜棒皮染褐，至破猶鮮，江西
人呼爲鼠耳草。《日華子》云：鼠麴草，味甘平無毒，調中益氣，止
洩除痰，壓時氣，去熱嗽。雜米粉作糗，食之甜美。生平崗熱地，
高尺餘，葉有白毛黄花。

熬澤漆

《聖惠方》：治十種水氣，用澤漆十斤，夏間採莖嫩葉，入水一斗，研汁，約二斗，於銀鍋內，慢火熬如稀餳即止，瓷器內收。每日空心，温酒調下一茶匙，以愈爲度。《本草》云：澤漆，大戟苗也。三月三日、七月七日採莖葉陰乾。

浴澤蘭

《本草》：澤蘭一名虎蘭，一名龍棗，三月三日採陰乾。陶隱居云：今處處有，多生濕地。葉微香，可煎油。或生澤傍，故名澤蘭。亦名都梁香，可作浴湯。人家多種之，今婦人方中最急用也。

收射干

《荀子》云：西方有木焉，名射干。莖長四寸，生於高山之上，而臨百仞之淵。其莖非能長也，所立者然。又阮公詩云："射干臨層城。"《本草》云：三月三日採陰乾，能療腫毒。

用寄生

《本草》云：桑上寄生，堅髮齒，長鬚眉，其實明目、輕身、通神。一名寓木，一名蔦生，生弘農川谷桑樹上。三月三日，採莖陰乾。陶隱居云：桑上生者名桑寄生，方家亦有用楊上、楓上者，各隨其樹名之。形類一般，三四月開花白，五月實赤，大如小豆，今處處有之，俗呼爲續斷用之。

浸南燭

孫思邈《千金月令》：南燭葉煎，益髭髮及容顔，兼補暖。三月三日，採葉并蕊子入大净瓶中乾，盛以童子小便浸滿瓶，固濟其口，置閑處，經一周年取開。每日一兩次，温酒服之，每酒一盞，調煎一匙，極有効驗。

採地筋

《本草》云：地筋，味甘無毒。主益氣，止渴除熱，在腹臍利筋。一名菅根，一名土筋。生澤中，根有毛。三月生，四月實白。三月三日採根。

帶杜蘅

《本草》云：杜蘅香人衣體。三月三日採根，熱洗、曝乾。陶隱居云：根蒂都似細辛，惟香小異，處處有之。方藥少用，惟道家服之，令人身衣香。《圖經》：杜蘅葉似馬蹄，故俗名馬蹄香。三月三日採根，熱洗、曝乾。《山海經》云：天帝之山，有草狀如葵，其臭如蘼蕪，名曰杜蘅，可以走馬。郭璞注云：帶之可以走馬。或曰，馬得之則健走爾。

掘參根

《本草》云：參果根，味苦有毒，生鼠瘻。一名百連，一名烏蓼，一名鼠莖，一名鹿蒲。生百餘根，有衣裹莖。三月三日採根。

歲時廣記卷第十九

歲時廣記卷第二十

廣寒仙裔陳　元靚　編

佛　日

國朝孤山沙門釋智圓注《四十二章經》云：隨翻經學士費長房以《瑞應》及《普曜》《本行》等經①，校讐魯史，定知佛以姬周第十六主莊王十年，即春秋魯莊公七年四月八日生也。按龍宮海藏諸經及《景德傳燈錄》、吳虎臣《佛運統紀》皆言：我佛世尊以周昭王二十四年四月八日降生，未知孰是。然姬周之曆以十一月爲正，言四月八日者，即今之二月八日也。故《荆楚歲時記》云：二月八日，釋氏下生，良有自也。近代以今之四月八日爲佛之生日者，姑徇俗云耳。

生太子

《佛運統紀》：姬周昭王二十四年甲寅歲四月八日，中天竺國净飯王妃摩耶氏生太子悉達多。年三歲，王攜太子謁天神廟，神像致拜，王驚曰：“我太子於天神中更尊！”因字之曰“天中”。及十九歲，乘天馬踰城出家，入雪山阿藍伽處落髮，不用處定。二十二歲，遷欝頭藍佛處，習非非想處定。二十五歲，遷象頭山，同

---

① “隨翻經學士費長房”，底本原作“隋翻經學七費長房”，形誤，兹逕據唐《法苑珠林》（大正藏第五十三册）卷一百校改。

諸外道日餐麻麥。鵲巢於項，以無心意，無受行，而外道摧伏。三十五歲，於菩提場中成無上道，號曰“佛世尊”。以周穆王五十二年二月十五日，世尊於拘尸羅國娑羅雙樹間入般涅槃，住世七十九年。大慧禪師《浴佛上堂語》云：“今朝正是四月八，净飯王宫生悉達。吐水九龍天外來，捧足七蓮從地發。”

洗法身

《正法眼藏》：黄龍和尚住同安，示衆云：“今朝四月八，我佛生之日，天下精藍，皆悉浴佛。”記得遵布衲在藥山會裏充殿主，浴佛之辰，藥山問：“汝只浴得這箇，還浴得那箇麽？”遵云：“把將那箇來。”藥山便休。或云：“這箇是銅像，那箇是法身。銅像有形可以洗滌，法身無相如何洗得？”藥山只知其一，不知其二，被遵公説得口似匾擔，不勝懍懍。

放光明

《藏經·示生品》：菩薩以四月八日化，乘白象貫日之精。因母畫寢，以示其夢，從左肋入夫人腹。寤而自知身重，天獻飲食，自然而至。菩薩在胎，母無妨礙。後以四月八日，將諸綵女，遊藍毘尼園，攀無憂樹。於時樹下忽出蓮花，大如車輪。菩薩降右肋而生，墮彼華上，自行七步，舉右手，作獅子吼：“天上天下，唯我獨尊。”帝釋執蓋，梵王持拂，左右侍立，九龍空中，吐清净水，灌太子身。三十二相，八十種好。放大光明，普照三千大千世界。

現祥瑞

《破邪論》：周昭王即位二十四年四月八日，江河泉池，忽然泛漲，大地震動，夜五色光入貫太微，遍於四方，作青紅色。昭王問太史蘇由曰：“是何祥也？”由對曰：“有大聖人生於西方，故現此瑞。"王曰:"於天下何如?"由對曰:"即時無他,千年外聲教被及此土。"此時乃佛初生也。

學非想

《傳燈録》:釋迦佛生刹利王家,放大智光明,照十方世界,湧金蓮花,自然捧雙足,分手指天地,作獅子吼聲,即周昭王二十四年也。年十九,欲出家。夜有天人名浄居①,於牕牖中,又手白太子言出家時至。乃於檀特山修道,欝頭藍佛處學求非想,於二月八日明星出時成佛,號"天人師"。

行摩訶

《歲時雜記》:諸經説佛生日不同,其指言四月八日生者爲多。《宿願果報經》云:諸佛世尊皆是此日,故用四月八日灌佛也。今但南方皆用此日,北人專用臘月八日。近歲因圓照禪師來慧林,始用此日行《摩訶利頭經》法,自是稍稍遵。

成佛道

《歲華紀麗》:佛以四月八日生於母右肋。年十九歲,於四月八日夜半,踰城往雪山入道,六年思道不食,又以四月八日成佛。

作龍華

《荆楚歲時記》:荆楚以四月八日諸寺各設齋,香湯浴佛,共作龍華會,以彌勒下生之徵也。

設齋會

《東京夢華録》:四月八日佛生日,京師十大禪院,各有浴佛齋會,煎香藥糖水相遺,名曰"浴佛水"。東坡詞云:"烘暖晚香閣,輕寒浴佛天。"

---

① "天人",底本原作"天下",兹逕改正。

煎香水

《高僧傳》：摩訶利頭四月八日浴佛，以都梁香爲青色水，欝金香爲赤色水，丘隆香爲白色水，附子香爲黃色水，安息香爲黑色水，以灌頂。

爲法樂

《荊楚歲時記》：荊楚人相承，四月八日迎八字之佛於金城，設幡幢鼓吹，以爲法樂。

建變燈

《荊楚歲時記》：二月八日，釋氏下生之日，迦文成道之時，信捨之家建八關齋戒，車輪寶蓋七變八會之燈。至今二月八日平旦，執香花繞城一匝，謂之行城。

出王内

《本記經》：二月八日夜半，太子被馬當出，天使鬼神捧馬足出，至於王内，則行城中矣。

行關戒

《阿含經》：二月八日，當行八關之戒。又佛經云：在家菩薩，此日當行八關之齋戒也。

遶城歌

《壽陽記》：梁陳典曰："二月八日行城樂歌曰：'皎鏡壽陽宮，四面起香風。樓形似飛鳳，城勢如盤龍。'"

現蓮花

《夷堅甲志》：紹興二十一年四月，池州建德縣田人汪二十一家鑊内現金色蓮花，有僧立其上，自四月八日至十日不退。其家以煮犬，遂滅。聞自彭澤至石門民家鑊多生花，但無僧，此異所未聞也。是年雨澤及時，鄉老以爲大有年之祥。

襯百金

《南史》:宋新安王子鸞四月八日建齋并灌佛,僚佐襯者,多至一萬,少者不減五千,張融獨往襯百金。

捨項錢

《南史·宋書》:劉敬宣,父牢之,八歲喪母。四月八日敬宣見衆人浴佛,乃以項上金錢爲母灌佛,因泣下,悲不自勝。桓序謂牢之曰:"鄉此兒,非唯家之孝子,必爲國之忠臣。"

雕悉達

《燕北雜記》:四月八日,京府及諸州各用木雕悉達太子一尊,城上舁行,放僧尼、道士、庶民行城一日爲樂。

溺金像

《世説》:四月八日,吴孫皓以金像溺之,云浴佛,後陰病,懺悔乃瘥。

登玉霄

《靈寶朝修圖》:四月初八乃啓夏之日,太上玉晨大道君登玉霄琳房,四眄天下。

現真人

《道藏·玄微集》:四月八日,太上老君西入流沙化胡,三天無上尊尹真人誕現。

乞子息

《荆楚歲時記》:四月八日,長沙寺閣下九子母神,市肆之人無子者,供薄餅以乞子,往往有驗。

獻節物

《文昌雜録》:唐歲時節物,四月八日則有糕糜。

忌遠行

《攝生月令》：四月八日，不宜遠行，宜安心静念，沐浴齋戒，必得福慶。

服生衣

《齊人月令》：四月八日，不宜殺草木，宜進温酒，始服生衣。

戒殺生

《河圖》：四月八日，勿殺生，勿伐草木，仙家大忌。

占果實

《陰陽書》：四月八日雨，主果實少。

收菥蓂

《本草》：蘁味甘無毒，主利肝氣、明目。今人作羹食。陳士良云：實亦呼菥蓂子，明目、去瞖障，久食視物鮮明。四月八日收實，良。其花將去席下，辟蟲。

誕慧藏

“承字函”《續高僧傳》曰：釋慧藏，父享高位，絶無後嗣，幽憂無積。素仰佛理，乃造千部觀音，希生一息，後若長城，願發道心，度諸生類。冥祥顯應，夢星入懷，因而有娠。以四月八日誕載良辰，道俗咸慶，希有瑞也。

生靈慧

“左字函”《續高僧傳》曰：釋靈慧，母以二月八日道觀設齋，因乞有子。還家，夢見在松林下坐，有七寶鉢於木顛飛來入口，便覺有娠，遂生靈慧。

育僧論

“達字函”《續高僧傳》曰：釋僧論，未孕之初，二親對坐。忽有胡僧秀眉皓首，二侍持幡在左右，曰：“願爲母子，未審如何？”

即禮拜之,因而有娠。四月八日四更後生,還見二幡翊其左右,兼有異香。

産元高

《高僧傳》曰:釋元高,小名靈育。母寇氏夢見胡僧持傘,香花滿座,便即懷胎。至四月八日生,忽有異香及光明照壁,迄旦乃息,因名靈育也。

遷雪竇

《傳燈録》:雪竇師,諱重顯,字隱之。遂州李氏子,生於興國五年四月八日。後出家,受其學經論業於鄉里,晚參隨州智門祚和尚,因扣不起一念之旨,豁然知歸。遂遍遊叢席,衆所推仰。居吳門之洞庭,遷四明之雪竇,由是雲門之道復振於江湖。侍中賈公聞奏朝廷,乞賜"明覺"之號。東坡詩云:"好句真傳雪竇風。"又云:"他日從參雪竇師。"

戮禿師

《廣古今五行志》:北齊初,并州阿禿師者,不知姓氏。爾朱未滅之前,在晉陽遊,出入民間,語謔必有徵驗。每行市,衆圍繞之,因大呼曰:"憐爾百姓無所知,不識并州阿禿師。"人以此名焉。齊神武位鄴之後,時來鄴下,所有軍國大事,未出帷幄者,禿師先於人間露泄。末年,執置城内,遣人防守,不聽輒出。當日,并州城三門各有一禿師盪出,遮執不能禁。未幾,有人從北州來,云:"禿師四月八日,於雁門郡市捨命,大衆以香花送埋城外。"并州人怪笑相謂曰:"四月八日,從汾橋東出。一脚有鞋,一脚跂跣,但不知入何坊巷,人皆見之。何云'雁門死也'?"此人復往北州,報語鄉衆。開冢看之,唯見一隻鞋耳。後還遊并州,制約不從,浪語不息,慮動民庶。遂以妖感戮之,以繩鈎首。七日後,有人從河西來云:"道逢禿師,形狀如故,但背負一大繩,與語不應,急走西去。"

笑三藏

《啓顏錄》:隨有三藏法師,父本胡商。法師雖生中國,其儀容面目猶類胡人。然行業極高,又有辨捷。嘗以四月八日設齋講説,一時朝官及道俗觀者千餘人。大德名僧與師問辨者數十輩,法師隨語隨答,義理不窮。最後有小兒姓趙,年十三,從衆中出。法師辨捷,既已過人,又向來皆是高名耆德,忽見此兒欲求論議,衆皆怪笑。小兒精神自若,即就座,大聲曰:"昔野犴和尚自有經文,未審狐作阿闍梨,出何典誥?"僧語云:"此子聲高而身小,何不以聲而補身兒?"即應云:"法師以弟子聲高而身小,何不以聲而補身。法師眼深而鼻長,何不截鼻而補眼?"衆皆驚異,起立大笑。是時暑月,法師左手把如意,右手搖扇。衆笑未定,法師又思量答語,以所搖扇掩面低頭。兒又大聲語云:"圓圓形如滿月,不藏顧兔,飜掩雄狐。"衆益大笑,法師即去扇,以如意指麈別送。忽如意頭落,兒即起謂法師曰:"如意既折,義鋒亦摧。"即於座前長揖而去,此僧既怒且慚,大衆無不驚嘆稱笑。

異續生

《廣古今五行志》:濮陽郡有續生,莫知其來。身長七尺而肥黑,剪髮留二三寸,破衫齊膝而已。人遺財帛,轉施貧窮。每四月八日市場戲處,皆有續生。郡人張孝恭不信,自在戲場對一續生,又遣兄弟往諸處看驗,場場悉有,以異之。或天旱,續生入泥塗偃展,久之必雨,土人謂之豬龍。市有大坑,水潦停注,常有群豬止息其間。續生向夕來臥,冬月飛霜着體,睡覺則汗氣衝發。夜中有人見北市雷火洞赤,有一蟒蛇,身在電裹,首出電外。往視之，乃續生。拂灰而去，後不知所之。

禮佛山

《杜陽雜編》：唐恭宗崇釋氏之教，舂百品香和銀粉，以塗佛室。遇新羅國獻五色氍毹及萬佛山，可高一丈，置於佛室，以氍毹藉其地。氍毹之巧麗，亦冠絕一時，每方寸之內，即有歌舞伎樂，列國山川之狀。或微風入室，其上復有蜂蝶動搖，燕雀飛舞。俯而視之，莫辨真僞。萬佛山即雕沉檀珠玉成之，其佛形大者或逾寸，小者八九分。其佛之首有如黍米者，有如半菽者，其眉目口耳螺髻毫相悉具。而更鏤金玉水晶爲幡蓋流蘇，菴羅薝蔔等樹，構百寶爲樓閣臺殿，其狀雖微，勢若飛動。前有行道僧，亦不啻千數。下有紫金鐘，闊三寸，以蒲索銜之，每擊鐘，行道僧禮首至地，其中隱隱然若聞梵聲。其山雖以萬佛名，其數則不可勝紀。上置九光扇於巖巘間，每四月八日，召兩街僧徒，入內道場，禮萬佛山。是時觀者歎非人工。及睹九色光於殿中，咸謂之佛光。由是上命三藏僧不空，念天竺密語千口而退。

歲時廣記卷第二十

歲時廣記卷第二十一

廣寒仙裔陳　　元靚　編

端五上

梁吳均《續齊諧記》曰：屈原，楚人也，遭讒不見用，以五月五日投汨羅之江而死，楚人哀之，至此日以竹筒子貯米投水以祭之。漢建武中，長沙區回，忽白日見一士人，自云三閭大夫，謂回曰：“聞君當見祭甚善，但常年所遺，每爲蛟龍所竊，今若有惠，可以楝樹葉塞其筒上，以綵絲纏之，此二物蛟龍所憚也。”回依其言，後復見原，感之。今世人五月五日作粽并帶五色絲及楝葉，皆汨羅水之遺風也。按《圖經》云：汨羅江在湘陰縣北五十里，蘇東坡作《皇太后閣端五帖子》云：“翠筒初裹楝，薌黍復纏菰。”又詩云：“尚可餉三閭，飯筒纏五綵。”又詩云：“楚人悲屈原，千載意未歇。精魂飄何在，父老空哽咽。至今蒼江上，投飯救飢渴。”區回，一作區曲。

端一日

《歲時雜記》：京師市廛人，以五月初一日爲端一，初二日爲端二，數以至五，謂之端五。洪邁舍人《容齋隨筆》云：唐玄宗八月五日生，以其日爲千秋節。張説《上大衍曆序》云：謹以開元十六年八月端五，赤光照室之，一夜獻之。唐《類表》有宋璟《請以八月五日爲千秋節表》云：月惟仲秋日在端午，然則凡月之五日，皆可稱端午也。

端五日

李匡文《資暇集》引周處《風土記》曰[①]：仲夏端五。注云：端，始也。謂五月初五日也。今書端午，其義無取。予家元和中端五詔書，無作"午"字。

符天數

《提要録》張説云：五月五日乃符天數也，唐明皇詩云："五日符天數。"

趁天中

《提要録》：五月五日乃符天數也，午時爲天中節。王沂公《端五帖子》云："明朝知是天中節。"万俟公詞云："梅夏暗絲雨，麥秋扇浪風。香蘆結黍趁天中。五日凄涼今古、與誰同。"

祭天神

《歲時雜記》：京師人自五月初一日，家家以團糭、蜀葵、桃柳枝、杏子、林禽、奈子焚香，或作香印。祭天者以五日。古詞云："角黍廳前祭天神，粧成異果。"

祠郡守

《後漢書》：陳臨爲蒼梧太守，推誠而治，導人以孝悌。臨徵去後，本郡以五月五日祠臨東門城上，令小兒潔服舞之。魏收《五日詩》云："因想蒼梧郡，兹日祀陳君。"

進節料

《文昌雜録》：唐歲時節物，五月五日有百索、糭子。又《唐六

---

① "李匡文"，底本原作"李正文"，係宋時避太祖諱之遺留，兹逕典正。《直齋書録解題》(武英殿聚珍版)卷十即作"李匡文"。

典》云：膳部"節日食料"，謂五月五日糉櫃。

備節物

《東京夢華録》：都人争造百索、艾花、銀樣鼓兒、花花巧畫扇、香糖果子、糉子、白團、紫蘇、菖蒲、木瓜，並皆茸切，以香藥相和，用梅紅匣子盛裹。謂之"端五節物"。

買桃艾

《東京夢華録》：自五月一日及端午前一日，城内外争買桃、柳、葵花、蒲葉、佛道艾。次日，家家鋪陳於門首，以糉子、五色水團、茶酒供養。又，釘艾人於門上，士庶遞相宴會。

送鼓扇

《歲時雜記》：鼓扇百索市在潘樓下。麗景門外、閶闔門外、朱雀門内外、相國寺東廊外、睦親廣親宅前，皆賣此物。自五月初一日，富貴之家多乘車萃買，以相饋遺。鼓皆小鼓，或懸於架，或置於座。或鼗鼓、雷鼓，其制不一。又造小扇子，皆青黄赤白色，或繡或畫，或縷金，或合色，製亦不同。又《秦中歲時記》云：端五前二日，東市謂之扇市，車馬於是特盛。

競龍舟

《荆楚歲時記》：五月五日競渡，俗爲屈原投汨羅，人傷其死，所並命舟檝以拯之，至今爲俗。又《越地傳》云：競渡起於越王勾踐，蓋斷髮文身之俗，習水而好戰者也。劉夢得《競渡曲》云："沅江五月平地流，邑人相將浮彩舟。靈均何年歌已矣，哀謡振檝從此起。"歐陽公詩云："楚俗傳筒糉，江人喜競舡。"東坡詩云："遺風成競渡，哀叫楚山猿。"又古詩云："湘江英魂在何處，猶教終日競龍舟。"

治鳧車

《荆楚歲時記》：南方競渡者治其舟，使輕利，謂之飛鳧，又曰水車，又曰水馬。州將及土人悉臨水而觀之，蓋越人以舟爲車，以楫爲馬。古詩云：“蘭湯備浴傳荆俗，水馬浮江弔屈魂。”又章簡公《端五帖子》云：“絲竹漸高鐃鼓急，雲津亭下競鳧車。”

啖葅龜

《風土記》：仲夏端午俗重此日，與夏至同煮肥龜。令極熟去骨，加鹽、豉、蒜、蓼，名曰葅龜。表陽外陰内之形，所以贊時也。章簡公《端五帖子》云：“壽朮先供餌，靈龜更薦葅。”

烹鶩鳥

《風土記》：端五烹鶩。先節一日，以菰葉裹黏米，用栗棗灰汁煮，令極熟。節日啖之，蓋取陰陽包裹未分之象也。《本草》云：菰又謂之茭白。菰^①，音孤。歐陽詩云：“香菰黏米煮佳茗，古俗相傳豈足矜。”

裹黏米

《歲時雜記》：端五因古人筒米，而以菰葉裹黏米，名曰角黍，相遺俗作糉。子弄反，亦作粽。或加之以棗，或以糖，近年又加松栗、胡桃、姜桂、麝香之類。近代多燒艾灰，淋汁煮之，其色如金。古詞云：“角黍包金，香蒲切玉。”《異苑》云：糉，屈原姊所作也。

作角糉

《歲時雜記》：端五糉子名品甚多，形製不一。有角糉、錐糉、茭糉、筒糉、秤鎚糉，又有九子糉。按《古今樂録·十月節折楊柳歌》其“五月”云：“菰生四五尺，作得九子糉，思想勞歡手。”王沂

---

① “菰”，底本原作正文大字格式，兹逕改作注文小字格式。

公《端五皇后閣帖子》云："爭傳九子糉，皇祚續千春。"又章簡公《端五帖子》云："九子黏筒玉糉香，五絲縈臂寶符光。"

解粽葉

《歲時雜記》：京師人以端五日爲解粽節。又解粽爲獻，以葉長者勝，葉短者輸。或賭博，或賭酒。李之問《端五詞》云："願得年年長，共我兒解粽。"

藏餳糖

《歲時雜記》：自寒食時，曬棗糕及藏稀餳，至端五日食之，云治口瘡。並以稀餳食糉子。

造白團

《歲時雜記》：端五作水團，又名白團，或雜五色人獸花果之狀。其精者名滴粉團，或加麝香。又有乾團，不入水者。張文潛《端五詞》云："水團冰浸砂糖裹，有透明角黍松兒和。"

射粉團

《天寶遺事》：唐宮中每端五造粉團、角黍，飣金盤中，纖妙可愛，以小小角弓架箭，射中粉團者，得食。蓋粉團滑膩而難射也，都中盛行此戲。

爲棗糕

《歲時雜記》：京都端五日，以糯米煮稠粥，雜棗爲糕。

乾草頭

《歲時雜記》：都人以菖蒲、生薑、杏、梅、李、紫蘇，皆切如絲，入鹽曝乾，謂之百草頭。或以糖蜜漬之，納梅皮中，以爲釀梅，皆端午果子也。

菖華酒

《歲時雜記》：端五，以菖蒲或縷或屑泛酒。又坡詞注云："近世五月五日，以菖蒲漬酒而飲。”《左傳》云“享有菖歜”，注云“菖蒲也”。古詞云：“旋酌菖蒲酒，靈氣滿芳樽。”章簡公《端五帖子》云：“菖華泛酒堯樽綠，菰葉縈絲楚糉香。”王沂公《端五帖子》云：“願上菖花酒，年年聖子心。”菖華，菖蒲別名也。

艾葉酒

《金門歲節》：洛陽人家端五作尤羹艾酒，以花綵樓閣插髻，賜辟瘟扇、梳。

五綵絲

《風俗通》：五月五日，以五綵絲繫臂者，辟鬼及兵，令人不病瘟。又曰，亦因屈原。一名長命縷，一名續命縷，一名辟兵繒，一名五色縷，一名五色絲，一名朱索。又有條脫等織組雜物，以相遺贈。東坡詞云：“綵綫輕纏紅玉臂。”綫與線同。又王晉卿《端五詞》云：“合綵絲對纏玉腕。”又云：“鬭巧盡輸年少，玉腕綵絲雙結。”

五色索

《續漢書》：五月五日，以朱索五色爲門戶飾，禳止惡氣。歐陽公詩云：“五色雙絲獻女功，多因荊楚記遺風。”

續命縷

《風俗通》：五月五日，作續命縷，俗説以益人命。歐陽公詩云：“綉繭誇新巧，縈絲喜續年。”又云：“更以親蠶璽，紉爲續命絲。”章簡公《端五皇帝閣帖子》云：“清曉會披香，朱絲續命長。一絲增一歲，萬縷獻君王。”

延年縷

《提要録》：端五日集雜色茸絲，作延年縷，云辟惡延齡。王沂公《端五皇帝閣帖子》云：“夕燃辟惡仙香度，朝結延年帝縷成。”歐陽公詩云：“深宮亦行樂，綵索續長年。”

長命縷

《酉陽雜俎》：北朝婦人端五日進長命縷，宛轉皆爲人象帶之。王禹玉《端午皇帝閣帖子》云：“更傳長命縷，寶曆萬年餘。”又帖子云：“六宮競進長生縷，天子垂衣一萬年。”章簡公帖子云：“楚俗綵絲長命縷，仙家神篆辟兵符。”潁濱作《太后端五帖子》云：“萬壽仍縈長命縷，虛心不著赤靈符。”

辟兵繒

《新語》：五月五日，集五綵繒，謂之辟兵繒。章簡公作《皇帝閣端五帖子》云：“金縷臂繒長，冰絲酒面香。”又帖子云：“繭綵初成長命縷，珠囊仍帶辟兵繒。”子由作《皇帝閣端五帖》云：“飲食祈君千萬壽，良辰更上辟兵繒。”

集色繒

《風俗通》：五月五日，集五色繒，辟兵。余問服君，服君曰：“青黄赤白以爲四方，黄爲中央，襞方綴於胸前，以示婦人蠶功也。纖麥絹懸於門，以示農工也。轉聲以襞，爲辟兵耳。”

雙條達

《風俗通》：五月五日，以雜色綫織條脱，一名條達，纏於臂上。沂公作《夫人閣端午帖》云：“繞臂雙條達，紅紗畫夢驚。”易安居士詞云：“條脱閑揎繫五絲。”

結百索

《歲時雜記》：端五，百索乃長命縷等物，遺風尚矣。時平既久，而俗習益華，其製不一。紀原云：“百索即朱索之遺事，本以飾門户，而今人以約臂。”又云：“綵絲結紉而成者爲百索，紉以作服者名五絲。”古詞云：“自結成同心百索，祝願子更親自繫著。”

合歡索

《提要録》：北人端五以雜絲結合歡索，纏於臂膊。張子野《端五詞》云："又還是蘭堂新浴，手撚合歡綵索，笑偎人、富壽低低祝。金鳳顫，艾花蠹。"又張文潛詞云："菖蒲酒滿勸人人，願年年歡醉偎倚。把合歡綵索，殷勤寄與。"又云："手把合歡綵索，慇懃微笑偋檀郎。低低告，不圖繫腕，圖繫人腸。"

合頭帬

《歲時雜記》：端五日，大族家作合色頭帬，上下均給，逮牛馬貓犬皆帶之。

道理袋

《歲時雜記》：端五以赤白綵造如囊，以綵線貫之，揾使如花。俗以稻李置綵囊中，帶之，謂之道理袋。

赤白囊

《歲時雜記》：端五以赤白綵造如囊，以綵線貫之，揾使如花形，或帶或釘門上，以襄赤口白舌。又謂之揾錢。古端午詞云："及粧時結薄衫兒，蒙金艾虎兒，畫羅領抹襯裙兒，盆蓮小景兒，香袋子、揾錢兒，胸前一對兒。繡簾粧罷出來時，問人宜不宜。"

蚌粉鈴

《歲時雜記》：端五日，以蚌粉納帛中，綴之以棉，若數珠。令小兒帶之以裛汗也。古端五詞云："門兒高掛艾人兒，鵝兒粉撲兒，結兒綴着小符兒，蛇兒百索兒，紗帕子、玉環兒，孩兒畫扇兒，奴兒自是豆娘兒，今朝正及時。"

色紗罩

《歲時雜記》：都人端五作罩子，以木爲骨，用色紗糊之，以罩食，又爲小兒睡罩，有甚華者。

桃印符

《續漢書》劉昭曰：桃印本漢朝以止惡氣，今世端午以綵繒篆符，以相問遺，亦以置帳屏之間。魏收詩云："辟兵書鬼字，神印題靈文。"章簡公《端五皇后閣帖子》云："桃印敞金扉，鳴環璽館歸。"又云："玉軫薰風細，朱符綵縷長。"又云："赤符神印穿金縷，團扇鮫綃畫鳳文。"

赤靈符

《抱朴子》：或問辟兵之道，答曰，以五月五日作赤靈符著心前。王沂公《端五夫人閣帖子》云："欲謝君恩却無語，心前笑指赤靈符。"又帖子云："如何金殿裏，猶獻辟兵符。"章簡公帖子云："自有百神長侍衛，不應額備赤靈符。"歐陽公詩云："君恩多感舊，誰獻辟兵符。"又《端五詞》云："五兵消以德，何用赤靈符。"

釵頭符

《歲時雜記》：端五，剪繒綵作小符兒，爭逞精巧摻於鬟髻之上，都城亦多撲賣，名釵頭符。東坡詞云："小符斜掛綠雲鬟。"吳敏德詞云："御符爭帶，更有天師神咒。"又古詞云："雙鳳釵頭，爭帶御書符。"

畫天師

《歲時雜記》：端五，都人畫天師像以賣。又合泥做張天師，以艾爲頭，以蒜爲拳，置於門户之上。蘇子由作《皇太妃閣端五帖子》云："太醫爭獻天師艾，瑞霧長縈堯母門。"艮齋先生魏元履詞云："掛天師，撑著眼、直下覷。騎個生獰大艾虎。閑神浪鬼，辟懆他方遠方，大胆底，更敢來、上門下户。"

帶蒲人

《歲時雜記》：端五刻蒲，爲小人子，或葫蘆形，帶之辟邪。王沂公《端五帖子》云：“明朝知是天中節，旋刻菖蒲要辟邪。”又秦少遊《端五詞》云：“粽團桃柳，盈門共壘，把菖蒲，旋刻个人人。”

結艾人

《荊楚歲時記》：荊楚人端五採艾結爲人，懸門戶上，以禳毒氣。王沂公《端五帖子》云：“仙艾垂門綠，靈絲遶戶長。”又云：“百靈扶繡戶，不假艾爲人。”章簡公帖子云：“雙人翠艾懸朱戶，九節丹蒲泛玉觴。”又云：“艾葉成人後，榴花結子初。”

摻艾虎

《歲時雜記》：端五，以艾爲虎形，至有如黑豆大者，或剪綵爲小虎，粘艾葉以戴之。王沂公《端五帖子》云：“釵頭艾虎辟群邪，曉駕祥雲七寶車。”章簡公帖子云：“花陰轉午清風細，玉燕釵頭艾虎輕。”王晉卿《端五詞》云：“偷閑結箇艾虎兒，要插在、秋蟬髩畔。”又古詞云：“雙雙艾虎，釵裏朱符，臂纏紅縷。”又古詞云：“纔向蘭湯浴罷，嬌羞簪雲髻，正雅稱鴛鴦會。”

衣艾虎

《陳氏手記》：京師風俗繁華，但喜迎新，不忺送舊。纔入夏，便詢端五故事。仕女所戴所衣，所用艾虎，皆未原其始，未曉其義。歐陽公《端五詞》云：“衫裁艾虎釵裏，朱符臂纏紅縷。”又古詞云：“纔向蘭湯浴罷，嬌羞困、綵人未忺梳掠。艾虎衫兒，輕襯素肌香薄。”

插艾花

《歲時雜記》：端五，京都士女簪戴，皆剪繒楮之類爲艾。或以真艾，其上裝以蜈蚣、蚰蜒、蛇蝎、草蟲之類，及天師形像。并造石榴、萱草、躑躅、假花，或以香藥爲花。古詞云：“御符争帶，斜插交枝艾。”

佩楝葉

《陶隱居訣》：楝樹處處有之，俗人五月五日皆取葉佩之，云辟惡。其根以苦酒磨，塗疥甚良，煮汁作糜食之，去蚘蟲。《風俗通》云：獬豸食楝。

鬪草戲

《荊楚歲時記》：泗人五月五日蹋百草，今人又有鬪百草之戲。歐陽公詩云：“共鬪今朝勝，盈襜百草香。”章簡公《端五帖子》云：“五黉開瑞莢，百草鬪香茗。”又云：“五日看花憐並蒂，今朝鬪草得宜男。”

浴蘭湯

《大戴禮》：五月五日，蓄蘭爲沐浴。楚詞云：“浴蘭湯兮沐芳華。”王禹玉作《夫人閤帖子》云：“金縷黃龍扇，蘭芽翠釜湯。”章簡公《帖子》云：“菖蒲朝觴滿，蘭湯曉浴溫。”東坡《端五詞》云：“輕汗微透碧紈，明朝端五沐芳蘭。”

沐井水

《瑣碎錄》：五月五日午時，取井花水沐浴，一年疫氣不侵。俗採艾柳桃蒲揉水以浴。又《歲時雜記》云：京師人以桃柳心之類，燖湯以浴。皆浴蘭之遺風也。

書天地

《玄微集》：預研朱砂雄黃細末，五月五日水調。用槐朞五片，如小錢大，寫“天地日月星”五字，撚作五圓，桃柳湯吞下，大治瘧疾。漢三十代天師虛静先生秘法。

篆斗名

《博聞録》：治瘧用橘葉七枚，焚香叩齒七通，寫“魁魁魖魖魖魖魖”七字於七葉上，焙乾为細末，以井花水調，面北服之，大驗。

忌五辛三厭七日。端五書者尤驗。

釘赤口

《陳氏手記》:今人端五日多寫赤"口"字貼壁上,以竹釘釘其口字中,云"斷口舌",不知起自何代。閩俗,又端五日以二帋寫"官符上天、口舌入地",顛倒貼於壁間,亦皆無據。端五謔詞云:"從前浪蕩休整理。釘赤口、防猜忌。而今魔難管全無,一似粽兒黏膩。"

圓朱龍

《博聞錄》:五月五日,午時有雨,用雨水調朱,書"龍"字如小錢大。次年此日此時有雨,再用雨水磨墨,又書"龍"字如前字大,二字合之作小團兒。臨產用乳香湯吞下,催生如神。男左手,女右手握出。

寫風煙

《瑣碎錄》:五月五日,寫"風烟"二字,貼窗壁下,辟蜓蟟、蚊蚋。一云,書"滑"字。

念儀方

《提要錄》:端五日午時書"儀方"二字,倒貼於柱脚上,能辟蟲蛇。應有蛇虺處,多以磚瓦寫"儀方"二字,蛇自畏退。又云,入林默念"儀方"二字,則不見蛇;念"儀康"二字,則不見虎。

貼荼字

《瑣碎錄》:端五日午時,以朱砂書"荼"字,倒貼屋壁間,蛇蝎蜈蚣皆不敢近。一云,用倒流水研墨,寫"龍"字貼四壁柱上,亦驗。

黏白字

《瑣碎錄》:端五日午時,多寫"白"字倒粘貼柱上四處,可以辟蠅子。

忌菜蔬

《千金方》：黄帝云，五月五日勿食一切菜，發百病。

謹飲食

《千金方》：五月五日勿食鯉魚子，共豬肝食之，必不消化，能成惡病。

占稼穡

鳳臺《麈史》：乾道戊子五月五日夏至，安陸老農相謂曰：“夏至連端五，家家賣男女。”果秋稼不登，至冬艱食。賣子以自給，至委於路隅者。明年己丑大旱，人相食，棄子不可勝數。

擇符術

《歲時雜記》：凡學符術禁持，下至禁蛇蝎者，率於端五日祭禱。不接人事，或服氣不食不語，蓋其積力久則入，非誠則術不能成。然擇術不可不慎，雷法書：“端五日天罡加鬼門。”

謝罪愆

《正一旨要》：道家有五臘日，以五月五日爲地臘日。其日五帝校定生人官爵，血肉盛衰。外滋萬類，內滋年壽，記録長生。此日可以謝罪求請，移易官爵，祭祀先祖。不可伐損樹木、血食，可服氣消息。

請壽算

《道藏・朝修圖》：五月五日乃續命之辰，其日可請道迎仙，請益壽。

戒曝薦

《異苑》：五月五日，戒曝薦席。新野庾家嘗以此日曝薦席，忽見一小兒於席下，俄而失所在，因相傳以爲戒。

諱蓋屋

《風俗通》：五月五日以後至月終，最忌翻蓋屋瓦，令人髮禿。又《酉陽雜俎》云：俗諱五月上屋，言五月人蛻。如上屋，即自見其影，魂魄不安矣。又《歲時雜記》云：五月五日，人多忌不上屋，小兒不得下中庭。

求新詞

《蕙畝拾英集》：鄱陽一護戎，失其姓，厥女極有詞藻。太守以端午泛舟，雅聞其風韻，因遣人求詞，女走筆成《望海潮》以授使者，云："雲收飛脚，日祛怒暑，新蟬高柳鳴時。蘭佩紫囊，蒲抽碧劍，吳絲兩腕雙垂。聞道五陵兒，蛟龍吼波面，衝碎琉璃。畫鼓聲中，錦標爭處颭紅旂。使君冠蓋追，正霞翻酒浪，翠歛歌眉。扇動水風生玉宇，微涼透入單衣。日暮楚天低。金蛇掣電漾，千頃霜溪。宴罷休燃寶蠟，憑月照人歸。"

取牆雪

《啓顏録》：隋朝有人敏慧而吃，楊素每閑悶即召與劇談。嘗歲暮無事對坐，因戲之云："今日家中有人爲蛇咬足，若爲醫治？"此人應聲曰："取五月五日南牆下雪雪塗塗之，即即即瘥。"素曰："五月五日何處可得雪？"答曰："若五五五月無雪，臘月何何何處有蛇？"素笑而遣之。

歲時廣記卷第二十一

歲時廣記卷第二十二

廣寒仙裔陳　元靚　編

端五中

賜公服

皇朝《歲時雜記》：端五，賜從官已上酒、團糉、畫扇。陛朝官已上賜公服襯衫，大夫已上加袴，從官又加黄繡裹肚，執政又加紅繡裹肚、三襠。經筵史官賜雜紗帽及頭𢄼帕子、塗金銀裝扇子、酒果，史官又加團茗。上尊仁宗時，自從官以上并講官，賜御帛、畫扇。稽考李唐亦有此賜。故杜甫《端五日賜衣》詩云：“宮衣亦有名，端五被恩榮。細葛含風軟，香羅叠雪輕。自天題處濕，當暑着來清。意内稱長短，終身荷聖情。”

賜時服

《楊文公談苑》：國朝之制，文武官諸軍校在京者，端五賜衣服。《澠水燕談》云：陛朝官每歲端五賜時服。又《王沂公筆録》云：聖節、端五、冬初，賜百官時服，舊制。

賜金魚

《李元紘傳》：五月五日，宴武臣於殿，群臣賜襲衣，時以紫服金魚賜元紘及蕭嵩。

賜壽索

李肇《翰林志》：端五賜百官壽索。

賜帛扇

《唐會要》：貞觀十八年五月五日，太宗謂長孫無忌、楊師道曰："五日舊俗，必用服玩相賀。今朕各遺卿飛白扇二枚，庶動清風，增美德，以推舊俗之法。"

賜團扇

《翰林志》：初選者，召令赴銀臺試制書批答三首，內庫給青綺、被紫、絲履之類，端五賜青團扇。

賜鍾乳

《芝田録》：重五賜宋璟鍾乳，璟命付醫合煉。兒姪曰："上賜必珍，付其家必欺換，不如就宅修製。"璟曰："持誠示信尚懼見猜，示人以不信，其可得乎？爾勿以此待之。"

賜綵絲

《唐文類・劉禹錫謝端五表》曰：端五賜臣墨詔，并衣一副，金花器三事，綵絲一軸，又將衣四副，綵絲五軸。寵光洊至，慶賜曲霑。

衣紗服

《雜志》：一朝士五日起居，衣紗公服，爲臺司所糾。三司使包拯亦衣紗公服，閤門使請易之，語曰："有何條例？"答曰："不見舊例，只見至尊御此耳。"乃易之。

進御衣

杜甫《送向卿進奉端五御衣之上都惜別》云：裁縫雲霧成御衣，拜跪題封賀端午。

置高會

《國朝事實》：太宗征太原，行次澶淵。有太僕寺丞宋捷者，掌出納行在軍儲，迎謁道左。太宗見其姓名，喜，以爲我師有必捷之兆。車駕將至，令語攻城諸將曰："我端午日當置酒高會於太原城中。"至癸未，繼先降，迺五月五日也。

作門帖

皇朝《歲時雜記》：學士院端午前一月撰皇帝、皇后、夫人閤門帖子，送後苑作院，用羅帛製造。及期進入，先是諸公所撰，但宮詞而已。及歐陽修學士始伸規諫，《皇帝閤》曰："佳辰共喜沐蘭湯，毒冷何須採艾禳。但得皋陶調鼎鼐，自然災珍變休祥。"又曰："楚國因讒逐屈原，終身無復入君門。願因角黍詢遺俗，可鑒前王惑巧言。"後人率皆傚之，春日亦然。民間以朱書詩，或符咒作門帖。

納貢獻

《漢·食貨志》：端午四方貢獻，至數千萬者，加以恩澤，而諸道侈靡以自媚。

薦衣扇

《唐禮志》：天寶二年，諸陵常以五月五日薦衣扇。

借裙襦

《唐舊史》：萬年縣法曹孫伏伽上表曰："近太常於民間借婦女裙襦，以充妓女衣，擬五月五日玄武門遊戲，非所以爲子孫法也。"

寵妃子

《天寶遺事》：五月五日，明皇避暑，遊興慶池，與妃子寢於水殿中。宮嬪輩憑欄倚檻，爭看雌雄二鸂鶒戲於水中。帝時擁妃子於消金帳內，謂宮嬪曰："爾等愛水中鸂鶒，爭如我被底鴛鴦。"

惑從婢

《北齊史》：馮小憐，太穆后從婢也。文襄王五月五日進之，號曰"續命"。能彈琵琶、工歌舞，後主惑之。齊亡，周武以賜代王達，達妃李氏爲小憐所譖，幾死。隋文以賜達妃兄李詢，詢令着裙配舂。

生賢嗣

《異苑》：田文母五月五日生文，父敕令勿舉之。後母私舉，文長成童，以實告之。遂啓父曰："不舉五月子何？"父曰："生及戶，損父。"文曰："受命於天，豈受命於戶？若受命於戶，何不高其戶？誰能至其戶耶？"父知爲賢嗣。齊封孟嘗君，俗以五月爲惡月，故忌。

興吾宗

《宋略》：王鎮惡以五月五日生，家人欲棄之，其祖猛曰："昔孟嘗君以此日生，卒得相齊，此兒必興吾宗，以鎮惡名之。"

舉猶子

《西京雜記》：王鳳以五月五日生，其父欲不舉，曰："俗諺：'舉此日子，長及戶則自害，否則害其父母。'"其叔父曰："昔田文亦以此日生，其父嬰敕其母曰：'勿舉！'其母竊舉之，後爲孟嘗君，號其母爲'薛公大家'音姑。以古事推之，非不祥也。"遂舉之。黃朝英詩云："孟嘗此日鍾英氣，王鳳今朝襲慶源。"

託胡姓

《小説》：胡廣本姓黃，以五月五日生。父母惡之，藏之胡盧，棄之河流，岸側居人收養。及長，有盛名，父母欲取之。廣以爲背其所生則不義，背其所養則忘恩，兩無所歸，託胡盧而生也，乃姓胡名廣。後七登三司，有"中庸"之號。

號萬回

《傳燈錄》：萬回法雲公，虢州閿鄉人，俗姓張氏，初母祈於觀音像而姓。回以唐貞觀六年五月五日生，始在弱齡，笑敖如狂，八九歲方能言。回兄戍役於安西，音問隔絕。父母謂其誠死矣，日夕涕泣而憂思焉。回顧感念之甚，忽長跪而言："涕泣豈非憂兄耶？"父母且疑且信曰："然！"回曰："詳思我兄所要者，衣裝、糗糧、屝履之屬，請悉備焉，某將往觀之。"忽一日，朝齎所備而往，夕返其家，告父母曰："兄善矣。"發書視之，乃兄迹也。一家異之。弘農抵安西萬餘里，以其萬里而回，故號曰萬回和尚。先是玄裝法師向佛國取經，見佛龕題柱曰："菩薩萬回，向閿鄉地教化，或笑或罵或擊鼓，言事必驗。"太平公主爲造宅於己宅之右。則天武后臨朝，遂以錦袍玉帶賜公。其事又出《談賓錄》及《兩京記》。東坡《以玉帶施元長老次韻》云："錦袍錯落真相稱，乞與佯狂老萬回。"乞，去聲。

取團玉

《西域記》：于闐國有玉池，每以端午日王親往取玉，自王以下至庶人皆取之。每取一團玉，以一團石投之。

瀝神水

《金門歲節》：端五日午時有雨，則急斫竹一竿，竹節中必有神水，瀝取獺肝爲丸，治心腹積聚病。

送术湯

《歲時雜記》：端五，京師道士畫符作术湯送遣，僧寺惟送團糭、扇子。

掘韭泥

《歲時雜記》：端五日正午時，韭畦面東不語，取蚯蚓糞乾收之，謂之"六乙泥"。或爲魚刺所梗，以少許擦咽外，刺即時自能消散。

鍊草灰

《本草》云：百草灰主腋臭及金瘡。五月五日，採乘露草一百種，陰乾燒作灰，以井華水爲團，重燒令白。以釀醋和爲餅，腋下挾之，乾即易。當抽一身痛悶，瘡出即止。以小便洗之，不過三兩度。又主金瘡、止血生肌，取灰和石灰爲團，燒令白，刮傅瘡上。

製艾煎

《荆楚歲時記》：宗士炳之孫則，字文度。常以五月五日鷄未鳴時採艾，見似人處，攬而取之，用炙有驗。又《仇池筆記》云：端午日日未出時，以意求艾似人者，採之以炙，殊效。一書中見之，忘其何書也，又未有真似人者，於明暗間以意命之而已。又《千金方》云：五月五日取艾。七月七日日未出時，取麻花等分合搗作炷，炙諸瘻百壯，即差。又《本草》云：五月五日，採艾曝乾作煎，勿令見風，經久可用。

膏桃人

古方：用桃人一百箇，去皮尖，於乳鉢中細研，不得犯水。候成膏，入黃丹三錢，丸如梧桐子大，每服三丸。當發日，面北用溫酒吞下，不飲酒，井花水亦得。五月五日午時合，忌鷄犬婦人見之，大治痁疾。

燒葵子

《四時纂要》：端五日取葵子，燒作灰。有患石淋者，亟以水調方寸，服立愈。

粉葛根

《圖經本草》：五月五日午時，採葛根暴乾，以入土深者爲佳。今人多以作粉食之，甚益人。《神農本草》云：葛根一名鷄齊根，一名鹿藿，一名黄斤，生汶山川谷。陶隱居云："端五日日中時，取葛根爲屑，療金瘡、斷血，爲要藥，亦療瘑及瘡。"

採菊莖

《食療》云：甘菊平，其葉正月採可作羹，莖五月五日採，花九月九日採。並主頭風、目眩、淚出，去煩熱、利五臟。野生苦菊不可用。又《提要録》云：端午採艾葉，立冬日採菊花葉，燒灰沸湯泡，澄清洗眼妙。

浸糯米

《靈苑方》：治金瘡、水毒及竹木簽刺癰疽、熱毒等。糯米二升，揀去粳米，入瓷盆内。於端五前四十九日，以冷水浸一日，兩度換水，輕以手淘，轉逼去水，勿令攪碎。浸至端五日，乃取出陰乾，生絹袋盛，掛當風處。旋取少許，炒令燋黑，碾爲末，冷水調如膏藥，隨大小裹定瘡口外，以綿絹包定。更不要動，直候瘡愈。若金瘡誤犯生水，瘡口作膿，赤腫漸甚者，急以藥裹定一二日久，其腫處已消，更不作膿，直至瘡合。若癰疽毒瘡初發，才覺疼痛赤熱，急以藥膏貼之，疼痛腫毒一夜便消。喉閉及咽喉腫痛、叱腮，並用藥貼項下腫處。竹簽刺者，臨卧貼之，明日看其刺出在藥内。若貼腫處，乾即換之，常令濕爲妙。惟金瘡及水毒不可換，恐傷動瘡口。

棄榴花

《歲時雜記》：人目眥赤者，五月五日以紅絹或榴花及紅赤之物拭目而棄之，云"得之者代受其病"。

剪韭葉

《瑣碎録》：端五日午時，剪韭葉和石灰搗作餅，曬乾，大能治撲損、刀傷、瘡口，并蜂蠆蜈蚣之毒。又云：取百草頭一斤，韭五斤,搗灰。

調莧菜

《食療》云:莧菜一名莫實。五月五日採莧菜和馬齒爲末,等分與調,孕婦服之易差,但未知治何病。又云:莧菜與鱉肉同食,生鱉癥。又云:取鱉甲如豆大者,以莧菜封裹之,置於土坑内,以土蓋之,一宿盡變成鱉兒。

刈葈耳

《千金翼方》:五月五日午時,刈地葈_{私以反}耳葉,多取陰乾,著大甕中。此草辟惡,若省病問疾,服此而往,則無所畏。服法爲末酒服方寸匕,若時氣不和,舉家服之,并殺三蟲、腸痔,進食,周年服之佳。七月七、九月九,亦可採用。《本草》云:葈耳實久服,耳目聰明,輕身强志。胡葈一名地葵,一名常思,許人謂之卷耳,生安陸川谷。

取木耳

《千金翼方》:端五日採桑上木耳白如魚鱗者,患喉痺,即以碎綿裹如彈丸,蜜浸含之,便差。

服龍芮

《本草》:石龍芮,人服輕身不老,令人皮膚光澤。有子,一名魯果能,一名地椹,一名天豆,一名彭根,生太山川澤石邊。五月五日採子,二月八日採皮,陰乾。《爾雅》云:芨菫草。郭璞注云:"烏頭苗也。"蘇恭注云:"天雄是石龍芮,葉似菫草。"

乾䖂舌

《本草》:䖂舌,味辛,微溫,無毒,主霍亂、腹痛、吐逆心煩。生水中,五月採。陶隱居云:"生小水中,五月五日採乾,以療霍亂,良也。"

掛商陸

《圖經本草》：商陸俗名章柳，唯生咸陽山谷，今處處有之，多生於人家園圃中。春生苗，高三、四尺，葉青如牛舌而長。莖青赤，至柔脆。夏秋開紅紫花，作朵。根如蘆菔而長。五月五日採根，竹筐盛，掛屋東北角，陰乾。百日，搗篩，井花水調服，云神仙所秘法。喉中卒被毒氣攻痛者，切根炙令熱，隔布熨之，冷輒易，立愈。

薦漢尤

《養生要集》：尤味甘苦，小温，生漢中南鄭山谷，五月五日採用。王沂公作《太皇太后閣端五帖子》云："更聞天子孝，薦尤助長生。"章簡公《端五帖子》云："尤薦神仙餌，菖開富貴花。"

收蜀葵

《四時纂要》：端五日收蜀葵赤白者，各收陰乾，治婦人赤白帶下。爲末酒服。赤者治赤，白者治白，大妙。

屑地菘

《陶隱居訣》：有一草似狼牙，氣辛臭，名地菘，人呼爲劉檟音獲草。五月五日採乾作屑，主療金瘡。言劉檟昔採用之耳。

曬白礬

《瑣碎録》：端五日，取白礬一塊，自早日曬至晚，收之。誤爲百蟲所嚙，即以此物傅之，立效。

丸青蒿

《歲時雜記》：五月五日，採青蒿搗石灰。至午時，丸作餅子收蓄。凡金刃所傷，碾末傅之，甚妙。

種獨蒜

《本草》：葫味辛，有毒，除風邪，殺毒氣。《圖經》曰：葫，大蒜也。家園所蒔，每頭六七瓣。初種一瓣，當年便成獨子葫，至明年，則復其本矣。然其花中有實，亦葫瓣狀而極小，亦可種之，五月五日採。後魏李道念病，褚澄視之曰："公有重病?"答曰："舊有冷痰，今五年矣。"澄診之曰："非冷非熱，當時食白瀹雞子過多。"令取蒜一頭煮之，服藥，乃吐一物如升，涎唾裹之，開看乃雞雛，翅羽、頭、爪齊全。澄曰："未盡。"更服藥，再吐十二頭，後乃愈。

食小蒜

《本草》：小蒜味辛溫，有小毒，主霍亂。《圖經》曰：生田野中，根苗皆如葫而極細小者是也，五月五日採。陶隱居云："小蒜生葉可煮和食。"《黃帝》云：不可久食，損人心力。食小蒜，啖生魚，令人奪氣。

汁葫荽

《必效方》：葫荽味辛溫。石勒諱胡，并汾人呼爲"香荽"，主蟲毒，神驗。以根絞汁半升，和酒服之，立下。又治諸石熱氣結滯，經年數發。以半斤，五月五日採，陰乾，水七升，煮取三升，去滓分服，未差更服。春夏葉、秋冬根莖並用，亦可預備之。

灰苦芺

《食療》云：苦芺音隩，微寒，生食治漆瘡。五月五日採，暴乾作灰，傅面目通身漆瘡，不堪多食。陶隱居云："五月五日採，暴乾燒作灰，以療金瘡，甚妙。"

羹蘩蔞

陶隱居云：蘩蔞音縷。菜，人以作羹。五月五日採，暴乾燒作屑，療雜瘡，及主積年惡瘡不愈者，立效。亦可雜百草取之，不必止此一種爾。《衍義》曰：蘩蔞與鷄腸草一物也，今雖分之爲二，其鷄腸草中獨不言性,故知一物也。鷄腸草,春開花如菉豆大,莖葉如圍荽,初生則直,長大即覆地。小户收之爲虀食也,烏髭髮。又《食療》云:温作菜,食之益人。治一切惡瘡,擣汁傅之,五月五日者驗。

摘茉苢

《本草》:車前子,一名茉苢,一名蝦蟆衣,五月五日採,陰乾。《仙經》云:服餌令人身輕,能跳越岸谷,不老而長生。歐陽文忠公嘗得暴下,國醫不能愈,夫人云:"市人有此藥,三文甚效。"公曰:"吾輩臟腑與市人不同,不可服。"夫人買藥,以國醫雜進之,一服而愈。後公知之,召賣藥者,厚遺之。問其方,久之乃肯傳。但用車前子一味爲末,飯飲下二錢匕,云:"此藥利水道而不動氣,水道清濁分,穀藏自止矣。"

唉蓯蓉

《本草》:肉蓯蓉强陰、益精、多子,五月五日採陰乾。陶隱居云:代郡雁門屬并州,多馬處便有,言野馬精落地所生。生時似肉,以作羊肉羹,補虚乏極佳,亦可生唉。《本經》云:五月五日採,恐已老不堪用,故多三月採之。

製豨薟

成訥爲江陵府節度使,進《豨薟丸方》:臣有弟訏,年三十二,中氣伏床枕幾五年,醫不差。有道人鍾計者,因睹此患,曰:"可餌豨薟丸,必愈。其藥多生沃壤,高三尺許,節葉相對。當夏五月已來收,每去地五寸剪刈,以温水洗泥土,摘其葉及枝頭。凡九蒸九曝,不得太燥,但取足爲度。仍熬擣爲末,丸如桐子大。空心温酒或米飲下二三十丸。服至二千丸,所患忽加,不得憂慮,是藥攻之力;服至四千丸,必得復故;五千丸,當復丁壯。"臣依法修合，與訮服，果如其言。鍾計又言："此藥與《本草》所述功效相異。蓋出處盛在江東，彼土人呼豬爲豨，呼臭爲蕿氣，緣此藥如豬蕿氣，故以爲名。但經蒸暴，蕿氣自泯。每當服後須喫飯三五匙壓之，五月五日採者佳。"奉宣付醫院詳録。收採見天貺節。

相念藥

《投荒録》：有在番禺逢端午，聞街中喧然，賣相念藥聲。訝笑召之，乃蠻媪荷揭山中異草，鬻於富婦人，爲媚男藥，用此日採取如神。又云：採鵲巢中，獲兩小石，號鵲枕，此日得之者令。婦人遇之，有抽金簪解耳璫以償其直者。

相愛藥

《本草》云：無風獨搖草，帶之使夫妻相愛。生嶺南，頭如彈子，尾若鳥尾，兩片開合，見人自動，故曰"獨搖草"。按《廣志》云"生嶺南"，又云"生大秦國"。《陶朱術》云：五月五日，採諸山野，往往亦有之。又《圖經》云：此草即獨活苗也，出雍州山谷，或隴西南安，今蜀漢者佳。此草得風不動，無風自動，故一名獨搖草。

相喜藥

《本草》云：桃朱術，取子帶之，令婦人爲夫所愛喜。生園中，細如芹，花紫，子作角。以鏡向旁敲之，則子自發。五月五日收之。

能飲藥

《千金方》：五月五日，採小豆花葉，陰乾末服之。又云：五月五日，取井中倒生草枝，陰乾末酒服之，並治飲酒，令人不醉。又《本草》云：河邊木，令人飲酒不醉。五月五日，取七寸，投酒中二徧，飲之，必能飲也。

不忘藥

《千金翼方》：常以五月五日取東向桃枝，日未出時，作三寸木人，著衣帶中，令人不忘事。

急中藥

《經驗方》：治急中風，目瞑牙噤，無門下藥者。以中指點散子，揩齒二三十，揩大牙左右，其口自開，始得下藥，名開關散。白龍腦、天南星等，分乳鉢研爲細末，用五月五日午時合，患者只用一字至半錢。

丁根藥

《本草》：斷鑵草，合羊蹄菜、青苔、半夏、地骨皮、蜂窠、小兒髮、緋帛，並等分作灰，五月五日和諸藥末，服一錢匕，丁根出也。

金瘡藥

《林氏傳信方》：五月五日平旦，使四人出四方，各於五里内採一方草木莖葉，每種各一握，勿令漏脱一事。日正午時，細切碓搗。入石灰，極令爛熟，一石草一斗石灰。先鑿桑樹，令可受藥，取藥内孔中，築令堅。仍以桑樹皮蔽之，别以麻搗石灰極密泥之，令不泄氣，又以桑皮纏之。至九月九日午時取出，陰乾百日藥成，搗之，日暴令乾，更搗，絹篩貯之。凡一切金瘡傷折出血，登時以藥封裹治使牢，勿令動轉，不過十日即瘥。雖突厥質汁黄末，未能及之，名金瘡大散。

採雜藥

《荆楚歲時記》：五月五日，競採雜藥，可治百病。又《本草》所載收藥，多以五日。潁濱作《帝閣端五帖子》云：“靈藥收農録，薰風拂舜琴。”

春百藥

《四時纂要》：端五日，採百藥苗，以品數多爲妙，不限分兩。
春取自然汁，和石灰三五升，脱作餅子，曝乾，治一切金瘡，血立
止。兼治小兒惡瘡。

合諸藥

《瑣碎録》：五月上辰及端午日、臘日、除日前三日，合藥可久
不歇氣味。

曝人藥

《提要録》：五月五日晴，人曝藥，歲無災；雨則鬼曝藥，人多
病。此閩中諺語。

焚故藥

《歲時雜記》：端五日午時，聚先所蓄時藥，悉當庭焚之，辟疫
氣，或止燒尤。

歲時廣記卷第二十二

歲時廣記卷第二十三

廣寒仙裔陳　元靚　編

端五下①

進龍鏡

《異聞集》：唐天寶中，揚州進水心鏡一面，青瑩耀日，背有盤龍，勢如飛動，玄宗覽而異之。進鏡官揚州參軍李守泰白：鑄鏡時，有老人自稱姓龍名護，鬢髮皓白，眉垂肩，衣白衣。有小童衣黑衣，呼爲玄冥。至鏡所，謂鏡匠呂暉曰："老人解造真龍鏡，爲汝鑄之，將愜帝意。"遂令玄冥入鑪所，扃戶三日，戶開。呂暉等搜覓，已失龍護及玄冥所在。鑪前獲素書一紙云："開元皇帝聖通神靈，吾遂降祉，斯鏡可辟衆邪、鑒萬物，秦皇之鏡，無以加焉。歌曰：'盤龍盤龍，隱於鏡中。分野有象，變化無窮。興雲吐霧，行雨生風。上清仙子，來獻聖聰。'"呂暉等移鑪，以五月五日於揚子江心鑄之。後大旱不雨，葉法善祠鏡龍於凝陰殿，須臾，雲氣滿殿，甘雨大澍。《酉陽雜俎》云：僧一行，開元中嘗旱，玄宗祈雨。一行曰："當持一器，上有龍狀者，方可致之。"命於內府遍視，皆言不類，後指一鏡鼻盤龍，喜曰："此真龍矣。"持入道場，一夕而雨。或云是揚州所進，初模範時，有異人至，請閉戶入室，數

① "端五"，底本原作"端午"，茲據前兩卷統一。

日開戶。模成，其人已失，有圖并傳見行於世，此鏡五月五日於揚子江江心鑄之者。又李肇《國史補》云：揚州舊貢江心鏡，五月五日揚子江心所鑄也。或言無百鍊者，六七十鍊則止，易破難成，往往有鳴者。

撰閤帖

《容齋五筆》云：唐世五月五日揚州於江心鑄鏡以進，故國朝翰苑撰《端午帖子詞》多用其事。然遣詞命意，工拙不同。王禹玉云：“紫閣曈曨隱曉霞，瑤墀九御薦菖華。何時又進江心鑑，試與君王却衆邪。”李邦直云：“艾葉成人後，榴花結子初。江心新得鏡，龍瑞護仙居。”趙彥若云：“揚子江中方鑄鏡，未央宮裏更飛符。菱花欲共朱靈合，驅盡神姦又得無。”又云：“揚子江中百鍊金，寶奩疑是月華沈。爭如聖后無私鑑，明照人間萬善心。”又云：“江心百鍊青銅鏡，架上雙紉翠縷衣。”李士美云：“何須百鍊鑑，自勝五兵符。”傅墨卿云：“百鍊鑑從江上鑄，五時花向帳前施。”許沖元云：“江中今日成龍鑑，花外多年廢鷺陂。合照乾坤共作鏡，放生河海盡爲池。”蘇子由云：“揚子江中寫鏡龍，波如細縠不搖風。宮中驚捧秋天月，長照人間助至公。”大概如此，唯東坡不然，曰：“講餘交翟轉回廊，始覺深宮夏日長。揚子江心空百鍊，只將無逸鑑興亡。”其輝光氣焰，可畏而仰也。若白樂天《諷諫百鍊鏡》篇云：“江心渡上舟中鑄，五月五日日午時。背有九五飛天龍。人人呼爲天子鏡。”又云：“太宗但以人爲鏡，監古監今不見容。乃知天子別有鏡，不是揚州百鍊銅。”用意正與坡合。予亦嘗有一聯云：“願儲醫國三年艾，不博江心百鍊銅。”然去之遠矣。端午故事，莫如楚人競渡之的，蓋以其非吉祥，不可施諸祝頌，故必用鏡事云。

服金丹

《神仙感異傳》：唐相國盧公鈞爲尚書郎，以疾出爲均州刺史，常於郡後山齋獨處。忽見一人，衣飾弊故，踰垣而入，自言姓王，從山中來，謂公曰："公之貴，當位極人臣，而壽不永，故相救爾。"以腰巾蘸於井中，解丹十粒，挼腰巾之水，俾公咽之。明年，公解印還京，復見，王曰："君今年第二限終，爲災極重，以公雪冤獄，活三人之命，災已息矣。後二十三年五月五日午時，可令一道士於萬山頂相助，此時公節制漢土，當有月華相授，勿愆期也。"公後出領漢南，及期，命道士牛知微登萬山頂尋約，而王已先在，遂以金丹十粒，令授於公，倏爾不見。公服之，年九十餘，耳目聰鑒，氣力不衰。

除鐵使

《逸史》：王播少貧賤，居揚州，無人知識。唯一軍將常接引供給，無不罄盡。杜僕射亞領鹽鐵在淮南，端午日盛爲競渡之戲，諸州徵異樂，兩縣爭勝負。彩樓看棚，照耀江水，數十年以來未之有也。凡揚州之客，無賢不肖，盡得預焉，唯王公不招，惆悵自責。軍將曰："某有棚一座，子弟悉在彼，但於棚内看，却勝居盤筵間也。"王公曰："唯！"遂往棚。時夏初日方熱，軍將令送酒一榼，王公自酌將盡。棚中日色轉熱，酒酣昏憊，遂就枕。纔睡，夢身在宴處，居杜之坐，判官在下，良久驚覺，亦不敢言於人。後爲宰相，將除淮南鹽鐵使，敕久未下，因召舊從事語之曰："某淮南鹽鐵定矣。"數日果除到，乃符昔年之夢，時五月上旬也。

誅幻僧

《仙傳拾遺》：葉法善，字道元，處州松陽縣人。四代修道，皆以陰功密行及劾召之術救物濟人。初，師居四明之下，天臺之東數年。忽於五月一日，有老叟詣門號泣求救，門人謂其有疾也。師引而問之，答曰："某東海龍也，大帝所敕，主八海之寶。一千年一更其任，無過者超證仙品。某已九百七十年，微績垂成。有娑羅門逞其幻法，住於海峰，晝夜梵咒，積三十年，其法將成，海水如雲，卷在半天，五月五日，海將竭矣。統天鎮海之寶，上帝制靈之物，必爲幻僧所取。五日午時，乞以丹符相救。"至時，師敕丹符飛往救之，海水仍舊。胡僧愧歎，赴海而死。明日，龍輦寶貨奇珍來以報師。師曰："林野之中，棲神之所，不以珠璣寶貨爲用。"一無所取。因謂龍曰："此崖石之上，去水且遠，但致一清泉，即爲惠也。"是夕，聞風雨之聲。及明，遠山齋四面成一道石渠，泉水流注，終冬不竭，至今謂之天師渠。

碎鬼宅

《廣異記》：趙州盧叅軍，其妻甚美，罷官還都。五月五日，妻欲之市求續命物上舅姑，車已臨門，忽暴心痛，食頃而卒。盧往見正議大夫明崇儼，扣門甚急。崇儼驚曰："端午日款關而厲，是必有急。"遂趨而出。盧乃拜以聞，崇儼云："此泰山三郎所爲。"遂書三符以授盧，還家可速燒第一符；如人行十里許不活，更燒其次；若又不活，更燒第三符。橫死必當復生，不來必死矣。盧還家如言燒符，其妻遂活，頃之能言。云，初被車載至太山頂，別有宮室。見一少年，云是三郎，侍婢十餘人，擁入別室。待粧甫畢，三郎在堂前伺候，方擬宴會。有頃，聞人款門，云："上隸功曹，奉都使處分，問三郎何以取盧家婦？宜即遣還。"三郎怒呵功曹令去。須臾，又聞款門云，是直符使者都使令取盧夫人，又不聽。尋有疾風吹黑雲從山頂來，二使唱言："太乙直符至矣！"三郎有懼色，忽捲宅高百餘丈放之，人物糜碎，唯盧妻獲存。二使送還至家，見身卧牀上，意甚悽悵，被人推入形，遂活。

尋父屍

東漢《烈女傳》：孝女曹娥者，會稽上虞人，父盱，能絃歌爲巫竸。漢安二年五月五日，於縣江泝濤婆娑迎神，溺死，不得其屍。娥年十四，乃沿江號哭，晝夜不絶聲，旬有七日，遂投江而死。至元嘉元年，縣長度尚改葬娥於江南道旁，爲立碑焉。《會稽典刑錄》云：“曹娥投江死，三日後，與父屍俱出。”

知人命

王明清《揮塵錄》：姚宏，字令聲，越人也。宣和中，在上庠，有僧妙應者，能知人休咎。語宏云：“君不得以命終。候端午日伍子胥廟中，見榴花開，則奇禍至矣。”宏初任監杭州税，三年不敢登吳山。後知衢州江山縣，將赴官，來謁帥憲。既歸，出城數里，值大風雨，亟憩路旁一小廟中，見庭下榴花盛開，詢諸祝史，云：“此伍子胥廟。”其日乃五月五日，宏慘然登車。未幾，追赴大理，死獄中。先是宏嘗語人曰：“世所傳秦丞相上書黏罕，乞存趙氏，其書與賷來者大不同，更易其語，以掠其美名。”秦聞之大怒。會宏在江山，當時亢旱，有巡檢者能以法致雨，試之果然。邑民訟其以妖術惑衆，由是追赴棘寺，遂罹其酷。

翦佛鬚

《緗素雜記》：劉公喜説云：“晉謝靈運鬚美，臨刑，施於南海祇洹寺爲維摩詰像鬚，寺人保惜，略不虧損。”中宗朝，安樂公主端五日鬭草，欲廣獲其物色，令人馳驛取之。又恐爲他人所得，因剪棄其餘，今遂絶，又見《國史纂異》。東坡詩云：“猶勝江左狂靈運，共鬭東昏百草鬚。”蘇子由詩云：“長歎靈運不知道，強剪美髯插兩顴。”

絕妖怪

《廣異記》：唐賀蘭進明爲御史在京，其兄子莊在睢陽爲狐所媚。每到時節，狐新娘恆至京宅，通名起居，兼持賀遺及問訊。家人或有見者，狀貌甚美。至五月五日，自進明已下至於僕隸，皆有續命物，家人以爲不祥，多焚其物。狐悲泣云："此並真物，如何焚之？"其後所得，遂以充用。後家人有就狐乞漆背金花鏡者，狐入人家偷鏡，掛項，緣牆而行，爲主人家擊殺。自爾怪絕。

溺狐媚

《廣異記》：唐宋州刺史王璿，少時儀貌甚美，爲牝狐所媚。家人或有見者，風姿端麗，雖僮幼遇之者必斂容致敬，自稱新娘，答對皆有理，由是人樂見之。每至端午及佳節，悉有續命物饋送，云："新娘上某郎某娘續命。"衆人笑之，然所得甚衆。後璿職高，狐乃不至，蓋其禄重，物不得爲怪。

占雀鳴

《唐書》：崔信明，益都人，以五月五日正午時生。有異雀數頭，身形甚小，五色皆備，集於庭樹，鼓翼齊鳴，其聲清亮。太史良占曰："五月爲火，火爲離，離爲文。日正中，文之盛也。又雀五色而鳴，此兒必文藻焕爛，名播天下。雀形既小，禄位殆不高耳。"及長，博聞強記，下筆成章，雖名冠一時而位不達。

滴蛇血

《夷堅丁志》：河中府一客，以端午日入農家乞漿。值其盡出刈麥，方小立，聞屋側喀喀作聲。趨而視之，則有蛇踞屋上，垂頭簷間，滴血於盆中。客知必毒人者，默自念："吾當爲人除害。"乃悉取血置其家虀甕中，詣鄰舍以須。良久，彼家長幼負麥歸，皆渴困，爭赴廚飲虀汁。客飯畢復過其門，則盡室死矣。

戒牛肉

《藏經》：每歲五月五日，瘟神巡行世間，宜以朱砂大書云"本家不食牛肉，天行已過，使者須知"十四字，貼於門上，可辟瘟疫。蓋不食牛肉之家，瘟神自不侵犯。今人多節去"本家不食牛肉"六字，只貼云"天行已過，使者須知"八字，遂使《藏經》語意不全。

飼蜥蜴

《漢武內傳》：武帝以端午日取蜥蜴置之器，飼以丹砂，至明年端五搗之，以塗宮人之臂，有所犯則消沒，不爾則如赤痣，故得守宮之名。張華《博物志》云：蜥蜴，或名蝘蜓，以器養之，飼以朱砂，體盡赤。所食滿七斤，搗萬杵，點女人肢體，終身不滅，惟房室事則滅，故號守宮。東方朔奏武帝用之，有驗。《淮南畢萬術》云：取守宮輒合陰陽者，以牝牡各藏之瓮中，陰陽百日，以點女臂，則生文章，與男子合陰陽，則滅去也。《翰苑名談》云：守宮，其形大概類蜥蜴，足短而加闊，亦有金色者。秦始皇時有人進之，云能守鑰，人不敢竊發鑰，故名守宮。或曰，以守宮繫宮人之臂，守宮吐血污臂者，有淫心也，秦皇殺之。又《爾雅》云：蠑螈、蝘蜓、蜥蜴、守宮，同爲一物。又《陶蘇注本草》云：其類有四種，一大形純黃，爲蛇醫；次小形長尾，見人不動，名龍子；次小形而五色尾，青碧可愛，名蜥蜴，並不螫人；一種喜緣籬壁，名蝘蜓，形小而黑，乃言螫人必死，又名守宮。李賀詩云："象房夜搗紅守宮。"李商隱詩云："巴西夜搗紅守宮，後房點臂班班紅。"劉筠宮詞云："難消守宮血，易斷鷰柱膠。"古宮詞云："愛惜加窮袴，防閑託守宮。"

捕蟾蜍

《抱朴子·內篇》：肉芝者，謂萬歲蟾蜍，頭上有角，目赤，頷

255

下有丹書八字,體重而跳捷。以五月五日中時取之,陰乾百日,以其足畫地,即爲流水。帶其左手於身,辟五兵。若敵人射己,弓矢弩皆反還自射也。又《玄中記》云:食之者壽千歲。《王氏神仙傳》云:益州北平山上有白蝦蟆,謂之肉芝,非仙方靈骨,莫能致也。又《荆楚歲時記》云:五月五日,俗以此日取蟾蜍爲辟兵,六日則不中用。故世云"六日蟾蜍",起於此也。陳簡齋詩云:"六日蟾蜍乖世用。"

得啄木

《荆楚歲時記》云:野人以五月五日得啄木貨之,主齒痛。《古今異傳》云:本雷公採藥吏,化爲此鳥。《淮南子》云:斲木愈齲,其信矣乎!又有青黑者,頭上有紅毛,生山中,土人呼爲"山啄木",大如鵲。《本草》云:啄木鳥主痔瘻,治牙齒疳蚀。燒爲末,納牙孔中,不過三數。此鳥有小有大,有褐有斑,褐者是雌,斑者是雄,穿木食蠹。《爾雅》云:鴷斲木。又《深師方》云:治蛀牙有孔疼者,以啄木鳥舌尖綿裹,於痛處咬之。

羹梟鳥

《漢史》曰:五月五日,作梟羹賜百官。以其惡鳥,故以五日食之。古者重梟炙及梟羹,蓋欲滅其族類也。《嶺表録異》云:鶺鴒即鴟也,鬼車之屬,亦名夜遊女。輒鳴屋上,則有咎。《荆楚歲時記》云:聞之當喚狗耳。又曰:鴞大如鳩,惡聲,飛入人家不祥。其肉美,堪爲炙。故莊子云"見彈思鴞炙"。又云古人重鴞炙,尚肥美也。《説文》云:梟,不孝鳥,食母而後能飛。東坡《端五》詩云:"和羹未賜梟。"潁濱作《太皇太后閤端五帖子》云:"百官却拜梟羹賜,凶去方知舜有功。"

養鸜鵒

《零陵總記》：鸜鵒，人多養之，五月五日，去其舌尖則能語。聲尤清越，雖鸚鵡不能過也。劉義慶《幽明錄》云：晉司空桓豁在荊州，有參軍五月五日剪鸜鵒舌教語，無所不能。後於大會，悉效人語，聲無不相類者。時有參佐齄鼻，因内頭瓮中效之。有主典盜牛肉，乃白參軍："以新荷葉裹，置屏風後。"搜得，罰盜者。僧虛中《端午詩》云："菖蒲花不艷，鸜鵒性多靈。"

帶布穀

《北户録》：布穀脚脛骨，令人夫妻相愛。五月五日收帶之各一，男左女右，置之水中，自能相隨。江東呼爲郭公，北人云撥穀，一名穫穀，似鷂長尾。《爾雅》云：鳴鳩。注云"今之布穀也，牝牡飛鳴，以羽相拂"。《禮記·月令》云："鳴鳩拂其羽。"

破蝮蛇

《本草》：蝮蛇膽苦，味微寒，有毒，主䘌瘡。五月五日，取燒地令熱，置蛇其中，以酒沃之，足出。醫家所用乃赤蟩黄頷，多在人家屋壁間吞鼠子雀雛。見腹中大者，破取乾之。

進蛇膽

《朝野僉載》：泉、建州進蚺蛇膽。五月五日取時，竪兩柱，相去五六尺，繫蛇頭尾，以杖於腹下，來去扣之，膽即聚，以刀刲取，藥封放之，不死。後復更取，看肋下有痕，即放。《酉陽雜俎》云：蚺蛇膽上旬近頭，中旬在心，下旬在尾。《圖經》云：出交廣七州、嶺南諸州。《藥性論》云：蚺蛇膽，主下部蟲，殺小兒五疳。

取蛇蜕

《本草》：蛇蜕，主小兒百二十種驚癇。一名龍子衣，一名蛇符，一名弓皮。生荊州川谷及田野，五月五日、十五日取之，良。

陳藏器云：蛇蜕主瘧，取正發日，以蜕皮塞病人兩耳。臨發時，又以手持少許，并服一合鹽醋汁，令吐也。

食蛇肉

《朝野僉載》：泉州有客盧元欽，染大風，唯鼻根未倒。屬五月五日，官取蚺蛇膽欲進，或言肉可治風，遂取一截蛇肉食之。三五日頓漸可，百日平復。又商州有人患大風，家人惡之。山中爲起茅舍，有烏蛇墜酒罌中，病人不知，飲酒漸瘥，罌底見蛇骨，方知其由也。

焚鵲巢

《酉陽雜俎》：鵲構巢，取在樹杪枝，不取墮地者，又傳枝受卵。端五日午時，焚其巢，炙病者，其疾立愈。

用鵲腦

《陶隱居秘訣》：五月五日，取雄鵲腦入術家用，一名飛駮。

灰豬齒

《本草》：豬齒主小兒驚癇，五月五日取。《日華子》云：豬齒治小兒驚癇，燒灰服，并治蛇咬。

煉狗糞

《外臺秘要》：治馬鞍瘡，狗牙、灰醋和敷之。又五月五日取牡狗糞，燒灰數傅之，良。

斷鼇爪

《提要録》：五月五日取鼇爪著衣領中，令人不忘。

燒鱓頭

《本草》：鱓頭味甘，大溫無毒。五月五日，取頭骨燒之，止痢。

捉蝦蟆

《神農本草》：蝦蟆一名苦蠪，五月五日取東行者四枚，反縛著密室中閉之。明旦啓視，自解者取爲術用，能使人縛亦自解，燒灰傅瘡立驗。其筋塗玉，刻之如蠟。又《藥性論》云：端午，取蝦蟆眉脂，以朱砂、麝香爲丸，如麻子大。孩兒疳瘦者，空心一丸。如腦疳，以嬭汁調滴鼻中，立愈。

蒸蜣蜋

《本草》：蜣蜋，寒有毒，主小兒驚癇，一名蛣蜣。五月五日取，蒸藏之。臨用當炙，勿置水中，令人吐。莊子云："蛣蜣之智，在於轉丸。"喜入糞中取屎丸，以脚推之，俗名推丸。當取大者，其類有三四種，以鼻頭扁者爲真。《劉涓子》云：治鼠瘻，死蜣蜋燒作末，苦酒和傅之，數過即愈。先以鹽湯洗。

埋蜻蜓

《埤雅》云：五月五日，取蜻蜓首正中門埋之，皆成青珠。又《博物志》云：埋蜻蜓頭於西向户下，則化成青色珠。故《類從》曰："蜻蛉之首，瘞而爲珠。"

取螻蛄

《四民月令》：五月五日，取蟾蜍，可合惡疽藥。又取東行螻蛄，治孕人難産。

候蚯蚓

《本草》云：蟲螽、蚯蚓，二物異類同穴，爲雌雄，令人相愛。五月五日收取，夫婦帶之。蟲螽如蝗蟲，東人呼爲蚱蜢，有毒，有黑斑者，候交時取之。

收鼠婦

《本草》云：鼠婦，微寒無毒，主氣癃、不得小便、婦人月閉血痕。生魏郡平谷及人家地上，五月五日取。《日華子》云：鼠婦蟲有毒，通小便，能墮胎。

乾伏翼

《陳藏器本草》云：伏翼主蚊子。五月五日取倒懸者，曬乾，和桂薰陸香爲細末燒之，蚊子去。又云：取其血滴目，令人不睡，夜中見物。《瑣碎後錄》曰：端午日，以麻線一條，圍床周匝，以蝙蝠血塗床四向，可絕蚊蚋。

汁蠅虎

《博聞錄》：五月五日午時，取蠅虎汁拌黑豆，其豆自能踴躍擊蠅。

去蚊蠓

《瑣碎錄》：五月五日，取浮萍草，日曬乾。二月收桐花，和夜明砂合搗末，作香印，燒堂中，辟蚊蠓。一云五月皆可採。

辟蚊子

《提要錄》：五月五日午時，望太陽吸太陽氣，念咒曰："天上金雞喫蚊子腦體，"一氣七遍，噴燈心上。遇夜，將燈心點燈，辟去蚊子之屬。

浴蠶種

《博聞錄》：閩俗，端午日以漈粽汁浴蠶種，續以蒲艾、桃柳葉，挼井花水，澄清再浴，懸净處。

進花圖

《酉陽雜俎》：北朝婦人以五月五日進五時花，施於帳上。傅墨卿《端五帖子》云："百鍊鑑從江上鑄，五時花向帳前施。"

採巖藥

《圖經》：寧德縣邑人程公，端五日入巖採藥，忽然輕舉，因曰

"五日嚴"。

生彌勒

《酉陽雜俎》：龜茲國以五月五日爲彌勒佛下生日。_{龜音丘，茲}
_{音慈。}

討賽離

《燕北雜記》：五月五日午時，採艾葉與綿相和，絮衣七事，戎
主著之，番漢臣僚各賜艾衣三事。戎主及臣僚飲宴，渤海廚子進
艾糕，各點大黄湯下。番呼此節爲"討賽離"。

歲時廣記卷第二十三

歲時廣記卷第二十四

廣寒仙裔陳　元靚　編

朝　節

《圖經》云：池陽風俗，不喜端午，而重夏至。以角黍舒雁往還，謂之朝節。《歲時雜記》云：瀕江州郡皆重夏至，殺鵝爲炙以相遺，村民尤重此日。

頒冰酒

《會要》：唐學士初上賜食，悉是蓬萊池魚鱠。夏至頒冰及酒，以酒味濃，和冰而飲。李德裕詩云："荷净蓬池鱠，冰寒郢水醪。"蓋禁中有郢酒坊。

禁舉火

《後漢·禮儀志》：夏至，禁舉火，作炭、鼓鑄、消石冶皆止。

進粉囊

《酉陽雜俎》：北朝婦人夏至進扇及脂粉囊，皆有辭。

結杏子

《文昌雜録》：唐歲時節物，夏至則有結杏子。

著五綵

《風俗通》：夏至日，著五綵辟兵，題曰："遊光厲鬼，知其名者無瘟疾。"五綵，辟五兵也。今人取新斷織繫户，亦此類也。一云"厲鬼字野重遊光"。

施朱索

《續漢書·禮儀志》：夏至陰氣萌作，恐物不成，以朱索連桃印，施門户。後世所尚，以爲飾也。

求百飯

《歲時雜記》：京輔舊俗，皆謂夏至日食百家飯則耐夏。然百家飯難集，相傳於姓柏人家求飯以當之。有黌工柏仲宣太保，每歲夏至日，炊飯饋送知識家。又云“求三家飯以供晨餐”，皆不知其所自來。

作浄饌

《歲時雜記》：江東僧以夏至日作浄饌，送檀越家。

吞暑符

《朝野僉載》：或問不熱之道，答曰：“夏至日服玄冰丸、飛雪散、六壬六癸符，暑不能侵。”

餌硫黄

《孫公談圃》：硫黄，神仙藥也。每歲夏至三伏日，必餌百粒，去臟腑中滯穢，甚有驗焉。客因與公言曰：“夫硫黄之與鍾乳皆生於石，陽氣溶液凝結而就石陰也。夏至陽發乎地，相薄而不和，故聚爲大熱之藥。硫黄伏於石下，泉源所發，則蒸爲湯，其沸可以烹飪，是宜服之殺人。粉以爲劑，老幼皆可服，得火者多發爲背疽。若鍾乳生巖穴，流如馬潼，結如鵝管，虚圓空中，若不足畏者然，不待火研，以玉槌七晝夜不息，而其性燥怒不解，甚於硫黄。昔夏文莊公服藥粥，有小吏食其餘，流血而殂，用此二藥也。硫黄信有驗，殆不可多服。苦陸生韭菜，柔脆可菹，則名爲草鍾乳；水産之芡，其甘滑可食，則名水硫黄，豈二物亦性之暖歟？不然，徒盜其名也。”公撫掌而笑。

服丹藥

《瑣碎録》：金液丹，硫黃煉成，乃純陽之物，夏至人多服之。又《本草》：螻蛄，一名蟪蛄，一名天螻，出肉中刺。生東城平澤中，夜出者良，夏至日取曝乾。《孫真人方》云：治箭鏃在咽喉胸鬲，及針刺不出，以螻蛄搗取汁，滴上三五度，箭頭自出。

驗猫鼻

《酉陽雜俎》：猫目睛旦暮圓，及午竪歛如綖。其鼻端常冷，唯夏至一日暖。猫洗面過耳則客至。猫一名蒙貴，一名烏員。

改井水

《續漢書·禮儀志》：夏至日，浚井改水；冬至日，鑽燧改火，可去温病。

躍井水

《春秋考異郵》：夏至，井水躍。

天貺節

《國朝會要》曰：祥符四年正月，詔以六月六日天書再降日爲天貺節。在京禁屠宰九日，詔諸路並禁，從歐陽彪之請也。

謁聖祖

《嘉泰事類·儀制》：令諸州立聖祖殿。天貺節，州長吏率在城官朝謁。

詔醮設

《國朝會要》：祥符元年六月六日，天書降兗州泰山醴泉。二年五月八日，詔曰：“其六月六日天書降泰山日，宜令醮設。”

賜休假

《國朝會要》：祥符二年六月，詔在京諸州六月六日並賜休假一日。前此遣中使詣宰臣王旦第，特令中外賜假，至今以爲休務。

罷朝謁

《容齋五筆》：大中祥符之世，諛佞之臣，造爲司命天尊下降及天書等事，於是降聖、天慶、天祺、天貺諸節並興。始時京師宮觀每節齋醮七日，旋減爲三日、爲一日，後不復講。百官朝謁之禮亦罷。今中都未嘗舉行，亦無休假，獨外郡必詣天慶觀朝拜，遂休務，至有前後各一日。此爲敬事司命，殆過於上帝矣，其當寢明甚，惜無人能建白者。

宜禳禬

《道藏經》：六月六日爲清暑之日，崇寧真君降誕之辰。《正一朝修圖》曰：六月六日真武靈應真君下降日，護國顯應公誕生之日，大宜禳禬。

獻香楮

《東京夢華録》：崔府君廟，在京城北十五里。世傳府君以六月六日生，傾城具香楮往獻之，本廟在磁州，是日尤盛，事具碑記。

服豨薟

《圖經本草》云：豨薟音枕。俗呼火枕草，今處處有之，人亦皆識。春生苗，似芥菜而狹長；秋初有花，如菊；秋末結實，頗似鶴虱。近世多有單服者，云甚益元氣。蜀人服之之法：五月五日、六月六日、九月九日，採其葉，去根、莖、花、實，净洗曝乾，入甑層酒與蜜蒸之，又曝。如此九過則已，氣味極香美。熬搗篩蜜丸服之，治肝腎風氣、四肢麻痺、骨間痛、腰膝無力者，亦能行大腸氣。惟文州高郵軍者，性熱無毒。服之補虛，安五臟，生毛髮，主肌肉麻痺,婦人久冷尤宜服之。他州所產者有毒,不宜用。

收瓜蒂

《經驗方》:治遍身如金色。瓜蒂四十九箇,須是六月六日收者,丁香四十九箇。用甘鍋子燒,煙盡爲度,細研爲末。小兒用半字吹鼻內及揩牙,大人用一字吹鼻內,立差。

造神麯

《歲時雜記》:醫方所用神麯,皆六月六日造也。其法以河水和麯作塊,如瓦磚狀,大小隨意,以紙重裹懸風處,一月可用。和麯不得太軟。《本草》云:麯味甘,大暖,六月作者良。賈相公進《牛經》云:牛生,衣不下,取六月六日麯末三合、酒一升,灌,便下。

煎楮實

《經驗後方》:煉穀子煎法,取穀子五升,六月六日採,以水一石,煮取五升去滓,微火煎如錫,堪用。隱居云:穀子即楮實也,仙方取以擣汁和丹用。《抱朴子》云:楮實赤者服之,老者少,令人夜能徹視鬼神。道士梁頓,年七十乃服楮實者,久服轉爲骨軟疾。

釀穀醋

《治生先務》:閩人以六月六日造穀醋,合醬豉,云其日水好。

歲時廣記卷第二十四

歲時廣記卷第二十五

廣寒仙裔陳　元靚　編

三伏節

《陰陽書》曰：夏至逢第三庚爲初伏，第四庚爲中伏，立秋後初庚爲末伏，是謂之三伏。曹植謂之“三旬”。

初祠社

《史記·秦紀》：德公二年，初作伏祠。

自擇日

《漢書》：高帝分四部之衆，用良、平之策，還定三秦，席卷天下，蓋君子所因者本也。論功定封，加金帛，重復寵異，令自擇伏日，不同於風俗也。

枯草木

《風俗通·戶律》：漢中、巴蜀、廣漢自擇伏日。俗説漢中、巴蜀、廣漢土地温暑，草木蚤生晚枯，氣異中國，夷狄畜之，故令自擇伏日也。

行厲鬼

後漢永元六年，六月己酉，初令伏閉盡日。《漢官儀舊注》云：伏日，厲鬼所行，故盡日閉，不干他事。

賜酒肉

《漢書》：東方朔爲郎，伏日詔賜諸郎肉。太官丞日晏不來，朔獨拔劍割肉，謂其同官曰："伏日當早歸，請受賜。"即懷肉去。太官奏，詔朔自責。朔曰："受賜不待詔，何無禮也？拔劍割肉，一何壯也？割之不多，又何廉也？歸遺細君，又何仁也？"杜甫詩云："尚想東方朔，詼諧割肉歸。"富鄭公詩云："古云伏日當早歸，況今著令許休暇。"

賜醍汁

唐《輦下歲時記》：伏日賜宰相學士醍汁，京尹公主駙馬蜜麨及漿水。

頒麨麵

《歲時雜記》：京師三伏，唯史官賜冰麨，百司休務而已。自初伏日為始，每日賜近臣冰人四匲，凡六次。又賜冰麨麵三品，並黃絹為囊，蜜一器。穎濱作《皇帝閣端午帖子》云："九門已散秦醫藥，百辟初頒凌室冰。"

供冰匲

皇朝《歲時雜記》：政府及要局修史、修書之類，人日供冰二匲，自初伏至末伏。又陸翽《鄴中記》：石季龍於冰井臺藏冰，三伏之日賜大臣。

送冰獸

《天寶遺事》：楊國忠子弟，以姦媚結識朝士。每至伏日取冰，命工雕為鳳獸之狀，或飾以金環綵帶，置之雕盤中，送與王公大臣，惟張九齡不受其惠。

琢冰山

《天寶遺事》：楊氏子弟每至伏中，取大冰使匠琢成山，周圍於宴席間。座客雖酒酣，而各有寒色，亦有挾纊者，其驕貴如此。

避時暑

魏文帝《典略》：大駕都許，使劉松北鎮。與袁紹並酣酒，以盛夏三伏之際，晝夜與松飲，至於無知，以避一時之暑，故河朔間有避暑飲。杜甫詩云："籬邊老却陶潛菊，江上徒逢袁紹盃。"何遜《苦熱》詩云："實無河朔飲，空有臨淄汗。"

結涼棚

《天寶遺事》：長安富家子劉逸、李閑、衛曠，家世巨豪，而好接待四方之士。疏財重義，有難必救，真慷慨之士，人皆歸仰焉。每暑伏中，各於林亭內植畫柱，以錦綺結爲涼棚，設坐具，召長安名姝間坐，遞相延請，爲避暑會，時人無不愛羨。

噏碧筒

《縉紳脞説》：魏正始中，鄭公愨三伏之際，率賓僚避暑於歷城北。使君林取蓮葉盛酒，以簪刺葉，令與柄通，曲莖輪囷如象鼻，傳噏之，名"碧筒酒"。東坡詩云："碧箭時作象鼻彎，白酒微帶荷心苦。"方伯休詩云："幾酌碧箭陪笑詠。"

浮瓜李

《東京夢華錄》云：京都人最重三伏。蓋六月中別無時節，往往風亭水榭，峻宇高樓，雪檻冰盤，浮瓜沈李，流盃曲沼，包鮓新荷，遠邇笙歌，通夕而罷。

喜義井

宋王元謨《壽陽記》：明義井者，三伏之日，炎暑赫曦，男女行來，其氣短急，望見義井，則喜不可言。未至而憂，既至而樂，號爲"歡樂井"。

餐熱粥

《世説》：郗超，字嘉賓。三伏之日，詣謝公，炎暑熏赫，復當風交扇,猶沾汗流離。謝公着故絹衫,食熱白粥,宴然無異。郄謂謝曰:"非君幾不堪此也。"

尚羊簽

《歲時雜記》:京師三伏日,特敕吏人、醫家、大賈聚會宴飲,其宴飲者尚食羊頭簽,士大夫家不以爲節。

烹羊羔

漢楊惲《報孫會宗書》:田家作苦,歲時伏臘,烹羊炮羔,斗酒自勞。

取狗精

《食療》云:牡狗陰莖補髓,肉溫,主五臟,補七傷五勞,填骨髓,大補益氣力,空腹食之。黃色牡者上,白黑色者次,娠婦勿食。《本草》云:牡狗陰莖味鹹,平,無毒。主傷中,陰萎不起,令強熱,大生子,除女子帶下十二疾。一名狗精,六月上伏取,陰乾百日。《日華子》云:犬陰治絶陽,及婦人陰瘻。又云:伏日取狗精,主補虛。

採狗膽

《魏志》:太守河內劉勳女病,左膝瘡痒。華佗視,以繩繫犬後足不得行,斷犬腹,取膽向瘡口。須臾,有蟲若蛇從瘡中出,長三尺,病愈。《食療》云:上伏日採狗膽,以酒調服之,明目,去眼中膿水。又主惡瘡痂痒,以膽汁傅之止。孟詵云:"白犬膽和通草桂爲丸,令人隱形,青犬尤妙。"

燒犬齒

《本草》:狗齒主顛癇寒熱,卒風沸,伏日取之。《日華子》云:狗齒理小兒客忤,燒灰入用。

飲附湯

《百忌曆》：三伏之日，人不得寢，宜飲附子湯禳之。

食湯餅

《荊楚歲時記》：伏日食湯餅，名"辟惡餅"。

薦麥瓜

《四民月令》：初伏薦麥瓜於祖禰。

忌迎婦

《陰陽書》：伏日切不可迎婦，死亡不還。

製器皿

《博聞錄》：三伏內斫竹製器皿，不蛀。

立秋

《續漢書》曰：立秋之日，夜漏未盡五刻，京都百官皆衣白，緅皂領緣中衣，迎氣於西郊。

祭白帝

《漢·祭祀志》：立秋之日，迎秋於西郊，祭白帝蓐收。車旗服飾皆白，歌西皓，八佾舞育之舞。

薦陵廟

《後漢·禮儀志》：立秋之日，郊畢，始揚威武，斬牲於東門，薦陵廟。束帛賜武臣。

命督郵

《漢書》：孫寶為京兆尹，以立秋日署侯文為東部督郵。入見，敕曰："今日鷹隼始擊，當從天氣取姦惡，以成嚴霜之誅。"又裴德容注："漢家授御史多於立秋日，蓋以風霜鷹隼初擊。"

作腜祭

《漢儀注》：立秋貙腜。蘇林曰：腜，祭名也；貙，虎屬。常以立秋日祭獸，王者亦以此日出獵，還以祭宗廟，故有貙腜之祭。古人腜祭亦無常時，至漢史始定以立秋之日。冀州北部以八月朔作飲食爲腜，其俗語曰："腜臘社伏。"貙五于反，腜音婁。

望天氣

《陰陽書》：立秋日，天氣清明，萬物不成。有小雨吉，大雨則傷五穀。

占雷雨

《清臺雜占》：立秋日以火，不宜老人。雷雨折木，主多怪。

熬楸膏

《瑣碎錄》：立秋日太陽未升，採楸葉熬爲膏，傅瘡立愈，謂之楸葉膏。

戴楸葉

《東京夢華錄》：京師立秋滿街賣楸葉，婦女兒童皆剪成花樣戴之，形製不一。

服赤豆

《四時纂要》：立秋日，以秋水吞赤小豆七七粒，止赤白痢疾。

呷井水

《歲時記》：京師人於立秋日人未動時汲井花水，長幼皆呷之。

十八浴

《歲時記》：人皆言立秋後不浴十八次，以其漸涼恐傷血也。

不作浴

《瑣碎錄》：立秋日不可浴，令人皮膚麤燥，因生白屑。

猫飲水

《歲時記》：立秋後猫飲水，則子母不相識。

草化螢

《易通卦驗》：立秋腐草化爲螢。

歲時廣記卷第二十五

歲時廣記卷第二十六

廣寒仙裔陳　元靚　編

七夕上

　　梁吳均《齊諧記》曰：桂陽成武丁有仙道，常在人間。忽謂其弟曰：“七月七日，織女渡河，諸仙悉還宮。吾向已被召，不得暫停，與爾別矣，後三千年當復還。”弟問曰：“織女何事渡河？兄何當還？”答曰：“織女暫詣牽牛，一去後三千年當還。”明旦，果失武丁所在。世人至今猶云“七月七日，織女嫁牽牛”。又宗懍《荆楚歲時記》云：七月七日，世謂織女牽牛聚會之日。是夕，陳瓜果於庭中以乞巧。

何皷星

　　《爾雅》：何去聲。皷謂之牽牛。牽牛者，日月五星之所終始，故又謂之星紀。郭璞注云：今荆楚人呼牽牛星爲擔皷。蓋擔者，荷也。陳后山《七夕》詩云：“天孫何皷隔天津。”

黃姑星

　　《玉臺新話》引《古樂府》云：東飛伯勞西飛燕，黃姑織女時相見。杜公瞻注梁宗懍《荆楚歲時記》云：黃姑即何皷也，蓋語訛所致云。

天孫女

　　《史記·天官書》：織女，天女孫也。陳后山《七夕》詩云：“上界紛紛足官府，也容何皷過天孫。"陳簡齋詩云："天女之孫擅天巧，經緯星宿超庸庸。"武夷詹克愛詞云："天孫親織雲錦，一笑下河西。"寶月詞云："遥想天孫離別後，一宵歡會，暫停機杼。"

天真女

《續齊諧記》：織女，天之真女也。

出河西

《焦林天斗記》：天河之西，有星煌煌，與參俱出，謂之牽牛；天河之東，有星微微，在氏之下，是曰織女。杜甫詩云："牽牛出河西，織女出河東。"張天覺《七夕歌》云："河東美人天帝子，機杼年年勞玉指。織成雲霧紫綃衣，辛苦無歡容不理。帝憐獨居無與娛，河西嫁得牽牛夫。貪歡不歸天帝怒，謫歸却踏來時路。但令一歲一相逢，七月七日橋邊渡。"

向正東

《夏小正》：七月，初昏，織女正東向。沈休文《七夕》詩云："牽牛西北回，織女東南顧。"歐陽公《七夕詞》云："河漢無言西北盼，星娥有恨東南遠。"

主瓜果

《緯書》：何皷星主關梁，織女星主瓜果。晉《天文志》云：織女三星，天女也，主果蓏、絲帛、珍寶。王者至孝，神祇咸喜，則織女星俱明。

爲犧牲

《史記·天官書》：牽牛爲犧牲。其北何皷。何皷大星，上將；左右，左右將。婺女，其北織女。

借聘錢

《荆楚歲時記》：嘗見道書云："牽牛娶織女，取天帝二萬錢下禮，久而不還，被驅在營室。"言雖不經，有足爲怪。劉子儀《七夕》詩云：天帝聘錢還得否，晉人求富是虛詞。

駕香車

李商隱《七夕》詩云："已駕七香車。"陳后山《七夕》詩云："徑須微洗七香車。"

灑淚雨

《歲時雜記》：七月六日有雨，謂之洗車雨；七日雨，則云灑淚雨。張子野《七夕》詞云："洗車昏雨過，缺月雲中墮。"仲殊詞云："疏雨洗雲輈，望極銀河影裏。"杜牧之有《七夕》戲作云："雲堦月地一相過，未抵經年別恨多。最恨明朝洗車雨，不教回脚渡天河。"張天覺歌云："空將淚作雨滂沱，淚痕有盡愁無竭。"詹克愛詞云："空將別淚，灑作人間雨。"黃山谷詞云："暫時別淚作、人間曉雨。"

渡天河

《齊諧記》：七月七日，織女渡河。隋江總《七夕》詩云："婉變期今夜，飄颻度淺流。"王諲《七夕》詩云："天河橫欲曉，鳳駕儼應飛。"

復斜河

《異聞集》：後周上柱國沈警奉使秦隴，過張女郎廟，酌水獻花，彈琴作《鳳將雛》，吟曰："靡靡春風至，微微春露輕。可惜關山月，遂成無用明。"遇夜，俄見二女郎具酒肴，歌詠極歡。小女郎曰潤玉，因執警手曰："昔從二妃遊湘川，見君於虞帝廟讀湘東王碑，此時慊念頗切，不謂今日有此佳會。"警亦記嘗所經行，因相敘歡，不能已已。小婢麗質告夜分，致詞曰："姮娥妒人，不肯留照；織女無賴，已復斜河。"警遂與小女郎就寢。

伺渡河

《容齋隨筆》：蒼梧王當七夕夜半，令楊玉夫伺織女渡河，曰：
"見，當報我；不見，當殺汝。"錢希白《洞微志》載："蘇德奇爲徐肇
祀其先人，曰：'當夜半可已。'蓋俟鬼宿渡河之後。"瞿公異作《祭
儀》十卷，云："或祭於昏，或祭於旦，皆非是，當以鬼宿渡河爲候，
而鬼宿渡河，常在中夜，必使人仰占以候之。"葉少蘊云："公異博
學多聞，援證皆有根据，不肯碌碌同衆，所見必過人者。"予案天
上經星終古不動，鬼宿隨天西行，春昏見於南，夏晨見於東，秋夜
半見於東，冬昏見於東，安有所謂渡河及常在中夜之後？織女昏
晨與鬼宿正相反，其理則同。蒼梧王荒悖小兒，不足笑，錢、瞿、
葉三公皆名儒碩學，亦不深考如此。杜詩云："牛女漫愁思，秋期
猶渡河。牛女年年渡，何曾風浪生。"梁劉孝儀詩云："欲待黄昏
後，含嬌渡淺河。"唐人七夕詩皆有此説，自是牽俗遣詞之過。故
杜老又有詩云："牽牛出河西，織女處其東。萬古永相望，七夕誰
見同。神光竟難候，此事終朦朧。"蓋自洞曉其實，非他人比也。

架鵲橋

《風土記》：織女七夕當渡河，使鵲爲橋。《海録碎事》云：鵲，
一名神女，七月填河成橋。李白《七夕》詩云："寂然香滅後，鵲散
度橋空。"張天覺歌云："靈官召集役神鵲，直渡銀河橫作橋。"又
東坡《七夕》詞云："喜鵲橋成催鳳駕，天爲歡遲，乞去聲。與新涼
夜。"又古詩云："參差烏鵲橋。"又歐陽公詞云："鵲迎橋路接天
津，夾岸星榆點綴。"

填河烏

《淮南子》：烏鵲填河成橋而渡織女。庾肩吾《七夕》詩云：
"寄語雕陵鵲，填河未可飛。"歐陽公詞云："烏鵲填河仙浪淺，雲

斬早去聲。在星橋畔。"晏元獻公《七夕》詩云："雲幕無波斗柄移，鵲慵烏慢得橋遲。若教精衛填河漢，一水還應有盡時。"方遠庵《七夕》詩云："不復雲斬去自留，却憑飛鵲集中流。"

象夫婦

班固賦："左牽牛兮右織女，似天漢之無涯。"嚴有翼云："雖不言七月七日聚會，其意以爲夫婦之象，天道深遠，所不敢言也。"

得會同

曹植《九詠》："乘回風兮浮漢渚，目牽牛兮眺織女。交有際兮會有期，嗟吾子兮來不時。"注云：牽牛爲夫，織女爲婦。牽牛織女之星，各處河漢之旁，七月七日，得一會同。

會靈匹

謝惠連《七夕詠牛女》詩云："雲漢有靈匹，彌年闕相從。"注云：靈匹謂牛女。匹，耦也。劉子儀詩云："天媛貪忙會靈匹，幾時留巧到人間。"

含淫思

《文粹》玉川子詩云："癡牛與騃女騃，魚開切，不肯勤農桑。徒勞含淫思，旦夕遥相望。"東坡《七夕》詞云："緱山仙子，高情雲渺，不學癡牛騃女。"

有近説

《藝苑雌黄》引詩云："睆彼牽牛，不以服箱。跂彼織女，終日七襄。"説者以爲二星有名無實，即古詩所云"織女無機杼，牽牛不服軛"，豈復能爲夫婦，歲一聚會乎？按《史記》《爾雅》與《夏小正》之書，牽牛織女，皆據星也，亦無會合之文，近代有此説耳。

無稽考

《學林新編》：世傳織女嫁牽牛，渡河相會。按《史記》《晉·天文志》云，河鼓星在織女牽牛二星之間，世俗因傳渡河之說。媟瀆上象，無所根據。《淮南子》云“烏鵲填河成橋，而渡織女”，《荊楚歲時記》云“七夕河漢間，奕奕有光景，以此爲候，是牛女相過”，其說皆怪誕。七夕乞巧，見於周處《風土記》，乃後人編類成書，大抵初無稽考，不足信者多已。

出流俗

晉傅玄《擬天問》：七月七日，牽牛織女，會於天河。杜公瞻注云：此出於流俗小書，尋之經史，未有典據。如杜子美詩云：“牽牛處河西，織女出其東。萬古永相望，七夕誰見同。神光竟難候，此事終朦朧。颯然精靈合，何必秋遂通。”子美詩意不取俗說。

好誕妄

《復雅歌詞》：七夕故事，大抵祖述張華《博物志》、吳均《齊諧記》。夫二星之在天，爲二十八舍。自占星者觀之，此爲經星，有常次而不動。詩人謂“睆彼牽牛，不以服箱。跂彼織女，終日七襄。雖則七襄，不成報章”者，以比爲臣而不職也。夫爲臣不職，用人者之責也，此詩所以爲刺也。凡小說好怪誕妄不終，往往類此。天雖去人遠矣，而垂象粲然，可驗而知，不可誣也。詞章家者流，務以文力相高，徒欲飛英妙之聲於尊俎間，詩人之細也夫。

曝衣樓

宋卜子《揚苑圖疏》：太液池西，有漢武帝曝衣樓。常至七月七日，宮女出后衣登樓曝之。因賦《曝衣篇》。李賀《七夕》詩云：“鵲辭穿線月，花入曝衣樓。”蔡持正《七夕》詞云：“驪山宮中看乞巧,太液池邊收曝衣。"方遠庵《和劉正之七夕》詩云:"流連兒女意,香滿曝衣樓。"

祀星樓

《天寶遺事》:宮中七夕以錦綵結成樓殿,高百丈,可容數十人。陳瓜果酒炙,設坐具,以祀牛女二星。嬪妃穿針乞巧,動清商之曲,宴樂達旦,士民皆效之。

穿針樓

《輿地志》:齊武帝起層城觀,七月七日,宮人多登之穿針,謂之"穿針樓"。

乞巧樓

《東京夢華録·七夕》:京師貴家多結綵樓於庭,謂之"乞巧樓"。陳磨喝樂、花果、酒炙、筆硯、針線或兒童裁詩,女郎呈巧,焚香列拜。婦人望月穿針。或以小蜘蛛安合子内,次日看之,蛛若結網圓正,謂之得巧。里巷與妓館,往往列於門首,爭以侈靡相尚。楊朴《七夕詩》云:"年年乞與人間巧,不道人間巧已多。"羅隱《七夕詩》云:"月帳星河次第開,兩情惟恐曙光催。時人不用穿針待,没得心情送巧來。"

乞巧棚

《歲時雜記》:京師人七夕以竹或木或麻藎,編而爲棚,剪五色綵爲層樓,又爲仙樓,刻牛女像及仙從等於上,以乞巧。或只以一木剪紙爲仙橋,於其中爲牛女,仙從列兩傍焉。

乞巧市

《歲時雜記》:東京潘樓前有乞巧市,賣乞巧物。自七月初一日爲始,車馬喧闐。七夕前兩三日,車馬相次壅遏,不復得出,至夜方散。其次麗景、保康、闤闠門外,及睦親、廣親宅前亦有乞巧市,然皆不及潘樓。

乞巧果

《文昌雜錄》:唐歲時節物,七月七日,則有金針、織女臺、乞巧果子。

乞巧廂

《歲時雜記》:京師人家,左廂以七月六日乞巧,右廂則以七夕乞巧。

乞巧圖

《畫斷》:唐張萱,京兆人,嘗畫貴公子、鞍馬、屏帷、宮苑子女等,名冠於時。又粉本畫《貴公子夜遊圖》《七夕乞巧圖》《望月圖》,皆以生綃,幽閒多思,意逾於象,皆妙上品。

羈色縷

《西京雜記》:戚夫人侍高祖,七月七日,臨百子池,作于闐樂。樂畢,以五色縷相羈,謂之相憐愛。

鍮石針

《荊楚歲時記》:七夕,婦人以綵縷穿七孔針,或以金銀鍮石為針。謝朓《七夕賦》云:"縷條緊而貫中,針鼻細而穿空。"又古詩云:"針欹疑月暗,縷散恨風來。"

金細針

《唐六典》:中尚署七月七日進七孔金細針。晏淑源《七夕詞》云:"樓上金針穿繡縷,誰管天邊,隔歲分飛苦。"又仲殊詞云:"玉線金針,千般聲笑,月下人家。"

雙眼針

《提要錄》:梁朝汴京風俗,七夕乞巧有雙眼針。劉孝威《七夕穿針》詩云:"縷亂恐風來,衫輕羞指現。故穿雙眼針,時縫合歡扇。”又有雙針故事，劉遵《七夕》詩云：“步月如有意，情來不自禁。向光抽一縷，舉袖弄雙針。”張子野詞云：“雙針竟引雙絲縷，家家盡道迎牛女。不見渡河時，空同烏鵲飛。”

五孔針

《提要錄》：七夕有玄針故事，又有五孔針事，未詳所自。古詩云：“迎風披綵縷，向月貫玄針。”石曼卿《七夕》詞云：“一分素景，千家新月，涼露樓臺遍洗。寶奩深夜結蛛絲，紝五孔、金針不寐。”

七孔針

《西京雜記》：漢綵女常以七月七日穿七孔針於開襟樓，俱以習之。《呂氏歲時記》云：今人月下穿針，實不可用，其狀編如篦子，爲七孔，特欲度線爾。陳簡齋詩云：“七孔穿針可得過。”

九孔針

《天寶遺事》：唐宮中七夕，嬪妃各執九孔針、五色線，向月穿之，過者爲得巧。古詩云：“金刀細切同心鱠，玉線爭穿九孔針。”

磨喝樂

《東京夢華錄》：七月七夕，京城潘樓街東、宋門外瓦子、州西梁門外瓦子、北門外、南朱雀門街及馬行街內，皆賣“磨喝樂”，乃小塑土偶耳。悉以雕木彩裝欄座，或用碧紗籠，或飾以金珠牙翠，有一對直數千錢者。本佛經云“摩睺羅”，俗訛呼爲“磨喝樂”，南人目爲“巧兒”。今行在中瓦子、後市街、衆安橋，賣磨喝樂最爲旺盛。惟蘇州極巧，爲天下第一。進入內庭者，以金銀爲之。謔詞云：“天上佳期，九衢燈月交輝。摩睺孩兒，鬬巧爭奇。戴短簷珠子帽，披小縷金衣。嗔眉笑眼，百般地斂手相宜。轉睛底工夫不少，引得人愛後如癡。快輸錢，須要撲，不問歸遲。歸來猛醒,争如我活底孩兒。"

水上浮

《東京夢華録》:禁中及貴家與士庶等,爲時物追陪。七夕以黄蠟鑄爲牛女人物,及鳧雁、鴛鴦、鸂鶒、魚龜、蓮荷之類,彩繪金縷,謂之"水上浮",以供牛女。

生花盆

《歲時雜記》:京師每前七夕十日,以水漬菉豆或豌豆,日一二回易水,芽漸長至五六寸許,其苗能自立,則置小盆中。至乞巧可長尺許,謂之"生花盆兒",亦可以爲菹。

種穀板

《東京夢華録》:七夕,都人以小板上傅土,旋種粟,令其生苗。置小茅屋花木,作田舍家小小人物,皆村落態,謂之穀板。

明星酒

唐《金門歲節》:七夕造明星酒。

同心鱠

唐《金門歲節》:七夕裝同心鱠。

製圓劑

《四民月令》:七月七日作麴,合藥丸及蜀漆圓,曝經書及衣裳,習俗然也。老杜《七夕詩》云:"曝衣遍天下,曳月揚微風。"

賜筵會

《會要》:皇朝故事,以七月七日爲曬書節。三省六部以下,各賜緡錢,開筵讌,爲曬書會。

進斫餅

《唐六典》:膳部有"節日食料",七月七日進斫餅。

造煎餅

《歲時雜記》:七夕,京師人家亦有造煎餅供牛女及食之者。

設湯餅

《風土記》:魏人或問董勛云:"七月七日爲良日,飲食不同於古,何也?"勛云:"七日黍熟,七日爲陽數,故以糜爲珍。"今北人唯設湯餅,無復有糜矣。

爲果食

《歲時雜記》:京師人以糖麵爲果食,如僧食。但至七夕,有爲人物之形者,以相餉遺。

製綵舫

《提要録》:世俗七夕取五綵結爲小樓、小舫,以乞巧。東坡《七夕》詞云:"人生何處不兒嬉,乞與朱樓綵舫。"山谷詞云:"朱樓綵舫,浮瓜沈李,報答風光有慶。"

祭機杼

《唐·百官志》:織染署每七月七日祭杼。又《考工記》注云:以織女星之祥,因祭機之杼以求工巧。

舖楝葉

《歲時雜記》:京師人祭牛女時,其案上先舖楝葉,乃設果饌等物,街市唱賣舖陳楝葉。楝音練,苦楝葉也。

曝革裘

《韋氏月録》:七月七日,曬曝革裘,無蟲蛀。

結萬字

唐《金門歲節》:七夕乞巧,使蛛絲結萬字。

歲時廣記卷二十六

歲時廣記卷第二十七

廣寒仙裔陳　元靚　編

七夕中

乘浮槎

張茂先《博物志》：舊説天河與海通。近世有人居海上者，每年八月，見浮槎來不失期，心竊異之。候其復來，乃賚一年糧乘之。十餘日，猶見日月星風。自後茫然，亦不覺晝夜。忽至一處，有城郭屋舍甚盛。遥望宮中，有婦人織，見一丈夫牽牛渚次飲之。驚問曰："何由至此？"其人説與來意，并問此是何處。答曰："君至蜀郡，訪嚴君平，則知矣。"不及登岸，復乘槎還家。徑入蜀問君平，君平曰："某年月日，有客星犯牛宿。"計其年月日，正是此人到天河也。宗懍作《荆楚歲時記》乃引《博物志》，直謂張騫乘槎，宗懍不知何據。趙璘《因話録》亦嘗辨此事。杜甫詩云："乘槎斷消息，無處問張騫。"又查上似張騫，似亦誤也。東坡《七夕》詞云："乘槎歸去，成都何在？萬里江濤蕩漾。與君各賦一篇詩，留織女、鴛鴦機上。"又詩云："豈如乘槎天女側，獨倚雲機看織紗。"山谷詞云："待乘槎仙去。若逢海上白頭翁，共一訪、癡牛騃女。"

得機石

《荆楚歲時記》：漢武帝令張騫使大夏尋河源，乘槎經月而去。至一處，見城郭如官府，室內有一女織，又見一丈夫牽牛飲河。騫問曰：“此是何處？”答曰：“可問嚴君平。”織女取搘機石與騫而還。後至蜀問君平，君平曰：“某年月日，客星犯牛女。”所得搘機石，爲東朔所識。按《騫本傳》及《大宛傳》，騫以郎應募，使月氏，爲匈奴所留，十餘歲得還。騫身所至者，大宛、大月氏、大夏、康居，而傳聞其旁大國五六，具爲天子言其地形所有，並無乘槎至天河之謂。而宗懍乃傅會以爲武帝張騫之事，又益以搘機石之説。《藝苑雌黄》云：今成都嚴真觀有一石，呼爲“支機石”，相傳云漢君平留之。予寶曆中下第還家，於京師道次，逢官差遞夫舁張騫槎，先在東都禁中，今準詔索有司取進，不知真何物也。宋之問《明河篇》云：“明河可望不可親，安得乘查一問津。更將織女支機石，還訪成都賣卜人。”查與槎同，支與搘同。劉禹錫《七夕》詩云：“機罷猶安石，橋成不礙查。”杜子美詩云：“聞道尋源使，從天北路回。牽牛去幾許，宛馬至今來。”又陳無己《七夕》詩云：“早晚望夫能化石，盡分人世作支機。”

賜壽考

《神仙感遇傳》：郭子儀，華州人也。初從軍沙塞間，因入京催軍食，回至銀州數十里。日暮，忽風沙斗暗，行李不得隨，入道旁空屋中，藉地將宿。既夜，忽見左右皆有赤光。仰視空中，忽見輜車繡幄，中有美人，坐床垂足，自天而下，俯視子儀。子儀拜祝云：“今七月七日，必是織女降臨，願賜長壽富貴。”女笑曰：“大富貴，亦壽考。”言訖冉冉昇天，猶視子儀，良久而隱。子儀後立功貴盛，威望烜赫。大曆初，鎮河中，疾甚，三軍憂懼。公謂御醫及幕賓王延昌、孫宿、趙惠伯、嚴郢曰：“吾此疾自知，未便衰殞。”因話所遇之事，衆皆稱賀忻悦。其後拜太尉尚書令尚父，年至九十而薨。

乞富貴

《風土記》：七月七日，其夜灑掃庭除，露施几筵，設酒脯時果，散香粉於筵上，祈請何鼓、織女，言此二星當會。守夜者咸懷私願。或云，見天漢中有奕奕白氣，或光耀五色，以此爲徵應，見者便拜而陳願，乞富乞壽，無子乞子，唯得乞一，不得兼求。三年後方得言之，頗有受祚者。歐陽永叔詩云："奕奕天河光不斷，有人正在長生殿。"蔡持正《七夕》詩云："焚香再拜穿華線，候得神光白氣飛。"

祈恩霈

《天寶遺事》：明皇與妃子，每七夕往華清宮遊宴。時宮女陳瓜果酒饌，列於庭中，祈恩牛女。又各捕蜘蛛閉小盒中，至曉開視，以驗得巧之多少，民間爭效之。杜子美詩云："蛛絲小人態，結綴瓜果中。"

去蹇拙

《柳柳州文集·乞巧文》云：柳子夜歸自外，庭有設祠者，饗餌馨香，蔬果交羅，且拜且祈。怪而問焉，女隸進曰："今茲秋孟七夕，天女之孫將嬪於何鼓。邀而祠者，幸而與之巧，驅去蹇拙，手目開利，組紃縫製，無滯於心焉。"柳子曰："吾亦有大拙，儻可因是以求去之。"乃再拜而進曰："臣有大拙，智所不化，黽所不攻，威不能遷，寬不能容。"云云。

丐聰明

《歲時雜記》：七夕，京師諸小兒各置筆硯紙墨於牽牛位前，書曰"某乞聰明"；諸女子致針綫箱笥於織女位前，書曰"某乞巧"。

益巧思

吳淑《秘閣閒談》：蔡州丁氏精於女工，每七夕禱以酒果，忽見流星墜庭中。明日，於瓜上得金梭一枚，自是巧思益進。

留寶枕

《墨莊冗錄》：太原郭翰，少有清標，姿度秀美，善談論，尚草隸。當暑乘月臥庭中，時有微風，稍聞香氣，翰甚怪之。仰視空中，有人冉冉而下，直至翰前，乃一少女也。明艷絕代，光彩溢目，衣玄綃之衣，曳霜羅之帔，戴翠翹鳳凰之冠，躡復文九章之履。侍女二人，皆有殊色。翰整衣巾拜謁曰："不意真靈迺降，願垂德音。"女微笑曰："吾天之織女，久無主對，而佳期阻曠，幽態盈懷。上帝賜命，許遊人間，仰慕清風，願託神契。"翰曰："非敢望也，乃所願也。"女敕侍婢淨掃室中，張霜霧丹穀之幬，施水晶玉華之簟，轉回風之扇，宛若清秋。乃攜手升堂，解衣共寢，並同心龍腦之枕，覆雙縷鴛文之衾。膩體柔肌，深情密態，妍艷無匹。欲曉辭去，自後夜夜往來，情好轉切。翰戲之曰："牽郎何在？那敢獨行。"對曰："陰陽變化，關渠何事？且河漢隔絕，無可復知。縱使知之，不足爲慮。"因相與談論星辰躔度，列宿分位，翰遂洞曉之。後將至七夕，忽爾不來，數夜方至。翰問曰："牽郎相見樂乎？"笑而對曰："天上那比人間，正以期運當爾，非有他故。況一年一度相會，爭如今日夜夜相逢，君毋猜忌。"又問曰："卿來何遲？"曰："人中五日，彼一夕也。"經一年，忽一夜悽惻流涕，執翰手曰："帝命有程，便當永訣。"以七寶枕留贈曰："明年此日當奉書音。"翰報以玉環一雙，騰空而去。及期，遣侍女奉書函至，言詞清麗，情意重疊。末有詩二首，其一云："河漢雖云闊，三秋尚有期。情人知有意，良會在何時。"又曰："朱閣臨清漢，瓊宮締紫房。佳期情在此，只是斷人腸。"翰亦謝以詩曰："人世將天上，由來不可期。誰知一回顧，交作兩相思。"又曰："贈枕猶香澤，啼衣尚淚痕。玉顏霄漢裏，空有往來魂。"是歲，太史奏織女星失度無光。翰官至御史。

授釵鈿

陳鴻《長恨傳》：唐玄宗在位，以聲色自娛，宮中萬數，無悦目者。駕幸華清宮，上心油然，怳若有遇。詔高力士潛搜外宮，得宏農楊元琰女子於壽邸。既笄矣，鬢髮膩理，纖穠中度，舉止閑冶。別疏湯泉，詔賜澡瑩。既出水，體弱力微，若不任羅綺，光彩煥發，轉照動人。上不勝悦。進見之日，奏《霓裳羽衣》以導之；定情之夕，授金釵鈿合以固之。明年，册爲貴妃，半后服用。冶容敏詞，婉變萬態。與上行同輦，止同宮，宴專席，寢專房。雖有三夫人、九嬪、二十七世婦、八十一御妻，暨後宮才人樂府妓女，使天子無顧盼者。民謠云："生女勿悲酸，生男勿喜歡。"又云："男不封侯女作妃，君看女却爲門楣。"人心羨慕如此。天寶末，安禄山引兵向闕，以討楊妃爲辭。玄宗幸蜀，道次馬嵬，六軍徘徊不進。當時敢言者請以貴妃塞天下之怒，上知不免，反袂掩面，使牽貴妃而去，就絶於尺組之下。肅宗受禪，大駕還都，尊玄宗爲太上皇。每春花秋月，天顏不怡。適有方士，《楊妃外傳》云：方士即楊通幽也。自蜀而來，知上皇心念楊妃，自言有李少君術。上皇大喜，命致其神。方士竭術索之，不至。又遊神馭氣，旁求四虚，極天涯，跨蓬壺，有洞户東向，署曰"玉妃太真院"。方士抽簪扣扉，有雙鬟應門，復入。俄有碧衣侍女繼至，詰所從來。方士稱唐天子使者，且致其命。碧衣云："玉妃方寢，請少待之。"頃間，碧衣延入，且曰："玉妃出見。"一人冠金蓮，披紫綃，佩紅玉，曳鳳舃，左右侍者七八人。揖方士，問皇帝安否；次問天寶十四年已還事。言訖憫然，指侍女取金釵鈿合，各折其半，授使者曰："爲謝上皇，謹獻是物，尋舊好也。"方士受辭與信，將行，色有不足。玉妃因徵其意，復前跪致辭，乞當時一事不聞於它人者，驗於上皇。不然，恐鈿合金釵，負新垣平之詐也。玉妃茫然退立，若有所思，徐而言曰："昔天寶十載，侍輦避暑驪山宮。秋七月，牽牛織女相見之夕，秦人風俗，夜張錦綉，陳飲食，樹花燔香於庭，號爲乞巧，宮掖間尤尚之。時夜始半，休侍衞於東西廂，獨侍上。上憑肩而立，因仰天感牛女事。密相誓心：'願世世爲夫婦。'言畢執手各嗚咽，此獨君王知之耳。"因自悲曰："由此一念，又不復居此。當墮下界，且結後緣，或天或人，決再相見，好合如舊。"使者還奏，皇心嗟悼久之，餘見《唐史》。白居易作《長恨歌》云："臨別殷勤重寄詞，詞中有誓兩心知。七月七日長生殿，夜半無人私語時。"後人又作《伊州曲》云："金鷄障下胡雛戲。樂極禍來，漁陽兵起。鸞輿幸蜀，玉環縊死。馬嵬坡下塵滓。夜對行宮皓月，恨最恨、春風桃李。洪都方士，念君縈繫妃子，蓬萊殿裏，覓尋太真。宮中睡起，遙謝君意。淚流瓊臉，梨花帶雨，髣彿霓裳初試。寄鈿合、共金釵，私言徒爾。在天願爲、比翼同飛，居地應爲、連理雙枝，天長與地久，唯此恨無已。"

化土金

《夷堅乙志》：《起居注》：南安軍南康縣民陽大明，葬父於黃公坑山下，結廬墓側。所養白鷄爲貍捕去，藏之石穴。次夕，雷震石粉碎，貍死焉，人以爲孝感。值七夕，有道人至廬所見之，歎其純孝，指架上道服曰："以是與我，當有以奉報。"大明與之無靳色。道人解腰間小瓢，貯衣其中，瓢口甚窄，而衣入無礙。俄取案間小黑石拊摩之，嘘呵即成紫金。又變藥末爲圓劑，以授大明。大明謝曰："身居貧約，且在父喪，不敢覬富壽也。"道人益奇之，探瓢取道服還之，曰："聊試君耳。"題詩椽間曰："陽君真確士，孝行動穹壤。皇上憐其艱，七夕遣回往。逡巡藥頑石，遣子爲饋享。子既不我愛，吾亦不汝強。風埃難少留，願子志勿爽。會當首鼠記，青雲看反掌。"遂別去。鄉人聞者，競觀之。題處去地幾丈許，始以淡墨書，既而墨色粲發，字體飛動，皆疑其神仙云。時紹興十三年也。里胥以事聞於縣，縣令李能一白郡守上諸朝。明年詔賜帛十疋，令長吏以歲時存問之。

運水銀

《提要録》：元豐六年，吕吉甫守單州。聞天慶觀七月七日有異人過焉，索筆書二詩，其一云："野人本是天台客，石橋南畔有住宅。父子生來只兩口，多好歌坐不好拍。"其二云："四海孤遊一野人，兩壺霜雪足精神。坎離二物全收得，龍虎丹行運水銀。"時吕守之壻余中在傍，釋之曰："天台客，賓也；石橋，洞也；兩口，吕字也；歌而不拍，乃吟詩也。吟此詩者，其吕洞賓乎？後篇乃是詩題耳。"

餐松柏

孫真人《枕中記》：採松柏法，嘗以三月四月採新生松葉，可長三四寸，并花蕊取，陰乾細搗爲末。其柏葉取深山谷中，採當年新生可長三二寸者，陰乾細搗爲末，用白蜜和丸，如小豆大。常以月一十五日日未出時，燒香東向，手持藥八十一丸，以酒下。服一年延一十年命，服二年延二十年命。欲得長肌肉，加大麻、巨勝；欲心力壯健者，加茯苓、人參。此藥除百病，益元氣，滋五臟六腑，清明耳目，強壯不衰老，延年益壽，神驗。用七月七日露水丸之更佳。服時乃咒曰："神仙真藥,體合自然。服藥入腹,天地齊年。"咒訖服藥,斷諸雜肉,五辛切忌,慎之。

餌松實

《林氏傳信方》:七月七日,取松實,過時即落難收。去木皮,搗如膏,每服如鷄子大,日三服,能絶穀,久服昇仙。渴即飲水,勿食他物。服及百日,身輕;三百日,日行五百里。又法,搗爲膏,酒調下三錢,亦可以煉了松脂同服之。劉向《列仙傳》:偓佺者,槐山採藥父也。好食松實,形體生毛,長數寸。屈原《九歌·山鬼》章云:"飲石泉兮餐松柏。"

服柏子

《千金方》:七月七日,採柏子治服方寸匕,日三四。又云,一服三,今久服,亦辟穀,令人不老。張華《博物志》云:荒亂不得食,細切柏葉,水送下,隨人能否,以不飢爲度。此葉苦不可嚼也。老杜詩云:"翠柏苦猶食,晨霞高可餐。"

取菖蒲

《千金方》:七月七日,取菖蒲酒服三方寸匕,飲酒不醉。好事者服而驗之。不可犯鐵,若犯鐵,令人吐逆。治人好忘,久服聰明益智。

折荷葉

《太清諸草木方》:七月七日,採蓮花七分;八月八日,採蓮根八分;九月九日,採蓮實九分。陰乾搗篩治,服方寸匕,令人不老。

和桃花

《韋氏月録》:七月七日,取烏鷄血,和三月三日桃花末,塗面及遍身,三二日肌白如玉。此是太平公主法,曾試有驗。

曬槐汁

《圖經本草》：按《爾雅》，槐有數種，葉大而黑者名櫰槐；晝合夜開者名守宮；槐葉細而青綠者但謂之槐。其功用不言有別，四月五月開花，六月七月結實，治五痔。七月七日採嫩實搗取汁，銅器盛之，日煎令可作丸，大如鼠屎，內竅中，三易乃愈。補絶傷、火瘡、婦人乳瘕、子藏急痛。《千金方》：銅器盛置高門上，曝二十已上日，却煎令成膏，作丸如前法。又云，神方主痔。

煎苦瓠

《千金方》：七月七日，生苦瓠中白絞取汁一合，以醋一升，古文錢七箇浸之。微火煎減半，以沫內眥中，大治眼暗。

摘瓜蒂

《本草》：瓜蒂苦寒有毒，主大水，身面四肢浮腫，下水殺蠱毒。食諸果病在胸膈腹中，皆吐下之。生嵩高平澤，七月七日採陰乾。陶隱居云："瓜蒂多用早青瓜蒂。"此云七月採，便是甜瓜蒂也。

剪瓜葉

《淮南子》：七月七日午時，剪生瓜葉七枚，直入北堂中，向南立，以拭面𪒠，即當滅矣。

拾麻花

《外臺秘要》：治瘰癧。七月七日拾麻花，五月五日收艾葉，二件作炷，於癧上炙百壯。

蒸麻勃

《千金方》：七月七日，用麻勃一斗，真人參二兩，末之，蒸令氣遍。夜欲臥，酒服一刀圭，盡知四方之事。《本草》云：麻蕡一名麻勃，此麻花上勃勃者，七月七日採，良。

種天草

《圖經本草》:景天草生太山谷,今南北皆有之。人家多種於中庭,或以盆植於屋上。云以辟火,故又謂之慎火草。春生苗,似馬齒而大,作層而上,莖脆。夏中開紅紫花,秋後枯死。《神農本草》云:景天草,一名慎火,一名戒火,一名救火。七月七日採,陰乾。

乾藍草

《千金方》:解諸藥毒散。七月七日取藍,陰乾,搗和水服方寸匕,日三服。中毒者,春燕毛二枚,和水二升服之,差。

吞小豆

《韋氏月錄》:《河圖記》:"七月七日取赤小豆,男吞一七,女吞二七,令人畢歲無病。"

食海藻

《本草》:海藻一名落首,一名薄。七月七日採,曝乾。生深海中及新羅,海人取藻正在深海底,以繩繫腰没水下,得則旋繫繩上。孟詵云:"海藻起男子陰氣,常食消男癀,北人不宜食。"

收公寄

《本草》云:丁公寄味甘,主金瘡痛,延年。一名丁父,生石間,蔓延木上。細葉,大枝,赤莖,實大如磧,黃有汁,七月七日採。按陳藏器云:"丁公寄即丁公藤也。"

塗守宮

《淮南子·畢萬術》:七月七日採守宮,陰乾爲末,井花水和,塗女身,有文章似丹砂,塗之不去者不淫,去者有姦。

帶蛛網

《千金方》:七月七日,取蛛網一枚,著衣領中,勿令人知,則永不忘也。又《日華子》云：蛛網，七夕朝取食之，令人巧，去健忘。

採蜂房

《本草》：露蜂房有毒，主驚癇。一名蜂腸，一名百穿，一名蜂
救，生山谷。七月七日採，陰乾。又《圖經》云：古今方書治牙齒
傷多用之，七月七日採。

捉螢火

《本草》：螢火無毒，主明目、小兒火瘡。一名夜光。七月七
日取，陰乾。《藥性論》云：螢火亦可單用，治盲眼。

捕丹戬

《本草》云：丹戬味辛，主心腹積血。一名飛龍。生蜀郡，如
鼠娘，青股赤頭，七月七日捕採。又云七月七日採黃蟲，療寒熱。
生地上，味苦，赤頭，長足，有角，群居。

燒赤布

《淮南子·畢萬術》：赤布在户，婦人留連。注云：取婦人月
事布，七月七日燒灰置楣上，即不復去。勿令婦人知之。

歲時廣記卷第二十七

歲時廣記卷第二十八

廣寒仙裔陳　元靚　編

七夕下

食仙桃

《漢武帝內傳》：帝好神仙之道。元封元年正月甲子，登嵩山，起道宮，齋居禱祠，以求神應。至四月戊辰，帝方御宴殿，時東方朔及董仲君在側。忽有一女子來語帝曰："聞子輕四海之祿，訪道求生，屢禱山川，似可教者。從今日始，清齋不交人事，七月七日王母當暫至也。"言訖，女子忽不見。帝問東方朔何人，朔曰："乃西王母紫蘭宮女，常傳命往來人間。"帝於是登真臺，齋戒存道。至七月七日，灑掃宮掖，燔百和之香，然九光之燈，躬監香果，爲天官之饌。帝乃盛服至於階下，敕內外謐寂，以候仙官。二更之後，忽見西南如白雲起，鬱鬱趨陛。須臾，王母乘雲輦而降。帝問寒暄畢，王母自設天廚，以仙桃飼帝。復召上元夫人與帝同宴，因授以《五岳真形圖》及《靈光經》，夫人亦以"六甲靈飛十二事"授帝。至明，王母與夫人同乘而去。

請仙藥

《漢武帝故事》：七月七日，上御承華殿齋正中。忽有青鳥從西來，集殿前。上問東方朔："何鳥也？"朔曰："此西王母欲降以化陛下。"上乃施帷帳，燒貝末香，香迺兜率國所獻，塗宮門，香聞百里。是夕漏七刻，西方隱隱若雷聲，有頃，王母乘雲車而至。玉女馭母，戴七勝，青氣如雲。上拜請不死之藥，母曰帝滯情不盡，慾心尚多，不死之藥未可致也。東方朔於朱雀牖中竊視，母曰："此兒好作罪過，久被斥逐，然原心無惡，尋當得還。"母出桃七枚，自啖二枚，以五枚與帝。帝留核欲種，母曰："此桃三千年一結子，非下土所種之物。"

乘白鶴

《總仙記》：王子喬者，周靈王太子晉也，好吹笙一云吹簫，作鳳凰鳴。遊伊洛間，遇道士浮丘公，接子喬上嵩高山四十餘年。後於山中見桓良，曰："告我家，七月七日，待我於緱氏山頭。"至是，果乘白鶴駐山頭，望之不得到，舉手謝時人，數日而去。時有童謠曰："王子喬，好神仙，七月七日上賓天。白虎搖瑟鳳吹笙，乘雲鼓氣吸日精。吸日精，長不歸，秋山冷露沾君衣。"李太白《鳳笙歌》云："仙人十五愛吹笙，學得崑丘彩鳳鳴。始聞鍊氣餐金液，復道朝天赴玉京。玉京迢迢幾千里，鳳笙去去無窮已。綠雲紫氣向函關，訪道因尋緱氏山。莫學吹笙王子晉，一遇浮丘斷不還。"司馬溫公《緱山引》云："王子吹笙去不還，當時舊物唯緱山。山深樹老藏遺廟，春月秋花空自閒。"東坡《七夕》詞云："緱山仙子，高情雲渺，不學癡牛駛女。鳳簫聲斷月明中，舉手謝時人去。"①又詩云："蕭然王郎子，來自緱山陰。云見浮丘伯，吹簫明月岑。"按《寰宇記》：緱山在明州，其地有祠在焉。鄭工部文寶《題緱山王子晉祠》一絕云："秋陰漠漠秋雲輕，緱氏山頭月正明。

---

① 據《全宋詞》載蘇軾詞中有《鵲橋仙·七夕送陳令舉》作："鳳簫聲斷月明中，舉手謝時人欲去。"多一"欲"字，原文當闕。

帝子西飛仙馭遠，不知何處夜吹笙。"

跨赤龍

《列仙傳》：陶安公者，迺六安鑄冶師也，數行火術。一朝野火燄上，紫色衝天。安公伏冶下求哀，須臾，有朱雀躍出冶上曰："安公安公，冶與天通，七月七日，迎汝以赤龍。"至日龍來，安公乘之，東南而上，邑中數萬人預共送之，皆與辭訣。

駕羽車

《王氏神仙傳》：王遠，字方平，舉孝廉，除郎中，學通五經，尤明天文圖讖，逆知盛衰吉凶。棄官入山修道，遇太上老君，賜七轉靈符，爲摠真仙人。漢桓帝連徵不出，但題宮門四百餘字，皆說方來之事。帝惡之，使削去，愈削而愈明。後東遊括蒼山，過蔡經家。蔡小民耳，而骨相當仙。語經曰："汝氣少肉多，當爲屍解。"因授其法。後經没，失屍十餘年，忽還，語家曰："七月七日，王君當來，其日可多作飲食，以供從官。"其日經家備甕器，作飲食百餘斛，羅布庭中。王君果來，乘羽車、駕五龍前來，麾節幡旗導從，威儀奕奕，金鼓簫管人馬之聲，如大將軍焉。須臾，引見經及經家兄弟，經父母私問經曰："王君是何神人？復居何處？"經曰："常在崑崙山，經來所到，則山海之神，皆來拜謁。"

謁嶽廟

《廣異記》：趙郡李湜，以開元中謁華岳廟，過三夫人院，忽見神女。悉是生人，邀入寶帳，備極好洽，三夫人迭與結歡，言終而出。臨訣謂湜曰："每年七月七日至十二日，岳神當上計於天，至時相迎，不宜辭讓。今者相見，亦是其時，故得盡歡。"自爾七年，每遇其日，奄然氣盡。家人守之，三日方悟。説云："靈帳瑤筵，綺席羅薦，搖月扇以輕暑，曳羅衣而縱香。玉珮清冷，香風斐亹，候湜之至，莫不笑開星曆。花媚玉顔，敍離思則涕零，論新歡則情洽，三夫人皆其有也。湜才偉於器，尤爲所重，各盡其歡情。及還家，莫不惆悵嗚咽，延景惜別。”湜既悟，形體流決，輒病旬日而後可。有術者見湜云：“君有邪氣。”爲書一符佩之。後雖相見，不得相近。二夫人，一姓王，一姓杜，罵云：“湜無行，帶符何爲？”小夫人姓蕭，恩意特深，涕泣相顧，誡湜：“三年勿言之，非獨損君，亦當損我。”湜問以官，答云：“合進士及第，終小縣令。”皆如其言。

授寶玉

《唐寶記》：開元中，有李氏者，棄俗爲尼，號曰“真如”。天寶元年七月七日，有五色雲氣自東方來，集户外，雲中引手，不見其形，以囊授真如曰：“汝宜寶之，慎勿言也。”後禄山亂作，真如流寓楚州。肅宗即位元年，忽見二皂衣人引至一所，城闕壯麗，侍衛嚴肅，引者謂之曰：“此化城也。”城有複殿，一人碧衣寶冠，號爲“天帝”。復有二十餘人，衣冠亦如之，呼爲諸天。命真如進側，既而諸天相謂曰：“下界喪亂日久，當何以救之？”内一天曰：“莫若以神寶厭之。”又一天曰：“常用第三寶，今沴氣方盛，恐不足以勝之，須用第二寶。”天帝曰：“然！”遂命出寶，以授真如曰：“汝往令刺史崔侁進達於天子。前所授汝小囊，有寶五段，人臣可得見之；今此八寶，惟王者可見。汝慎，勿易也。”乃具以寶名及所用之法授之。翌日，真如以寶詣縣，縣以其事聞之於州，刺史崔侁遣從事盧恒訊之。恒至，召真如，欲臨以法，真如曰：“上帝有命，誰敢廢墮？”乃以囊中前授五寶示恒：其一曰元黄天符，形製如笏，黄玉也；其二曰玉鷄，毛文悉備；其三曰穀璧，遍璧有粟粒文；其四曰王母玉環二枚。恒曰：“玉信玉矣，安知寶乎？”真如乃移寶向日照之，其光皆射日，望之無盡。恒歸，以狀白侁，又具報節度崔圓。圓徵真如詣府，欲歷視。真如曰：“不可！”圓固強之，真如不得已，又出後段八寶示圓。其一曰如月珠，大若鷄卵，置之堂中，明如皎月；其二曰紅鞓，大如巨栗，爛若朱櫻，視之可應手而碎，觸之則堅；其三曰琅玕珠，形製如環；其四曰玉印，大如半掌；其五曰皇后採桑鈎二枚，細曲若筋；其六曰雷公石二枚，形如斧，膩若青玉。八寶置之日中，則白氣連天；措之陰室，則神光如月。其所厭勝之法，真如秘之。圓欲録奏，真如曰：“天帝已命崔俛事爲若何。”圓乃以事屬俛，俛遂遣恒隨真如上進。肅宗視寶，召代宗曰：“汝自楚王爲皇太子，今寶獲於楚州，天祚汝也，宜保愛之。”代宗拜受，即日改元爲“寶應”，號真如曰“寶和”。自後兵革漸偃，年穀豐登，皆寶之瑞也。

寫符經

《集仙録》：驪山姥，不知何代人也。李筌號“達觀子”，好神仙之道，常歷名山，博採方術。至嵩山虎口嚴石室中，得《黃帝陰符經》本，緘之甚密。題云：“大魏真君二年七月七日，上清道士寇謙之藏諸名山，用傳同好。”其本糜爛，筌抄讀數千遍，竟不曉其義。後入秦，至驪山下，逢一老母，神狀甚異。路旁見遺火燒樹，因自語曰：“火生於木，禍發必尅。”筌驚問曰：“此黃帝陰符上文，母何得而言之？”母曰：“吾受此符已三元六周甲子矣，三元，一周百八十年，六周一千八十年。少年從何而知之？”筌遂具告得符之由，因請問玄義。母曰：“陰符者，上清所秘，玄臺所尊。理國則太平，理身則得道。非獨機權制勝之用，乃大道之要，樞豈人間之常典耶？此書凡三百餘言：一百言演道，一百言演法，一百言演術。上有神仙抱一之道，中有富國安民之法，下有強兵戰勝之術。皆自天機，合乎神智。觀其精智，則黃庭八景，不足以爲玄；

察其至要，則經傳子史，不足以爲文；較其巧智，則孫吳韓白，不足以爲奇。一名黄帝天機之書，非奇人不以妄傳，違者奪紀二十。每年七月七日，寫一本藏之名山。可以加算，出三尸，下九蟲，秘而重之，當傳同好耳。此書至人學之得其道，賢人學之得其法，凡人學之得其殃，識分不同也。”言訖，謂筌曰：“日已晡矣，觀子若有飢色，吾有麥飯，相與爲食。”袖中有一瓢，令筌於谷中取水。水既滿，瓢忽沈泉中，旋至樹下，失母所在。但於石上得麥飯數升，食之，因絕粒。注《陰符經》，著《太白經》。筌後官至節度，入山訪道，不知其終。

獲銅鏡

《博異志》：金陵陳仲躬於洛陽清化里假居，宅有古井，屢溺人。仲躬雖知，亦無所懼。月餘，隣有取水女子，每來井上，則逾時不去，忽墮井溺死。仲躬異之，間窺於井，見水影中一女子，年狀少麗，粧飾依時。仲躬凝睇之，則以紅袂掩面微笑，仲躬歎曰：“斯乃溺人之由也。”不顧而退。忽清旦有人扣門云：“敬元穎請謁。”仲躬命入，乃井中所見者。坐而訊之曰：“卿何以殺人？”元穎曰：“妾實非殺人者，漢朝絳侯居於此，遂穿此井。即有毒龍居之，好食人血，自漢以來殺三千七百人矣。妾乃國初方墮於井，遂爲龍驅使爲妖，誘人供龍所食，情非本願。近太一使者交替，天下龍神，昨夜子時，已朝太一矣。兼爲河南旱被勘責，三數日方回。君子誠能命匠淘井，則獲脱難矣。如脱難，願終一生奉養，世間之事，無不致知。”言訖，便失所在。仲躬即命匠入井，戒之曰：“但見異物，即收之。”唯得古銅鏡一枚，面闊七寸七分。仲躬令洗净，安置匣内，斯乃敬元穎者也。一更後，忽見元穎直造燭前，拜仲躬曰：“謝以生成之恩，某本師曠所鑄十二鏡之一，第七者也，元穎則七月七日午時鑄者。貞觀中，爲許敬宗婢蘭苕所墮，遂爲毒龍所役。幸遇君子，獲重見人間，然明晨望君子急移出此宅。"將辭去，仲躬遽留之，問曰："汝安得有紅緑脂粉狀乎？"對曰："某變化無常，非可具述。"言訖即無所見，仲躬從其言而徙之。後三日，古井頓崩，延及堂廡，一時陷地。仲躬後文戰累勝，居官要事必知，皆鏡之助也。鏡背有二十八字，皆科斗書，以今文推之曰："維晉新公二年七月七日午時，於首陽山前白龍潭，鑄成此鏡，千年萬世。"鏡鼻四面題云："夷則之鏡。"

得金缶

《宣室志》：河東人李員居長安。元和夏初，一夕，忽聞室西隅有聲，纖遠不絶，俄而又聞有歌者，音韻泠泠然。員往聽之，其詞曰："色分藍葉青，音比磬中鳴。七月初七日，吾當示汝形。"員心異之。明日命僮僕窮索，了無所見。是夕，再聞如初。後至七月六日，夜雨甚，積其堂之北垣。明日，於積處又聞其聲，員驚而視於垣下，得一金缶，形製奇古。叩之，聲韻極長，隱隱然如有篆文。即命滌去塵蘚，讀之，乃崔子玉座右銘也，然竟不知爲何代所製者。

詢前程

《夷堅甲志》：孫九鼎，字國鎮，忻州人。政和癸巳，居太學。七夕日出，訪鄉人段浚儀於竹柵巷。沿汴北岸而行，忽有金紫人，騎從甚都，呼之於稠人中。遽下馬曰："國鎮久別安樂否？"細視之，乃姊夫張牷也。指街北一酒肆曰："可見邀於此，少從容。"孫曰："公富人也，豈可令窮措大置酒？"曰："我錢不中使。"遂坐肆中，飲啗自如。少頃，孫方悟其死，問之曰："公死已久矣，何爲在此？我見之，得無不利乎？"曰："不然，君福甚壯。"乃説死時及孫送葬之事，無不知者。且曰："去年中秋過家，見嫂姊輩飲酒自若，並不相顧，我憤恨，傾酒壺擊小女，以出。"孫曰："公今在何地？"曰："見爲皇城司注禄判官。"孫喜，即詢前程，曰："未也，此事每十年一下，尚未見姓名。恐多在三十歲以後，官職亦不卑下。"孫曰："公平生酒色甚多，犯娠人，無月無之，焉得至此？"曰："此吾之迹也，凡事當察其心。苟心不昧，亦何所不可？"語未畢，有從者入報曰："交直矣。"張乃起偕行，指行人曰："此我輩也，第世人不識之耳。"至麗春門下，與孫別曰："公自此歸，切不得回顧，顧即死矣。公今已爲陰氣所侵，來日當暴下，慎毋喫他藥，服平胃散足矣。"既別，孫始懼甚，到竹柵巷見段君，段訝其色不佳，沃之以酒，至暮歸學。明日，大瀉三十餘行，服平胃散而愈。後連蹇無成，在金國十餘年，始狀元及第，爲秘書少監。

變牛婦

《夷堅丙志》：信州玉山縣塘南七里店民謝七，妻不孝於姑。每飯以麥，又不得飽，而自食則白秔飯。紹興三十年七月七日，婦與夫皆出，獨留姑守舍。有遊僧過門從姑乞食，笑曰："我自不曾得飽，安得有餘？"僧指盆中秔飯曰："以此施我。"姑搖手曰："白飯是七嫂者，我不敢動，歸來必遭辱罵。"僧堅求不已，終不敢與。俄而歸來，僧徑就求飯，婦大怒，且毀叱之。僧哀求愈切，婦咄曰："脫爾身上袈裟來，乃可換。"僧即脫以授之。婦反覆細視，戲披於身，僧忽不見，袈裟變爲牛皮，牢不可脫。胸間先生毛一片，漸遍四體、頭面，稍稍成牛。其夫走報婦家，父遽至，則儼然全牛矣。

生聖子

《漢武帝故事》：景帝嘗夢高祖謂己曰："王美人生子，可名爲毚。"王氏夢日入懷，以乙酉年七月七日生武帝於猗蘭殿。杜甫詩云："猗蘭奕葉光。"注云：奕葉，猶累世也。

誕皇后

西漢《后妃傳》：竇皇后，觀津人也，少小頭禿，不爲家人所齒。時遇七夕夜，皆看織女，獨不許后出。忽有神光照室，爲后之瑞。

賞神童

《閩川名士傳》：林傑字智周，幼而聰明秀異，言發成文。年六歲，請舉童子。時父肅爲閩府大將，性樂善，尤好聚書，當時名公多與之交。及有是子，益大其門。廉使崔侍郎於亟與遷職，鄉人榮之。傑五歲從父謁唐中丞扶，唐命子弟延入學院。時會七夕，堂前乞巧，因試之《乞巧詩》，傑援筆曰："七夕今宵看碧霄，牽牛織女渡河橋。家家乞巧望秋月，穿盡紅絲幾萬條。"唐公曰："真神童也！"

傷賢婦

《蕙畝拾英》：資陽士人妻崔氏，其夫坐事被竄遠地。後因七夕，作詩以寄之曰："月鈎輝影透珠幃，雅稱人間七夕期。織女牽牛猶會遇，始知天與夢相遺。"

曬腹書

《世說》曰：晉郝隆七月七日見鄰人皆曝衣物，隆乃曝腹於庭中。人問之，答曰："我曬腹中書耳。"杜子美《七夕》詩云："腹中書籍幽時曬，肋後醫方静處看。"

曝布裈

《竹林七賢論》：阮咸，字仲容，與叔父籍居道南，諸阮居道北。北阮富，南阮貧。七月七日，法當曝衣，北阮庭中爛然，莫非綈錦。咸時方總角,乃以長竿標大布犢鼻裩,曝於庭中。或怪之,答曰:"未能免俗,聊復爾爾。"東坡《七夕詩》云:"不用長竿矯繡衣,南園北第兩參差。"

宜導引

《正一旨要》:道家每歲有五臘,七月七日乃道德臘日,其日玉帝校定生人骨髓枯盛,學業文籍,名宦隆替。可以謝罪,請益神煞,超度先亡。及導引攝理,舒展筋骨,不可伐樹、破石,食啖酸鹹,乘騎臨險。

市藥物

《楊文公談苑》:益州有藥市,期以七月七日,四遠皆集。其藥物名品甚衆,凡三日而罷,好事者多市取之。淳化中,有右正言崔邁任陝路轉運使,邁苦病。集有拍枕,乃令齎萬錢市藥百餘品,各少取置枕中,周環鑽穴,以徹其氣。臥數月,得癩病,眉鬚盡落,投江水死。説者以爲藥力薰蒸,發骨節間成疾。

感舊念

《麗情集》:愛愛楊氏本錢塘倡家女,年十五尚垂鬌,性喜歌舞,初學胡琴數曲,遂能緣其聲以通他調。七月七日,泛舟西湖採荷香,爲金陵少年張逞所調,遂相攜潛遁,旅於京師二年。逞爲父捕去,不及與愛愛別,後傳逞已死,愛愛亦感疾而亡。其小婢錦兒,常出其故繡手藉、香囊、纈履等示人,皆郁然如新。

占穀價

《百忌曆》:七日大雨,糶倍貴;小雨,大貴。

歲時廣記卷第二十八

歲時廣記卷第二十九

廣寒仙裔陳　元靚　編

中元上

吕原明《歲時雜記》曰：道家以七月十五日爲中元節，作齋醮之會。《道經》云：中元日大宜崇福，與佛家解夏同日。

朝聖祖

《嘉泰事類・儀制令》：諸州立聖祖廟，三元節，州長吏率在城官朝謁。

設神位

《唐書・王縉傳》：七月望日，内道場造設盂蘭盆，綴飾鏐琲，所費百萬。又設高祖以下七聖神位，備幡節、龍傘、衣冠之制，各以帝號識其幡。自禁城内外分詣諸道佛祠，鐃吹鼓舞，奔走相屬。是日立仗，百官班光順門，奉迎導從，歲以爲常。

作大獻

《道經》：七月十五日中元日，地官校閲，搜選人間，分别善惡。諸天聖衆，普詣宮中，簡定劫數，人鬼簿録。餓鬼囚徒，一時俱集。以其日作元都大齋獻，於玉京山採諸花果異物，幡幢寶蓋，精膳飲食，獻諸聖衆。道士於其日夜講誦《老子經》。十方大聖，高詠靈篇。囚徒餓鬼，一切飽滿。免於衆苦，悉還人中。若非如斯，難可拔贖。

行禪定

《盂蘭盆經》：目連見亡母在餓鬼中，以鉢盛飯，往餉其母。食未入口，化成火炭，遂不得食。目連大叫，馳還白佛。佛言："汝母罪重，非汝一人奈何。當須十方衆僧威神之力，至七月十五日，當爲七代父母見在父母厄難中者，具百味五果，以著盆中，供養十方大德。佛敕衆僧，皆爲施主，咒願七代父母，行禪定意，然後受食。"是時目連母得脫一切餓鬼之苦。目連白佛："凡弟子孝順者，亦應奉盂蘭盆，可否？"佛言："大善！"故後代人因此廣爲華飾，以至刻木割竹，飴蠟翦綵，鏤繒模花果之形，極工妙之巧。《寶氏音訓》云：天竺所謂盂蘭盆者，乃解倒懸之器。言目連救母飢厄，如解倒懸，故謂之盂蘭盆。今人遂飾食味於盆中，亦誤矣。

召真聖

《道藏經》：七月十五日，迺太上老君同元始天尊會，集福世界，信行國土，元壽觀中大會説法，召十方天帝神仙真聖之日。

禮空王

韓愈《直諫表》：近聞陛下七月十五日幸安國寺，禮空王，以爲崇福施信，示天下仁心。

講道經

《明皇實錄》：三元日，宜令崇元學士講道德南華等經，群公咸就觀禮焉。

誦仙書

《修行記》：七月中元，乃大慶之月。長齋誦《度人經》，則福上世，身得神仙。按《度人經》云：七月長齋，誦詠是經，身得神仙，諸天書名，黃籙白簡，削死上生。

説妙法

《真武經》：爾時元始天尊於龍漢元年七月十五日，於八景天宮上元之殿，安祥五雲之坐，與三十六天帝、斗極真人、無量飛天大神，玉童玉女侍衛左右。一時同會，振動法音，天樂自響，大衆忻然，咸聽天尊説無上至真妙法。

供寺院

《荊楚歲時記》：七月十五日，僧尼道俗，悉營盆供諸寺院。按《盂蘭盆經》云：有七葉功德，並幡花歌鼓果食迎送，蓋由此。

進蘭盆

《唐六典》：中尚署七月十五日進盂蘭盆。

拜表章

《正一旨要》：七月十五日，中元，九地靈官神仙兵馬無殃數衆，名山洞府，神仙兵馬，同下人間，校戒罪福。大宜拜表上章，祈恩謝過。

解結夏

《正法眼藏》：真淨和尚解夏示衆云：“有問話者麼？”乃以拂子擊禪床云：“天地造化，有陰有陽，有生有殺；日月照臨，有明有暗，有隱有顯；江河流注，有高有下，有壅有決；明王治化，有君有臣，有禮有樂，有賞有罰；佛法住世，有頓有漸，有權有實，有結有解。”乃喝云：“結也。四月十五，十方法界，是聖是凡，若草若木。”以拂子左邊敲云：“從這裏一時結。”舉拂子云：“摠在拂子頭上，還見麼？”乃喝云：“解也。七月十五，十方法界，若草若木，乃聖乃凡。”以拂子右邊敲云：“從這裏一時解。”舉拂子云：“摠在拂子頭上，還見麼？”乃喝云：“祇如四月十五日已前，七月十五日已後，且道是解是結。”舉拂子云：“摠在拂子頭上，還見麼？”

周法歲

《荆楚歲時記》：四月十五日，乃法王禁足之辰，釋子護生之日。僧尼以此日就禪刹結夏，又謂之結制。蓋長養之節，在外行恐傷草木蟲類，故九十日安居。至七月十五日解夏，又謂之解制。經云：“四月十五日坐樹下，至七月十五日爲一歲。”又曰法歲。又《圓覺經》云：“若經首夏，三月安居。”山谷詩云：“忽憶頭陀雲外客，閉門作夏與僧過。”韋蘇州詩云：“安居同僧夏，清夜諷道言。”大慧禪師《結夏上堂語》云：一年一度結，只是這箇事。何須更多説，蹋著稱槌硬似鉄。

請茶會

《歲時雜記》：解夏受歲，事見諸經，不可備舉。近世唯禪家解結二會最盛，禮信畢集，施物豐夥。解結齋畢，長少番次召諸僧茶會，諸寮互會茶十餘日乃畢。

祈福壽

《龍城録》：金山雙溪北有仙洞，中有三十二室，凡三十六里。石刻上以松炬照之，云：“劉嚴字仲卿，漢射聲校尉。當恭顯之際，極諫被貶，隱跡於此，莫知所終。道士蕭至立所記也。”俗傳仲卿每至中元日來降洞中，州人以祈福壽。

托母胎

《後漢書》：佛以癸丑七月十五日托生於净土國摩耶夫人腹中，至周莊王十年甲寅四月八日生。

化雲龍

《宣室志》：故唐安太守盧元裕，嘗以中元日設幡幢像，置盂蘭盆於其間。俄聞缶中有唧唧之聲，元裕視之，見一小龍纔寸許，蜿蜒可愛，以水沃之，忽長數尺。須臾，有白雲自缶中起，其龍隨雲而去。

念真詮

《報應記》：張政，邛州人，唐開成三年七月十五日，暴亡三日，唯心上暖。初見四人來捉，行半日，至大江，闊甚，約深三尺許，細看盡是膿血。便小聲念《金剛經》，使者色變。入城，見胡僧長八尺餘，罵使者：“何得亂捉平人？”盡皆驚拜。及領見王，僧與王對坐曰：“張政是某本宗弟子，被妄領來，王判放去。”見使者皆著大枷，僧自領政出城，謂之曰：“汝識我否？我是須菩提。”乃知是持經之力，再三禮拜，僧曰：“弟子合眼！”僧以杖一擊，不覺失聲乃活。

歸舊姬

《麗情集》：進士趙嘏家於浙西，有姬纖麗，嘏甚惑之。洎預計偕，將攜西上，爲母氏阻而不行，且留鶴林寺。值中元齋會，居人仕女，競遊賞之，趙姬亦往，浙帥窺之，乃強致去。因爲掩有，嘏知之，亦無奈何。明年登第，乃以一絕箴之曰：“寂寞堂前日又曛，陽臺去作不歸雲。當時聞説沙吒利，今日青娥屬使君。”浙帥得詩不自安，乃遣歸。

感仙叟

《續玄怪録》：杜子春者，周隋間人，少落魄，縱酒浪遊，資生蕩盡。方冬，衣破腹空，徒行長安，日暮未食，飢寒之色可掬，仰天長吁。俄有老人前問曰：“君子何嘆？”子春言其心，老人袖出一緡曰：“給子今夕，明日午時，俟子於西市波斯邸。”及時，子春往，老人與錢百萬，不告姓名而去。子春既富，蕩心復熾，二年而盡。去馬而驢，去驢而徒。復無計，自嘆於市門，發聲而老人至，握其手曰：“吾將復濟子幾緡，明日午時來前期處。”子春忍媿而往，得錢一千萬錢。既入手，縱適如故，不四年間，貧過昔日。復遇老人於故處，子春負愧，掩面而走。老人牽裾問之，因與錢三千萬，曰：“此而不痊，則子貧在膏肓矣。”子春曰：“感叟深惠，唯叟所使。”老人曰：“來歲中元日，見我於老君祠雙檜下。”子春及期而往，老人方嘯於檜陰，遂相與同登華山雲臺峰。室屋嚴潔，堂中有藥罏，紫焰光發，玉女環立左右，龍虎分據前後。日已將暮，老人黃冠絳帔，持丹三丸，酒一卮，遺子春。食訖，戒曰：“慎勿言語，萬苦皆非真實，一念吾言，安心無懼。”老人適云，而千乘萬騎，呵聲震天。有一人稱大將軍，拔劍直入堂中，叱問姓名，催斬爭射之，聲如雷，子春不對。俄猛虎、毒龍、狻猊、蝮蛇爭欲搏噬，子春神色不動。既而風雨雷電，水深丈餘，瞬息波及坐下，子春端坐不顧。將軍復引牛頭獄卒，置大鑊湯，當心叉置鑊中，又不應。因執其妻於前，鞭箠流血，斫煮燒射，寸寸剉之，妻號哭曰：“得君一言，即全性命。”子春竟不言。將軍曰：“此賊妖術已成。”敕左右斬之，領魂魄見閻王曰：“此乃雲臺峰妖民。”押付獄中，於是鎔銅鐵杖、碓搗磑磨、火坑鑊湯、刀山劍樹之苦，無不備嘗。然心念老人之言，似亦可忍，竟不呻吟。王曰：“此人陰賊，令作女人。”配生王縣丞家，容色絕代，而口啞，親戚侮之，終不對。進士盧珪慕其容而娶之，恩情甚篤。生一男，聰慧無敵，抱兒與言，終無辭。盧大怒曰：“為妻所鄙，安用其子！”乃持兩足，以頭撲於石上，血濺數步。子春愛生於心，不覺失聲，云：“噫！”噫聲未息，身坐故處，老人亦在前，已五更矣。見紫焰穿屋，大火四合，屋室俱焚。老人嘆曰：“誤予如是。子之心，喜怒哀懼惡欲皆能忘也，所未臻者，愛而已。使子無噫聲，吾之藥成，子亦上仙矣。嗟乎！吾藥可重鍊，而子之身猶容世界。”指路使歸，嘆恨而去。

遇神嫗

《傳奇》：貞元中，有崔煒者，居南海。時中元日，番禺人多陳設珍異於佛廟，煒往觀之。見丐嫗，因蹶覆人酒甕，當爐者毆之，煒脫衣代償其值。異日，嫗來告煒曰：“謝子脫難，吾善炙，今有少艾奉子，不獨愈苦，兼獲美艷。”煒後遊海光寺，遇僧贅生於耳，試出炙之，一炷而愈。僧感之，謂曰：“貧道無以奉醻，此山下有任翁者，亦有此疾，君能療之，當獲厚報，請爲書導之。”煒至，亦一炷而愈，翁以十千謝煒，因留之數日。煒素善絲竹，聞堂前彈胡琴，詰家童，知爲翁之愛女，因請琴彈之，女潛聽有意焉。翁家事鬼，曰“獨神”，每三歲必殺一人祭之。時求人未獲，翁遽負惠，欲中夜殺煒爲饗。女潛出告之，煒恐，攜艾破户急遁。俄失足墜巨穴中，及曉，視穴中有白蛇盤屈，長數丈，吻亦有贅。煒欲療之，以無燭不遂。忽有延火飄入，煒因出艾炙之，贅應手墜地。蛇乃吐珠徑寸，意若醻煒。煒不受，但以歸計禱之。蛇乃咽其珠，蜿蜒將有所適，煒遂跨蛇而去。行可數里，抵一石門，煒謂已達人世。入户，但見一室空闊，中有帳帷、器玩、琴瑟之屬，煒取琴彈之。俄有小青衣出，笑曰：“玉京子送崔郎至矣。”遂却走入。須臾，有四女皆垂鬟髻而出，謂煒曰：“崔子何得擅入皇帝玄宮？”煒捨琴問曰：“皇帝何在？”女曰：“暫赴祝融宴爾。”女命煒就榻再彈，酌醴傳觴。煒乃叩求歸計，女曰：“幸且暫駐，少頃羊城使者當來，可以隨往。然皇帝已配田夫人，令奉箕帚。夫人即齊王之女，便可相見。”遂命侍女召夫人，夫人辭以未奉帝詔，不至。逡巡有日影入坐，煒舉首，見一穴隱隱然，睹人間天漢。俄有一白羊自空冉冉而下，背有一丈夫，執大筆，兼封一青竹簡，上有篆字。女酌醴飲使者曰："崔子欲歸番禺，願爲挈往。"使者許喏，女曰："皇帝有敕，令與君陽燧珠，有胡人具十萬緡易之。"遂取珠，授煒，煒曰："煒不曾謁帝，何眤遺如是？"女曰："帝感君先人之惠，故爾。"乃命侍女書於羊城使者筆管上，云："千歲荒臺隳路隅，一章太守重椒塗。因君拂拭意何極，報爾佳人與明珠。"女復謂煒曰："中元日須竢於廣州蒲澗寺，吾輩當送田夫人至。"煒告別，欲躡羊背，女曰："知有鮑姑艾，可留少許？"煒留艾而去，瞬息出穴，遂失使者與羊所在。煒至舍，已三年，乃抵波斯邸鬻珠，有老胡人見之曰："此我大食國陽燧珠也。昔南越王趙佗，使異人盜歸番禺千載矣。君必入彼墓中來，不然安得斯寶也？"煒以實告，胡人具十萬緡易之。後有事於廣州城隍廟，忽見神像有類使者，入睹神筆，上有細字，乃女所題。是知羊城即廣州城，而廟有五羊焉。及登越王臺，睹先人詩云："越井崗頭松柏老，越王臺上生秋草。古墓多年無子孫，野牛踐踏成官道。"乃詢其主者，主者曰："徐大夫紳感崔侍御詩，故有此粉飾爾。"後將及中元，煒遂於蒲澗僧室竢之。夜半，果四女送田夫人至。煒遂與夫人歸家，詰夫人曰："既是齊王女，何以遠配南越？"夫人曰："某遭越王虜爲嬪御，王崩，因以爲殉。"又問昔四女，曰："俱當時爲殉者。"又問鮑姑，曰："鮑靚女，葛洪妻也，多行炙道於南海。"又問："呼蛇爲玉京子，何也？"曰："安期生長跨斯龍而朝玉京，故號之也。"煒後絜室訪道，不知所適。

歲時廣記卷第二十九

歲時廣記卷第三十

廣寒仙裔陳　元靚　編

中元下

獻先祖

皇朝《東京夢華録》：中元節先數日，京都市井賣冥器，靴鞋、幞頭、帽子、金犀假帶、五綵衣服，以珝糊架子，盤街出賣。潘樓并州東西瓦子亦如七夕，要鬧處亦賣果食種生花果之類，及印賣《尊勝經》《目連經》。又以竹竿斫成三脚，高三五尺，上織燈窩之狀，謂之“盂蘭盆”。掛搭冥錢衣服，在上焚之，以獻先祖。

祭父母

《歲時雜記》：律院多依經教作盂蘭盆齋，人家大率即享祭父母祖先。用瓜果、楝葉、生花、花盆、米食，略與七夕祭牛女同。又取麻穀長本者，維之几案四角。又以竹一本，分爲四五足，中置竹圈，謂之“盂蘭盆”。畫目連尊者之像插其上，祭畢，加紙幣焚之。魏國公韓琦《家祭式》云：近俗七月十五日有盂蘭盆齋者，蓋出釋氏之教。孝子之心，不忍違衆而忘親，今定爲齋享。

拜新墳

《東京夢華録》：京師城外有新墳者，即往拜掃。禁中亦出車馬，詣道者院謁墳。本院官給祠部十道，設大會，焚錢山，祭軍陣亡歿，設孤魂道場。

設素食

《錢狀元家世範》：近世以七月十五日爲燒衣節，蓋本浮屠之說，不足依據。然佛老宮祠，所在有之，亦祖考平生遊息更衣之地，因設素食，於此燒之，理亦可行。

告秋成

《東京夢華録》：中元前一日，即賣楝葉，享祀時鋪襯桌面。又賣麻穀窠兒，亦繫在桌子脚上，乃告祖先秋成之意。十五日，供養祖先素食。纔明，即賣穄米飯，巡門叫賣，亦告成之意也。穄米乃黃穄米也，或謂之黃烏兒飯，以供佛祭親。

論時務

《開元遺事》：明皇在便殿，甚思姚元崇論時務。七月十五日，苦雨不止，泥濘盈尺，上令侍御者擡步輦召學士來[①]。時元崇爲翰長，中外榮之，自古急賢待士帝王如此者，未之有也。

休假務

《嘉泰事類·假寧格》：三元各假三日，前後各一日。又《假寧令》云：諸假皆休務，三元前後日准此。又《軍防格》云：中元節，諸軍住教一日。

罷觀燈

《歲時雜記》：開寶元年，詔中元張燈三夜，唯正門不設燈，上御寬仁樓。太平興國四年，詔下元依中元例，張燈三夜。淳化元年，詔罷中元下元觀燈。

禁採魚

《唐·百官志》：河渠令，三元日非官祠不採魚。三元者，上

---

① "者"，底本原作"者者"，衍一，兹逕删。

元、中元、下元也。

收萍草

《本草》：水萍無毒，以沐浴，生毛髮，久服輕身。一名水花，一名水白，一名水蘇。《瑣碎錄》云：七月十五日，取赤萍。用箭箕盛，曬乾爲末。遇冬雪寒水調三錢服，又用漢椒末擦身上則熱。高供奉《採萍時日歌》云："不在山，不在岸，採我之時七月半。選甚癩風與緩風，甡小微風都不算。豆淋酒内下三丸，鉄幞頭上也出汗。"

拾聖柰

《洽聞錄》：河州鳳林關有靈巖寺，每七月十五日，溪穴流出聖柰，大如盞，歲以爲常。

取佛土

《四時纂要》：七月十五日，取佛座下土，著臍中，能令人多智，厭火灾。《博異志》：元和中，内侍劉希昂將遇禍。七月十五日日中，忽有一紅衣女人獨行至門，曰："緣遊看去家遠，暫借後院盤旋，可乎？"希昂令借之，敕家人領過。姿質甚分明，良久不見出。遂令人覘之，已不見。希昂不信，自往觀之，無所有，唯有一火柴頭在廁門前。家屬相謂曰："此乃火灾欲起也，必須覓術士鎮厭之。"當鎮厭之日，火從廚上發，燒半宅且盡。至冬，希昂忤憲宗，遂族誅。

感詐鬼

《夷堅丁志》：撫州南門黃柏路居民詹六、詹七，以接罍縑帛爲生。其季曰小哥，嘗賭博負錢，畏兄箠責，徑竄逸他處，久而不返。母思之益切，而夢寐占卜，皆不祥，真以爲死矣。會中元盂蘭齋，前一夕，詹氏羅紙錢以待享。薄暮，若有幽嘆於外者，母

曰："小哥真死矣,今來告我。"取一緡錢祝曰："果爲吾兒,能掣此
錢出,則信可驗,當求冥助於汝。"少焉,陰風肅肅,類有人探而出
之者。母兄失聲哭,亟呼僧誦經拔度,無復望其歸矣。後數月,
忽從外來,伯兄曰："鬼也!"取刀將逐之,仲遽抱之曰："未可!"稍
前諦視,問其死生。弟曰："本懼杖而竄,故詣宜黃受傭,未嘗死
也。"乃知前事爲鬼所詐云。

除蟒妖

《玉堂閒話》:南中有選仙場,在峭崖之下,其絕頂有洞穴。
相傳爲神仙之窟宅也,每年以中元日拔一人上昇。學道者築壇
於下,至時則遠近冠帔,咸萃於斯。備科儀,設醮齋,焚香祝禱七
日,而後衆推一人道德最高者,嚴潔至誠,端簡立於壇上,餘皆慘
然訣別而退。退即遙頂禮瞻望之,於時有五色祥雲,徐自洞門而
下,至於壇場。其道高者,冠衣不動,合雙掌躡祥雲而上昇。觀者
靡不涕泗健羨,望洞門而作禮,如是者不可枚數矣。有道高合選
者,忽來中表間一比丘,自武都山相與話別。比丘懷雄黄一斤許
贈之曰："道中唯重此藥,請密置於腰腹之間,慎勿遺失之。"道高
者甚喜,遂懷而昇壇,至時果躡雲而上。後旬餘,比丘從崖傍攀緣
造其洞,見一大蟒蛇腐爛其間,前後上昇者,骸骨山積於巨穴之
間。蓋五色雲者,蟒毒氣,常呼吸。此無知道士充其腹,哀哉!

見故夫

《夷堅乙志》:成都人承信郎王祖德,紹興三十一年來臨安,
得監邛州作院。既之官矣,聞虞并甫以兵部尚書宣諭陝西,即求
四川制置司檄,以稟議爲名,往秦州上謁。未及用,以歲六月客
死於秦。虞公遣卒護其柩,且先以訊報其家。王氏即日發喪哭,
設位於堂,既而柩至。蜀人風俗重中元節,率以前兩日祀先,列

葷饌以供，及節日則詣佛寺爲盂蘭盆齋。唯王氏以有服，但用望日就几筵辦祭。正行禮未竟，一卒抱胡床從外入，汗流徹體，曰："作院受性太急，自秦州兼程歸，凡四晝夜抵此，將至矣。"俄而六人舁一轎至，亦皆有悴色。轎中人徑升於堂，據東榻坐，乃祖德也。呼其妻語曰："欲歸甚久，爲虞尚書苦留，近方得脫。行役不勝倦，傳聞人以我爲死，欲壞我生計，爾當已信之。"妻曰："向接虞公書，報君殁於秦，靈輀前日已至，何爲爾？"始笑曰："汝勿怖，吾實死矣。吾聞家中議賣宅，宅乃祖業也，安得貨？吾所寶黃筌、郭熙山水，李成寒林，凡十軸，聞已持出議價。吾下世幾何時，未至窮乏，何忍遽如是？吾思家甚切，無由可歸，今日以中元節冥府給假，故得暫來，然亦不能久。"又呼所愛婢子，恩意周盡。是時一家如癡，不能辨生死。忽青烟從地起，跬步不相識，烟止，寂無所見。

會鬼妃

《傳奇》：會昌中，進士顏濬下第遊廣陵，遂之建業，賃舟抵白沙。同載有青衣，年二十許，濬問姓氏，對曰："幼芳姓趙氏，亦往建業。"每艤舟，濬即買酒同飲，多說陳隋間事，濬或諧謔，即斂袵正色。及抵白沙，各遷舟航，青衣謝曰："數日承君深顧，自嫌陋拙，不足奉歡笑，然亦有一事，可以奉酬。中元必遊瓦官閣，此時當爲君類會一神仙中人。況君風儀才調，亦甚相稱，約至時，某候於彼。"言訖各登舟而去。濬誌其言，中元日決遊瓦官閣，士女闐咽。及登閣，果有美人從二女僕，皆雙鬟而有媚態。美人倚欄悲嘆，濬注視不易，美人亦訝之，乃曰："幼芳之言不謬耳。"使雙鬟傳語曰："西廊有闍梨院，請君至彼。"濬喜而往，果見同舟青衣出而微笑，濬遂併與美人敘寒暄，僧進茶果。少頃，而謂濬曰："今日幸接言笑，妾家在青溪，頗多松月，室無他人，今夕必相過。

某前往，可與幼芳後來。"濬然之，遂乘軒而去。及夜，幼芳引濬前行。可數里方至，有女童數輩，秉燭迎入內室環坐，繼邀孔家娘子曰："今夕偶有佳賓相訪，幸同傾觴。"少頃而至，濬因起白曰："不審夫人復何姓第？"答曰："某即陳朝張貴妃，彼即孔貴嬪，居世謬當後主眷顧，不幸國亡，爲楊廣所殺。幼芳乃隋宮御女也。"因話前朝故事，孔貴嬪曰："往事休論，不如命酒延歡。"遂呼雙鬟持樂器，洽飲久之。貴妃詠詩一章曰："秋草荒臺響夜蟲，白楊凋盡減悲風。彩牋曾擘欺江總，綺閣塵消玉樹空。"孔貴嬪曰："寶閣排空稱望仙，五雲高艷擁朝天。青溪猶有當時月，應照瓊花綻綺筵。"幼芳曰："皓魄初圓恨翠娥，繁華穠艷竟如何。南朝唯有長江水，依舊行人作逝波。"濬亦和曰："簫管清吟怨麗華，秋江寒月綺窗斜。慚非後主題牋客，得見臨春閣上花。"頃之，聞雞鳴，孔貴嬪等謝酒辭去。濬與貴妃就寢，欲曙而起，貴妃贈以辟塵犀簪一枚，曰："異日睹物思人，昨宵客多，未盡歡情，別日更卜一會。"嗚咽而別。濬翌旦懵然，若有所失。信宿後，更尋曩日地，則近青溪松桂坵墟。詢之於人，乃陳朝宮人墓也，驚惻而返。回過廣陵，訪煬帝舊陵，果有宮人趙幼芳墓，因以酒奠之。

賽離捨

《燕北雜記》：七月十三日夜，戎主離行宮，向西三十里卓帳宿，先於彼處造酒食。至十四日，應隨從諸軍，並隨部落，動番樂設宴。至暮，戎主卻歸行宮，謂之迎節。十五日，動漢樂大宴。十六日早，卻往西方，令隨行軍兵大噭三聲，謂之送節。番呼此節爲"賽離捨"，漢人譯云："賽離是月，捨是好，謂月好也。"

歲時廣記卷第三十

歲時廣記卷第三十一

廣寒仙裔陳　元靚　編

中秋上

方是閒居士《中秋玩月記》云：中秋玩月，古今所同者也。雖古今所同，然故實所始騷人雅士，不多見於載籍，後世未嘗無遺恨焉。惟唐四門助教歐陽公貞元十二年與邵楚萇、林蘊、陳詡客長安邸中，修厥玩事，賦詩叙景，曲盡其妙。且謂月之爲玩，冬則繁霜太寒，夏則蒸雲蔽月。雲蔽月，霜侵人，蔽與侵俱害乎玩。秋之於時，後夏先冬；八月於秋，季始孟終；十五於夜，又月之中。稽諸天道，則寒暑均，取於月數，則蟾兔圓。埃壒不流，太空悠悠，芳菲徘徊，搏華上浮。升東林，入西樓，肌骨與之疏涼，神魂與之清冷。斯古人所以爲玩也夫？

科舉年

《會要》：太祖乾德四年始開科舉，詔諸州以八月十五日試鄉舉。又《瑣碎録》云：科舉年中秋必有月，四川以八月十五日省試。

端正月

《玉塵佳話》：前輩名中秋月爲端正月，昌黎月詩云：“三秋端正月，今夜出東溟。”又前輩詩云：“去年中秋端正月，照我衣襟萬條血。”又唐人中秋詩云：“端正月臨端正樹，韻香人在韻香樓。”

端正樹，韻香樓，皆明皇故事。

同陰晴

《使燕録》：中秋天色陰晴，與夷狄同。又東坡云：故人史生爲余言：“嘗見海賈云中秋之月，雖相去萬里，他日會合，相問陰晴，無不同者。”公集中有中秋詩云：“嘗聞此宵月，萬里同陰晴。”

遇陰晦

《石林詩話》：晏元獻公守南都，王君玉時在館閣較勘，公特請於朝以爲府簽判，賓主相得，日以賦詩飲酒爲樂，佳時勝日，未嘗輒廢。嘗遇中秋陰晦，公廚夙爲備，公適無命，既至夜，君玉密使人伺公，曰：“已寢矣。”君玉亟爲詩以入，曰：“只在浮雲最深處，試憑絃管一吹開。”公枕上得詩，大喜，即索衣起，徑召客治具，大合樂。至夜分，果月出，遂飲樂達旦。

置賞會

《隋唐佳話》：李愬隱首陽山，中秋夕與友人携酒望月。愬曰：“若無明月，豈不愁殺人也。”杜子美詩云：“若無青嶂月，愁殺白頭人。”

備文宴

《天寶遺事》：蘇頲與李乂對掌綸誥，八月十五夜於禁中直宿。諸學士玩月，備文酒之宴。時長天無雲，月色如晝，蘇曰：“清光可愛，何用燈燭？”遂命撤去。

結綵樓

《東京夢華録》：中秋節前，京城諸酒店重新結絡門面綵樓，花頭畫竿，醉仙錦斾。中秋日皆賣新酒，市人爭飲，至午未間，家家無酒，拽下望子。是時螯蟹新出，石榴、榲勃、梨、栗、孛萄、根橘，皆新上市。

飾臺榭

《東京夢華錄》：中秋夜，市肆貴家，結飾臺榭，民間爭占酒樓玩月。絲竹鼎沸，近内庭居民，夜深遙聞笙竽之聲，宛在雲外。閭里兒童，連宵嬉聚。夜市駢闐，至於通曉。

觀江濤

《文選》枚乘《七發》客曰：將以八月之望，與諸侯並往觀濤於廣陵之曲江。詹克愛《中秋即事》云：“前年中秋秋月高，錢塘江上觀風濤。”

泛夜舫

《晉書》：袁宏孤貧，運租自業。謝尚時鎮牛渚，八月十五夜乘月與左右微服泛江，會宏在舫中，諷詠解悶，即其咏史之作。尚迎昇舟與談，達旦不寐，自此名譽日茂。

賞雲海

《本事詞》：李丞相紀退居三山，寓居東報國寺。門下多文士從遊，中秋夜讌，座上命何大圭賦《水調歌頭》，云：“今夕出佳月，銀漢瀉高寒。風纏雲捲轉覺，天陛玉樓寬。疑是金華仙子，又喜經年藥就，傾出玉團團。收拾江河影，都向鏡中蟠。橫霜笛，吹明影，到中天。要令四海瞻望，千古此輪安。何歲何年無月，唯有謫仙著語，高絕不能攀。我欲喚空起。雲海路漫漫。”後有賞月亭名雲海。

諷水利

《烏臺詩話》：熙寧六年，任杭州通判，因八月十五觀潮作詩五首，寫在本州安濟亭。前三首並無譏諷，至第四首云：“吳兒生長狎濤淵，冒利忘生不自憐。東海若知明主意，應教斥鹵變桑田。”蓋言弄潮之人，貪官中利物，致其間有溺而死者，故朝廷禁斷。軾謂主上好興水利，不知利少害多，言"東海若知明主意，應教斥鹵變桑田"，言此事之必不可成，譏諷朝廷水利之難成也。

分秋光

《古樂府》有"嫦娥怨"之曲，注云：漢人因中秋無月而度此曲。所謂嫦娥者，蓋指言月中姮娥也。羅隱《中秋不見月》詩云："風簾淅淅漏銀雯，一半秋光此夕分。天爲素娥嫦怨苦，故教西北起浮雲。"又前輩嘗有中秋詞云："喚起嫦娥，撩雲撥霧，駕出一輪玉。"後人傳寫之訛，遂以嫦娥爲姮娥，殊失從來作者之本意也。

作春陰

《王氏詩話》：呂申公在揚州日，因中秋，令秦少遊預作口號，有"照海旌幢秋色裏，沸天鼓吹月明中"之句。是夜却微陰，公笑云："使不著也？"少遊遂別作一篇乘聯云："自是我公多惠愛，却回秋色作春陰。"真所謂翻雲手也。

得佳聯

《漫叟詩話》：南唐金輪寺有僧曰明光者，先一年中秋玩月，得詩一聯云："團團離海角，漸漸出雲衢。"竟思下聯不就。次年中秋，再得一聯云："此夜一輪滿，清光何處無。"遂不勝其喜，徑登寺樓鳴鐘。時有善聽聲者聞之："此鐘發聲通暢，若非詩人得句，即是禪僧悟道。"驗之果然。好事者有詩云："爲思銀漢中秋月，誤擊金輪半夜鐘。"

作壽詩

《隱居詩話》：李文定公迪八月十五日生，杜默作《中秋月》詩以壽公。凡數百言，皆以月祝文定，其警句有云："蟾吐輝光育萬重，我公蟠屈爲心胸。老桂根株撼不折，我公得此爲清節。孤輪輾空周復圓,我公得此爲機權。餘光燭物無洪細,我公得此爲經濟。"終篇大率如此,雖造語傾淺,亦豪爽。

進新詞

《復雅歌辭》:"明月幾時有,把酒問青天。不知天上宮闕,今夕是何年。我欲乘風歸去,又恐瓊樓玉宇,高處不勝寒。起舞弄清影,何似在人間?轉朱閣,低綺户,照孤眠。不應有恨,何事長向別時圓?人有悲歡離合,月有陰晴圓缺,此事古難全。但願人長久,千里共嬋娟。"是詞,乃東坡居士以丙辰中秋,歡飲達旦,大醉,作《水調歌頭》,兼懷子由,時丙辰熙寧九年也。元豐七年,都下傳唱此詞,神宗問内侍外面新行小詞,内侍録此進呈。讀至"又恐瓊樓玉宇,高處不勝寒",上曰:"蘇軾終是愛君。"乃命量移汝州。

應制曲

《復雅歌詞》:宣和間,万俟雅言中秋應制作《明月照高樓慢》云:"平分素商。四垂翠幕,斜界銀潢。顥氣通建章。正煙澄練色,露洗水光。明映波融太液,影隨簾掛披香。樓觀壯麗,附霄雲耀,紺碧相望。宮粧。三千從赭黄。萬年世代,一部笙簧。夜宴花漏長。乍鶯歌斷續,燕舞回翔。玉座頻燃絳蠟,素娥重按霓裳。還是共唱御製詞,送御觴。"

著絶唱

《雅言雜載》:廖凝字熙績,善吟諷,有學行,隱居南山三年。江南受僞官爲彭澤令,遷連州刺史,與昇州李建勳爲詩友相善,有詩集行於世。詠《中秋月》詩最爲絶唱:"九十日秋色,今宵已十分。孤光吞列宿,四面絶微雲。衆木排疏影,寒流叠細紋。遥遥望丹桂,心緒正紛紛。"

歌絶句

《王直方詩話》：東坡作彭門守時，過齊州李公擇，中秋席上作一絶云："暮雲收盡溢清寒，銀漢無聲轉玉盤。此宵此景不長好，明月明年何處看。"其後，山谷在黔南，令以《小秦王》歌之。

述幽意

《古今詞話》："月到中秋偏瑩。乍團圓，早欺我孤影。穿簾共透幕，來尋趁。鈎起揔兒，裏面故把、燈兒撲爐。看盡古今歌詠。狀玉盤，又擬金餅。誰花言巧語、胡厮脛。我只道、爾是照人孤眠，惱殺人、舊都名業鏡。"野人曰："此詞極有才調，巧於遊戲也。但不知在地獄對著業鏡有甚情綴詞。"予以謂野人所謂在地獄對著業鏡，然業鏡不必在地獄中也。凡人對鏡，有不稱意，必撲鏡而歎曰業鏡也。中秋夜月，照人孤眠，稱爲業鏡，以狀景寫意及於此也。野人之言，其責太過耳。

遇知音

《古今詞話》：嘉祐間，京師殿試，有一南商控細鞍驄馬於右掖門，俟狀元獻之。日未曛，唱名第一人，乃許將也。姿狀奇秀，觀者若堵。自綴《臨江仙》曰："聖主臨軒親策試，集英佳氣蔥蔥。鳴鞘聲震未央宮。卷簾龍影動，揮翰御煙濃。上第歸來何事好，迎人花面爭紅。藍袍香散六街風。一鞭春色裏，驕損玉花驄。"後帥成都，值中秋府會，官妓獻詞送酒，仍別歌《臨江仙》曰："不比尋常三五夜，萬家齊望清輝。爛銀盤透碧琉璃。莫辭終夕看，動是隔年期。試問嫦娥還記否，玉人曾折高枝。明年此夜再圓時。閣開東府宴，身在鳳凰池。"許問誰作詞，妓白以西州士人鄭無黨詞。後召相見，欲薦其才於廊廟。無黨辭以無意進取，惟投牒理逋欠數千緡。無黨爲人不羈，長於詞，蓋知許公《臨江仙》最喜，歌者投其所好也。

寫所懷

《古今詞話》：東坡在黄州，中秋夜對月作《西江月》詞曰："世事一場大夢，人生幾度新涼？夜來風葉已鳴琅。看取眉頭鬢上。酒淺常愁客少，月明多被雲妨。中秋誰與共孤光。把盞淒涼北望。"坡以讒言謫居黄州，鬱鬱不得志，凡賦詩綴詞必寫所懷，然一日不負朝廷，其懷君之心，末句可見矣。

識舊事

《玉局文》：予十八年前中秋，與子由觀月彭城，作一詩，以《陽關》歌之。今復歌此，宿於贛上，方南遷嶺表，獨歌此曲，聊復書之，以識一時之事。雖未覺有今夕之悲，但懸知爲他日之喜也。"行歌野哭兩相悲，遠火低星漸向微。病眼不眠非守歲，鄉音無伴苦思歸。重衾脚冷知霜重，新沐頭輕感髮稀[①]。多謝殘燈不厭客，孤舟一夜許相依。"

借妓歌

《古今詞話》：柳耆卿與孫相何爲布衣交。孫知杭州，門禁甚嚴，耆卿却見之不得，作《望海潮》之詞，往謁名妓楚楚，曰："欲見孫相，恨無門路。若因府會，願借朱唇歌於孫相公之前。若問誰爲此詞，但說柳七。"中秋府會，楚楚宛轉歌之，孫即日迎耆卿預坐。詞曰："東南形勝，三吳都會，錢塘自古繁華。煙柳畫橋，風簾翠幕，參差十萬人家。雲樹遶沙堤，怒濤卷霜雪，天塹無涯。市列珠璣，户盈羅綺競豪奢[②]。重湖叠巘清佳。有三秋桂子，十

---

① "沐"，底本原作"沫"，兹逕改正。
② "競"字據《乐章集》（《四庫全書》本）校補

里荷花。羌管弄晴，菱歌泛夜，嬉嬉釣叟蓮娃。千騎擁高牙。乘醉聽簫鼓，吟賞煙霞。異日圖將好景，歸去鳳池誇。”

拾桂子

《南部新書》：杭州靈隱山多桂，寺僧云月中種也。至今中秋夜，往往子墜，寺僧亦嘗拾得。漢武《洞冥記》云：“有遠飛鷄，朝往夕還，常銜桂實歸南土，所以北方無。今江東諸處，每四五月後，多於衢路間得之，大如狸豆，破之辛香，古老相傳，是月中下也。”《本草》云：“取月桂子，碎，傅耳後，月蝕耳瘡。”白樂天《題靈隱》詩云：“山寺月中尋桂子。”宋之問《遊靈隱寺行吟》云：“桂子月中落，天香雲外飄。”又云：“唐垂拱中，天台桂子落十餘日方止。”東坡《八月十七夜》詩云：“天台桂子爲誰香。”白樂天詩云：“天台桂子落紛紛。”蘇子美《中秋對月》詩云：“風應落桂子，露恐滴金波。”

視金蟆

《酉陽雜俎》：長慶中，有人於中秋夜見月光下屬於林間，如匹練，就視之，一金背蝦蟆，疑月中者。陳簡齋詩云：“明年強健更相約，會見林間金背蟆。”

築高臺

《天寶遺事》：明皇嘗八月十五夜與貴妃臨太液池，凭欄望月，不盡帝意，遂敕左右，於池西岸別築高臺，吾與妃子來年望月。後經禄山之兵，不復置焉。惟有基址而已。

求卜筮

《翰府名談》：何龍圖中正初登第，聞西川郭從周精卜筮，迺以縑素求一占，郭以詩贈公云：“三字來時月正圓，一麾從此出秦關。錢塘春色濃如酒，貪醉花間卧不還。”公後八月十五日改知制誥，因言邊事，出知秦州，移知杭州，乃捐館舍多何，郭君卜筮之明如此。

食東壁

《鄴侯傳》：八月望夜月食東壁，李泌曰：“吾當亡矣！東壁，圖書之府也。且讖云：‘大臣有文章者當之。’今吾爲相，又兼集賢之職。開元中，張燕公罷相爲集賢學士，將薨，而日食東壁。況吾正爲之乎？”未幾，果不起。

種罌粟

《博聞録》：常言重九日種罌粟，一云中秋夜種則罌大子滿，種訖，以竹帚掃之，花乃千葉。兩手重疊撒種，則開重臺花。

占喬麥

《瑣碎録》：中秋無月，則兔不孕，蚌不胎，喬麥不實。蓋緣兔蚌望月而孕胎，喬麥得月而實。

珠貴賤

《歲時雜記》：珠之貴賤，視中秋月之明闇，明則珠多，闇則珠少。又東坡曰：“嘗見海商云中秋有月，則是歲珠多而圓，常以此候之。”

兔多少

《歲時雜記》：世傳中秋月圓則兔多，陰則兔少。

歲時廣記卷第三十一

歲時廣記卷第三十二

廣寒僊裔陳　元靚　編

中秋中

登銀橋

《唐逸史》:羅公遠,本鄂州人也。開元中,中秋望夜,侍玄宗於宫中玩月。公遠奏曰:"陛下莫要至月中看否?"乃取拄杖向空擲之,化爲大橋,其色如銀,請玄宗同登。約行數十里,精光奪目,寒氣侵人。遂至大城闕,遠曰:"此月宫也。"見仙女數百,皆素練寬衣,舞於廣庭,玄宗問曰:"此何曲也?"曰:"霓裳羽衣曲也。"玄宗密記其聲調,遂回,却顧其橋,隨步而滅。旦召伶官,依其聲,作《霓裳羽衣之曲》。劉禹錫詩云:"三鄉陌上望仙山,歸作霓裳羽衣曲。"

奏玉笛

《集異記》:玄宗嘗八月望夜,與葉法善同遊月宫。聆月中奏樂,上問曲名,曰:"紫雲曲也。"玄宗素曉音律,默記其聲。歸傳其音,名曰"霓裳羽衣"。自月宫還,過潞州城上,俯視城郭悄然,而月色如晝。法善因請上以玉笛奏曲,時玉笛在寢殿中,法善命人取之,旋頃而至。曲奏既竟,復以金錢投城中而還。旬餘,潞州奏八月望夜,有天樂臨城,兼獲金錢以進。

遊廣寒

《開元傳信記》：八月望夜，明皇、太真、葉法静遊廣寒宫。少瞑，已見龍樓、雉堞、金闕、玉扉，冷氣逼人。後兩川奏：八月十五夜有天樂過。

昇清虚

《異人録》：開元六年，上皇與申天師道士洪都客，中秋夜同遊月宫。過一大門，在玉光中，見一大宫府，榜曰“廣寒清虚之府”。守門兵衛甚嚴，止其不得進入。天師引上皇躍，身起烟霧中，下視玉城嵯峨，若萬里琉璃之田。尋步向前，翠色冷光相射，見素娥十餘人，皓衣乘白鸞，笑舞於廣庭大桂樹下，樂音清麗。上皇歸，編律成音，製爲羽衣之曲。

進龍丹

《明皇雜録》：八月十五夜，葉静能邀明皇遊月宫。將行，請上衣裘而往，及至月中，寒凜特異，上不能禁。静能出火龍丹一粒以進，上服之，乃至。東坡中秋詞云：“不知天上宫闕，今夕是何年？我欲乘風歸去，又恐瓊樓玉宇，高處不勝寒。”若夫明皇遊月宫事，見於數書，如《龍城録》《高道傳》鄭愚《津陽門詩注》皆有之，其説大同小異。

登天柱

《三水小牘》：九華山道士趙知微乃皇甫玄真之師，自少有凌雲之志，入兹山，結廬於鳳凰嶺前，諷誦道書，鍊志幽寂，蕙蘭爲服，松柏爲糧。越數十年，遂臻元妙。元真伸弟子之禮，服勤執敬，又十五年。至咸通辛卯歲，知微以山中鍊丹須得西土藥，乃與元真來京師，寓於玉芝觀之上清院。有皇甫枚者，日與相從，因詢趙君事業。元真曰：“自居師道門，人不見其惰容。常云：

‘分杻結霧之術，化竹釣鯔之方，吾久得，固恥爲耳’。”去歲中秋，白朔霖霆，至於望夕。元真謂同門生曰：“堪惜良宵而值苦雨。”語頃，趙君忽命侍童備果酒，召諸生謂曰：“能升天柱峰玩月否？”諸生雖唯應，而竊議以爲濃雲駛雨如斯，果行，將有墊巾角折屐齒之事。少頃，趙君曳杖而出，諸生景從。既開扉，而長天廓清，皓月如晝，捫蘿援篠，及峰之巔。舉酒、詠詩、鼓瑟、清嘯，以至寒蟾隱於遠岑，方歸舍就榻，而凄風飛雨宛然，衆乃服其奇致。陳簡齋《中秋不見月》詩云：“人間今乏趙知微，無復清遊繼天柱。”

架筯梯

《宣室志》：唐太和中，有周生者，廬於洞庭山。時以道術濟吳楚，人多敬之。將抵洛穀間，途次廣陵佛舍。會有三四客偕來。時中秋夕霽月澄瑩，且吟且望，有說明皇帝遊月宮事者，因相與嘆曰：“吾輩塵人，固不得止其所矣。”周生笑曰：“某嘗學於師，亦得焉。且能縶致之懷袂，子信乎？”咸恚其妄，或喜其奇。生曰：“吾不爲則明妄矣。”因命虛一室，以筯數百，呼僮繩而架之。且告客曰：“我將梯此取月，聞呼可來觀。”乃閉戶久之。數客步於庭中伺焉。忽覺天地曛晦，仰視又無纖雲。俄聞生呼曰：“某至矣。”因開其室，生曰：“月在某衣中矣。請客觀焉。”以手舉衣出寸許，一室盡明，寒入肌骨。生曰：“子今信乎？”客再拜謝之，願收其光。因又閉戶，其外尚昏晦，食頃月在天如初。陳簡齋《中秋無月詩》云：“却疑周生懷月去，待到三更黑如故。”

入桃源

《青瑣高議》：陳純字元朴，莆田人。因遊桃源，愛其山水秀絕，乃裹糧沿蹊而行，凡九日，至萬仞絕壁下，夜聞石壁間人語。純糧盡困卧，聞有美香，流巨花十餘片，其去甚急。純速取得一花,面盈尺五尊,乃食之,渴甚,飲溪水數斗,下利三日,行步愈疾。有青衣採蘋岸下曰:"此桃源三夫人之地,上府玉源,中府靈源,下府桃源。後夜中秋,三仙將會於此。"其夕水際臺閣相望,有童曰:"玉源夫人召。"純往見,三夫人坐絳殿中,衆樂並作。玉源謂純曰:"近世中秋月詩,可舉一二句。"純曰:"莫辭終夕看,動是隔年期。"桃源曰:"意雖佳,但不見中秋月,作七月十五夜月亦可。"玉源因作詩曰:"金風時拂袂,氣象更分明。不是月華別,都緣秋氣清。一輪方極滿,群籟正無聲。曉魄沉烟外,人間萬事驚。"靈源詩曰:"高秋渾似水,萬里正圓明。玉兔步虛碧,冰輪輾太清。廣寒低有露,桂子落無聲。吾館無弦彈,棲烏莫要驚。"桃源詩曰:"金吹掃天幕,無雲方瑩然。九秋今夕半,萬里一輪圓。皓彩盈虛碧,清光射玉川。瑤樽何惜醉,幽意正緜緜。"玉源謂純曰:"子能繼桃源之什乎?"純乃賡曰:"仙源嘗誤到,羈思正蕭然。秋靜夜方靜,月圓人更圓。清樽歌越調,仙棹泛晴川。幽意知多少,重重類楚綿。"玉源笑曰:"此書生好,莫與仙葩食教,異日作枯骨,如何敢亂生意思。"純曰:"和韻偶然耳。"將曉,以舟送純歸。

過武昌

《夷堅丁志》:饒廷直,字朝弼,建昌南城人。第進士,豪俊有氣節。嘗以事過武昌,忽有所遇,自是不邇妻妾,翛然端居,如林下道人。自作詩紀其事云:"丁巳中秋夜半,偶遊黃鶴樓,忽遇異人授以秘訣,所恨尚牽世故,未能從事於斯也,因作詩以識之。"其詞曰:"黃鶴樓前秋月寒,樓前江闊烟漫漫。夜深人靜萬籟息,獨對清影憑欄干。一聲長嘯肅天宇,知是餐霞御風侶。多生曾結香火緣,邂逅相逢竟相語。翛然洗盡朝市忙,直疑身在無何鄉。回看往事一破甑，下視舉世俱亡羊。嗟予局促猶軒冕，知是盧敖遊未遠。他年有約願追隨，共看蓬萊水清淺。"後三年紹興庚申，朝廷復河南，以爲鄧州通判。金人叛盟，鄧城陷，縊而死。載其柩還鄉，舁者覺甚輕，然無敢發驗者，或疑其尸解去。東坡作《黃鶴樓》詩，紀馮當世所言老卒遇異人事，王定國亦載之於書，疑此亦其流也。

會嵩嶽

《纂異記》：三禮田璆者，洛陽人，與其友鄧韶博學相類。元和癸巳，中秋之夕，出建春門望月會韶，亦携觴東來，方駐馬道周。俄有二書生乘驢繼至，揖璆、韶曰："二君得非求賞月之地乎？敝莊水竹，名聞洛下。倘能迂轡，冀展傾蓋之分耳。"璆、韶乃從而往。至一車門。始入甚荒涼，又數百步，有異香迎前，則豁然真境矣。飛泉交流，松柏夾道；奇花燦燦，好鳥關關。璆、韶請簇馬飛觴。書生謂小童曰："折燭夜一花，與二君子嘗。"小童曰："花至。"傾入酒中，味極甘香，不可比狀，以餘樽賚諸從者，各大醉，止於户外。書生乃引璆、韶入户，鸞鶴騰舞，導迎而前。凡歷池館臺榭，率皆陳設盤筵，若有所待。璆、韶詰之，對曰："今夕中天群仙，會於兹嶽。藉君知禮，請導升降爾。"言訖，見直北花燭亘天，簫韶沸空，駐雲母雙車於金堤之上。書生前進，有玉女問曰："禮生來否？"於是引璆、韶進，立堂下，左右命拜夫人。褰帷笑曰："下域之人，而能知禮，各賜薰肌酒一盃。"夫人問："誰人召來？"曰："衛符卿、李八百。"夫人曰："便令此二童引璆、韶於群仙之後。"璆問："相曰誰？"曰："劉綱。""侍者誰？"曰："茅盈。""中坐者誰？"曰："西王母。"俄有一人駕鶴而來，王母曰："久望劉君矣。"曰："適蓮花峰道士奏章，事須決遣，尚多未來之客，何言久望乎?"瑏、韶問:"劉君誰?"曰:"漢朝天子。"續有一人,駕黃龍而下。王母曰:"李君來何遲?"曰:"爲救龍神設水旱之計耳。"書生謂瑏、韶曰:"此開元天寶太平之主也。"未頃,聞簫鼓自天而下,有執絳節者前唱言:"穆天子來。"群仙皆起,二主降堦,王母避位拜迎,入幄環座而飲。王母曰:"何不拉取老軒轅來?"曰:"他今夕主張月宫之醮,非不勤請耳。"穆王把酒,請王母歌。王母以珊瑚鈎擊盤歌曰:"勸君酒,爲君悲。"且吟:"自從頻見市朝改,無復瑶池宴樂心。"王母持盂,穆王天子歌曰:"奉君酒,休嘆市朝非。早知無復瑶池興,悔駕騑驪草草歸。"歌闋,與王母話瑶池舊事。乃重歌曰:"八馬回乘汗漫風,猶思停駕愒昭宫。宴移玄圃情方洽,樂奏鈞天曲未終。斜漢露凝殘月冷,流霞盂泛曙光紅。崑崙回首不知處,疑是酒酣春夢中。"王母醻穆天子歌曰:"一曲笙歌瑶水濱,曾留逸足駐征輪。人間甲子周千歲,靈境盂觴初一巡。玉兔銀河終不夜,奇花好樹鎮長春。情知碧海饒詞句,歌向俗流疑悮人。"酒至漢武帝,王母又歌曰:"珠露金風下界秋,漢家陵樹冷脩脩。當時不得仙桃力,尋作浮塵飄壠頭。"漢主上王母酒歌曰:"五十餘年四海清,自親丹竈得長生。若言盡得仙桃力,看取神仙簿上名。"帝曰:"吾聞丁令威能歌。"命左右召令威至。帝又遣子晉吹笙以和,歌曰:"月照驪山露泣花,似悲仙帝早昇遐。至今猶有長生鹿,時遶温泉望翠華。"帝持盂久之。王母曰:"召葉静能來一遍。"静能至,獻帝酒,歌曰:"幽薊煙塵别九重,貴妃湯殿罷歌鐘。中宵扈從無全仗,大駕倉黄發六龍。妝匣尚留金翡翠,暖池猶浸玉芙蓉。荆榛一閉朝元路,唯有悲風吹晚松。"歌竟,有黄龍持盂,立於雙車前,再拜祝曰:"上清神女,玉京仙郎。樂此今夕,和鳴鳳凰。鳳凰和鳴,將翶將翔。與天齊體,慶流無央。"祝畢,有四鶴載仙郎并相者、侍者。仙女請催粧詩,劉綱詩曰:"玉爲質兮花爲顏,霧爲鬒兮雲爲鬟。何勞傅粉兮施渥丹,早爲娉婷兮縹緲閒。"茅盈詩曰:"水晶帳開銀燭明,風搖珠珮連雲清。體匀紅粉飾花態,早駕雙龍朝玉京。"詩既入内,即有子女數十,引仙郎入帳。召璆、韶行禮。禮畢,二童引璆、韶辭夫人。曰:"非無至寶可以相贈,但爾力不任挈耳。"各賜延壽酒一杯,曰:"可增人間半甲子。"命二童引歸,還家,已歲餘。由是璆、韶棄家入少室山,不知所往。

(以上缺)擢名科居華近者,代不乏人。若夫忠烈冠於一時,著作傳於後世,又其盛焉。遡流尋源,去家百里,地曰"沙溪",實翁鼻祖一公之佳城,背擁仙亭峰,面揖仙橋岫,又導派於白塔仙洞之龍脈。山川鍾秀,壤□毓靈,數世而產仙翁。迄今,山之下溪之西,華宗文族,皆當時廬墓之系云。若夫傳翁之大道,授翁之玄旨者,希夷先生也。

歲時廣記卷第三十二

歲時廣記卷第三十三

廣寒僊裔陳　元靚　編

中秋下

宴同亭

《諸山記》：武夷山者，按《茅君内傳》即昇真元化洞天也。山有神人，號武夷君。一日語鄉人曰："汝等皆吾之曾孫也。"期以八月十五日，會於山頂。至日，鄉人畢集，見彩幔屋宇，器用陳設甚盛。空中有聲云："令男女分坐食酒肴。"須臾樂作，又呼鼓師張安陵摳引鼓，如今杖鼓之狀。趙元胡拍副鼓，劉小金坎答，魯少重擺鼗鼓，喬知滿振嘈鼓，高子春持短鼓，管師鮑公吹橫笛，板師何鳳兒拊節板，絃師董嬌娘彈坎侯，即箜篌也。謝英妃撫長離，即大箏也。吕阿香戞骨腹，即琵琶也。管師黄次姑噪悲慓，即觱栗也。韓季吹洞簫，朱小娥韻居巢，即大笙也。金師羅妙容揮鐐銚，即銅鈸也。郝幼仙擊鉉鍱，即平底廝羅也。但見樂器，不見其人。酒行命食，或云毦，音敕，即水苔也。或云緗莸，即荇也。或云石蝍蟻，即小蟹也。或云沙江鮴，即鰕也。或云何祇脯，即乾魚也。味皆甘美，唯酒味差薄。諸仙既去，衆皆欣喜，曰："我等凡賤，幸與神君同會幔亭。"因即其地爲同亭祠。方伯休題武夷仙遊館，詩云："仙人昔乘紫雲去，白馬搖鞭定何處。茫茫塵世那得知，幔亭空記當年事。君不見茂陵松柏已蕭疏，乾魚猶祭同亭祠。"

建幔亭

《武夷新記》：昔太極玉皇上帝，與太姆〔音母〕。魏真人武夷君，建幔亭。綵屋數百間，豎八綵幢，皆有銀龍金鳳之飾，又拖紅雲茵紫霞褥為坐。於八月十五日，化出仙橋，自地至峰頂。召鄉人男女千餘人宴飲，奏賓雲左右仙之曲於其上。迄今峰下謂之：會仙里焉。詹克愛中秋遊武夷詩云："太姥峰前月色明，魏王巖下水光平。舉杯不記風生籟，疑是賓雲舊曲聲。"

步虹橋

《武夷古記》：秦始皇二年，八月十五日，武夷君致肴醑，會鄉人於幔亭峰上。男女千餘人齋戒，如期而往。乃見山徑平坦，道路新理，虹橋跨空，不覺即至山頂。有幔亭綵屋，玲瓏掩映，前後左右，凡數百間，可坐千餘人。朱晦庵文公《九曲棹歌》云："一曲溪頭上釣船，幔亭峰影醮晴川。虹橋一斷無消息，萬壑千巖鎖翠烟。"

奏鼓樂

《搢紳脞說》：武夷山，嘗中秋日，呂真人、鍾離先生、武夷君等，皆會於山頂。空中呼曰："若男若女皆坐，仙樂競奏。"須臾，命行酒，令歌師唱人間好曲，詞曰："天上人間兮，會合疏稀。日落西山兮，夕烏歸飛。百年一餉兮，志與願違。天宮咫尺兮，恨不相隨。"

昇仙天

《列仙傳》：武夷山，魏王子騫沖妙真人同張湛真人、孫綽真人、趙元奇真人、劉景真人、彭令昭真人、顧思遠真人、白石先生、馬鳴生真人、女仙胡氏真人、漁氏二真人、李氏真人等一十三人，以八月十五日同上昇，又云：劉湛真人以八月十五日，四十二口拔宅上昇。

立道觀

《列仙傳》：許真君名遜，字敬之，汝南人也。世慕至道，真君弱冠，師大洞君吳猛《三清法要》。鄉舉孝廉，拜蜀旌陽令，尋以晉室棼亂，棄官入道。至西晉武帝太康二年八月十五日，於洪州西山，舉家四十二口，拔宅上昇。惟有石函、藥臼各一所，車轂一具，與真君所御錦帳，復自雲中墮落於故宅。鄉人即其地，立遊帷觀焉。

服靈藥

《集仙錄》：盱母者，豫章人也，外混世俗，內修真要。其子名烈，字道微。少喪父，事母以孝聞。西晉孝武時，同郡許遜，精修感通，道化宣行。居洪崖山，築壇立靖。烈滔篤忠厚，遜嘗委用之，即與母結廬於遜宅之東北，旦夕侍奉，謹愿恭肅，未嘗少怠。母常於山側採擷花果，以奉遜。遜惜其誠意，常欲拯之。元康二年八月十五日，太上冊命徵拜遜爲九州都仙大使高明主者，白日舉家昇天。遜謂烈及母曰：“我承天帝之命，不得久留。汝可繼隨，仙舉期於異日。”烈子母悲不勝，再拜告請，願侍雲輦。遜許之，即賜靈藥服之，躬稟真訣，於是日午時同遜上昇。今壇井尚存，世號爲“盱母井”焉。

乘彩雲

《逸史》：黃尊師修道於茅山，弟子瞿道生年少，不甚精謹，屢爲師所笞。草堂東有一小洞，高七八尺，荒蔓蒙蔽。一日，瞿生怠事，復爲師所笞，逡巡避杖，遂入此洞。師驚異，遣去草搜索，一無所見。食頃方出，持一棋子，曰：“適睹秦時人，留餐，以此見遺。”師怪之，尚意爲狐魅所惑，亦不甚信。明年八月十五夜，天氣清肅，中宵雲霧大起，集於窗牖間，仙樂滿庭，復聞有步虛之聲。弟子皆以爲上仙之期至矣，遽備香火，黃師沐浴冠裳以竢。將曉，氛烟漸散，俄見瞿生乘五色彩雲出，立於庭中，靈樂鸞鶴彌漫空際，與師徒訣別，昇空而去。

遊峨嵋

《甘澤謠》：圓觀者，洛陽惠林寺僧，東坡詩及他本作圓澤。梵學之外，音律貫通，莫知其所自也。李諫議源，公卿之子，當天寶之際，父憕居守，陷於賊中，乃脫粟布衣，止於惠林寺，悉將家業爲寺公財，寺人供遺飲食，不置僕使。惟與圓觀爲忘年友，促膝靜話，自旦及昏，如此三十年。一旦約遊蜀川峨嵋，訪道求藥。圓觀欲遊長安，出斜谷，源欲上荊州、三峽。爭此兩途，未決半年。源曰：“吾已絕世事，豈取途兩京？”遂自荊江上峽，維舟南浦，見數婦，錦襠負甕而汲。圓觀望而泣下曰：“吾不欲至此，恐見其婦人也。”源驚問之，圓觀曰：“其中孕婦姓王者，是某託身之所，踰三載尚未娩，懷以某未來之故。今既見，即命有所歸矣。願公假以符咒，遣其速生，少駐行舟，葬某山下。後十二年中秋月夜，杭州天竺寺外，與公相見。”是夕圓觀亡，而孕婦產矣。源後詣杭州尋約佛寺。時山雨初晴，月色滿川。忽聞葛洪川畔有牧豎歌竹枝詞者，乘牛扣角，雙髻短衣。俄至寺前，乃圓觀也。李公就謁曰：“觀公健否？”答曰：“李公真信士也。俗緣未盡，慎勿相近。”李公以無由敘話，望之潸然。圓觀乃唱竹枝詞而去，歌曰：“三生石上舊精魂，賞月吟風不要論。慚愧情人遠相訪，此身雖異性長存。”又歌曰：“身前身後事茫茫，欲話因緣恐斷腸。吳越溪山尋已遍，却回烟棹上瞿塘。”後三年，李公拜諫議大夫。亡，東坡挽文長老詩云：“向欲錢塘訪圓澤，葛洪川畔待秋深。”

入仙壇

《傳奇》：太和末歲，有書生文簫者，海內無家，因萍梗抵鍾陵郡。生性柔而洽道，貌清而出塵，與紫極宮道士柳棲乾善，遂止其宮，三四年矣。鍾陵有西山，山有遊帷觀，即許仙君遜上昇地也。每歲至中秋上昇日，吳、越、楚、蜀人，不遠千里而攜挈名香、珍果、繪繡、金錢，設齋醮，求福祐。時鍾陵人萬數，車馬喧闐，士女櫛比，數十里若闤闠。其閒有豪傑，多以金召名姝善謳者，夜與丈夫閒立，握臂連踏而唱，其調清，其詞艷，惟對答敏捷者勝。時文簫亦往觀焉，睹一姝，幽蘭自芳，美玉不艷，雲孤碧落，月淡寒空。聆其詞理，脫塵出俗，意諧物外。其詞曰："若能相伴陟仙壇，應得文簫駕綵鸞。自有綵襦并甲帳，瓊臺不怕雪霜寒。"生久味之，曰："吾姓名其兆乎？此必神仙之儔侶也。"竟植足不去，姝亦盼生。久之，歌罷，秉燭穿大松徑將盡，陟山捫石，冒險而去。生亦潛躡其蹤。燭將盡，有仙童數輩，持松炬而導之。生因失聲，姝乃覺，回首而詰："莫非文簫邪？"生曰："然。"姝曰："吾與子數未合而情之忘，乃得如是也。"遂相引至絕頂坦然之地，侍衞甚嚴，有几案帷幄，金爐國香，與生坐定，有二仙娥各持簿書，請姝詳斷，其間多江湖沉溺之事。仙娥持書既去，忽天地黯晦，風雷震怒，擺裂帳帷，傾覆香几。生恐懼不敢傍視。姝倉皇披衣秉簡，叩齒肅容，伏地待罪。俄而風雨帖息，星宿陳布，有仙童自天而降，持天判，宣曰："吳綵鸞以私慾而泄天機，謫爲民妻一紀。"姝遂號泣，與生攜手下山而歸鍾陵。生方知姝姓名，因詰曰："夫人之先，可得聞乎？"姝曰："我父吳仙君猛，豫章人也。《晉書》有傳。常持孝行，濟人利物，立正祛邪。今爲仙君，名標洞府。吾亦爲仙，主陰籍，僅六百年矣。睹色界而興心，俄遭其謫，然子亦因吾可出世矣。”生素窮寒，不能自贍。姝曰：“君但具紙，吾寫孫恒《唐韻》。”日一部，運筆如飛，每鬻獲五緡。緡將盡，又為之。如此僅十載，至會昌二年，稍為人知，遂與文生潛奔新吳縣，越王山側百姓郡舉村中，夫妻共訓童子數十人。主人相知甚厚，欲稔姝，因題筆作詩曰：“一斑與兩斑，引入越王山。世數今逃盡，煙蘿得再還。簫聲宜露滴，鶴翅向雲間。一粒仙人藥，服之能駐顏。”是夜，風雷驟至，聞二虎咆哮於院外。及明，失二人所在。凌晨，有樵者在越山，見二人各跨一虎，行步如飛，陟峰巒而去。郡生聞之驚駭，於案上見玉合子，開之，有神丹一粒，敬而吞之，卻皓首而返童顏。後竟不復見二人。今鍾陵人多有吳氏所寫《唐韻》在焉。

舍商山

《宣室志》：開成中，梁璟自長沙將舉孝廉，途次商山，舍於館亭。時八月十五夕，風清月朗，璟偃而不寐。至夜半，忽見三丈夫，衣冠甚古，徐步而來，且吟且賞，從者數人。璟心知其鬼也，素有胆氣，降階揖之。三人自稱蕭中郎、王步兵、諸葛長史。與璟坐庭中，曰：“不意良夜遇君於此！”呼其僮曰：“玉山取酒。”環席遞酌。已而步兵曰：“值此風月，況有嘉賓，可不聯句，以詠秋物。”步兵即曰：“秋月圓如鏡。”中郎曰：“秋風利於刀。”璟曰：“秋雲輕比絮。”長史嘿然久之，二人促曰：“幸以拙速為事。”長史沉吟，食頃，乃曰：“秋草細同毛。”二人大笑曰：“拙則拙矣，何乃遲乎？”長史曰：“此中郎過耳，為僻韻而滯捷才。”中至長史戲曰：“蕙娘赴中郎召耳。”美人曰：“安知不為眾人來？”起曰：“願歌鳳樓之曲，以侑樽俎。”曲終，中郎曰：“山光漸明，願更聯一絕，以盡歡也。”即曰：“山樹高高影。”步兵曰：“山花寂寂香。”因指長史曰："向者僻韻,中郎之過,今續此,以觀捷才。"長史曰:"山天遙歷歷。"一坐大笑,曰:"遲不能巧,速而且拙,捷才如是耶?"璟曰："水山急湯湯。"中郎問璟曰:"君非舉進士者乎。"璟曰:"將舉孝廉科。"中郎笑曰:"孝廉安知爲詩哉?"璟怒叱之,長史斂袂,客皆驚散,遂失所在,而盃盤亦無見矣。

見怪物

《乾𦠆子》:葉縣人梁仲朋,家在汝州西郭街南。渠西有小庄,常朝往夕歸。大歷初,八月十五日,天地無氛埃。去州十五六里,有豪族大墓,皆植白楊。是時,秋景落木,仲朋跨馬在此。二更,聞林間摵摵之聲,忽有一物,自林飛出。仲朋初謂是驚棲鳥,俄入仲朋懷,鞍橋上坐。月照若五斗栲栳大,毛墨色,頭似人,眼跌如珠。喚仲朋爲弟,謂仲朋曰:"弟莫懼。"頗有羶羯之氣,言語一如人。直至汝州郭門外,見人家未寐,有火光。其怪欻飛東南去,不知所在。仲朋至家不敢向家中説。忽一夜,更深月上,又好天色。仲朋召弟妹,於庭命酌,因語前夕之事。其怪忽在屋脊上飛來,謂仲朋曰:"弟説老兄何事邪?"於是大小走散,獨留仲朋。云:"爲兄作主人。"索酒不已,仲朋視之,頸下有瘦子,如生瓜大,飛翅是雙耳,鼻爲毛,大如鵝。飲斗酒,醉於盃筵上,如睡着。仲朋潛起,礪闊刀,當其項而刺之,血流迸泗。便起云:"大奇大奇,弟莫悔。"却映屋脊,不復見,血滿庭中。三年内,仲朋一家三十口蕩盡。

指藥鐺

《冷齋夜話》:周貫,不知何許人,自號木雁子。至袁州,見市井李生秀韻,欲攜同歸林下。李嗜酒色,意欲不去。指煮藥鐺作偈示之曰:"頑鈍天教合作鐺,縱生三脚豈能行。雖然有耳不聽法，只愛人閒戀火坑。"尋死於西山。後有人見於京師，附書於李生云："明年中秋夕上謁。"至時，李生以事出，貫以白土書門而去，曰："今年中秋夕，來赴中秋約。不見折足鐺，彈指空剝剝。"李生竟折一足。

担褐嬾

《燕北雜記》：八月八日，戎主殺白犬於寢帳前七步，埋其頭，露其嘴。後七日，移寢帳於埋狗頭地上。番呼此節爲"担褐嬾"。漢人譯云"担褐"是"狗"，"嬾"是"頭"。

歲時廣記卷第三十三

歲時廣記卷第三十四

廣寒仙裔陳　元靚　編

重　九

《續齊諧記》曰：汝南桓景隨費長房遊學累年，長房因謂景曰：“九月九日，汝家當有災厄，宜急去，令家人各作絳囊，盛茱萸以繫臂，登高飲菊酒，禍乃可消。”景如其言，舉家登山。夕還，見雞犬牛羊，一時暴死。長房聞之曰：“此可代之矣。”今世人九日登高飲酒，婦人帶茱萸囊，因此也。東坡《九日黃樓會》詩云：“菊餞茱囊自古傳，長房寧復是癯仙。”魏文帝《與鍾繇書》云：“歲往月來，忽復九月九日，九爲陽數，日月並應，俗嘉其名，以爲宜於長久，故以享燕高會。”杜公瞻云：“九月九日宴會，未知始於何代。自漢世以來未改，今北人亦重此節。”近代多宴設於臺榭。

展旬日

《容齋續筆》：唐文宗開成二年，歸融爲京兆尹，時兩公主出降，府司供帳事繁，又俯近上巳曲江宴，奏請改日。上曰：“去年重陽取九月十九日，未失重陽之意，今改取十三日可也。”且上巳、重陽，皆有定日，而至展一旬，乃知鄭谷所賦《十日菊》詩曰：“自緣今日人情別，未必秋香一夜衰。”亦未爲盡也。惟東坡公有“菊花開時即重陽”之語，故記其在海南藝菊九畹，以十一月望，與客泛舟作重九云。

用十月

《提要録》：東坡云：“嶺南氣候不齊，菊花開時即重陽，涼天佳月即中秋。不須以日月爲斷也。”十月初吉菊始開，乃與客作重九，因次韻淵明《九月九日》詩云：“今日我重九，誰謂秋冬交。黄花與我期，草中實後凋。香餘白露乾，色映青松高。”《苕溪漁隱》曰：“江浙間，每歲重陽，往往菊亦未開，不獨嶺南爲然。蓋菊性耿介，須待草木黄落，方於霜中獨秀。故淵明詩云：‘芳菊開林耀，青松冠巖列。懷此貞秀姿，卓爲霜下傑。’此善論其理也。”

賜茱萸

漢官制，九日賜百僚茱萸。唐制，九日賜宴及茱萸。沈佺期《九日應制》詩云：“魏文頒菊蕊，漢武賜茱房。”杜子美詩：“茱萸賜朝士，難得一枝來。”

佩茱萸

《西京雜記》：九月九日佩茱萸，令人長壽。又《藝苑雌黄》云：九月九日作絳囊，佩茱萸，或謂其事始於桓景。又《北里志》云：九月九日爲絲茱萸囊戴之。郭子正《九日》詞云：“清曉開庭，茱萸初佩。”仲殊詞云：“戲馬風流，佩茱萸時節。”

插茱萸

《風土記》曰：“俗尚九月九日，謂之上九。茱萸到此日成熟，氣烈色赤，争折其房以插頭，云辟除惡氣，而禦初寒。”子由《九日》詩云：“茱萸漫辟惡。”李白詩云：“九日茱萸熟，插鬢傷早白。”又山谷詩詞云：“他年同插茱萸。”王右丞詩云：“遍插茱萸少一人。”朱放詩云：“學它年少插茱萸。”朱文公詞云：“況有紫茱黄菊，堪插滿頭歸。”又古詞云：“手撚茱萸簪髻，一枝聊記重陽。”

採茱萸

《圖經本草》：吳茱萸生上谷川谷及宛句，今處處有之，江浙、蜀漢尤多。木高丈餘，皮色青綠。似椿而闊厚，紫色。三月開花，紅紫色，七月、八月結實似椒子，嫩時微黃，至成熟則深紫。九月採，陰乾。相傳其根南行東行者，道家去三屍九蟲用之。《本草》云：食茱萸與吳茱萸同。

看茱萸

杜草堂事實：公嘗九日寓藍田崔氏庄，與故人同飲，醉玩茱萸，不能釋手，有詩曰："明年此會知誰健，醉把茱萸仔細看。"又古詞云："插黃花、對樽前，且看茱萸好。"東坡詞云："茱萸仔細更重看。"又詩云："人間此會論今古，細看茱萸感嘆長。"詹克愛詞云："後會不知誰健，茱萸莫厭重看。"

嗅茱萸

《本草》："吳茱萸，一名㯕。所八切。"陶注云：即今茱萸也。味辛，氣好上衝鬲，不可服食。故《提要錄》云：九月九日摘茱萸，聞嗅，通關辟惡。東坡《九日》詞云："此會應須爛醉，仍把紫菊茱萸，細看重嗅。"又山谷詞云："直須把茱萸遍插，看滿坐，細嗅清香。"

賜菊花

魏文帝《與鐘繇書》：九月九日，群草庶木無地而生，菊花紛然獨秀，輔體延年，莫斯之貴。謹奉一束，以助彭祖之術。杜甫《雲安九日》詩云："寒菲開已盡，菊蕊獨盈枝。"又云："是節束籬菊，紛披爲誰秀。"

摘菊花

《續晉陽秋》：陶潛性嗜酒，家貧不能常得。九月九日無酒，於宅籬畔菊叢中，摘花盈把而坐，悵望久之。見白衣人至，乃江州太守王宏送酒，即便就酌，醉而後歸。李白《九日登高》詩云：
"因招白衣人，笑酌黃花酒。"東坡詩云："喜逢門外白衣人。"又
云："白衣送酒舞淵明，漫繞東籬嗅落英。"山谷詩云："常應黃菊
畔，悵望白衣來。"杜子美詩云："每恨陶彭澤，無錢對菊花。而今
九日至，自覺酒須賒。"方伯休詩云："肯向淵明拼一醉，何妨乘興
過籬東。"陳簡齋詩云："陶潛無酒對黃花。"

簪菊花

唐《輦下歲時記》："九日宮掖間爭插菊花，民俗尤甚。"杜牧
詩云："塵世難逢開口笑，菊花須插滿頭歸。"又云："九日黃花插
滿頭。"晏叔源詞云："蘭佩紫，菊簪黃。"司馬文正公《九日贈梅聖
俞瑟姬歌》云："不肯那錢買珠翠，任教堆插階前菊。"東坡詩云：
"髻重不嫌黃菊滿。"

賞菊花

皇朝《東京夢華錄》：重九都下賞菊，菊有數種，有黃白色蕊若
蓮房，曰萬齡菊；粉紅色曰桃花菊；白而檀心曰木香菊；黃色而圓曰
金鈴菊；純白而大曰喜容菊，無處無之。酒家皆以菊花縛成洞户。

尚菊花

《風土記》："日精、治蘠，皆菊之花莖別名也。生依水邊，其
花煌煌；霜降之節，唯此草盛茂。九月律中無射，俗尚九日而用
候時之草也。"《爾雅》云："菊治蘠也。"又《牧豎閑談》云："蜀人種
菊，以苗可入菜，花可入藥，園圃悉植之。郊野人多採野菊供藥
肆，頗有誤，真菊延年，野菊瀉人。如張華言'黃精益壽，鈎吻殺
人'，皆此類也。"

服菊花

《太清諸草木方》：九月九日採菊花，與茯苓、松脂久服令人

不老。又《外臺秘要》云：九月九日採菊花飲，服方寸匕，令人飲酒不醉。古詞云："蘭可佩、菊堪餐，人情難免是悲歡。"《騷經》云："夕餐秋菊之落英。"

致菊水

《豫章記》："郡北龍沙，九月九日所遊宴處，其俗皆然也。"按《抱朴子》云："南陽酈縣有甘菊水，民居其側者，悉食其水，壽並四百五十歲。漢王暢、劉寬、袁隗臨此郡酈縣，月致三十斛水，以爲飲食，諸公多患風痺及眩冒，皆得愈。"文保雍《菊譜》中有《小甘菊》詩云："莖細花黃□又纖，清芬濃烈味還甘。袪風偏重山泉漬，自古南陽有菊潭。"

作菊枕

《千金方》：常以九月九日取菊花作枕袋、枕頭，大能去頭風，明眼目。陳欽甫《九日》詩云："菊枕堪明眼，茱囊可辟邪。"

菊花酒

《西京雜記》：夫人侍兒賈佩蘭，後出爲扶風人段儒妻，言在內時，九月九日，佩茱萸，食蓬餌，飲菊酒，令長壽。菊花盛開時，採莖葉雜麥米釀酒，密封置室中，至來年九月九日方熟，且治頭風，謂之"菊酒"。《聖惠方》云："治頭風，用九月九日菊花暴乾，取家糯米一斗蒸熟，用五兩菊花末，常醞法，多用細麴麴，爛熟即壓之去滓，每暖一小盞服之。"郭元振《秋歌》云："辟惡茱萸囊，延年菊花酒。與子結綢繆，丹心此何有。"杜子美《九日登城》詩云："伊昔黃花酒，如今白髮翁。"屏山先生《九日登北山》云[1]："已向

---

[1] "九日登北山"，底本原作"九日登此北山"，據《全宋詩》，"此"係衍字，茲逕刪。

晚風拌落帽，可無新菊共浮杯。"万俟雅言詞云："昔年曾共黄花
酒，一笑新香。"又古詞云："明年此□，□知誰健，且盡黄花酒。"

茱萸酒

《提要録》：北人九月九日以茱萸研酒，灑門户間辟惡。亦有
入鹽少許而飲之者。又云男摘二九粒，女一九粒，以酒咽者，大
能辟惡。王晉卿《九日》詞云："帶了黄花，強飲茱萸酒。"又山谷
詞云："茱糁菊英浮醑，報答風光有處。"權德輿詩云："酒泛茱萸
晚易曛。"

桑落酒

《齊民要術》：桑落酒法用九月九日作，水、麴、米皆以九斗爲
準。《續古今注》云："索郎酒者，桑落時美，故以爲言，按此即是
反語爾。"《寰海志》曰："桑落河出馬乳酒，羌人兼葡萄壓之。晉
宣帝時來獻，九日賜百寮飲焉。"一云："桑落酒出蒲中。"庾信《就
蒲州刺史乞酒》詩曰："蒲城桑落酒，灞岸菊花秋。願持河朔飲，
分獻東陵侯。"又信詩曰："忽聞桑葉落，正值菊花開。"杜甫《九
日》詩云："坐開桑落酒，來把菊花枝。"

御賜酒

皇朝《歲時記》：重九日賜臣下糕酒，大率如社日，但插以
菊花。

餌餻糕

《玉燭寶典》：九日食餌者，其時黍稷並收，以黏米加味，觸類
嘗新，遂成積習。《周官・籩人職》曰："羞籩之實，糗餌粉餈。"注
云："糗餌者，秬米屑蒸之，加以棗豆之味，即今餌餻也。"方言謂
之糕，或謂之餈。

密糖粣

《壺中贅録》：《楚辭》云“粔籹蜜餌”，即糖粣也。干寶注《周官》云：“籩人所掌糗餌、粉瓷，以豆末和屑米而蒸，今糖餭是也。”

麻葛糕

《唐六典》膳部有“節日食料”注云：“九月九日以麻葛爲糕。”《文昌雜録》云：“唐歲時節物，九月九日則有茱萸酒、菊花糕。”

棗栗糕

皇朝《歲時雜記》：二社、重陽尚食糕，而重陽爲盛。大率以棗爲之，或加以栗，亦有用肉者，有麩糕、黄米糕，或爲花糕。

百事糕

《歲時雜記》：重九日天欲明時，以片糕搭小兒頭上，乳保祝禱云：百事皆高。

萬象糕

皇朝《歲時雜記》：國家大禮，常以九月宗祀明堂，故公廚重九作糕，多以小泥象糝列糕上，名曰“萬象糕”。

獅蠻糕

《東京夢華録》：都人重九前一二日，各以粉麩蒸糕，更相遺送。上插剪綵小旗，糝釘果實，如石榴子、栗黄、銀杏、松子肉之類。又以粉作獅子蠻王之狀，置糕於上，謂之“獅蠻糕”。

食鹿糕

《歲時雜記》：民間九日作糕，每糕上置小鹿子數枚，號曰“食禄糕”。

請客糕

《嘉話録》：袁師德，給事中高之子。九日出糕，謂坐客曰：“某不忍喫，請諸君食。”

迎涼脯

《金門歲節記》：洛陽人家重陽作迎涼脯、羊肝餅及佩癭水符。

綵繒花

《歲時雜記》：都城人家婦女，剪綵繒爲茱萸、菊、木芙蓉花，以相送遺。

用糕事

《苕溪漁隱叢話》：寒食詩，古人多用餳事，九日詩未有用糕事者，惟崔德符《和居人九日》詩云：“老頭未易看清涼，折取蕭蕭滿把黃。歸去乞錢煩里社，買糕沽酒作重陽。”

使茱字

《容齋隨筆》：劉夢得云詩中用茱萸字者凡三人，杜甫云“醉把茱萸子細看”，王維云“遍插茱萸少一人”，朱放云“學他年少插茱萸”，三君所用①，杜公爲優。余觀唐人七言，用此者又十餘家，漫録於後。王昌齡“茱萸插髻花宜壽”，戴叔倫“插髻茱萸來未盡”，盧綸“茱萸一朵盈華簪”，權德輿“酒泛茱萸晚易曛”，白居易“舞鬟擺落茱萸房”“茱萸色淺未經霜”，楊衡“強插茱萸隨衆人”，張諤“茱萸凡作幾年新”，耿湋“髮稀那敢插茱萸”，劉商“郵筒不解□茱萸”②，崔魯“茱萸冷吹溪口香”，周賀“茱萸一尊前”，比之杜句，俱不侔矣。

歲時廣記卷第三十四

---

① “三君”，底本原作“二君”，兹逕據《容齋隨筆》卷四改。
② “□茱萸”，《容齋隨筆》卷四作“獻茱萸”。

歲時廣記卷第三十五

廣寒仙裔陳　元靚　編

重九中

遊龍山

晉陶潛《孟府君傳》：嘉爲征西大將軍譙國桓溫參軍。君色和而正，溫甚重之。九月九日，溫遊龍山，佐吏畢集，皆一時豪邁。有風吹君帽墮落，溫謂左右勿言，以觀其舉止。君不自覺，良久如廁，溫授孫盛紙筆令嘲之，文成以着君坐。君歸，見嘲笑而請筆作答，了不容思。按《寰宇記》：龍山在荊州西門外，今有落帽臺存焉。李白詩云：“九日龍山飲，黃花笑逐臣。醉看風落帽，舞愛月留人。”韓文公詩云：“霜風破佳菊，嘉節迫帽吹。”李漢老詞云：“涼風吹帽，橫槊試登高。想見征西舊事，龍山會、賓主俱豪。”詩云：“古來重九皆如此，無復龍山劇孟嘉。”杜子美詩云：“羞將短髮還吹帽，笑倩傍人爲正冠。”東坡亦有詞云：“酒力漸消風力緊，颼颼，破帽多情恰戀頭。”

遊牛山

《列子》：齊景公遊於牛山，北臨其國城而流涕曰：“美哉國乎！鬱鬱芊芊。若何去此國而死乎！使古無死者，寡人將去斯而何之？”史孔梁丘據從之泣。晏子獨笑於傍，曰：“吾君方將破蓑笠，而立乎畎畝之中，惟事之恤，何暇念死乎？”景公慚焉。杜公《九日》詩云："江涵秋影雁南飛，與客攜壺上翠微。塵世相逢開口笑，菊花須插滿頭歸。但將酩酊酬佳節，不用登臨怨落暉。古往今來只如此，牛山何必淚沾衣。"_{牛山雖非重九事，以杜詩引用，故錄}山谷《九日》詞云："幾回笑口能開，少年不肯重來。借問牛山戲馬，今爲誰姓池臺。"

望楚山

《襄陽記》：望楚山有三名，一名馬鞍山，一名灾山。宋元嘉中，武陵王駿爲刺史，屢登之，鄙其舊名望郢山，因改望楚山。後遂龍飛，是孝武所望之處，時人號爲鳳嶺，高處有三登，即劉宏、山簡九日宴賞之所也。

譙湖山

《臨海記》：郡北四十步有湖山，山甚平正，可數百人坐。民俗極重，每九日菊酒之辰，譙會於此山者，常至三四百人。

宴仙山

《圖經》：福州九仙山，昔越王以九月九日宴於此山，至今有石罇存焉。

過南臺

蕭子顯《齊書》：宋武帝姓劉名裕，爲宋公時，在彭城，九月九日遊項羽戲馬臺，至今相承，以爲舊準。李白詩云："遥羨重陽乍，應過戲馬臺。"陳后山詩云："南臺二謝風流絶，準擬歸來古錦囊。"注云：戲馬臺也。又曰："九日風光堪落帽，中年懷抱更登臺。"又東坡詞云："點點樓頭雨細，重重江水平湖，當年戲馬會東徐。"_{東徐即彭城也。}僧皎然詩云："重陽荆楚尚，高會此難陪。偶見登龍客，同遊戲馬臺。"

登商館

《南齊書·高祖録》：九月九日登商飈館，在孫陵岡曲街也。

世呼爲九日臺。

宴瓊林

楊文公《談苑》：至道二年重陽，皇太子諸王宴瓊林苑，教坊以夫子爲戲。賓客李至言於東朝曰："唐太和中，樂府以此爲戲，追賞遽令止之，笞伶人以懲失禮。魯哀公以儒爲戲，尚不可，況敢及先聖乎？"東朝驚嘆，白於上而禁止之，此戲遂絕。

閉東閣

《古今詩話》：唐李商隱字義山，號玉溪生，依令狐楚，以牋奏受其學。後其子綯有韋平之拜，寖疏商隱。重陽日造其廳事，題詩於屏風云："曾共山翁把酒卮，霜天白菊正離披。十年泉下無消息，九日樽前有所思。莫學漢臣栽苜蓿，遂同楚客詠江蘺。郎君官貴施行馬，東閣無因得再窺。"綯睹之慚恨，扃閉此廳，終身不處。東坡《九日》詩云："聞道郎君閉東閣，且容老子上南樓。"又云："南屏老宿閑相過，東閣郎君懶重尋。"

記滕閣

《摭言》：唐王勃，字子安，太原人也。六歲能文，詞章蓋世。年十三，侍父宦遊江左，舟次馬當，寓目山半古祠，危闌跨水，飛閣懸崖。勃乃登岸閑步，見大門當道，榜曰："中元水府之神。"禁庭嚴肅，侍衛狰獰，勃詣殿砌，瞻仰稽首。返回歸路，遇老叟，年高貌古，骨秀神清，坐於磯上。與勃長揖曰："子非王勃乎？"勃心驚異，虛己正容，談論欸密。叟曰："來日重九，南昌都督命客作《滕王閣序》，子有清才，盍往賦之？"勃曰："此去南昌七百餘里，今日已九月八矣，夫復何言？"叟曰："子誠能往，吾當助清風一席。"勃欣然再拜，且謝且辭。問叟："仙邪？神耶？"心祛未悟。叟笑曰："吾中元水府君也。歸帆當以濡毫均甘。"勃即登舟。翌旦昧爽，已抵南昌。會府帥閻公宴僚屬於滕王閣，時公有婿吳子章，喜爲文詞，公欲誇之賓友，及宿搆《滕王閣序》，俟賓合而出爲之，若即席而就者。既會，公果授簡諸客，諸客辭，次至勃，勃輒受。公既非意，色甚不怡，歸内閣，密囑數吏伺勃下筆，當以口報。一吏即報曰："南昌故郡，洪都新府。"公曰："此亦儒生常談耳。"一吏復報曰："星分翼軫，地接衡廬。"公曰："故事也。"又報曰："襟三江而帶五湖，控蠻荆而引甌越。"公即不語。俄而數吏沓至以報，公但頷頤而已。至"落霞與孤鶩齊飛，秋水共長天一色"，公矍然抔几曰："此天才也！"頃而文成，公大悅，復出主席，謂勃曰："子之文章必有神助，使帝子聲流千古，老夫名聞他年，洪都風月增輝，江山無價，皆子之力也。"徧示坐客嘆服。俄子章卒然叱勃曰："三尺小童兒，敢將陳文，以誑主公！"因對公覆誦，了無遺忘。坐客驚駭，公亦疑之。王勃湛然徐語曰："陳文有詩乎？"子章曰："無詩。"勃亦了不締思，揮毫落紙作詩曰："滕王高閣臨江渚，佩玉鳴鸞罷歌舞。畫棟朝飛南浦雲，珠簾暮捲西山雨。閒雲潭影日悠悠，物換星移幾度秋。閣中帝子今何在？檻外長江空自流。"子章聞之，大慚而退。公私讔勃，寵渥薦臻。既行，謝以五百縑。遂至故地，而叟已先坐磯石矣。勃拜以謝曰："府君既借好風，又教不敏，當具菲禮，以答神庥。"叟笑曰："幸毋相忘。儻過長蘆，焚陰錢十萬，吾有未償薄價。"勃領命，復告叟曰："某之窮通壽夭何如？"叟曰："子氣清體羸，神徵骨弱，雖有高才，秀而不實。"言畢，冉冉沒於水際。勃聞此，厭厭不樂，過長蘆而忘叟之祝。俄有群烏集檣，拖櫓弗進。勃曰："此何處？"舟師曰："長蘆也。"勃恍然取陰錢，如數焚之而去。羅隱詩曰："□□有意憐才子，欻忽威靈助去程。一席清風雷電疾，滿碑佳句雪冰清。焕然麗藻傳千古,赫爾英名動兩京。若匪幽冥□□客,至今佳景絕無聲。"後之人又作《傾盃序》云:"昔有王生,冠世文章。嘗隨舊遊江渚。偶爾停舟寓目,遥望江祠,依依陌上閑步。恭詣殿砌,稽首瞻仰,返回歸路。遇老叟,坐於磯石,貌純古。因語□,子非王勃是致,生驚詢之,片餉方悟。子有清才,幸對滕王高閣,可作當年詞賦。汝但上舟,休慮。迢迢仗清風去,到筵中、下筆華麗,如神助。會俊侶,面如玉。大夫久坐覺生怒。報云落霞並飛孤鶩。秋水長天,一色澄素。閻公竦然,復坐華筵,次詩引序。道鳴鸞佩玉,鏘鏘罷歌舞。棟雲飛過南浦。暮簾捲向西山雨。閑雲潭影,淡淡悠悠,物換星移,幾度寒暑。閣中帝子,悄悄垂名,在於何處。算長江、儼然自東去。"

爲時讌

《齊人月令》:重陽之日,必以餻酒登高眺迥,爲時讌之遊賞,以暢秋志。酒必採茱萸、甘菊以泛之。既醉而還。

藉野飲

《荆楚歲時記》:九月九日,四民並藉野宴飲。

出郊外

皇朝《東京録》:重陽日都人多出郊外登高,如倉王廟、梁王城、四里橋、毛馳岡、獨樂岡、愁臺、硯臺等處聚宴。

得別會

《唐史》:韋綬爲集賢院學士,九月九日宴群臣曲江,綬請集賢學士得別會,帝一一順聽。

任追賞

《唐史·李泌傳》:貞元敕,九月九日宜任百寮追賞。

再宴集

《歲時雜記》：都城士庶，多於重九後一日，再集宴賞，號小重陽。李太白詩云："昨日登高罷，今朝再舉觴。菊花何太苦，遭此兩重陽。"山谷詞云："茱萸黃菊年年事，十日還將九日看。"前輩詩云："九日黃花十日看。"又云："十日重看九日花。"

遺親識

《歲時雜記》：都人遇重九，以酒、果餚等送諸女家，或遺親識。其上插菊花、撒石榴子、栗黃。或插小紅旗，長二三寸。又埴泥爲文殊菩薩騎獅子像，蠻人牽之以置餚上。

無飲宴

《歲時雜記》：重九，京都士人飲燕者不甚多，禁苑賜宴久不講，民間不甚異。常時凡諸節序，唯冬至、寒食，雖小巷亦喧喧然者，以許士庶賭博，小人競利喜爲之，清高放曠之風，則寂焉矣。

爲菊飲

韋綬爲集賢罷。九月九日，帝爲《黃花歌》，顧左右曰："安可不示韋綬。"即遣使持往。

御製詩

《抒情詩》：唐宣宗因重陽，錫宴群臣，有御製詩，其略曰："款塞旋征騎，和戎委廟賢。傾心方倚注，協力共安邊。"宰臣已下應制皆和。上曰："宰相魏謨詩最出衆，其兩聯云：'四方無事事，神豫杪秋來。八水寒光起，千山霽色開。'"上嘉賞久之。魏蹈舞拜謝，群臣聳視，魏有得色，極歡而罷。

廣絕句

謝無逸《溪堂集》云：潘邠老有"滿城風雨近重陽"之句，今去重陽四日，而風雨大作，遂用邠老之句，廣爲三絕，云："滿城風雨近重陽，無奈黃花惱意香。雪浪翻天迷赤壁，令人西望憶潘郎。滿城風雨近重陽，不見修文地下郎。想得武昌門外柳，垂垂老葉半青黃。滿城風雨近重陽，安得斯人共一觴。欲問小馮今健否，雲中孤雁不成行。”

進謔詞

《荆楚歲時記》：重九日，常有疏雨冷風，俗呼爲催禾雨。前輩詞云：“疏風冷雨，此日還重九。”康伯可在翰苑日，常重九遇雨，奉詔撰詞，伯可口占《望江南》一闋，進云：“重陽日，四望雨垂垂。戲馬臺前泥拍肚，龍山會上水平臍。直浸到東籬，茱萸伴，黃菊濕滋滋。落帽孟嘉尋篛笠，休官陶令覓簑衣。兩个一身泥。”上爲之啓齒滋音齋。

嘲射詩

《啓顏錄》：唐宋國公蕭瑀不解射，九月九日賜射，蕭瑀箭俱不著垛，一無所獲。歐陽詢詠之曰：“急風吹緩箭，弱手馭強弓。欲高翻覆下，應西還更東。十回俱着地，兩手併擎空。借問誰爲此，多應是宋公。”後唐宗見此詩，乃謂蕭瑀曰：“此乃是歐陽詢四十字章疏也。”自是蕭與詢有隙。

號詞客

《蕙畝拾英集》：錦官官妓尹氏，時號爲詩客，今蜀中有《詩客傳》是也。詩客有女弟工詞，號詞客，亦有《傳》。蔡尹因重九令賦詞，以“九”爲韻，不得用重“九”字，即席作《西江月》云：“韓愈文章蓋世，謝安才貌風流。良辰開宴在西樓。敢勸一卮芳酒。記得南宮高第，弟兄都占鰲頭。金爐玉殿瑞香浮，名在甲科第九。”蔡公兄弟皆擢甲科，而皆第九。詞客本士族，蔡尹情而與之出籍。王帥繼鎮，聞其名追之。時郡人從帥遊錦江，王公命作詞，且以詞之工拙爲去留。遂請題與韻，令作《玉樓春》以呈。一坐咨賞會罷釋之。詞云：“浣花溪上風光主，宴集瀛仙開幕府。商巖本是作霖人，也使閑花沾雨露。誰憐氏族傳簪組。狂迹偶爲風月誤。願教朱戶柳藏春，莫作飄零堤上絮。”

唱歌聲

《江南野史》：唐尹氏姿容頗麗，性識敏慧，不因保母，而妙善唱歌。因重陽與群女戲登南山文峰，同輩命之歌。尹乃顰眉緩頰，怡然一兩聲，達數十里。故俗耆舊云：“尹氏之歌，聞於長安。”

符異讖

《南唐近事》：陳喬張俄，重陽登高於北山湖亭，不奏聲樂，因吟杜工部《九日宴藍田崔氏庄》詩，其末句云：“明年此會知誰健，醉把茱萸子細看。”員外郎趙宣父時亦在集，感慨流涕者數四，舉坐異之。未幾，趙卒。

講武事

《南齊書》：南齊以九月九日馬射。或説：“秋，金氣，講習武事，象漢立秋之禮”。又《晉·禮志》“九月九日馬射”云：“秋，金之節，講武習射，象立秋之禮也。”

歲時廣記卷第三十五

歲時廣記卷第三十六

廣寒仙裔陳　元靚　編

重九下

獵沙苑

《廣德神異錄》：天寶十三年重陽日，玄宗獵於沙苑。時雲間有孤鶴回翔，玄宗親御弧矢，一發而中。其鶴帶箭徐墜，將及地丈許，欻然矯翼，由西南飛逝，萬衆極目，良久乃滅。先是益州城西有明月觀，松桂深寂，非修習精確者，莫得而居。觀之東廊第一院尤爲幽絕，每有自稱青城道士徐佐卿者，一歲率三四至，風局清古，甚爲道流之所傾仰。忽一日自外至，神采不怡，謂院中人曰：吾行山中，偶爲飛矢所加，尋已無恙矣，然此箭非人間所有，吾當留之壁間，後年箭主到此，即宜付之，慎無墜失。仍援毫記壁云：留箭之時則十三載九月九日也。後玄宗避亂幸蜀，暇日命駕行遊，偶至斯觀，樂其佳境，因遍諸院，既入斯堂，忽睹掛箭，命侍臣取而玩之，蓋御箭也。上深異之，因詢觀之道士，具以實對，即視佐卿所題，乃前歲沙苑縱畋之日，佐卿即中箭孤鶴爾。當日蓋自沙苑翻飛，而至於此。玄宗大奇之，因收其箭而寶焉。自後蜀人無復有遇佐卿者。東坡作《赤壁賦》，指道士爲孤鶴，豈非暗用此事乎？

授天册

《漢天師家傳》:真人張道陵於桓帝永壽元年,領弟子王長、趙昇往雲臺治,築壇安爐,復鍊大丹,丹成服之,浴於水,有神光。二年九月九日,在巴西赤城渠亭山中,太上遣使者持玉册,授正一真人之號。因謂長、昇曰:"吾有丹在煉丹亭上金盂中,汝二子可分餌,今日當隨吾矣。"是日停午之際,復見一人朱衣青襟,曳履持版,一人黑幘綃衣,結履佩劍,各捧玉函,從朱衣使者,趨前再拜曰:"奉上清真符,追真人於閬苑。"須臾,東北二十四人,皆龍虎鸞鶴之騎,各執青幢絳節,獅子辟邪、天驥甲卒皆至,稱景陽吏。即有黑龍駕一紫軬,玉女二人引真人與夫人雍氏登車,前導後從,天樂隱隱。迎至一處,瓊樓玉閣,闕上金牌玉字曰"太玄都省正一真人闕"。真人與夫人同入,昇於寶臺,萬神趨賀,群仙頂謁。唐肅宗御贊曰:"德自清虛,聖教之實,或隱或見,是樸是質,靖處瓊堂,焚香玉室,道心不二,是爲正一。"

鍊金丹

《女仙錄》:孫夫人,三天法師張道陵妻也,同隱龍虎山,修三元默朝之道積年,累有感降。天師得黄帝龍虎中丹之術,丹成能服之,分形散景,坐在立亡。天師自鄱陽入嵩高山,得隱世制命之術,能策召鬼神。時海內紛擾,在位多危,又大道凋喪,不足以拯危佐世,年五十方修道,及丹成,又二十年。術用精妙,遂入蜀遊名山,率身行教。夫人栖真江表,道化甚行。以永嘉元年到蜀,居陽平治,鍊金液還丹,依太一元君所授黄帝之法,積年丹成,變形飛化,無所不能。以桓帝永壽二年丙申九月九日,與天師於閬中雲臺山白日昇天,位於上真。

開花神

《續仙傳》:殷七七,名文祥,又名道筌,不知何許人也。遊行天下,人久見之,然莫測其壽。多醉於城市間,周寶舊於長安識之,尋為涇原節度,延遇禮重。及寶移鎮浙西,數年後,七七忽到,寶召之,師敬益甚。每自歌曰:"琴彈碧玉調,藥鍊白朱砂。解醞頃刻酒,能開非時花。"寶嘗試之,悉有驗。鶴林寺有杜鵑花,寺僧相傳云:貞元中,有外國僧自天台鉢盂中,以其根來種之,每至春末盛開。或窺見三女子,紅裳艷麗,往來花下。人有摘者,必為所祟。俗傳女子花神也。花之繁盛,異於常花。其花欲開,報探分數節,使賓僚官屬繼日賞玩。其後一城士女,無不酒樂遊從。寶一日謂七七曰:"鶴林之花,天下奇絕。常聞能開非時之花。今重九將近,能副此日乎?"七七曰:"可也。"乃前二日往鶴林焉。中夜女子來,謂七七曰:"道者欲開此花耶?妾為上元所命,下司此花。然此花在人間已逾百年,非久當歸閬苑,今特與道者共開之。"來日晨起,寺僧忽訝花漸折蕊。及九日,爛漫如春,乃以聞寶。與一城士庶驚異之,遊賞復如春間。數日花俄不見,後兵火焚寺,樹失根株,信歸閬苑矣。東坡守錢塘,《觀菩提寺南漪堂杜鵑詩》云:"南漪杜鵑天下無,披香殿上紅氍毹。鶴林兵火真一夢,不歸閬苑歸西湖。"又《和述古冬日牡丹》詩云:"當時只道鶴林仙,能遣秋花發杜鵑。誰信詩能回造化,直教霜栰放春妍。"又云:"安得道人殷七七,不論時節遣開花。"

遇仙方

《列仙傳》:唐蜀中酒閣,一日有道人過飲,童顏漆髮,眉宇疏秀。酒酣,據肩自歌。歌曰:"尾閭不禁滄溟竭,九轉神丹都漫說。惟有斑龍頂上珠,能補玉堂關下穴。"時隣坐有許仲源者見之，顧其儔曰：“此非塵俗人也。”乃起致敬，願解所歌之意。道人曰：“今日未當説，汝必欲知此，可於重九日丈人觀相尋。”許因移席與飲，未終而先去。許至日絕早往觀中，而道人先已在焉。乃探懷中一短卷授許，曰：“此返老還童之術也，吾餌此藥，今壽四百二十三矣。緣汝宿骨有分，加之至懇，故以相授。若能以陰功成就之，即當仙矣。”言訖，化白鶴飛去。許乃再拜受。歸，煉服不怠，歲數百而有少容，行及奔馬，力兼數人。後入青城山，遂不復見。弟子有得其術者，因以傳人。其歌曰“尾閭不禁滄溟竭”者，謂尾閭乃東海泄水穴也，人身泄氣之所，亦名尾閭。若此不禁，滄溟可竭矣。“九轉神丹都漫説”者，謂龍虎鉛汞、陰陽日月、黃芽白雪、嬰兒姹女，皆不歸一也。“惟有斑龍頂上珠，能補玉堂關下穴”者，謂取鹿角一雙，每三寸長截之，東流河水浸，刷去土。每斤入楮實子一兩，黃蠟、桑白皮各二兩，盛以金石之器，慢火煮三日三夜，外用一器貯熱水旋添，候數日足，取出削去黑皮服之。

夢暑藥

《夷堅甲志》：虞并甫，紹興二十八年自渠州守召至行在，憩北郭外接待院。因道中冒暑，得疾，泄痢連月。重九日，夢至一處類神仙居，一人被服如仙官，延之坐，視壁間有韻語一方，讀之數過，其詞曰：“暑毒在脾，濕氣連脚，不泄則痢，不痢則瘧，獨煉雄黃，炁麵和藥，甘草作湯，服之安樂，別作治療，方家之錯。”夢回尚能記，即錄之。蓋治暑泄方，如方服之，遂愈。

辟邪惡

《異苑》：庾紹之與宗協為中表之親。桓玄時，紹之為湘水太守，病亡。後協遇重九日，政飲茱萸酒，次俄一小兒通云：“庾太守請見。”須臾，紹之忽至，協與坐敘闊，因問以鬼神生死之事。

頃之，求飲，協以酒飲之，紹之執杯便置，遽曰：“酒有茱萸氣。”倏爾不見。審是則茱萸辟邪惡可知矣。

借書籍

《續搜神記》：有一書生居吳，自稱胡博士，以經傳教授，假借諸經書，涉數載，忽不復見。後九月九日，人相與登山遊觀，但聞講誦之聲，尋覓有一空塚，入數步，群狸羅坐，見人迸走。唯有一狸，獨不能去，乃是常假書者。

置藥市

《四川記》：唐王昌遇，梓州人，得道，號元子，大中十三年九月九日上昇。自是以來，天下貨藥輩，皆於九月初集梓州城，八日夜於州院街易元龍池中，貨其所賷之藥。川俗因謂之藥市，遞明而散。逮國朝天聖中，燕龍圖肅知郡事，又展爲三日，至十一日而罷。藥市之起，自唐王昌遇始也。

吸藥氣

《四川記》：成都九月九日爲藥市。詰旦，盡一川所出藥草異物與道人畢集，帥守置酒行市以樂之，別設酒以犒道人。是日早，士人盡入市中。相傳以爲吸藥氣愈疾，令人康寧。是日雨，云有仙人在其中。張仲殊作《望江南》以詠之曰：“成都好，藥市晏遊閒。步出五門鳴劍佩，別登三島看神仙。縹緲結靈烟。雲影裏，歌吹暖霜天。何用菊花浮玉醴，願求朱草化金丹。一粒定長年。”

請證明

《夷堅志》：池州貴池縣有妙因寺，僧子深主之。壯歲遊方參請，步歷不倦，而饌飲之間，不擇葷素，皆以爲泛常流耳。乾道九年九月九日，所善柯伯詹過之。留飲數杯，將徹，忽語詹曰：“子今日爲我證明。"詹曰:"聞師此說久矣,只恐未必了得。"僧作色言:"吾今撒手便行,不比常時,子盍少駐?"即入寮中,使童行鳴鼓集衆,已而端坐,索筆書曰:"衲僧日日是好日,要行便行毋固必。虚空天子夜行船,摩訶般若波羅密。"擲筆而化。

作齋會

《東京夢華録》:京都諸禪寺九日各有齋會,惟開寶寺仁王院有獅子會,諸僧皆坐獅子上,作法事講説。

煉陽氣

《歲時雜記》:九者,老陽之數,九月九日謂之重陽。道家謂老君九月九日生,取諸此也。仙人道士所以銷陰鍊陽,爲君子當法此以自強不息,何暇登山肆飲耶?

消陽厄

《仙書》:茱萸爲辟邪翁,菊花延壽,假此二物,以消陽九之厄。

種罌粟

《提要録》:重九日,宜種罌粟,早午晚三時種,開花三品。按,《本草》:名罌粟,子味甘,平,無毒,主丹石發動不下食者,和竹瀝煮作粥食之,極美。一名象穀,一名米囊,一名御米。《花圖經》云:種之甚難,圃人隔年糞地,九月布子,涉冬至春始生苗,極繁茂矣,不爾種之多不出,亦不茂。俟其瓣焦黄,則採之。《衍義》曰:研末,以水煎,仍加蜜,爲罌粟湯服,石人甚宜飲之。

收枸杞

《四時纂要》云:重九日,收枸杞浸酒飲,不老不白,去一切風。《淮南枕中記》著西河女子服枸杞法云:正月上寅採根,二月上卯治服之,三月上辰採莖,四月上巳治服之,五月上午採葉,六月上未治服之,七月上申採花,八月上酉治服之,九月上戌採子,十月上亥治服之,十一月上子採根,十二月上丑治服之。又有并花、實、根、莖作煎,及單榨子汁煎膏服之,其功並等,輕身益壽。

養白鷄

《墓書》:養白鷄,令識其主聲形。以五月五日、九月九日,任意用五色綵長五寸,係鷄頸,將鷄於名山,放鷄著山,仰頭咒曰:"必存鳴晨,鷄心開悟。"

餧肥鷄

《集正曆》:九月九日採茌子,餧鷄令肥。

必里遲

《燕北雜記》:戎主九月九日打團斗射虎,少者輸重九一筵席。射罷,於高地處卓帳,與番臣漢臣登高,飲菊花酒。兔肝切生,以鹿舌醬拌食之。番呼此節爲"必里遲離",漢人譯云"九月九日"也。

歲時廣記卷第三十六

歲時廣記卷第三十七

廣寒僊裔陳 元靚 編

小 春

《禮記·月令》曰:孟冬之月,律中應鐘。注云:陰應於陽,轉成其功。是月也,坤卦上六,純陰用事,將生少陽。又《初學記》云:冬月之陽,萬物歸之,以其温暖如春,故謂之"小春",亦云"小陽春"。

賜錦段

皇朝《歲時雜記》:十月朔,京師將校禁衛以上,並賜錦袍,皆服之以謝。三日,近侍、宗室、侯伯預賜者,但賜錦段,以將公服領袖,若尚裘之製。或戲曰:"看看將相近侍,總去鏡匣裏,伸出頭來也。"邊方大帥、都漕、正任侯,皆賜錦袍。舊河北、陝西、河東轉運使副無此賜。祖宗朝,有人自陳,乃賜衣襖。諸軍將校皆賜錦袍。

賜錦袍

《續翰林志》:李昉《赴玉堂賜宴》詩《後序》云:今日之盛,其事有七:新賜衣帶、鞍馬,十月朔錦袍,特定草麻例物,改賜内庫法酒,俸給見錢,給親事官隨從,就院敕設。

賜冬襖

《楊文公談苑》:國朝之制,文武官諸軍校在京者,十月旦皆賜衣服。其在外者,賜中冬衣襖。又錢惟演《金坡遺事》載舊規云:十月初別賜長襖子,國初以來賜翠毛錦,太宗改賜黃盤雕。

賜季衣

皇朝《歲時雜記》:十月朔,百官自陞朝以上,皆賜夾公服衣著,將士亦是日賜夾袍,將校禁旅亦皆及。唯宗室甚厚,謂之“四季衣”,春、冬、端五、十月一日也。

賜時服

《澠水燕談》:陞朝官每歲初冬賜時服,止於單袍。太祖訝方冬猶賜單衣,命錫以裌服。自是,士大夫公服,冬則用裌。

賜茶酒

皇朝《歲時雜記》:朝堂諸位,自十月朔設火,每起居退,賜茶酒,盡正月終。每遇大寒陰雪,就漏舍,賜酒肉。

進爐炭

《東京夢華錄》:十月朔,有司進暖爐炭,民間皆置酒作暖爐會。又呂原明《歲時雜記》:京人十月朔沃酒,及炙臠肉於爐中,圍坐飲啗,謂之暖爐。

開火禁

皇朝《歲時雜記》:大內火禁甚嚴,自十月朔,許置火,盡正月終。近歲多春寒,常特展火禁五日,亦不過展。

朝陵寢

《東京夢華錄》:十月朔,都城士庶,皆出城饗墳,禁中車馬出道者院及西京朝陵。宗室車馬,亦如寒食節。城市內外,已於九月下旬,賣冥衣靴鞋、席帽衣段,以備此朔燒獻。

拜墓塋

《河南程氏遺書》:拜墳則十月一日拜之,感霜露也。寒食節又從常禮祭之，飲食則稱家有無。

修齋會

《歲時雜記》：十月朔，在京僧寺以薪炭出於檀施，是日必開爐，上堂作齋會。

食黍臛

《太清草木方》：十月一日，宜食麻豆鑽。《荆楚歲時記》云：人皆食黍臛，則炊乾飯，以麻豆羹沃之。鑽即黍臛也。

上餺飩

《盧公範饋餉儀》：十月一日，上蕎麥、野鷄、餺飩。

作爊糖

《唐雜録》：十月一日，爨俗作蒸裹、爊糖爲節物。杜甫《十月一日》詩云：蒸裹如千室，爊糖幸一柈。柈與盤同。

送縑綿

《歲時記》：十月朔，人家送親黨薪炭酒肉縑綿，新嫁女送火爐。

占麻麥

《四時纂要》：十月朔日風雨者，旱，夏水，麻子貴十倍。二日雨，貴五倍。一云：來年麥善。晦日同占。

卜米穀

《四時纂要》：十月朔日，風從東來，糴賤；從西來，春貴。朔日風寒，正月米貴。大雨大貴，小雨小貴。

崇道教

《正一旨要》：十月一日，道家謂之民歲臘，五帝校定生人録料、官爵壽算、疾病輕重。其日可謝罪，請添算壽，祭祀，先沐浴於玄祖，慎勿多食、淫昏、醉睡，可念善禮拜。

請福壽

《道書》：十月一日，爲成物之日。東皇大帝生辰，五方五帝奏會之日，宜祈福請算。

獲仙藥

《原化記》：大曆初，鍾陵客崔希真，家於郡西，善鼓瑟，工繪事，好修養之術。嘗十月朔大雪，晨出，見一老父襄笠，避雪門下。希真異之，請入。既去襄笠，見其神色毛骨，知爲非常人也，益敬之，遂獻湯餅及松花酒。老父曰："花酒無味，野人有物，能令其醇美。"乃於懷中取藥一丸，黃色而堅。以石扣置酒中，頓見甘美，復以數丸相遺。請問老父，笑而不答。希真入宅，於窗隙窺之，見老父於幄前畫素上，如有所圖，俄忽失之。希真視幄中，得圖焉。有三人二樹一白鹿一藥笈，筆勢清絕，似非意所及。希真後將圖并藥詣茅山李涵光天師，曰："此真人葛洪第三子所畫，其藥乃千歲松膠也。"

下　元

道經曰：十月十五日，謂之下元令節。是日，宜齋戒沐浴、静慮澄心、酌水獻花、朝真禮聖，可以滅罪消愆、延年益壽。

宜崇福

《正一旨要》：下元日，九江水帝、十二河源溪谷大神與暘谷神、水府靈官同下人間，校定生人罪福。又：下元三品解厄水官，主録百司，檢察人間善惡，上詣天闕進呈，大宜崇福。

罷觀燈

皇朝《歲時雜記》：開寶元年，詔中元張燈三夜，唯正門不設燈。上御寬仁樓，即今東華門也。太平興國四年，設下元燈，依中元例，張燈三夜。淳化元年，詔罷中元、下元觀燈。

上靈廟

干寶《搜神記》：漢代十月十五日，宮中故事，以豚灑上靈女廟，吹塤擊筑，奏上弦之曲，連臂踏歌《赤鳳來》之曲，乃巫俗也。

昇仙天

《列仙傳》：十月十五日，衡嶽何真人昇仙日，又神烈真君同弟子四人飛昇日，又普慧鍾離真人飛昇日，又王真人尸解日。

戴辣時

《燕北雜記》：十月內，五京進紙，造小衣甲并鎗刀器械各一萬副。十五日，一時堆垛，戎主與押番臣寮，望木葉山奠酒拜，用番字書狀一紙同焚燒，□木葉山神，云"寄庫"。番呼此爲"戴辣"，漢人譯云："戴"是"燒"，"辣"是"甲"。

歲時廣記卷第三十七

歲時廣記卷第三十八

廣寒僊裔陳　元靚　編

冬　至

《通曆》及《高氏小史》曰：地皇氏以十一月爲冬至。《曆義疏》云：冬至十一月之中氣也，言冬至者，極也。太陰之氣上干於陽，太陽之氣下極於地，寒氣已極，故曰冬至。氣當易之，是以王者閉門閭，商旅不行，以其陽氣乘踊，君壽益長，是以冬賀也。亦以日之行天，至於巽維東南角，極之於此，故曰冬至。

一陽生

《易復卦疏》：陽氣始於剥盡之後，至陽氣復時，凡經七日。如褚氏、莊氏並云：“五月一陰生，十一月一陽生。”凡“七月”①而云“七日”，不云“月”者，欲見陽長須速，故變月言日。《易通卦驗》云：冬至一陽生，配乾之初九。

七曜會

《漢書》：宦者淳于陵渠復《太初曆》，晦朔弦望最密，日月如合璧，五星如連珠。注云：謂太初上元甲子夜半朔旦冬至時，七曜皆會，牽牛分度。又桓譚《新論》云：從天元已來，訖十月朔朝冬至，日月如連璧。

---

① “七月”，底本原作“七日”，兹據文義改。

昴星見

《尚書》：日短星昴，以正仲冬。孔安國注云：日短，冬至之日也。昴曰武中星，亦以七星並，正冬至三節也。傅亮《冬至》詩云：昴星殷仲冬，短晷窮南極。

辰星升

《春秋考異郵》曰：日冬至，辰星升。

陰氣竭

《淮南志·天文訓》曰：冬至則斗北中繩，陰氣竭，陽氣萌，故曰冬至爲德。萬物閉藏，蟄蟲首穴。

陽氣萌

後漢陳寵奏：冬至之日，陽氣始萌，故有芸荔之應。《月令》曰：芸始生，荔挺出。注云：芸香、荔，馬薤是也。宋傅亮《冬至》詩云：柔荔迎時萋，芳芸應節馥。

南極長

《左傳》：冬至日，南極景極長，陰陽日月萬物之始，律當黃鍾，其管最長，故有履長之賀。杜甫詩：冬至至後日初長。

晝漏短

《月令章句》：冬至日有三極，晝漏極短，去北極遠，晷景極長。

黃鍾通

《漢·律曆志》：天子以冬至合八能之士，陳八音，聽樂均，度晷景，候鍾律，權土炭，定陰陽。冬至陽氣應則樂均清，景長極，黃鍾通，土炭輕而衡仰。

君道長

《漢雜事》：冬至陽氣起，君道長，故賀。夏至陰氣起，君道衰，故不賀。

元明天

《吕氏春秋》:冬至日,行遠道,周四極,命之曰元明天。

廣漠風

《易緯》:冬至,則廣漠風至。蕭愨詩云:"漠風吹竹起。"

會章月

《前漢·律曆志》:參天九,兩地十,是謂會數。參天數二十五,兩地數二十,是爲朔望之會。以會數乘之,則周於朔旦冬至,是爲月會。以五位乘會數,而朔日冬至,是爲月章。

建子月

《玉燭寶典》:十一月建子,周之正月也。老杜詩云:"荒村建子月。"王昌齡詩云:"駕幸温泉日,嚴霜子月初。"

得天統

《史記·封禪書》:黄帝得寶鼎神策,是歲己酉朔旦冬至,得天之統,於是黄帝迎日推策,後率二十餘歲後復朔日冬至。

通曆法

桓譚《新論》:通曆數家算法,推考其紀,從上古天元以來,訖十一月甲子夜半朔冬至。

觀日影

《周禮》:冬至日在牽牛,影長一丈三尺,夏至日在東井,影長一尺有五寸。

迎日至

《易通卦驗》:冬至始,人主與群臣左右從樂五日,天下亦家家從樂五日,以迎日至之禮。鄭玄注云:從者,就也。冬至,君臣俱就大司樂之官,臨其肄樂,祭天圜丘之樂,以爲祭祀莫大於此。

書雲物

《左傳》：僖公五年正月辛亥朔，日南至。公既視朔，遂登觀臺以望而書，禮也。凡分至啓閉，必書雲物，爲備故也。注云：至謂冬夏至也。

觀雲色

《周禮·保章氏》：以五雲之物辨吉凶。注云：鄭司農以二至二分觀雲五色，青爲蟲，白爲喪，赤爲兵荒，黑爲水，黃爲豐。

祭皇天

《晉·禮志》：十二月冬至，始祀皇天上帝於圜丘，以始祖有虞舜帝配。

祭昊天

《隋·禮儀志》：冬至之夜陽氣起於甲子。既祭昊天，宜在冬至，自是冬至祀天。

祀上帝

《唐·禮樂志》：冬至祀昊天上帝於圜丘，以高祖神堯皇帝配。

祀五帝

《禮記·月令》：祀昊天上帝於圜丘。注云：冬至日祀五帝方及日月星辰，禮於壇。

成天文

《易通卦驗》：冬至成天文。鄭玄注云：天文謂三光，運行照天下，冬至而數訖，於是時也，祭而成之，所以報也。

朝聖祖

《嘉泰事類·儀制》：令諸州聖祖殿，冬至節，州長吏率在城官朝謁。

同正禮

《唐·禮樂志》：皇帝冬至受群臣朝賀，其日將士填諸街，勒所部，列黃麾大仗屯門及陳於殿庭。皇帝服通天冠、紗絳袍，户部、禮部陳貢物，並同元正賀禮。惟冬至不奏祥瑞。

排冬仗

皇朝《歲時雜記》：冬至天子受朝賀，俗謂之排冬仗。百官皆衣朝服如大禮祭祀。凡燕饗而朝服，唯冬至正會爲然。詳見元日排正仗。

用雅樂

《國朝事始》：乾德四年，詔太常寺大朝會復用二舞。先是晉天福末，戎虜亂華，中朝多事，遂廢之。至是始復。是歲冬至，御乾元殿，始用雅樂、登歌。

奉賀表

《嘉泰事類·儀制令》：冬至發運監司官、諸州長吏奉表賀。舊制，遣使者如舊例。詳見元日。

如元旦

《四人月令》：冬至之日薦黍羔，先薦玄冥以及祖禰。其進酒尊老及謁賀君師耆老，一如正旦。

亞歲朝

《宋書》：魏晉冬至日受萬國及百寮稱賀。因小會，其儀亞於歲朝。曹植《冬至表》云：亞歲迎祥，履長納慶。

若年節

《東京夢華録》：京師最重冬至節。雖至貧者，一年之間，積累假借，至此日更易新衣，備辦飲食，享祀先祖。官放關撲，慶賀往來，一如年節。

號冬除

《歲時雜記》：冬至既號亞歲，俗人遂以冬至前之夜爲冬除，大率各做歲除故事而差略焉。《提要録》謂之二除夜。

爲大節

《歲時雜記》：都城以寒食、冬、正爲三大節。自寒食至冬至，中無節序，故人間多相問遺。至獻節，或財力不及，故諺語云：肥冬瘦年。

盡九數

《歲時雜記》：鄙俗自冬至之次日數九，凡九九八十一日，里巷多作《九九詞》。又云："九盡寒盡，伏盡熱盡。"子由《冬至》詩云："似聞錢重柴炭輕，今年九九不難數。"《九九詞》乃望江南，今行在修文巷有印本，言語鄙俚，不録。

添紅線

《歲時記》：晉魏間，宮中以紅線量日影。冬至後，日添長一線。杜甫《至日遣興》云："愁日愁隨一線長。"古詞云："奈愁又愁無避處，愁隨一線□長。"東坡詩云："更積微陽一線功。"子由《冬日即事》云："寒日初加一線長，臘醅添浸隔羅光。"

增繡功

《唐雜録》言：宮中以女功揆日之長短，冬至後，日晷漸長，比常日增一線之功。山谷詩云："宮線添尺餘。"《藝苑雌黃》云：一線之説，以杜甫《小至》詩考之，"刺繡五紋添弱線，吹葭六琯動浮灰"，當以《唐雜録》説爲是。故柳耆卿有"繡工日永"之詞，宋京有"日約繡綳長一線"之句。

進履韈

《宋書》：冬至朝賀享祀，皆如元日之儀，又進履襪。魏國曹植《冬至獻襪頌表》云：伏見舊儀，國家冬至獻履襪，所以迎福踐長。又《酉陽雜俎》云：北朝婦人，常以冬至進履襪又韡。後魏北京司徒崔浩《女儀》：近古婦人常以冬至進履襪於舅姑。崔駰《襪銘》曰：建子之月，助養元氣。

戴陽巾

《雲仙散録》載：《金門歲節》曰洛陽人家，冬至煎餳綠珠，戴一陽巾。

玩冰筯

《天寶遺事》：冬至日，大雪霽，因寒所結簷溜皆冰條，妃子使侍兒敲二條看玩。帝自晚朝視政回，問妃子曰：“所玩何物邪？”妃子笑而答曰：“妾玩冰筯也。”帝曰：“妃子聰慧，比象可愛。”

貢暖犀

《開元遺事》：開元二年冬至，交趾國進犀一株，色如黃金，使者請以金盤置殿中，温温有暖氣襲人。上問其故，使者對曰：“此辟寒犀也。頃自隋文帝時曾進一株，直至今日。”上甚悦。前輩詩曰：“辟寒犀外凍雲平。”

得特支

皇朝《歲時雜記》：在京諸軍，每年冬至得大特支。唯南郊年既有賚，則更無特支。若改作明堂，祫享皆同。則既依郊賚，冬至又例有特支。

休假務

《嘉泰事類・假寧格》：冬至假五日。又《假寧令》：諸假皆休務。

寢兵鼓

《五禮通義》：冬至所以寢兵鼓，商旅不行，君不聽政事。

住軍教

《嘉泰事類・軍防格》：冬至諸軍住教三日。

泣囚獄

後漢盛吉爲廷尉，每冬至節，獄囚當斷，妻夜秉燭，吉持丹筆，夫妻相對垂泣。東坡《庭事蕭然，三圄皆空，和前篇》云：執筆對之泣，哀此繫中囚。

祝諸子

《晉·周顗傳》：顗母李氏，字絡秀，生顗及嵩、謨，元帝時並列顯位。常冬至，絡秀舉觴賜三子曰："爾等並貴列，吾復何憂？"嵩曰："恐不如尊旨。顗志大才短，名重識暗，非自全之道。嵩性直，不容於世。唯阿奴碌碌，常在母目下。"阿奴，謨小字也。後皆如其言。

候赦法

《風角書》：候赦法，冬至後，盡丁巳之日，有風從巳上來，滿三日以上，必有大赦。

驗灾旱

《易通卦驗》：冬至之日，見雲送迎從下嚮，來歲大美，人民和，不疾疫。無雲送迎，德薄歲惡。故其雲赤者旱，黑者水，白者兵，黃者有土功。諸從日氣送迎其徵也。

卜壬日

《清臺占法》：冬至後一日得壬，灾旱千里；二日得壬，小旱；三日得壬，平常；四日得壬，五穀豐熟；五日得壬，小水；六日得壬，大水；七日得壬，河決；八日得壬，海翻；九日得壬，禾麥大熟；十日得壬，五穀不成。

占人食

《四時纂要》云：以冬至日數至正月上午日，滿五十日，人食長一日，即餘一月，食少一日，即少一月食也。此最有據。

避賊風

《黃帝針灸經》：冬至之日，風從南來者，爲虛賊，傷人也。

別寢處

《庚申論》：是月陰陽爭，至前後各五日，宜別寢。

食餛飩

《歲時雜記》：京師人家，冬至多食餛飩。故有“冬餛飩、年餺
飥”之説。又云：新節已故，皮鞋底破，大捏餛飩，一口一箇。

作豆粥

《荊楚歲時記》：共工氏有不才之子，以冬至死，爲疫鬼，畏赤
小豆，故冬至日作赤豆粥以禳之。屏山先生《至日》詩云：豆糜厭
勝憐荊俗，雲物書祥憶魯臺。

試穀種

崔實種穀法：以冬至日平匀五穀各一升，布囊盛，北墙陰下
埋之，冬至後十五日，發取平均最多者，歲宜之。一云五十日。

澆海棠

《博聞録》：冬至日，早糟水澆海棠花根，其花分外鮮明。

奠黑山

《燕北雜記》：戎人冬至日，殺白馬、白羊、白雁，各取其生血
代酒。戎主北望拜黑山，奠祭山神。言契丹死，魂爲黑山神所
管。又彼人傳云：凡死人悉屬此山神。《嘉泰事類・遼録》云：虜
中黑山，如中國之岱宗。云虜人死，魂皆歸此。每歲五京進人馬
紙各萬餘事，祭山焚之。其禮甚嚴，非祭不敢近山。

歲時廣記卷第三十八

歲時廣記卷第三十九

廣寒僊裔陳　元靚　編

臘　日

許慎《説文》曰：冬至後三戌爲臘。《廣雅》曰：夏曰嘉平，商曰清祀，周曰大蜡，秦初曰臘，已而爲嘉平。《祭部》云：漢改爲臘，臘者，獵也，因取獸以祭也。《玉燭寶典》云：臘者祭先祖，蜡者報百神，同日異祭也。高堂隆《魏臺訪議》曰①：何以用臘？聞先師曰：帝王各以其行之盛而祖，以其終而臘。水始於申，盛於子，終於辰，故水行之君，以子祖辰臘。火始於寅，盛於午，終於戌，故火行之君，以午祖戌臘。木始於亥，盛於卯，終於未，故木行之君，以卯祖未臘。金始於巳，盛於酉，終於丑，故金行之君，以酉祖丑臘。土始於未，盛於戌，終於辰，故土行之君，以戌祖辰臘。故漢火德，以戌爲臘。魏土德，以辰爲臘。晉金德，以丑爲臘。

謹按《國朝事始》云：建隆四年，太常博士和峴奏：“唐以前寅日蜡百神，卯日祭社宮，辰日臘享宗廟，開元定禮，三祭皆於臘辰，以應土德。聖朝火德，合以戌月爲臘，而以前七日辛卯便行蜡禮，恐未爲宜。”下太常議，而請蜡百神、祀社稷、享宗廟，同用

---

① “高堂隆”，底本原作“高堂除”，兹逕典正。

戌臘日。

秦初臘

《史記·本紀》:秦惠文君十二年,初臘。

秦改臘

《洞仙傳》:茅濛,字初成,華陽人也。師鬼谷先生,受長生之術。後入華山,静齋絶塵,修道合藥,乘雲駕龍,白日升天。先是其邑歌謡曰:"神仙得者茅初成,駕龍上昇入太清。時下玄洲戲赤城,繼世而往在我嬴,帝若學之臘嘉平。"始皇聞之,因改臘曰"嘉平",欣然有尋仙志。

漢祠社

《漢書》:高祖十年春,有司奏令縣道常以春二月及臘,祠社稷以羠羊。

晉作樂

《晉起居注》:安帝隆安四年十二月辛丑,臘祠作樂。

魏時祭

《魏臺訪議》:薦田獵所得禽獸謂之臘,特時祭之名爾,亦伊耆氏之蜡也,始臘、蜡本一。

隋定令

《隋·禮儀志》:隋初因周制,定令亦以孟冬下亥蜡百神,臘宗廟。開皇四年十一月,詔曰:"古稱臘者接也,取新故交接。前周歲首今之仲冬,建冬之月稱蜡可也。後周用夏后之時,行姬氏之蜡,考諸先代,於義有違,其十月行蜡者停,可以十二月爲臘。"

唐用周

《唐書》:則天初載二年,臘月己未,始用周臘。

莽改法

《後漢書》：沛國陳咸爲廷尉監，王莽篡位，還家，杜門不出。莽改易漢法令。及臘日咸言，我先祖何知王氏臘也。

賜御宴

《提要録》：唐制，臘日賜宴及賜口脂面藥，以翠管銀罌盛之。杜甫《臘日》詩云："縱酒欲謀良夜醉，還家初散紫宸朝。口脂面藥隨恩澤，翠管銀罌下九霄。"

賜御食

《景龍文館記》：三年臘日，帝於苑中召近臣賜臘。晚自北門入，於內殿賜食，加口脂、紅雪、澡豆等。又云：賜口脂臘脂，盛以碧縷牙筩。

賜甲煎

皇朝《歲時記》：臘日，國朝舊不賜口脂面藥，熙寧初始賜二府。以大白金盒、二小陶罌、口脂甲煎各一，并盒賜之。

賜牙香

《韓渥傳》：臘日賜銀合子、駐顏膏、牙香等，繡香囊一枚。

獻口脂

《唐·百官志》：中尚署臘日獻口脂。

進香囊

《唐六典》：中尚署臘日進衣香囊。

製官藥

皇朝《歲時記》：臘日政府以供堂錢製藥，分送諸廳，其後多分送藥材，如牛黃、丹砂、龍腦、金銀箔之類。張杲卿執政日，獨以爲傷廉不受。開封府及舊三司則集衆錢合和均分，他官入錢皆得之，外郡亦然。

授仙藥

《神仙傳》:尹軌,晉太康元年臘日過洛陽,授主人以神仙藥。

送風藥

《歲時雜記》:醫工以臘月獻藥,以風藥爲主,亦有獻口脂、面藥及屠蘇者。

治諸藥

《歲時雜記》:凡治合圓劑,必用臘月,乃經夏不損,如牛胆、釀天南星之類,皆用臘月。

上頭膏

《太平御覽》:《盧公家範》:"凡臘日,上澡豆及頭膏面脂。"

釀冬酒

《泗人月令》:十月上辛,命典饋漬麴釀冬酒,以供臘日祭祀。

造花餤

《金門歲節》:洛陽人家,臘日造脂花餤。

得菟髓

《風俗通》:菟髓,俗說臘正旦食得菟髓者,名之曰幸,賞以寒酒。幸者,善祥,令人吉利也。

薰豕肉

《歲時雜記》:臘日以豕肉先糟熟,掛竈側,至寒食取食之。楊誠齋詩曰:"老夫病暑飯不能,先生饋肉香滿城。霜刀削下黃水精,月斧斫出紅松明。君家豬胆臘前作,是時雪没吳山脚。公子彭生初解縛,糟丘挽上凌烟閣。試將一臠配雙鰲,人間信有揚州鶴。"

蓄豬脂

《歲時雜記》:臘日,豬脂蓄之瓦罐,終歲爲啗馬之用。《提要録》云：亦可治牛疥癩。

取兔頭

《博濟方》：治産難，滑胎。臘月兔頭腦髓一箇，攤於紙上令勻，候乾，剪作符子，於面上書"生"字一箇。覺母陣痛時，用産母釵股夾定，燈焰上燒灰盞盛，煎丁香酒調下。又《勝金方》：專治發腦後背及癰疽、熱癤、惡瘡等。臘月兔頭細剉入瓶内，密封愈久愈佳，塗帛上，厚封熱痛處。如水頻換，差。又《抱朴子》曰：兔壽千歲，五百歲毛色變白。又云：兔血和女丹服之，有神女二人來侍，可役使之。

乾兔髓

《經驗方》：催生丹，兔頭二箇，臘月内取頭中髓塗放净紙上，令風吹乾，入通明乳香二兩，碎，入前乾兔髓同研。來日是臘，今日先研，就夜星宿下安桌子上，時果、香、茶同一處排定，須是潔净齋戒焚香，望北帝拜告："大道弟子某，修合救世上難産婦人藥，願威靈祐助此藥，速令生産。"禱告再拜，用紙帖同露之，次燒香。至來日日未出時，以豬肉和丸如鷄頭子大，用紙袋盛貯，透風處懸掛，每服一丸，醋湯下，良久未産，更用冷酒下一丸，即産。此神仙方，絶驗。

掛牛膽

《圖經本草》：世多用風化石灰合百草團末，治金瘡殊勝。今醫家或以臘月黃牛膽擂和，却内膽中，掛之當風，百日研之，更勝草葉者。臘月者尤佳。

收狐膽

《續傳信方》：臘月收雄狐膽，若有人卒暴亡未移時者，温水微研，灌入喉即活，常須預備救人，移時即無及矣。又《千金方》

云：惡刺，取狐屎灰、臘月膏和，封孔上。

灰烏鴉

《本草》：烏鴉平，無毒，臘月者瓦缾泥煨燒爲灰，飲下，治小兒癇及鬼魅。

煆牡蠣

《經驗方》：治一切渴。大牡蠣，不拘多少，於臘月端午日，黃泥裹，煆通紅，收冷，取出爲末，用活鯽魚煎湯，調下一錢匕，小兒服半錢匕。只兩服，差。

浴蠶種

《集正曆》：臘日取蠶種籠，掛桑中，任霜霰雨雪飄凍，至立春日收，謂之“天浴”。蓋蛾子生有實有妄，妄者經寒凍後不復生，唯實者生蠶，則強健有收成也。

造臘燭

《瑣碎録》：臘日砍竹浸水中一百日，取出，曝乾，搥碎，點照，光艷如蠟炬。

祠公社

《禮記·月令》：天子乃祈來年於天宗，大割祠於公社及門閭，臘先祖五祀。注云：此周禮所謂蜡祭也。

祭先祖

《風俗通》：臘者，獵也。因獵取獸，以祭先祖。晉博士張亮議曰：臘，接也。新故交接，畋獵大祭，以報功也。

報古賢

《漢舊儀》：臘者，報鬼神，古賢人有功於民者也。

祀竈神

《搜神記》：漢宣帝時陰子方者，至孝，有仁恩。嘗臘日晨炊，而竈神現形，子方再拜受慶。家有黃羊，刲以祀之，暴至巨富，子孫職顯。後常臘日祀竈。

勞農夫

《後漢·禮儀志》：季冬之月，星回歲終，陰陽以交，勞農夫，大享臘，以送故也。

縱吏飲

蔡邕《獨斷》：臘者，歲終大祭，縱吏民宴飲，非迎氣，故但送而不迎。

遣囚歸

《後漢書》：虞延，除細陽令，每至歲時伏臘輒休，遣囚徒，各使歸家，並感其恩德，應期而還。

放囚還

《南史》：何胤仕齊，爲建安太守，政有恩信，人不忍欺，每伏臘放囚還家，依期而返。

免竊食

《後漢書》：韓卓，字子助，陳留人。臘日，奴竊食，祭其先人，卓義其心，即白免之。

恕盜柴

《陳留志》：范喬，邑人臘夕盜斫其樹，人有告，喬佯不聞，邑人愧而歸之。喬曰：“卿臘日取此，欲與父母相歡娛耳。”

罷獻兔

《憲宗記》：元和九年十一月戊子，罷京兆府獻狐兔。臘日，舊獻狐兔。

取瘦羊

《東觀漢記》：甄宇，北海人，建武中青州從事，徵拜博士。每臘，詔賜博士羊，人一頭。羊有大小肥瘦，時博士祭酒，議欲殺羊，稱分其肉，宇曰不可，又欲投鈎，宇復恥之，宇因先自取其最瘦者。

發名花

《卓異記》：天授二年臘，卿相等詐稱上苑花開，請幸，則天許之，乃遣使宣詔曰：“明朝遊上苑，火急報春知。花須連夜發，莫待曉風吹。”於是凌晨名花瑞草皆發，群臣咸服。東坡詩云：“連夜開此花。”又云：“霜枝連夜發。”

生春草

《荊楚歲時記》：臘鼓鳴，春草生。

治疥瘡

《瑣碎錄》：臘日，空心，用蒸餅捲豬板脂食之，不生瘡疥。久服，身體光滑。陳日華諸孫年年服之，有效。

除瘟病

《養生要訣》：臘月臘夜，令人持椒，臥井傍，無與人言，內椒井中，可除瘟病。

辟疫鬼

《淮南子·畢萬術》：臘日，埋圓石於宅隅，雜以桃弧七枚，則無鬼疫。

打乾種

鳳臺《麈史》：安陸地宜稻，春雨不足則謂之打乾種，蓋人牛種子倍費。元符己卯，大旱，歲暮，農夫相告曰：“來年又打乾矣。”蓋臘月牛驟泥中則然，明年果然。

就寺浴

《歲時雜記》：京師士大夫，臘日多就僧寺澡浴，因飲宴，或賦詩，不知其所起也。

醮天官

《正一旨要》：侯王臘日，五帝校定生人處所，分野受禄，降注三萬六千氣。其日可謝罪，祈求延年益壽、安定百神、移易名位、回改名字、沐浴、先亡、大醮天官，令人所求如願，求道必獲。此日不可聚會飲樂，可清静，經行山林有壇庭之處，行道存念，三魂七魄，不得經營俗事，值臘月臘日是也。

秒離旰

《燕北雜記》：臘日，戎主帶甲戎裝，應番漢臣諸司使已上並戎裝，五更三點坐朝，動樂飲酒，罷，各等第賜御甲羊馬。番呼此節爲“秒離旰”，漢人譯云“秒離”是“戰”，“旰”是“時”，謂“戰時”也。

交年節

吕原明《歲時雜記》云：十二月二十四日謂之交年節。其事又見《東京夢華録》，他書未見載者。

醉司命

皇朝《東京夢華録》：十二月二十四日交年，都人至夜，請僧道看經，備香茶酒送神，燒合家替代錢紙，帖竈馬於竈上，以酒糟抹塗竈門，謂之醉司命。

誦經咒

《歲時雜記》：舊俗以爲七祀及百神每歲十二月二十四日新舊更易，皆焚紙幣，誦道佛經咒，以送故迎新，而爲禳祈云。

照虛耗

《歲時雜記》：交年之夜，門及牀下以至圊溷皆燃燈，除夜亦然，謂之照虛耗。

掃屋宇

《歲時雜記》：唯交年日掃屋宇無忌，不擇吉。諺云：交年日掃屋，不生塵埃。

賣備用

《東京夢華錄》：交年日已後，京師市井皆買門神、鍾馗、桃符、桃板及財門鈍驢、回頭鹿馬天行帖子，賣乾茄瓠、馬牙菜、膠牙餳之類，以備除夜之用。晁無咎詞云：殘臘初雪霽，梅白飄香蕊。依前又還是，迎春時候，大家都備。竈馬門神，酒酌醆酥，桃符盡書吉利。五更催驅儺，爆竹起。虛耗都教退，交年換新歲。長保身榮貴。願與兒孫盡老今生，祝壽遐昌，年年共同守歲。

歲時廣記卷第三十九

歲時廣記卷第四十

廣寒僊裔陳　元靚　編

歲　除

《禮記·月令》曰：是月也，日窮於次，月窮於紀，星回於天，數將幾終，歲且更始，是爲歲之終也。《文選》云：歲季月除，大蜡始節，故曰“歲除”，又曰除日、除夕、除夜。

有司儺

《論語疏》：儺，逐疫鬼也。爲陰陽之氣不節，癘鬼隨而作禍。故天子使方相氏黃金爲四目，熊皮爲帽，作儺儺之聲，以驅疫鬼，一年三遍爲之。故《月令》“季春命國儺”，“季秋天子乃儺”，“季冬命有司大儺旁磔”，注云：此月有癘鬼，將隨強陰出害人，故旁磔於四方之門。磔，禳也。東坡《和子由除日見寄》云：“府卒來驅儺，矍鑠驚遠客。愁來豈有魔，煩汝爲禳磔。”

鄉人儺

《論語·鄉黨》：鄉人儺，朝服而立於阼階。晦庵注云：儺所以逐疫，周禮方相氏掌之，儺雖古禮而近於戲，亦必朝服而臨之者，無所不用其誠敬也。或曰：恐其驚先祖五祀之神，欲其依己而安也。

逐除儺

《呂氏春秋·季冬紀》注曰：前歲一日，擊鼓驅疫癘之鬼，謂之逐除，亦曰儺。李綽《秦中歲時記》云：歲除日儺，皆作鬼神狀，二老人名爲儺翁、儺母。東坡詩云："爆竹驚隣鬼，驅儺聚小兒。"又古詞云："萬户與千門，驅儺鼎沸。"

驅鬼儺

《禮緯》云：高陽氏有三子，生而亡去，爲疫鬼：一居江水，是爲瘧；一居若水，爲罔兩蜮鬼；一居人宮室區隅中，善驚人小兒。於是以正歲十二月，命禮官時儺以索室中，而驅疫鬼也。《月令章句》曰：日行北方之宿，北方大陰，恐爲所抑，故命有司大儺，所以扶陽抑陰也。韓文公詩云："屑屑水帝魂，謝謝無餘輝。如何不肖子，尚奮瘧鬼威。"又張衡《東京賦》云："卒歲大儺，驅除群癘。"注云：儺逐疫癘也。歲終之日，謂之清涼室。

埋祟儺

皇朝《東京夢華録》：除日，禁中呈大儺儀，並用皇城親事官。諸班直戴假面，繡畫色衣，執金鎗龍旗。教坊使孟景初身品魁偉，擐全副金鍍銅甲，裝將軍；用鎮殿將軍二人，並介胄裝門神；教坊南河炭醜惡魁肥，作判官；又裝鍾馗小妹、土地、竈神之類，共千餘人。自禁中驅祟，出南薰門外轉龍灣，謂之埋祟而罷。

送疫儺

《後漢·禮儀志》：先臘一日，大儺，謂之逐疫。其儀：選中黄門子弟，十歲以上，十二以下，百二十人爲侲子，皆赤幘皁製，執大鼗。方相氏黄金四目，蒙熊皮，玄衣朱裳，執戈揚盾，作十二獸裳衣毛角。中黄門行之[①]，冗從僕射將之，以逐惡鬼於禁中。夜漏上水，朝臣會，侍中、尚書、御史、謁者、虎賁、羽林郎將執事，皆

---

① "之"，底本原作"人"，兹逕據《後漢書》卷五校改。

赤幘陛衛,乘輿御前殿。黃門令奏曰:"侲子備,請逐疫。"於是中黃門倡,侲子和,曰:"甲作食歹凶,胇胃食虎,雄伯食魅,騰簡食不祥,攬諸食咎,伯奇食夢,強梁、祖明共食磔死寄生,委隨食觀,錯斷食巨,窮奇、騰根共食蠱。凡使十二神追惡凶,赫女軀,拉女幹,節解女肉,抽女肺腸。女不急去,後者爲糧。"因作方相與十二獸舞。讙呼周徧,前後省三過。持炬火,送疫出端門。門外驛騎傳炬出宮,司馬闕門門外五營騎士傳火棄雒水中。《東京賦》曰:"煌火馳而星流,逐赤疫於四裔。"注云:衛士千人在端門外,五營千騎在衛士外,爲三部更送至雒水。凡三輩逐鬼投雒水中,仍上天池,絕其橋梁,使不復渡還。

殿前儺

《樂府雜錄》:驅儺用方相氏四人,戴冠及面具,黃金爲四目,衣熊裘,執戈、揚盾,口作儺儺之聲,以逐除也。侲子五百,小兒爲之,朱褶青襦,面具,晦日於紫宸殿前儺,張宮懸樂。

大內儺

《南部新書》:歲除日,太常卿領官屬樂吏,護童侲子千人,晚入內,至夜於寢殿前儺。燃蠟具,燎沉檀,熒煌如晝。上與親王妃子以下觀之,其夕賞賜最厚。王建《宮詞》云:"金吾除夜進儺名,畫袴朱衣四隊行。院院燒燈如白日,沉香火底坐吹笙。"

夢鍾馗

《唐逸史》:明皇開元,講武驪山,翠華還宮。上不悅,因痁疾作,晝寢,夢一小兒,衣絳,犢鼻,跣一足,履一足,腰懸一履,搦一筠扇,盜太真繡香囊及上玉笛,遶殿奔,戲上前。上叱問之。小鬼奏曰:"臣乃虛耗也。"上曰:"未聞虛耗之名。"小鬼奏曰:"虛者,望空虛中,盜人物如戲;耗,即耗人家喜事成憂。"上欲怒呼武士，俄見一大鬼，頂破帽，衣藍袍，繫角帶，靸朝靴，徑捉小鬼，先刳其目，然後擘而啖之。上問大者："爾何人也？"奏云："臣終南山進士鍾馗也，因武德年中應舉不捷，羞歸故里，觸殿階而死。是時，奉旨賜綠袍以葬之，感恩發誓，與我王除天下虛耗妖孽之事。"言訖，夢覺，痁疾頓瘳。乃詔畫工吳道子，曰："試與朕如夢圖之。"道子奉旨，恍若有睹，立筆圖就進呈。上視久之，撫几曰："是卿與朕同夢爾。"賜以百金。

畫鍾馗

《野人閑話》：昔吳道子所畫一鍾馗，衣藍衫，鞹一足，眇一目，腰一笏，巾裹而蓬髯垂髮，左手捉一鬼，以右手第二指挑鬼眼睛。筆迹遒勁①，實有唐之神妙。收得者將獻僞蜀主，甚愛之，常懸於內寢，一日，召黄筌令看之。一見，稱其絶妙。謝恩訖，昶謂曰："此鍾馗，若拇指掐鬼眼睛則更較有力，試爲我改之。"筌請歸私第，數日看之不足，別張絹素，畫一鍾馗，以拇指掐鬼眼睛，并吳本併進納訖。昶問曰："比令卿改之，何爲別畫？"筌曰："吳道子所畫鍾馗，一身之力，氣色眼貌，俱在第二指，不在拇指。所以不敢輕改，筌今所畫，雖不及古人，而一身之力、氣思，併在拇指。"昶甚悅，賞筌之能。遂以綵緞銀器，旌其別識。

賜鍾馗

《歲時雜記》：舊傳唐明皇不豫，夢鬼物，其名曰鍾馗，既寤遂安。令家家圖畫其形象於門壁，禁中每歲前賜二府各一幀。又或作鍾馗小妹之形，皆爲捕魑魅之狀，或役使鬼物。又云：鍾馗、門神、桃符、桃板諸物，皆候家祭畢設之，恐驚祖先也。

---

① "遒"，底本原誤作"遵"，茲逕典正。

原鍾馗

《筆談》：今人歲首設鍾馗辟邪，不知起自何代。皇祐中，金陵發一塚，得碑，乃宋宗愨母鄭夫人墓志，載有妹名鍾馗，乃知鍾馗之設遠矣。

辨鍾馗

《遯齋閑覽》：《北史》，堯暄本名鍾葵，字辟邪，生於魏道武時。人有干勁者，亦字鍾馗。以世數考之，暄又居前，則知不特起於宋也。然馗與葵二字不同，必傳寫之有誤也。

寫桃符

《古今詩話》：偽蜀每歲除日，諸宮門各給桃符，書“元亨利貞”四字。時昶子善書札，取本宮策勳府桃符書云：“天垂餘慶，地接長春。”乾德中伐蜀，明年蜀降。二月，以兵部侍郎呂餘慶知軍府事，以策勳府爲治所，太祖聖節號長春，此天垂地接之兆。又楊文公《談苑》云：辛寅遜仕偽蜀孟昶，爲學士。王師將攻伐之前歲，昶令學士作兩句寫桃符，寅遜題曰：“新年納餘慶，嘉節號長春。”明年蜀亡，呂餘慶以參知政事知益州，長春乃太祖誕聖節名也。

戲藏鈎

《荊楚歲時記》：歲前又爲藏鈎之戲。辛氏《三秦記》曰：始於鈎弋夫人，按鈎弋夫人姓趙，爲漢武帝婕妤，生昭帝。《漢武故事》云：上巡狩河間，見青氣自地屬天，望氣者云：下有貴子。上求之，見一女子在空室中，姿色殊絕，兩手皆拳，數百人擘之莫舒，上自披即舒，號拳夫人，即鈎弋也。後人見其手拳而有國色，故因之而爲藏鈎之戲。李商隱詩云：“楚妃交薦枕，漢后共藏鬮。”周美成《除夜立春》云：“裁幡小廢藏鈎戲，生菜仍□宿歲□。"

爲藏彄

《風土記》：臘日以後，叟嫗各隨其儕爲藏彄，分爲二曹，以較勝負。司馬溫公詩云："藏鬮新度臘，習舞競裁衣。"又《藏彄》詩云："不知藏在何人手，却向尊前鬮弄拳。"鬮、彄、鈎並居侯切，三字皆有理，原其所本，則鈎字爲勝。

設火山

《紀聞》：唐貞觀初，天下乂安，百姓富贍。時屬除夜，太宗盛飾宮掖，明設燈燭。殿内諸房，莫不綺麗，盛奏歌樂，乃延蕭后觀之。樂闋，帝謂蕭后曰："朕施設孰愈隋主？"蕭后笑而答曰："彼乃亡國之君，陛下開基之主，奢儉之事，固不同年。"帝曰："隋主何如？"蕭后曰："隋主享國十有餘年，妾常侍從，見其淫侈，每二除夜，殿前諸院，設火山數十，盡沉香木根也。每夜，山皆焚沉香數車，火光暗則以甲煎沃之，焰起數丈。沉香、甲煎之香，傍聞數十里。一夜之中，用沉香二百餘乘，甲煎過二百石。"歐陽公詩云："隋宮守夜沉香火，楚俗驅神爆竹聲。"又李易安《元旦》詞云："瑞腦煙殘，沉香火冷。"

懸寶珠

《續世説》云：隋主每二除夜，殿内房中，不燃膏火，中懸珠一百二十以照之，光比白日，盡明月寶夜光珠也。大者六七寸，小者猶三寸，一珠之價直數千萬也。干寶《搜神記》云："隋侯嘗見大蛇被傷而救之，後含珠以報。其珠徑寸、純白，夜有光明，如月之照一堂。隋侯珠一名'明月珠'。"杜甫詩云："自得隋珠覺夜明。"

燎爆竹

李畋《該聞集》：爆竹辟妖，隣人有仲叟，家爲山魈所祟，擲瓦石，開户牖，不自安。叟求禱之，以佛經報謝，而妖祟彌盛。畋謂叟曰："公且夜於庭落中，若除夕爆竹數十竿。"叟然其言，爆竹至曉，寂然安帖，遂止。

照水燈

《金門歲節》：洛陽人家除夜則以銅刀刻門，埋小兒硯，點水盆燈。

添商陸

《提要録》：裴度除夜嘆老，殆曉不寐。户中商陸火，凡數添也。

作蕡燭

《歲時雜記》：除夕作蕡燭，以麻秕濃油如庭燎。守倅監司廳皆公庫供之，冬除夜亦然。

燒骨骴

《歲華紀麗》：除夜燒骨骴，爲熙庭助陽氣。又《四時纂要》云："除夜積柴於庭，燎火辟灾。"

燃皂角

《歲時雜記》：除夜空房中集衆，燃皂角，令烟不出，眼淚出爲限，亦辟疫氣。

焚廢藥

《歲時雜記》：除日，集家中不用之藥，焚之中庭，以辟瘟疫之氣。

埋大石

《荆楚歲時記》：十二月暮日，掘宅四角，各埋一大石，爲鎮宅。又《鴻寶畢萬術》云："埋圓石於宅四隅，摣桃核七枚，則鬼無能殃也。"

賣白餳

《歲時雜記》：膠牙餳，形製不一，其甚華者云："膠之使齒牢"。東京潘樓下，從歲前賣此等物，至除夜，殆不通車馬。

投豆麥

《龍魚河圖》：歲暮夕五更，取二七豆麥子，家人髮少許，同著井中，咒敕井，使其家竟年不遭傷寒，辟五方疫鬼。一云："用麻子小豆各二七粒。"

臥井傍

《養生論》：歲暮令人持椒，臥於井傍，候夜靜，内椒井中，以壓邪氣也。

爲面具

《歲時雜記》：除日作面具，或作鬼神，或作兒女形，或施於門楣，驅儺者以蔽其面，或小兒以爲戲。

動鼓樂

《歲時雜記》：冬至歲旦前一夜，大作鼓樂於宿倅廳，自初夜至五鼓，其聲不絕。

宜嫁娶

《瑣碎録》：北方人嫁娶，只歲除日牛羊入圈時入宅。

祭詩章

《金門歲節》：賈島常以歲除，取一年所得詩，祭以酒食，曰："勞吾精神，以是補之。"

添聰明

《瑣碎録》：北人年夜五更，以蔥擊小兒頭，謂之添聰明。

作鍛磨

《僧圓逸記》：都下寺院，每用歲除鍛磨，是日作鍛磨齋。

修齋戒

《四時纂要》：十二月晦日前兩日，通晦三日，齋戒、燒香、静念，仙家重之。

宜整攝

《歲時雜記》：僧家以臘月三十日，譬臨終一念，不可不整攝也。

示大衆

《松菴語録》：長沙北禪賢和尚，歲除示衆云：“今夜無可供養大衆。待烹箇露地白牛，與諸人分歲。”舉猶未了，有僧出云：“今官中追呼和尚，不合私剥耕牛，兼索皮角。”賢將下頭袖僧拾取歸衆。松菴云：“此禪可謂孝順，翻成骨董，含飯還覺面腥，一物未到口邊，先被傍人唧儂。”

參吉辰

《歲時雜記》：世俗以歲除爲亂歲，百無所忌，冠婚沐浴，皆用此日。然於陰陽家都無所出，須參取吉辰用之。

忌短日

《陰陽書》：癸亥日爲“日短”，晦日爲“月短”，除日爲“年短”。最不宜用事，謂之“三短日”。

浴殘年

《歲時雜記》：在京寺觀，以除日多燀湯饌食，以召賓客，謂之浴殘年。

計有餘

《歲時雜記》：凡治己治人，至除日當自觀察，以計歲之有餘。

餽晚歲

東坡文：歲晚相與餽問，爲"餽歲"；酒食相呼爲"別歲"；至除夜，達旦不寐，爲"守歲"。蜀之風俗如是。子瞻作記《歲暮鄉俗》三首，其一《餽歲》，其二《別歲》，其三《守歲》，子由亦次韻焉。

祝長命

《歲時雜記》：癡兒駭女，多達旦不寐。俗語云："守冬爺長命，守歲娘長命。"

守歲夜

皇朝《東京夢華録》：除夜，禁中爆竹山，呼聲聞於外。士庶之家，圍爐團坐，達旦不寐，謂之守歲。又有宵夜果子。古詞云："獸炭共圍，通宵不寐，守盡殘更待春至。"

迎新年

《荊楚歲時記》：歲暮，家家具餚蔌，謂宿歲之儲，以迎新年，相聚酣飲。留宿歲飯，至新年則棄之街衢，以爲去故納新也。唐太宗《守歲詩》云："暮景斜芳殿，年華綺麗宮。寒辭去冬雪，暖帶入春風。階馥舒梅素，盤花卷燭紅。共歡新故歲，迎送一宵中。"又除日《太原召侍臣賜宴守歲》詩云："四時運灰琯，一夕變冬春。送寒餘雪盡，迎歲早梅新。"

歲時廣記卷第四十

末　卷

廣寒仙裔陳　元靚　編

總　載

寅午戌月

《坦庵拜命曆》：今人不用正、五、九月，訪彼名流，稽諸故實，皆無所據。愚常論之：正、五、九月斗建寅午戌，屬火，臣爲商，商爲金，火能制金，是以忌之。本朝以火德王天下，火生在寅，旺在午，墓在戌，應公家事並作商音，商屬金，敗於午，衰於戌，絶於寅，以絶敗衰耗之金。豈敢犯生旺墓金之火，又況君臣自有定分，故不用也。彈冠必用，亦以此三月爲兀月。《壇經》云：正月上旬與九月下旬吉。往賢本旨以正月上旬，火力猶微；九月下旬，火力已減，故不曰凶。或得吉日時辰，此不足執。惟金曹避之尤緊。

正五九月

《容齋隨筆》：釋氏一説，正、五、九月，天帝釋以大寶鏡輪照四天下，寅、午、戌月正臨南贍部洲，故奉佛者皆茹素以徼福，官司謂之斷月。故受驛券有所謂羊肉者，則不支，俗謂之惡月。士大夫赴官者輒避之。或謂唐日藩鎮蒞事，必大享軍，屠殺羊豕至多，故不欲以其月上事，今之他官不當爾。然此説亦無所經見。予讀《晉書·禮志》，穆帝納后，欲用九月，九月是忌月。《北齊書》云：高洋謀篡魏，其臣宋景業言，宜以仲夏受禪。或曰："五日不可入官，犯之，終於其位。"景業曰："王爲天子，無復下期，豈得不終於其位乎？"乃知此忌相承，由來久矣。竟不能曉其義，及出何經典也。

避三長月

《藝苑雌黃》：唐武德二年正月，詔自今正月、五月、九月不行死刑，禁屠殺。予嘗考之，此蓋本於浮屠氏之教，所謂年三長齋是也。釋氏智論云：天帝釋以大寶鏡照四大神州，每月一移，察人善惡。正、五、九月照南贍部洲。故以此月省刑修善，斷獄律。諸立春以後，秋分以前決死刑者，徒一年，其所犯雖不待時，若於斷屠月及禁殺日而決者，各杖六十。《疏議》云：斷屠月謂正月、五月、九月。蓋唐時始以此著之令式。正、五、九月斷屠，即有閏月，各同正月，亦不得奏決死刑，今人泥此，名三長月，如之官赴任之類，一切皆避是月，未知此何理也。

用前半月

《瑣碎録》：京師貴家用事，多在上旬。門戶吉慶，和合興旺，逐月初五日月生魄，幹事隨天地之氣，請賓客和合，多在月半之前。若月望後，氣候漸弱，全不中用。朝廷拜相，亦用上旬。

五不祥日

《遯齋閑覽》：每月初四日、初七日、十六日、十九日，爲四不祥日。林復之言：上官用此日，鮮有善罷，指屈凡八九人如此。又方君云：初四日，辰雖佳，亦不可上官。若更值丁日，尤不佳，有親必憂去。又法有增二十八日，謂五不祥，大忌上官，其日雖不犯尢，縱得吉辰，亦不宜用。歐陽《參政記事》云：犯此日者，多不終任，應上官嫁娶，必參差。沈存中《筆談》云：常歷數親知犯此日，皆不得善脫。

十惡大敗

《提要録》：日之十惡大敗，自古名之舊矣。今佛書《大藏元黃經》中所謂十惡大敗，始與常之所謂不同，迺以甲巳年，三月戊戌日，七月己亥日，十月丙申日，十一月丁酉日。乙庚年，四月壬申日，九月乙未。丙辛年，三月辛未日，九月庚辰日，十月甲辰日。戊癸年，六月己丑日。除丁壬年中無日外，前之八年内遇此十日者，乃十惡大敗日，用之百事不宜，切須避忌。

諸家兀日

《遜齋閑覽》：仕宦多忌兀日，不赴官，人多不曉其義。或云瓦日。然兀日，數家之説不同，最爲無據，彈冠必用所載。有年兀、月兀、日兀、時兀、大兀、小兀、上兀、下兀，又有大小月兀法、逐月上下兀法、六輪兀別法、傳神經兀法、百忌曆兀法、通仙六局兀法、演星禽兀法，並詳見《上官拜命玉曆》。然今之士夫信用與萬年□□曆所載，乃六輪經上下兀日法，其上起正月，陰年巽上起正月，並順行，月上便起初一。若逢閏月，則於本月上起初一，只數六位，震兑二宫不數，遇巽爲上兀，遇坤爲下兀。蓋兀者，兀陧不安也，瓦者，謂瓦解離散也。

正誤時日

《三曆撮要》：十惡日，甲辰、乙巳與壬申，丙申、丁酉及庚辰，戊戌、己亥加辛巳，己丑都來十位神。然則甲寅旬無十惡日，蓋丁亥誤作丁酉，癸巳誤作己亥也。又貴人時日：甲戊庚牛羊，乙巳鼠猴鄉，丙丁豬鷄位，壬癸兔蛇藏，六辛逢馬虎，此是貴人鄉。何甲戊庚三位皆牛羊，而辛獨逢馬虎？亦世傳訛耳。或以爲甲戊見牛羊，而辛獨逢馬，識者鑒諸。

甲子占雨

《朝野僉載》：春雨甲子，赤地千里。夏雨甲子，乘船入市。秋雨甲子，禾頭生耳。冬雨甲子，飛雪萬里。一云：雙日甲子，□□少應。唐俚語云：禾頭生耳，蓋禾粟無生耳者。禾頭□□□□是也。杜甫詩云："禾頭生耳黍穗黑。"

甲申占雨

《占書》：凡甲申雨，五穀貴，大雨大貴，小雨小貴。若溝瀆漲滿，急聚五穀。甲申至己丑風雨，糴貴，主六十日。

庚寅占雨

《占書》：凡庚寅至癸巳風雨，皆主糴折，以入地五寸爲候。五月爲麥，六月爲黍，七月爲粟，八月爲菽麥，九月爲穀，皆以此則之。假令五月雨庚寅，即麥折錢，他月倣此。

甲寅占雨

《占書》：春三月，雨甲寅乙卯，夏穀貴一倍。夏雨丙寅丁卯，秋穀貴一倍。秋雨庚寅辛卯，冬穀貴一倍。冬雨壬寅癸卯，春穀貴一倍。

沐浴避忌

《西山記》：沐旬浴五。夫五則五氣流傳，浴之榮衛通暢；旬則數滿復還，真氣在腦，沐之則耳目聰明。若頻浴者，血凝而氣散，雖肌體光澤，久而損氣。能成癱瘓之疾者，氣不勝血，神不勝形也。若頻沐者，氣壅於腦，滯於中，令人體重形疲，久而經絡不能通暢。《老君實錄》云：誦加句天童經，咒水沐浴，百病皆愈。

房室避忌

《修真秘訣》：四時八節，弦望晦朔，本命之日，魁罡值日，六甲日，六丁日，甲子日，庚申日，子卯日，爲天地交會之辰，特忌會合，違者減年奪算。又《庚申論》云：五月五日、六日、七日、十五日、十六日、十七日、廿五日、廿六日、廿七日爲九毒日，切宜齋戒，尤忌色慾，犯之減壽。一云：是日宜別寢，犯之，三年致卒。

早暮謹戒

《黃帝雜忌》：一日之忌，暮無飽食。一月之忌，暮無大醉。一歲之忌，暮無遠行。終身之忌，暮無燃燭行房。又《仙經》云：一日之忌，暮無飽食。一月之忌，暮無遠行。終身之忌，暮常護氣。又道林曰：晦日不歌，朔日不哭。

轡鞁應時

《馬癖記》：王武子好馬，非馬不行。正旦則柳葉金障泥，上元則滿月轡，清明則剪水鞭，重午則籠嬌鞁，八月中秋則玉滿璁絡頭，重陽則蟬兒鞯，春秋社則塗金鞁，冬至則嘶風鞯，除日則藥玉鞁。每節日，則餵馬以明砂豆、薔薇草。

北人打圍

《使遼錄》：北人打圍，一歲間各有所處，正月釣魚海上，於水底釣大魚。二月、三月放鶻，號海東青，打雁。四月、五月打麋鹿。六月、七月於涼處坐夏。八月、九月打虎豹之類。自此直至歲終，如南人趁時耕種也。

龜兹戲樂

《酉陽雜俎》：龜兹，元日鬪羊馬駞，爲戲七日，觀勝負，以占一年羊馬減耗繁息也。婆邏遮，並服狗頭猴面，男女無晝夜歌舞，八月十五日，行像及透索爲戲。焉耆，元日、二月八日婆摩遮，三日野祀，四月十五日遊林，五月五日彌勒下生，七月七日祀先祖，九月九日牀撒，十月十日王爲厭法，王出首領家，首領騎王馬，一日一夜，處分王事，十月十四日，每日作樂，至歲窮。拔汗那，十二月十九日，王及首領，分爲兩朋，各出一人着甲，衆人執瓦石棒杖，東西互擊，甲人先死即止，以占當年豐儉。

歲時廣記末卷終

歲時廣記

（四卷本）

陳元靚　撰

張楊溦蓁　點校

歲時廣記序

　　有天之時，有人之時，寒暑之推遷，此時之運於天者也，曆書所載，蓋莫詳焉。至於因某日而載某事，此時之係於人者。端千緒萬，非託之記述，則莫能探其源委耳。噫！慶道長於一陽之生，謹履端於一歲之始。是蓋天時人事之相參，尤有可據。彼仲夏之重五、季秋之重九，豈天之氣候然也？而人實爲之。使微考訂，孰知競渡之緣楚靈均、登高之因費長房乎？引類而伸，若此者衆。雖然荊楚歲時之所記善矣，惜乎失之拘也；秦唐歲時之所記夥矣，惜乎未之備也。今南潁陳君，蒐獵經傳以至野史異書，凡有涉於節序者，萃爲巨帙，殆靡一遺。仰以稽諸天時，俯以驗之人事，題其篇端曰“歲時廣記”，求予文而序之。予惟陳君嘗編博聞三録，盛行於世，況此書該而不冗，雅而不俚，自當與並傳於無窮云。

　　宣教郎、特差知無爲軍巢縣事、兼義武民兵軍正、總轄屯戍兵馬、借緋、新安朱鑑撰。

歲時廣記目録

卷之一

春　景

孟春月 …………………………………………（417）

仲春月 …………………………………………（418）

季春月 …………………………………………（419）

花信風 …………………………………………（420）

條達風 …………………………………………（421）

榆莢雨 …………………………………………（421）

杏花雨 …………………………………………（421）

凌解水 …………………………………………（421）

桃花水 …………………………………………（421）

擊春曲 …………………………………………（421）

踏春歌 …………………………………………（422）

夢春草 …………………………………………（422）

移春檻 …………………………………………（422）

探春宴 …………………………………………（423）

採春遊 …………………………………………（423）

作樂車 …………………………………………（423）

載油幕 …………………………………………（423）

掛裙幄 ……………………………………………… (423)

擲金錢 ……………………………………………… (423)

駐馬飲 ……………………………………………… (423)

隨蝶幸 ……………………………………………… (424)

鬭奇花 ……………………………………………… (424)

插御花 ……………………………………………… (424)

取紅花 ……………………………………………… (424)

裝獅花① …………………………………………… (424)

探花使 ……………………………………………… (424)

護花鈴 ……………………………………………… (425)

括花香 ……………………………………………… (425)

臥花酒 ……………………………………………… (425)

作紅餤 ……………………………………………… (425)

繫煎餅 ……………………………………………… (425)

釀梨春 ……………………………………………… (425)

賜柳圈 ……………………………………………… (425)

羹錦帶 ……………………………………………… (425)

憐草色 ……………………………………………… (426)

望杏花 ……………………………………………… (426)

看菖葉 ……………………………………………… (426)

種辰瓜 ……………………………………………… (426)

栽雜木 ……………………………………………… (426)

遊蜀江 ……………………………………………… (427)

---

① “裝獅花”,底本原作“裝獅子”,正文中標題作“裝獅花”,兹據改。

售農用 ································· （427）

鬻蠶器 ································· （427）

驗歲草 ································· （427）

占雨霧 ································· （428）

禳鬼鳥 ································· （428）

飲雨水 ································· （428）

去祅邪① ······························ （428）

辟官事 ································· （428）

照百鬼 ································· （428）

卷之二

夏　景

孟夏月 ································· （429）

仲夏月 ································· （430）

季夏月 ································· （431）

黃梅雨 ································· （432）

送梅雨 ································· （433）

濯枝雨 ································· （433）

留客雨 ································· （433）

薇香雨 ································· （433）

暴涷雨 ································· （433）

海颶風 ································· （434）

落梅風 ································· （434）

---

① “祅”，底本原作“妖”，兹逕據正文内容校改。

黃雀風 …………………………………………………………… （434）

麥黃水 …………………………………………………………… （434）

瓜蔓水 …………………………………………………………… （434）

礬山水 …………………………………………………………… （434）

麥熟秋 …………………………………………………………… （434）

分龍節 …………………………………………………………… （435）

龍生日 …………………………………………………………… （435）

竹迷日 …………………………………………………………… （435）

櫻筍廚 …………………………………………………………… （435）

臨水宴 …………………………………………………………… （435）

霹靂酒 …………………………………………………………… （436）

寒筵冰 …………………………………………………………… （436）

壬癸席 …………………………………………………………… （436）

澄水帛 …………………………………………………………… （436）

冰絲裀 …………………………………………………………… （436）

消涼珠 …………………………………………………………… （436）

辟暑犀 …………………………………………………………… （437）

迎涼草 …………………………………………………………… （437）

白龍皮 …………………………………………………………… （437）

犀如意 …………………………………………………………… （437）

灑皮扇 …………………………………………………………… （437）

服丸散 …………………………………………………………… （437）

環鑪火 …………………………………………………………… （438）

入寒泉 …………………………………………………………… （438）

激涼風 …………………………………………………………… （438）

没水底 ···································· （438）

開七井 ···································· （438）

乘小駒 ···································· （438）

臥北窗① ·································· （438）

書新裙 ···································· （439）

作夏課 ···································· （439）

逐樹陰 ···································· （439）

練螢囊 ···································· （439）

頒冰雪 ···································· （439）

賜朱櫻 ···································· （440）

獻雪瓜 ···································· （440）

沈瓜李 ···································· （440）

賦杞菊 ···································· （440）

調寢餗 ···································· （440）

埋鼈砂 ···································· （440）

求蛇醫 ···································· （441）

占蝗旱 ···································· （441）

卷之三

秋　景

孟秋月 ···································· （442）

仲秋月 ···································· （443）

季秋月 ···································· （445）

---

① “臥北窗”，底本原作“臨北窗”，兹逕據正文內容校改。

仙掌露 ……………………………………………（446）

青女霜 ……………………………………………（446）

蓼花風 ……………………………………………（446）

裂葉風 ……………………………………………（446）

離合風 ……………………………………………（447）

鯉魚風 ……………………………………………（447）

黄雀風 ……………………………………………（447）

豆花雨 ……………………………………………（447）

荻苗水 ……………………………………………（447）

登高水 ……………………………………………（447）

一葉落 ……………………………………………（447）

草木衰 ……………………………………………（447）

警鶴鳴 ……………………………………………（448）

石雁飛 ……………………………………………（448）

鱖魚肥 ……………………………………………（448）

蟋蟀吟 ……………………………………………（448）

親燈火 ……………………………………………（448）

圍棋局 ……………………………………………（448）

獻菊酒 ……………………………………………（448）

思蓴鱸 ……………………………………………（448）

收兔毫 ……………………………………………（449）

驗美玉 ……………………………………………（449）

點艾杖 ……………………………………………（449）

厭兒法 ……………………………………………（449）

取柏露 ……………………………………………（450）

結絲囊 …………………………………………………（450）

登高樓 …………………………………………………（450）

懷故里 …………………………………………………（450）

悲遊子 …………………………………………………（450）

嘆謫仙 …………………………………………………（451）

賞白蓮 …………………………………………………（451）

水晶宮 …………………………………………………（451）

卷之四

冬　景

孟冬月 …………………………………………………（452）

仲冬月 …………………………………………………（453）

季冬月 …………………………………………………（454）

一色雲 …………………………………………………（455）

一丈涷 …………………………………………………（455）

千里雪 …………………………………………………（455）

千年冰 …………………………………………………（456）

紺碧霜 …………………………………………………（456）

入液雨 …………………………………………………（456）

復槽水 …………………………………………………（456）

蹙凌水 …………………………………………………（456）

寶硯爐 …………………………………………………（456）

暖玉鞍 …………………………………………………（457）

暖金合 …………………………………………………（457）

却寒簾 …………………………………………………（457）

却寒犀 ………………………………………………（457）

禦寒裘 ………………………………………………（457）

辟寒金 ………………………………………………（457）

辟寒香 ………………………………………………（458）

衣狐裘 ………………………………………………（458）

設羆褥 ………………………………………………（458）

捏鳳炭 ………………………………………………（458）

置鳳木 ………………………………………………（458）

呵牙筆 ………………………………………………（458）

得玉馬 ………………………………………………（458）

炷暖香 ………………………………………………（459）

吐氣火 ………………………………………………（459）

煮建茗 ………………………………………………（459）

飲羔酒 ………………………………………………（459）

作妓圍 ………………………………………………（459）

揣妓肌 ………………………………………………（459）

選肉陣 ………………………………………………（460）

暖寒會 ………………………………………………（460）

送臘粥 ………………………………………………（460）

省寮火 ………………………………………………（460）

温母席 ………………………………………………（460）

暖母枕 ………………………………………………（460）

扣冰魚 ………………………………………………（460）

號林筍 ………………………………………………（461）

問歲餘 ………………………………………………（461）

足文史 ………………………………………………（461）

歲時廣記卷之一

宋　廣寒仙裔陳元靚　編

春

《孔子家語》曰：春者，四時之首也。《尚書大傳》曰：春，出也，萬物之所出也。《禮記·鄉飲酒》曰：東方曰春，春之爲言蠢也。《淮南子》曰：春爲規。規者，所以圜萬物也。規度不失，生氣乃理。《前漢·律曆志》曰：少陽者，東方。東，動也，陽氣動物，於時爲春。春，蠢也，物蠢生，乃動運。木曲直。仁者生，生者圜，故爲規也。《月令》曰：春三月，其日甲乙，其帝太皞，其神勾芒，其蟲鱗，其音角，其數八，其味酸，其臭羶，其祀户，祭先肝。

孟春月

《禮記·月令》曰：孟春之月，日在營室，昏參中，旦尾中。律中大簇。東風解凍，蟄蟲始振。魚上冰，獺祭魚，鴻雁來。天氣下降，地氣上騰。天地和同，草木萌動。

《孝經緯》：周天七衡六間曰大寒①。後十五日，斗指艮，爲立春；後十五日，斗指寅，爲雨水。

劉歆《三統曆》曰：立春爲正月節，雨水爲正月中氣。雨水者，言雪散爲雨水也。

---

① “七衡六間”，底本原作“玉衡六問”，兹據四十二卷本校改。

《周書·時訓》曰：立春之日，東風解凍；後五日，蟄蟲始振；後五日，魚上冰。雨水之日，獺祭魚；後五日，鴻雁來；後五日，草木萌動。

《白虎通德論》曰：正月律謂之太簇何？太亦大也，簇者湊也，言萬物始大，湊地而出也。

《晉·樂志》曰：正月之辰謂之寅。寅者，津也，謂生物之津途也。

《大戴禮·夏小正》曰：正月啓蟄，雉震呴。時有俊風，滌凍途，田鼠出。農及雪澤，采芸，柳稊①，梅杏柂桃則華。

《春秋·隱公元年》“王正月”注云：隱公之始年，周王之正月也。凡人君即位，欲其體元居正，故不言一年一月。

《玉燭寶典》曰：正月爲端月。

梁元帝《纂要》曰②：正月曰孟陽、孟陬、上春、開春、發春、獻春、首春、首歲、獻歲、發歲、初歲、肇歲、方歲、華歲。

《月令》曰：孟春行夏令，則雨水不時，草木蚤落，國時有恐；行秋令，則其民大疫，猋風暴雨，總至藜莠，蓬蒿並興；行冬令，則水潦爲敗，雪霜大摯，首種不入。

仲春月

《月令》曰：仲春之月，日在奎，昏弧中，旦建星中。律中夾鍾。始雨水，桃始華，倉庚鳴，鷹化爲鳩，玄鳥至，日夜分，雷乃發聲，始電，蟄蟲咸動，啓戶始出。

《孝經緯》曰：雨水後十五日，斗指甲，爲驚蟄；後十五日，斗

---

① “柳稊”，底本原作“柳梯”，茲逕典正。
② “纂要“，底本原作“要纂”，茲逕乙正。下文亦偶有倒乙者，皆逕乙正。

指卯，爲春分。

《三統曆》曰：驚蟄爲二月節，春分爲二月中氣。驚蟄者，蟄蟲驚而奔出也。

《周書·時訓》曰：驚蟄之日，桃始華；後五日，倉庚鳴；後五日，鷹化爲鳩。春分之日，玄鳥至；後五日，雷乃發聲；後五日，始電。

《白虎通德論》曰：二月律謂之夾鍾何？夾者，孚甲也，言萬物孚甲，種類分也。

《晉·樂志》曰：二月之辰名爲卯。卯者，茂也，言陽氣生而孳茂也。

《夏小正》曰：二月祭鮪，采蘩，來降燕乃睇。

《淮南子》曰：二月之夕，女夷鼓歌，以司天和，以長百穀、禽獸、草木。注云：女夷，春夏長養之神也。江淹文云："春皞馭節，女夷司景。"

《纂要》曰：二月曰仲陽，又曰令月。張子《歸田賦》云："仲春令月，時和氣清。"

《月令》曰：仲春行夏令，則國乃大旱，暖氣早來，蟲螟爲害；行秋令，則其國大水，寒氣總至，寇戎來征；行冬則陽氣不勝，麥乃不熟，民多相掠。

季春月

《月令》曰：季春之月，日在胃，昏七星中，旦牽牛中。律中姑洗。桐始華，田鼠化爲鴽，音如。虹始見，萍始生，鳴鳩拂羽，戴勝降於桑。

《孝經緯》曰：春分後十五日，斗指乙，爲清明；後十五日，斗指辰，爲穀雨。

《三統曆》曰：清明爲三月節，穀雨爲三月中氣。^① 清明者，謂物生清净明潔。穀雨者，言雨以生百穀。

《周書·時訓》曰：清明之日，桐始華；後五日，田鼠化爲鴽；後五日，虹始見。穀雨之日，萍始生；後五日，鳴鳩拂羽；後五日，戴勝降於桑^②。

《白虎通德論》曰：三月律謂之姑洗何？姑者，故也。洗者，鮮也。言萬物皆去故就新，莫不鮮明也。

《晉·樂志》曰：三月之辰名爲辰，辰者，震也，謂時物盡震動而長也。

《夏小正》曰：三月參則伏，螢音斛。則鳴，頒冰，拂桐葩。

《詩》曰：蠶月條桑。蠶月，三月也。吳民載詩云：條風著野方，移陰又麥秋。^③《唐百家詩》云：蠶月桑葉青，鸎時柳花白。

《纂要》曰：三月曰暮春、末春、晚春。

《月令》曰：季春行冬令，則寒氣時發，草木皆肅，國有大恐；行夏令，則民多疾疫，時雨不降，山林不收；行秋令，則天多沈陰，淫雨蚤降，兵革並起。

花信風

《東皋雜録》：江南自初春至初夏，五日一番風候，謂之花信風。梅花風最先，棟花風最後，凡二十四番，以爲寒絶也。後唐人詩云："棟花開後風光好，梅子黄時雨意濃。"徐師川詩云："一百五日寒食雨，二十四番花信風。"又古詩云："早禾秧雨初晴後，苦棟花風吹日長。"

---

① 此二句四十二卷本作"穀雨爲三月節，清明爲三月中氣"。
② "戴勝"，底本原作"勝戴"，兹逕乙正。
③ 此二句詩四十二卷本作"條風著野方蠶月，高樹移陰又麥秋"。

條達風

《易通卦驗》：立春，條風至。宋均注云：條者，條達萬物之風也。唐太宗詩云：“條風開獻節，灰律動初陽。”

榆莢雨

《氾勝之書》①：三月榆莢雨，高地強土，可以種禾。

杏花雨

《提要録》：杏花開時，正值清明前後，必有雨也，謂之杏花雨。古詩云：“沾衣欲濕杏花雨，吹面不寒楊柳風。”又云：“楊柳杏花風雨外，不知佳句落誰家。”晏元獻公詞云：“紅杏開時，一霎清明雨。”趙德麟詞云：“紅杏枝頭花幾許，啼痕止恨清明雨。”

凌解水

《水衡記》：黃河水，正月名凌解水。

桃花水

《水衡記》：黃河水，二月、三月名桃花水。又顏師古《漢書音義》云：《月令》：仲春之月始雨水，桃始華。蓋桃方華時，既有雨水，川谷漲泮，衆流盛長，故謂之桃花水。老杜詩云：“春岸桃花水。”又曰：“三月桃花浪。”注曰：峽以二月桃花發時春水生②，謂之桃花水。王摩詰詩云：“春來到處桃花水。”歐陽公詩云：“桃花水下清明路。”

擊春曲

《酉陽雜俎》：唐明皇好羯鼓，云八音之領袖，諸樂不可爲比。嘗遇二月初詰旦，巾櫛方畢，時宿雨初晴，景色明麗，小殿亭前，

① “氾勝”，底本原訛作“記勝”，茲據四十二卷本校改。
② “二月”，四十二卷本作“三月”。

柳杏將吐,睹而歎曰:"對此景物,豈可不與他判斷乎!"左右相
目,將命備酒。獨高力士遣取羯鼓,旋命之臨軒縱擊一曲,名《春
光好》,神思自得。及顧杏柳,皆已發坼,指而笑之,謂嬪嬙內宦
曰:"此一事,不喚我作天公可乎?"皆呼萬歲。東坡詩云:"宮中
羯鼓催花柳。"陳簡齋詩云:"可是天公須羯鼓,已回寒馭作春
酣。"又六言云:"未央宮中紅杏,羯鼓三聲打開。"

踏春歌

《異聞録》:邢鳳之子夢數美人歌踏陽春之曲,曰《踏陽春》:
"人間二月雨和塵,陽春踏盡秋風起,腸斷人間白髮人。"又《酉陽
雜俎》云:元和初,有士人醉卧廳中。及醒,見古屏上婦人悉於牀
前踏歌。歌曰:"長安少女踏春陽,無處春陽不斷腸。舞袖弓腰
渾忘却,蛾眉空帶九秋霜。"又歌曰:"流水涓涓芹長芽,野鳥雙飛
客還家。荒村無處作寒食,殯宮空對棠梨花。"其中雙鬟者問曰:
"如何是弓腰?"歌者曰:"首髻及地,腰勢如規也。"士人驚叱之,
忽皆上屏。東坡詩云:"城上湖光暖欲波,美人唱我踏春歌。"又
詹克愛《春睡》詩云:"覺後不知身是幻,耳根猶聽踏春聲。"

夢春草

《南史》:謝惠連,年十歲能屬文。族兄靈運加賞之,每有篇
章對惠連,輒得佳句。嘗於永嘉西堂思詩,竟日不就。忽夢見惠
連而得"池塘生春草"之句,大以爲工。常云:"此語有神助,非吾
語也。"杜甫詩云:"詩應有神助。"東坡詞云:"酒闌清夢覺,春草
滿池塘。"又詩云:"春草池塘夢惠連。"陳后山《春夜》詩云:"夢中
無好語,池草爲春生。"

移春檻

《開元遺事》:楊國忠子弟春時移名花植木檻中,下設輪脚,

挽以綵絚，所至自隨，號移春檻。

探春宴

《天寶遺事》：都人士女每至正月半後，各乘車跨馬，供帳於園囿或郊野中，爲探春之宴。

採春遊

皇朝《東京夢華録》：上元收燈畢，都人争先出城採春。大抵都城左近皆是園囿，百里之内無非闤地，並縱遊人賞玩。

作樂車

《天寶遺事》：楊氏子弟恃后族之貴，極於奢侈。每春遊，以大車結綵爲樓，載女樂數十人，自私第聲樂前引出，遊園苑中。長安豪民貴族争傚之。

載油幕

《天寶遺事》：長安貴家子弟，每至春時，遊宴供帳於園囿中。隨行載以油幕，或遇陰雨，以幕覆之，盡歡而歸。

掛裙幄

唐《輦下歲時記》：長安士女遊春野步，遇名花則設席藉草，以紅裙插掛，以爲宴幄，其奢侈如此。

擲金錢

《開元别記》：明皇與妃子在花萼樓下，以金錢遠近爲限，賽其無擲於地者，以金觥賞之。《天寶遺事》云：内庭妃嬪，每至春時，各於禁中結伴，擲金錢爲戲。

駐馬飲

《天寶遺事》：長安俠少，每春時，結朋聯黨，各置矮馬，飾以錦韉金絡並轡，於花樹下往來，使僕從執杯酒而隨之，遇好花則駐馬而飲。

隨蝶幸

《開元遺事》：開元末，明皇每春時旦暮宴於宮中，使嬪妃輩爭插艷花，帝親捉粉蝶放之，隨蝶所止幸之。後楊妃專寵，遂不復用此戲。

鬭奇花

《天寶遺事》：長安士女春時鬭花，戴插以奇花，多者爲勝。皆用千金市名花植於庭中，以備春時之鬭。

插御花

《天寶遺事》：長安春時，盛於遊賞園林，日無閒地。蘇頲應制詩云：“飛埃結紅霧，遊蓋翻青雲。”帝覽詩嘉焉，遂以御花插頲之巾上，時榮之。

取紅花

虞世南《史略》：北齊盧士琛妻，崔林義之女，有才學。春日以桃花靧面，咒曰：“取紅花，取雪白①，與兒洗面作光悦。取白雪，取紅花，與兒洗面作光華。取白雪，取花紅，兒與洗面作顏容。”

裝獅花

《曲江春宴録》：曲江貴家遊賞，則翦百花裝成獅子，互相送遺。獅子有小連環，欲送則以蜀錦流蘇牽之，唱曰：“春光且莫去，留與醉人看。”

探花使

《秦中歲時記》：進士杏花園初會，謂之探花宴。以少俊二人爲探花使，徧遊名園。若他人先折得名花，則二使皆有罰。

---

①　“雪白”，據後文體例，疑當校讀作“白雪”爲善。

護花鈴

《天寶遺事》：天寶初，寧王少時好聲色，風流醖藉，諸王弗如也。每春時，於後園中紝紅絲爲繩，綴金鈴，繫花梢之上。有烏鵲翔集，則令園吏掣鈴索以驚之，號"護花鈴"。

括花香

唐《玉塵録》①：穆宗，每宮中花香，則以重頂帳蒙蔽欄檻，置惜春御史掌之，號曰"括香"。

卧花酒

《曲江春宴録》：虞松方春以謂："握月擔風，且留後日。吞花卧酒，不可過時。"

作紅餤

《曲江春宴録》：春遊之家，以脂粉作紅餤，竿上成雙挑掛，夾雜畫帶，前引車馬。

繫煎餅

《拾遺記》：江東俗，號正月二十日爲天穿日，以紅縷繫煎餅餌置屋上，謂之補天穿。李白詩云："一枚煎餅補天穿。"

釀梨春

《白氏六帖》：杭州俗，釀酒趁梨花時，熟號梨花春。

賜柳圈

《唐史》：李適爲學士。凡天子饗食遊豫，唯宰相及學士得從。春幸梨園，並渭水禊除，則賜細柳圈辟癘。

羹錦帶

《荆湖近事》：荆渚間有花名錦帶，其花條生，如郁李仁。春

---

① "玉塵録"，底本原"玉"字誤作"王"，兹據四十二卷本校改。

末開花，紅白如錦。初生，葉柔肥可食①。老杜詩云："滑憶雕胡飯，香聞錦帶羹。"

憐草色

《長慶集》"杭州春望"詩："誰開湖寺西南路，草綠裙腰一道斜。"自注云："孤山寺在湖洲中，草綠時，望如裙腰。"又東坡詩云："春入西湖到處花，裙腰芳草抱山斜。"王介甫詩云："遙憐草色裙腰綠，湖寺西南一徑開。"

望杏花

《四民月令》云：清明節，乃令蠶妾理蠶室。是月也，杏花盛。又云：杏花生，種百穀。宋子京詩云："催耕併及杏花時。"蜀主孟昶《勸農詔》云："望杏敦耕，瞻蒲勸穡。"王元長《策秀才文》云："杏花菖葉，耕穫不愆。"

看菖葉

《呂氏春秋》：冬至後五旬七日，菖葉生。蓋菖者，百草之先生也，於是始耕。又云：菖始生，於是耕。儲光羲詩云："蒲葉日以長，杏花日已滋。農人要看此，貴不違天時。"

種辰瓜

《齊民要術》：二月辰日最宜種瓜②。山谷詩云："夏栽醉竹餘千箇，春糞辰瓜滿百區。"

栽雜木

《氾勝書》：栽樹正月爲上時，二月爲中時，三月爲下時。然棗，雞口；槐，兔目；桑，蝦蟆眼；榆，負瘤散。其餘雜木，鼠耳、蛇

---

① "柔肥"，四十二卷本作"柔脆"，字形相近，義亦可通。

② "二月"，四十二卷本作"三月"。

趲各其時。凡種栽并插，皆用此等形象。

遊蜀江

《杜氏壺中贅録》：蜀中風俗，舊以二月二日爲踏青節，都人士女，絡繹遊賞，緹幕歌酒，散在四郊。歷政郡守，慮有強暴之虞，乃分遣戍兵於岡阜坡冢之上，立馬張旗望之。後乖崖公帥蜀，迺曰："慮有他虞，不若聚之爲樂。"乃於是日，自萬里橋，以錦繡器皿結綵舫十數隻，與郡僚屬官分乘之，妓樂數船，歌吹前導，命曰遊江。於是郡人士女駢於八九里間，縱觀如堵，抵寶曆寺橋出，譙於寺內。寺前剏一蠶市，縱民交易，嬉遊樂歡，倍於往歲，薄莫方回。

售農用

《四川記》：同州以二月二日與八日爲市，四遠村民畢集，應蠶農所用，以至車檐、橡木、果樹、器用、雜物皆至，其直千緡至萬緡者。郡守就於城東北隅龍興寺前立山棚，設幄幕聲樂，以宴勞將吏，累日而後罷。

鬻蠶器

欒城文《蠶市》詩序云：眉人以二月望日鬻蠶器，謂之蠶市焉。東坡先生詩云："蜀人衣食常艱苦，蜀人行樂不知還。十夫耕農萬夫食，一年辛苦一春閒。閒時尚以蠶爲市，共牽辛苦逐欣歡。"又張仲殊詞云："成都好，蠶市趁遨遊。夜放笙歌喧紫陌，春邀燈火上紅樓。車馬溢瀛洲。人散後，繭館喜綢繆。柳葉已饒烟黛細，桑條何似玉纖柔。立馬看風流。"

驗歲草

黃帝問師曠曰：吾欲若樂善心，可知否？對曰：歲欲甘，甘草先生，薺是也。歲欲苦，苦草先生，葶藶是也。歲欲雨，雨草先生，藕是也。歲欲旱，旱草先生，蒺藜是也。歲欲流，流草先生，蓬是也。歲欲惡，惡草先生，水藻是也。歲欲病，病草先生，艾是也。皆以孟春占之。

占雨霧

《占書》：正月朔雨，春旱，人食一升。二日雨，人食二升。三日雨，人食三升。四日雨，人食四升。五日雨，主大熟。五日内霧，穀傷民饑。元日霧，歲必饑。

禳鬼鳥

《荆楚歲時記》：正月夜，多鬼鳥度，家家槌牀打户，捩狗耳，滅燈燭，以禳之。《玄中記》云：此鳥名姑獲，一名天帝女，一名隱飛鳥，一名夜遊鬼，好取人女子養之。有小兒之家，即以血點其衣以爲誌，故世人號鬼鳥。荆湖彌多，斯言信矣。

飲雨水

《本草》：正月雨水，夫妻各飲一杯，還房，獲時有子，神助也。

去袄邪

《西京雜記》：賈佩蘭云：在宫中時，正月上辰出池邊盥濯，食蓬餌，以去袄邪。

辟官事

《曆書》：二月上丑日，取土泥竈屋，宜蠶。上辰日，取道中土泥門，應辟官事。

照百鬼

《荆楚歲時記》：正月未日夜，蘆苣火照井廁，百鬼皆走。

歲時廣記卷之二

宋　廣寒仙裔陳　元靚　編

夏

《禮記·鄉飲酒》曰：南方曰夏，夏之爲言假也。養之，長之，假之，仁也。《太玄經》曰：夏者，物之修長也。董仲舒《策》曰：陽常居大夏，以生育長養爲事。《淮南子》曰：夏爲衡。衡者，所以平萬物也。《前漢·律曆志》曰：太陽者，南方。南，任也，陽氣任養物，於時爲夏。夏，假也，物假大，乃宜平。火炎上，禮者齊，齊者平，故爲衡也。《月令》曰：夏三月，其日丙丁，其帝炎帝，其神祝融，其蟲羽，其音徵，其數七，其味苦，其臭焦，其祀竈，祭先肺。

孟夏月

《禮記·月令》曰：孟夏之月，日在畢，昏翼中，旦婺女中。律中中音仲。呂。螻蟈鳴，蚯蚓出，王瓜生，苦菜秀，靡草死，麥秋至。

《孝經緯》曰：穀雨後十五日，斗指巽，爲立夏；後十五日，斗指巳，爲小滿。

《三統曆》曰：立夏爲四月節，小滿爲四月中氣。小滿者，言物長於此，小得盈滿。

《周書·時訓》曰：立夏之日，螻蟈鳴；後五日，蚯蚓出；後五日，王瓜生。小滿之日，苦菜秀；後五日，靡草死；後五日，麥秋至。

《白虎通德論》曰：四月律謂之中吕何？言陽氣將極中充大也，故復中難之也。《晉志》云：吕者，助也，謂陽氣盛長，陰助成功也。

《晉·樂志》曰：四月之辰謂之巳。巳者，起也。物至此時，畢盡而起也。

《夏小正》曰：四月昴則見①。

《詩·七月》曰：四月秀葽。注云：不榮而實曰秀。葽，草也。

《西京雜記》曰：陽德用事，則和氣皆陽，建巳之月是也，故陽謂之正陽之月。又曰：四月陽，雖用事而陽不獨存，此月純陽，疑於無陰，故亦謂之陰月。

《纂要》曰：四月曰首夏、維夏。

《文選》注：鄭玄曰：四月爲除月。

《月令》曰：孟夏行秋令，則苦雨數來，五穀不滋，四鄙入保；行冬令，則草木蚤落，後乃大水，敗其城郭；行春令，則蝗蟲爲災，暴風來格，秀草不實。

仲夏月

《月令》曰：仲夏之月，日在東井，昏亢中，旦危中。律中蕤賓。小暑至，螳蜋生，鵙始鳴，反舌無聲，鹿角解，蟬始鳴，半夏生，木堇榮。

《孝經緯》曰：小滿後十五日，斗指丙，爲芒種；後十五日，斗指午，爲夏至。

《三統曆》曰：芒種爲五月節，夏至爲五月中氣。芒種者，言

---

① “昴”，底本原作“昂”，誤，茲逕改正。

有芒之穀，可稼種也。

《周書·時訓》曰：芒種之日，螳螂生；後五日，鵙始鳴；後五日，反舌無聲。夏至之日，鹿角解；後五日，蟬始鳴；後五日，半夏生。

《白虎通德論》曰：五月律謂之蕤賓何？蕤者，下也。賓者，敬也。言陽氣上極，陰氣始起，故賓敬之也。

《晉·樂志》曰：五月之辰謂之午。午者，長也，大也，言物皆長大也。

《夏小正》曰：五月，參則見，蜋蜩鳴。初昏，大火中。注云：大火，心星名也。

《詩·七月》曰：五月鳴蜩。又曰：五月斯螽動股。注云：蜩，蟬也。斯螽，蚣蝑也。

吳《子夜四時歌》曰：鬱蒸仲暑月。

東坡詩云："飛龍御月作秋涼。"注云："謂五月也。"

《月令》曰：仲夏行冬令，則雹凍傷穀，道路不通，暴兵來至；行春令，則五穀晚熟，百螣時起①，其國乃饑；行秋令，則草木零落，果實早成，民殃於疫。

季夏月

《月令》曰：季夏之月，日在柳，昏火中，旦奎中。律中林鐘。溫風始至，蟋蟀居壁，鷹乃學習，腐艸爲螢，土潤溽暑，大雨時行。

《孝經緯》曰：夏至後十五日，斗指丁，爲小暑；後十五日，斗指未，爲大暑。

《三統曆》曰：小暑爲六月節，大暑爲六月中氣。小暑、大暑

---

① "時"，底本原作"特"，兹據四十二卷本校改。

者，就極熟之中分爲小、大，月初爲小，月半爲大。

《周書·時訓》曰：小暑之日，溫風至；後五日，蟋蟀居壁；後五日，鷹乃學習。大暑之日，腐草爲螢；後五日，土潤溽暑；後五日，大雨時行。

《白虎通德論》曰：六月律謂之林鍾何？林者，衆也，萬物成熟，種類衆多也。

《晉·樂志》曰：六月之辰謂之未。未者，味也，謂時萬物向成，有滋味也。

《夏小正》曰：六月鷹乃摯。

《詩·七月》曰：六月莎鷄振羽。又云：六月食鬱及薁。注云：鬱，棣屬。薁，蘡薁也。

《纂要》曰：六月曰徂暑。

《月令》曰：季夏行春令，則穀實鮮落，國多風欬，民乃遷徙；行秋令，則丘濕水潦，禾稼不熟，乃多女災；行冬令，則風寒不時，鷹隼蚤鷙，四鄙入保。

黃梅雨

《風土記》：夏至雨名黃梅雨，霑衣服皆敗黦。《四時纂要》云：梅熟而雨曰梅雨。又閩人以立夏後逢庚日爲入梅，芒種後逢壬日爲出梅。農人以得梅雨乃宜耕稼，故諺云：雨不梅①，無米炊。《瑣碎錄》又云：芒種後逢壬入梅②，前半月爲梅雨，後半月爲時雨，遇雷電謂之斷梅。數說未知孰是。又《陳氏手記》云：梅雨水洗瘡疥，滅瘢痕；入醬，令易熟；沾衣便腐，瀚垢如灰汁，有異

---

① 此句四十二卷本作“梅不雨”。
② “芒種”，底本原作“茫種”，兹逕正。

他水。江淮以南，地氣卑濕，五月上旬連下旬尤甚。梅雨壞衣，當以梅葉湯洗之，餘並不脱。杜甫詩云："南京西蒲道，四月熟黄梅。湛湛長江去，冥冥細雨來。"歐陽公詩云："春寒欲盡黄梅雨。"東坡詩云："不趁青梅嘗煮酒，要看細雨濕黄梅。"又云："佳節連梅雨。"又云："怕見黄梅雨細時。"嚴維詩云[1]："梅天一雨清。"

送梅雨

《埤雅》：今江湘、二浙，四五月間，梅欲黄落，則水潤土溽，柱礎皆汗，蒸鬱成雨，謂之梅雨。自江以南，三月梅謂之迎梅，五月雨謂之送梅。林逋詩云："石枕涼生菌閣虚，已應梅潤入圖書。"

濯枝雨

《風土記》：仲夏雨，濯枝瀺川。注云：此節常有大雨，名曰濯枝雨。

留客雨

陸機《要覽》：昔羽山有神人焉，逍遥於中嶽，與左元放共遊子訓所。坐欲起，子訓應欲留之，一日之中三雨。今呼五月三雨亦爲留客雨。

薇香雨

李賀《四月詞》："依薇香雨青氛氳，膩葉蟠花照曲門。"

暴涷雨

《爾雅》：暴雨謂之涷雨。郭璞注云：江東呼夏月暴雨爲涷雨[2]。《離騷經》云：令飄風兮先驅，使涷雨兮洗塵。涷，音東。

---

① "嚴維"，四十二卷本作"王維"。
② 此句底本原作"江東呼夏月暴爲雨涷雨"，兹據四十二卷本乙正。

海颶風

《南越志》：熙安間多颶風。颶風者，具四方之風也。常以五六月發，未至時，鷄犬爲之不鳴。《國史補》云：南海有颶風，四面而至，倒屋拔木，每數年一作。鄭熊《番禺雜記》云：颶風將發，有微風細雨先緩後急，謂之鍊風。又有石尤風，亦颶之類。韓文公詩云："雷威固已加，颶勢仍相借。"又云："颶風有時作，掀簸真差事。"又云："峽山逢颶風，雷電助撞捽。"颶，音具。

落梅風

《風俗通》：五月有落梅風，江南以爲信風。李白詩云："天長信風吹，日出宿霧散。"

黄雀風

《風土記》：南中六月則有東南長風，止時，海魚化爲黄雀，故俗名黄雀風。

麥黄水

《水衡記》：黄河水，四月名麥黄水。

瓜蔓水

《水衡記》：黄河水，五月名瓜蔓水，瓜生蔓也。東坡詩云："河水眇縣瓜蔓流。"

礬山水

《水衡記》：黄河水，六月名礬山水。

麥熟秋

《月令章句》：百穀各以初生爲春，熟爲秋，故麥以孟夏爲秋。山谷詩云："生物趨功日夜流，園林纔下麥先秋。"趙師民詩云："麥秋晨氣潤，槐夏午陰涼。"

分龍節

《圖經》：池州人以五月二十九、三十日爲分龍節，雨則多大水。閩人以夏至後爲分龍雨，各有方。

龍生日

《岳州風土記》：五月十三日謂之龍生日，栽竹多茂盛。又前輩作《蒼筠傳》云：筠每歲惟五月十三日獨醉，或爲人迎置它處，不知也。當時諺曰："此君經年常清齋，一日不齋醉如泥。有時倒載過晉地，茫然乘墜俱不知。"宋子京《種竹》詩云："陰地循牆植翠筠①，疏枝茂葉與時新。賴逢醉日終無損，正似德全於酒人。"晏元獻詩云："竹醉人還醉，蠶眠我亦眠。"又云："苒苒渭濱族，蕭蕭塵外姿。如能樂封植，何必醉中移。"又東坡詩云："竹是當年醉日栽。"

竹迷日

《筍譜》：民間說竹有生日，即五月十三日，移竹宜用此日。或陰雨土虛，則鞭行，明年筍莖交至。一云竹迷日栽竹，年年生筍。劉延世《竹迷日種竹》詩云："梅蒸方過有餘潤，竹醉由來自古云。掘地聊栽數竿玉，開簾還當一溪雲。"然則竹迷亦此日也。陳簡齋《種竹》詩云："何須俟迷日，可笑世俗情。"

櫻筍廚

唐《輦下歲時記》：四月十五日，自堂廚至百司廚，通謂之櫻筍廚。又韓偓《櫻桃詩》注云：秦中謂三月爲櫻筍時。陳后山詩云："春事無多櫻筍來。"又古詞云："水竹舊院落，櫻筍新蔬果。"

臨水宴

《因話錄》：李少師與賓僚飲宴，暑月臨水，以荷爲杯，滿酌密

---

① "陰地"，四十二卷本作"除地"。"循牆"，四十二卷本作"牆陰"。

繫，持近人口，以筋刺之①，不盡則重飲。讌罷，有人言昨飲大歡者。公曰："今日言歡，則明日之不歡。無論好惡，一不得言。"

霹靂酒

《醉鄉日月》：暑月候大雷霆時收雨水，淘米，炊飯，釀酒，名曰霹靂酒。

寒筵冰

《醉鄉日月》：盛夏、初夏，於井側安鑊，用大水晶一塊、大如拳無瑕纇者，以新汲水熾火煮千沸，取越瓶口小腹大者，滿盛其湯，以油帛密封口，勿令泄氣。復以重湯煮千沸，急沈井底，平旦出之，破瓶，冰已結矣，名寒筵冰。又見《杜陽雜編》。

壬癸席

《河東備錄》：申王取豬毛，刷淨，命工織以爲席，滑而且涼，號曰壬癸席。

澄水帛

《杜陽編》：同昌公主一日大會，暑氣將甚。公主命取澄水帛，以水蘸之，掛於高軒，滿座皆思挾纊。澄水帛長八九尺，似布細，明薄可鑑，云其中有龍涎，故能消暑。

冰絲裀

《樂府雜錄》：唐老子本長安富家子，生計蕩盡，遇老嫗持舊裀，以半千獲之。有波斯人見之，乃曰此是涼蠶絲所織，暑月置於座，滿室清涼，即酬千萬。

消涼珠

《拾遺記》：黑蚌珠千年一生，燕昭王常懷此珠，當盛暑之月，

---

① "筋"，四十二卷本作"筯"。

體自輕涼，名消暑招涼之珠。

辟暑犀

《提要錄》：唐文宗夏月延學士講《易》，賜辟暑犀。章簡公《端午帖子》云："已持犀辟暑，更矙草迎涼。"

迎涼草

《杜陽雜編》：李輔國夏則於堂中設迎涼草，其象類碧草，而榦似若竹，葉細如杉，雖若乾枯，而未嘗彫落。盛暑掛之窗户門，則涼風自至。

白龍皮

《劇談錄》：李德常因夏日，邀同列及朝士宴。時畏景赫曦，咸有鬱蒸之苦。既延入小齋，列坐開尊，煩暑都盡，清飆凜冽，如涉高秋。及昏而罷，出户則火雲烈日，燸然焦灼。有好事者求親信問之，云："此日以金盆貯水，漬白龍皮，置於座末。"龍皮者，新羅僧得自海中。

犀如意

《楊妃外傳》：唐玄宗夏月授楊妃却暑犀如意。

灑皮扇

《開元遺事》：王元寶，都中富豪也。家有皮扇，製作甚精。寶每暑月宴客，即以此扇置於座前，使新水洗之，則颯然風生。酒筵之間，客有寒色，遂命撤去。明皇亦曾差中使取看，愛而不授，曰："此龍皮扇子。"

服丸散

《抱朴子》曰：或問不熱之道。曰：服玄冰丸、飛雪散。王仲都等用此方也。梁劉孝威《苦暑》詩云："玄冰術難驗，赤道漏猶長。"

環罏火

桓子《新論》:元帝被病,廣求方士①。漢中逸人王仲都者,詔問所能爲,對曰:"但能忍寒暑耳。"因爲待詔。至夏大暑日,使暴坐,又環以十罏火,不言熱,而身汗不出。

入寒泉

《括地圖》:天毒國最大暑熱。夏,草木皆乾死。民善没水以避日,遇時暑常入寒泉之下。

激涼風

《唐書》:拂菻國,盛暑之節,乃引水潛流,上通於屋宇,機制巧密,人莫之知。觀者唯聞屋上泉鳴,俄見四檐飛溜,懸波如瀑布,激氣成涼風。

没水底

《抱朴子》:葛洪從祖仙公,每大醉,及夏天盛熱,輒入水底,入日乃出,正以能閉氣胎息耳。

開七井

《雲林異景志》:霍仙鳴别墅在龍門,一室之中開七井,皆以雕鏤盤覆之。夏月坐其上,七井生涼,不知暑氣。

乘小駟

《開元雜記》:玄宗幸洛,至繡嶺宮,時屬炎暑。上曰:"姚崇多計,令力士探。"回奏曰:"崇方矜絳,乘小駟,按彎木陰。"上乃命小駟,頓忘繁溽。

卧北窗

《晉書》:陶潛,字淵明,謚靖節先生。嘗言:"夏月虚閒,高卧

① "方士",底本原作"方土",兹逕改正。

北窗之下。清風颯至，自謂羲皇上人。”東坡詩云：“一枕清風直萬錢，無人肯買北窗眠。”又云：“只應陶靖節，會聽北窗眠。”又云：“北窗仙人卧羲軒。”又云：“北窗高卧等羲炎。”

書新裙

《南史》：羊欣，字敬元，長於隸書，父不疑爲烏程令。欣時年十二，王獻之爲吳興守，甚知愛之。嘗夏月入縣，欣著新練裙畫寢，獻之書裙數幅而去。欣本攻書，因此彌善。東坡詩云：“載酒無人過子雲，掩關畫卧客書裙。”翟公遜《睡鄉賦》云：“客書裙而滿幅。”

作夏課

《南部新書》：長安舉子落第者，六月後不出，謂之過夏。多借淨坊廟院作文章，曰夏課。時語曰：“槐花黃，舉子忙。”又見《秦中記》。《邏齋閒覽》云：謂槐之方花，乃進士赴舉之時也。唐翁承贊詩云：“雨中裝點望中黃，句引蟬聲送夕陽。憶得當年隨計吏，馬蹄終日爲君忙。”又稼軒詞云：“明年此日青雲路，却笑人間舉子忙。”

逐樹陰

《北齊書》：僕射魏收，字伯起，初習武不成，改節讀書。夏日坐板牀，隨逐樹陰，諷讀累年，牀爲之銳，遂工辭令也。

練螢囊

《晉陽秋》：車胤，字武子，家貧，讀書不常得油。夏月，則練囊盛數十螢，以夜繼日。

頒冰雪

《止戈集》：長安冰雪至夏月則價等金碧，每頒冰雪，論筐，不復償價，日日如是。

賜朱櫻

《唐史》:李適爲學士,凡天子饗食遊豫,惟宰相及學士得從,夏宴蒲萄園,賜朱櫻。

獻雪瓜

《唐列傳》:明崇儼以奇技自名,高宗召見,甚悦。時盛夏,帝思雪,崇儼坐頃,取以進,自云往陰山取之。四月,帝意瓜,崇儼索百錢。須臾,以瓜獻,曰:"得之緱氏老人圃中。"帝召老人問故,曰:"埋之瓜,失之土中,得百錢。"

沈瓜李

魏文帝《與吳質書》:"浮甘瓜於清泉,沉朱李於寒水。"杜詩云:"翠瓜碧李沈玉甃。"注云:玉甃,井也。

賦杞菊

《提要録》:陸龜蒙自號天隨子,常食杞菊。及夏五月,枝葉老硬,氣味苦澀,猶食不已。因作《杞菊賦》以自廣云:"爾杞未棘,爾菊未莎,其如余何?"東坡詩云:"飢寒天隨子,杞菊自擷芼。"

調寢餗

《攝生月令》:四月爲乾,萬物以成,天地化生。勿冒極熱,勿大汗後當風,勿暴露星宿,皆成惡疾。勿食大蒜,勿食生薤,勿食鷄肉、蛇鱓。是月肝藏以病,神氣不行,火氣漸臨,水力漸衰。稍補腎助肺,調和胃氣,無失其時。

埋蠶沙

《河圖》:甲子收蠶沙於宅内①,亥地埋之,令人大富得蠶。

---

① "甲子",四十二卷本作"四月"。

又甲子日，以一碩二斗鎮宅，令家財千萬。

求蛇醫蛇醫，即蜥蜴也。

《酉陽雜俎》：王彥威鎮汴之二年，夏旱，李玘過汴[1]，因以旱爲言。李醉曰："欲雨甚易，可求蛇醫。四頭石甕二枚，每甕實水，浮二蛇醫，以木蓋，密泥之，置於鬧處[2]，甕前後設席，燒香選小兒十歲以下十餘，令執小青竹晝夜更擊其甕，不得少輟。"王如其言試之，一日兩夜，雨大注數百里。舊説龍與蛇醫爲親家焉。又張師正《倦遊録》云：熙寧間，京師久旱。按古法令坊巷以甕貯之[3]，插柳枝，泛蜥蜴，小兒呼曰："蜥蜴蜥蜴，興雲吐霧。降雨霶沱，放汝歸去。"《翰府名談》云：宋内翰祁鎮鄭州，夏旱，公文祭蜥蜴於祈所，即時大雨，告足民乃有秋。東坡詩云："甕中蜥蜴爲可笑。"

占蝗旱

《四時纂要》：四月辰雨皆爲蝗蟲，大雨大蟲，小雨小蟲。二日雨，百草旱，五穀不成。三日雨，小旱，風從西來，麻吉。四日雨，五穀貴。五日、六日雨，有旱處。四日至七日風者，大豆吉。八日微雨，熟俗云："八日雨班闌，高低盡可憐。"此月自一日至十四日惡風者，皆不可種荳。

---

① "李玘"，四十卷本作"季玘"。下一處"李醉曰"之"李"字同。
② "鬧處"，四十二卷本作"閙處"。
③ "之"，四十二卷本作"水"。

歲時廣記卷之三

宋　廣寒仙裔陳元靚編

秋

《禮記‧鄉飲酒》曰：西方曰秋，秋之爲言愁也。愁之以時，察守義者也。《太玄經》曰：秋者，物皆成象而聚也。《管子》曰：秋者，陰氣始下，故萬物收。《説文》曰：秋，禾穀熟也。《淮南子》曰：秋爲矩。矩者，所以方萬物也。《前漢‧律曆志》曰：少陰者，西方。西，遷也。陰氣遷，落物，於時爲秋。秋，黀也，物黀斂乃成熟。金從革，改更也。義者成，成者方，故爲矩也。《月令》曰：秋三月，其日庚辛，其帝少皡，其神蓐收，其蟲毛，其音商，其數九，其味辛，其臭腥，其祀門，祭先脾①。黀，子由反。

孟秋月

《禮記‧月令》曰：孟秋之月，日在翼，昏建星中，旦畢中。律中夷則。涼風至，白露降，寒蟬鳴，鷹乃祭鳥，天地始肅，農乃登穀。

《孝經緯》曰：大暑後十五日，斗指坤，爲立秋；後十五日，斗指申，爲處暑。

《三統曆》曰：立秋爲七月節，處暑爲七月中氣。處暑者，謂

---

① “脾”，四十二卷本作“肝”。

暑將退伏而潛處也。

《周書·時訓》曰：立秋之日，涼風至；後五日，白露降；後五日，寒蜩鳴。涼風不至，國無嚴政。白露不降，民多欬病。寒蜩不鳴，人臣力爭。處暑之日，鷹乃祭鳥；後五日，天地始肅；後五日，農乃登穀。

《白虎通德論》曰：七月律謂之夷則何？夷，傷也；則，法也，言萬物始傷，被刑法也。歐陽公《秋聲賦》云：其在樂也，商聲主西方之音，夷則爲七月之律。商，傷也，物至老而傷悲。夷，戮也，物既盛而當戮。

《晉·樂志》曰：七月之辰謂爲申。申者，身也，言時萬物身體皆成就也。

《夏小正》曰：七月貍子肇肆。肇，始也；肆，遂也；言其始遂也。

《詩·七月》曰：七月流火。又曰：七月鳴鵙。又曰：七月烹葵及菽。又曰：七月食瓜。注云：流，下也。火，大火也。李白詩云：“火落金風高。”謝靈運詩云：“火逝首秋節。”《七命》云：“龍火西頹。”

《提要録》曰：七月爲蘭月。

《纂要》曰：七月曰首秋、上秋、蘭秋、肇秋。

《月令》曰：孟秋行冬令，則陰氣大勝[①]，介蟲敗穀，戎兵乃來；行春令，則其國乃旱，陽氣復還，五穀無實；行夏令，則國多火災，寒熱不節，民多瘧疾。

仲秋月

《月令》曰：仲秋之月，日在角，昏牽牛中，旦觜觿中。律中南

---

① “大”，底本原作“人”，誤，茲逕典正。

呂。盲風至，鴻雁來，玄鳥歸，群鳥養羞，日夜分，雷乃收聲，蟄蟲坯户，殺氣浸盛，陽氣日衰，水始涸。

《孝經緯》曰：處暑後十五日，斗指庚，爲白露；後十五日，斗指酉，爲秋分。

《三統曆》曰：白露爲八月節，秋分爲八月中氣。白露者，陰氣漸重，露濃色白。

《周書·時訓》曰：白露之日，鴻雁來；後五日，玄鳥歸；後五日，群鳥養羞。鴻雁不來，遠人背叛；玄鳥不歸，室家離散；群鳥不羞，臣下驕慢。秋分之日，雷乃始收；後五日，蟄蟲坯户；後五日，水始涸。雷不始收，諸雨淫汰；蟄蟲不坯，民靡有賴；水不始涸，介蟲爲害。

《白虎通德論》曰：八月律謂之南呂何？南者，任也；呂者，拒也；言陽氣尚有，任生薺麥也，故陰氣拒之也。

《晉·樂志》曰：八月之辰謂爲酉。酉者，緒也，謂時物皆緒縮也。

《夏小正》曰：八月辰則伏丹鳥，羞白鳥。白鳥，蚊蚋也。崔豹《古今注》云：螢火，一名丹鳥，腐草化之。羞，進也，謂食蚊蚋也。

《詩·七月》曰：八月萑葦。又曰：八月載績。又曰：八月其穫。又曰：八月剝棗。又曰：八月斷壺。注云：蒹爲萑，葭爲葦。載績者，絲事畢而麻事起也。其穫者，禾可穫也。剝，擊也。壺，瓠也。

《提要録》曰：八月爲桂月。

《纂要》曰：八月曰仲商。

《月令》曰：仲秋行春令，則秋雨不降，草木生榮，國乃有恐；

行夏令，則其國乃旱，蟄蟲不藏，五穀復生；行冬令，則風災數起，收雷先行，草木蚤死。

季秋月

《月令》曰：季秋之月，日在房，昏虛中，旦柳中。律中無射。鴻雁來賓，雀入大水爲蛤，菊有黃花，豺乃祭，獸戮禽，草木黃落，蟄蟲咸俯在內，皆墐其户。

《孝經緯》曰：秋分後十五日，斗指辛，爲寒露；後十五日，斗指戌，爲霜降。

《三統曆》曰：寒露爲九月節，霜降爲九月中氣。寒露者，言露氣寒，將欲凝結。

《周書·時訓》曰：寒露之日，鴻雁來賓；後五日，雀入大水；後五日，菊有黃華。霜降之日，豺祭獸；後五日，草木黃落；後五日，蟄蟲咸附。

《白虎通德論》曰：九月之管名無射。射者，出也，言時陽氣上升，萬物收藏，無復出也。

《晉·樂志》曰：九月之辰謂之戌。戌者，滅也，謂時物皆衰滅也。

《夏小正》曰：九月内火。注云：大火，心星也。

《詩·七月》曰：九月授衣。又曰：九月叔苴。又曰：九月滌場圃。又曰：九月肅霜。注云：叔，拾也。苴，麻子也。肅，縮也，霜降而收縮萬物也。

《國語》曰：至於玄月。注云：九月爲玄。范蠡曰：王姑待至於玄月。漢《韓明府修孔子廟器表碑》曰：永壽二年，霜月之靈。說者疑是九月。

《提要録》曰：九月爲菊月。

《纂要》曰：九月曰暮秋、末秋、暮商、季商、杪秋，亦曰霜辰，亦曰授衣。

《月令》曰：季秋行夏令，則其國大水，冬藏殃敗，民多鼽嚏；行冬令，則國多盜賊，邊境不寧，土地分裂；行春令，則暖風來至，民氣懈惰，師興不居。

仙掌露

《前漢·班固傳》：武帝建章宮承露盤上，有仙人掌承露，和玉屑飲之。金莖，銅柱也。《神農本草》云：繁露水，是秋露繁濃時也，作盤以收之，煎令稠，可食之，延年不飢。漢武帝時，東方朔得玄露、青黃二露，各盛五合，帝賜群臣，老者皆少，病者皆除。東方朔曰：日初出處，露皆如糖可食。後武帝立金莖，作仙人，掌承露盤，取雲表之露服食以求仙。《文選》孟堅《西都賦》云："抗仙掌以承露，擢雙立之金莖。"張平子《西京賦》云："承雲表之清露。"

青女霜

《淮南子》：秋三月也，氣不藏，百蟲蟄，青女迺出，以降霜雪。注云：青女乃天神，青腰玉女，主霜雪也。杜甫詩云："飛霜任青女，賜被隔南宮。"山谷詩云："姮娥攜青女，一笑粲萬瓦。"李商隱詩云："青女素娥俱耐冷，月中霜裏鬭嬋娟。"呂夷簡詩云："花愁青女再飛霜。"

蓼花風

《月令章句》：仲秋白露節，盲風至。鄭玄云：疾風也。秦人謂之蓼花風。梁文帝《初秋詩》云："盲風度函谷，墜露下芳枝。"

裂葉風

《洞冥記》：裂葉風乃八月風也。

離合風

陸機《要覽》：列子御風而行，常以立春日歸於八荒，立秋日遊於風穴。風至則草木皆生，去則草木搖落，謂之離合風。

鯉魚風

《提要錄》：鯉魚風乃九月風也。李賀詩云："樓前流水江陵道，鯉魚風起芙蓉老。"又古詞云："瑞霞成綺映斿舼，棹輕鯉魚風起。"

黃雀雨

《提要錄》：九月雨爲黃雀雨。羅鄂州詞云："九月江南秋色，黃雀雨、鯉魚風。"

豆花雨

《荊楚歲時記》：豆花雨乃八月雨也。

荻苗水

《水衡記》：黃河水，七八月名荻苗水，荻花正開也。

登高水

《水衡記》：黃河水，九月名登高水。

一葉落

《淮南子》：一葉落而天下知秋。韓文公詩云："淮南悲葉落，今我亦傷秋。"唐人詩云："山僧不解數甲子，一葉落知天下秋。"韋蘇州詩云："新秋一葉飛。"

草木衰

《文選》：宋玉《九辯》："悲哉，秋之爲氣也。蕭瑟兮，草木搖落而變衰。憭慄兮，若在遠行。沆寥兮，天高而氣清。寂寥兮，收潦而水清。又曰：皇天平分四時兮，竊獨悲此凜秋。"李白詩云："深秋宋玉悲。"老杜詩云："搖落深知宋玉悲。"陳簡齋詩云：

"宋玉有文悲落木。"

警鶴鳴

《風土記》:鳴鶴戒露,白鶴也,此鳥性警,至八月白露降,即鳴而相警。東坡詩云:"由來警露鶴。"

石雁飛

《南康記》:平固縣覆笥山上有湖,中有石雁,浮在湖上,每至秋,飛鳴如候時也。

鱖魚肥

《海録碎事》:楝木華而石首至,秋風起而鱖魚肥。

蟋蟀吟

《天寶遺事》:每秋時,宮中妃妾皆以小金籠閉蟋蟀,置枕函畔,夜聽其聲,民間爭傚之。

親燈火

昌黎韓公退之《送子阿苻讀書城南》詩云:"時秋積雨霽,新涼入郊墟。燈火稍可親,簡編可卷舒。"

圍棋局

《西京雜記》:戚夫人侍兒賈佩蘭言,宮中八月四日,出雕房北户,竹下圍棋。勝者終年多富,負者終年多病。[①] 取絲縷就北辰星求長命,乃免。

獻菊酒

《唐書》:李適爲學士,凡天子饗會遊豫,唯宰相及學士得從。秋,登慈恩浮圖,獻菊花酒,稱壽。

思蓴鱸

《晉·文苑傳》:張翰,字季鷹,吳郡人,爲齊王冏東曹掾。見

① 此二句四十二卷本作"勝者終年有福,負者終年多病"。

秋風起，思吳中菰米、蓴羹、鱸魚鱠，嘆云："人生貴得適志，何能羈宦數百里外，以要名爵乎？"乃嘆曰："秋風起兮木葉飛，吳江水清鱸魚肥。"遂命駕而歸。後齊王敗，人皆謂之見機。又《海物異名記》云：江南人作鱠，名郎官鱠，言因張翰得名。東坡詩云："浮世功名食與眠，季鷹直得水中仙。不須更説知機早，直爲鱸魚也自賢。"又《送人歸吳有詞》云："更有鱸魚堪切鱠。"山谷詩云："束歸止爲鱸魚鱠，未敢知言許季鷹。"王荊公詩云："慷慨秋風起，悲歌不爲鱸。"

收兔毫

《墨藪》：筆取崇山絶仞中，兔毛八九月收之。筆頭長一寸，管長五寸，鋒齊腰彊者，揮襟作之，屈曲真草，皆須盡一身之力而送之。

驗美玉

《地鏡經》：八月中，草木獨有葉枝下垂者①，必有美玉。又云：八月後，草木死者亦有玉。

點艾杖

《文昌雜録》：唐歲時節物，八月一日有點艾杖。《盧公範·饋餉儀》云：點艾杖，以梨枝爲之，反銀盞中，有朱砂銀枝子也。

厭兒法②

《荆楚歲時記》：八月十日，泗民以朱點小兒頭，名爲天灸③，以厭疾也。

---

① "草木"，底本原作"草不"，誤，兹據四十二卷本校改。
② 此標題四十二卷本作"厭兒疾"。
③ "天灸"，四十二卷本作"天炙"。

取柏露

《續齊諧記》：鄧紹八月朝入華山，見一童子，以五綵囊承取柏葉下露，皆如珠子，且云："赤松先生取以明目。"今人八月朝作露華明是也。又《荆楚歲時記》云：泗民以錦綵爲眼明囊，云赤松子以八月囊承柏樹露，爲宜眼，後世以金箔爲，遞相餉遺。

結絲囊

《隋唐嘉話》：八月五日，明皇生辰，號千秋節。王公戚里進金鏡，士庶結承露絲囊相遺。又《述仙記》云[①]：八月作五明囊，盛百草以洗眼。

登南樓

《晉史·庾亮傳》：亮鎮武昌，諸佐史殷浩之徒秋夜乘月，共登南樓。俄而亮至，諸人將起避之，亮徐曰："諸君少住，老子於此興復不淺。"便據胡牀，與浩等談詠竟夕，其坦率如此。陶侃曰："亮非惟風流，兼有爲政之實也。"老杜詩云："月静庾公樓。"

懷故里

《提要錄》：王粲觀秋月，懷弟妹故里而傷神。老杜詩云："曉鶯工迸淚，秋月解傷神。"注云：春鶯、秋月，人所賞玩。而鶯所工者，在於迸人之淚；月所解者，在於傷人之神。亂離疾病之所感也。

悲遊子

《梁史》[②]：江淹過灞陵，秋深葉脱，乃嘆曰："何限風物寥落，祇悲遊子故園之思。"老杜詩云："風物悲遊子，江山憶故人。"

---

① "述仙記"，四十二卷本作"述征記"。
② "梁史"，底本原作"漢史"，與江淹朝代不合，兹逕據四十二卷本校改。

嘆謫仙

《文粹》李白《秋興歌》："我覺秋興逸，誰云秋興悲。"賀知章見之曰："是子謫仙人也！"

賞白蓮

《天寶遺事》：明皇八月，太液池有千葉白蓮數枝盛開，帝與貴戚宴賞，左右皆歎羨。久之，帝指貴妃，示左右曰："爭如我解語花。"古詞云："翠蓋盈盈紅粉面，葉底荷花解語。"

水晶宮

《漁隱叢話》：吳興謂之水晶宮，而不載之《圖經》，惟《吳興集》有之。刺史楊漢公《九月十五日夜絕句》云："江南地暖少嚴風，九月炎涼正得中。溪上玉樓樓上月，清光合在水晶宮。"疑因此而得名也。

歲時廣記卷之四

宋　廣寒仙裔陳元靚編

冬

《禮記·鄉飲酒》曰：北方曰冬，冬之爲言中也。中者，藏也。《管子》曰：冬者，陰氣畢下，故萬物成。《尸子》曰：冬爲信。《淮南子》曰：冬爲權。權者，所以權萬物也。權正而不失，萬物乃藏。《前漢·律曆志》曰：太陰者，北方。北，伏也，陽氣伏於下，於時爲冬。冬，終也，物終藏，乃可稱。水潤下。智者謀，謀者重，故爲權也。又《月令》曰：冬三月，其日壬癸，其帝顓帝，其神玄冥，其蟲介，其音羽，其數六①，其味鹹，其臭朽，其祀行，祭先腎。

孟冬月

《禮記·月令》曰：孟冬之月，日在尾，昏危中，旦七星中。律中應鍾。冰始水，地始凍。雉入大水爲蜃，虹藏不見。天氣上騰，地氣下降，大地不通，閉塞而成冬②。

《孝經緯》曰：霜降後十五日，斗指乾，爲立冬；後十五日，斗指亥，爲小雪。

---

① "六"，底本原作"八"，茲逕據四十二卷本校改。
② "塞"，底本原作"寒"，茲逕據四十二卷本校改。

《三統曆》曰：立冬爲十月節，小雪爲十月中氣。小雪、大雪者，以霜雨凝結而雪，十月猶小，十一月轉大。

《周書·時訓》曰：立冬之日，水始冰；後五日，地始凍；後五日，雉入大水。小雪之日，虹藏不見；後五日，閉塞而成冬。

《白虎通德論》曰：十月律謂之應鍾何？鍾，動也，言萬物應陽而動，下藏也。

《晉·樂志》曰：十月之辰謂爲亥。亥者，劾也，言時陰氣劾，殺萬物也。

《夏小正》曰：十月黑鳥浴。黑鳥，烏也。浴也者，謂飛乍上乍下也。

《詩·七月》：十月隕籜。又曰：十月蟋蟀入我牀下。又曰：十月穫稻。又曰：十月納禾稼。又曰：十月滌場。

《左傳·莊公十六年》：公父定叔使以十月入，曰：“良月也，就盈數焉。”

《西京雜記》曰：陰德用事，則和氣皆陰，建亥之月是也，故謂之正陰之月。又曰：四月陽雖用事，而陽獨不存，此月純陽，疑於無陰，故亦謂之陰月。

歐陽公詞云：“十月小春梅蕊綻。”

《纂要》曰：十月曰上冬。

《月令》曰：孟冬行春令，則凍閉不密，地氣上泄，民多流亡；行夏令，則國多暴風，方冬不寒，蟄蟲復出；行秋令，則霜雪不時，小兵時起，土地侵削。

仲冬月

《月令》曰：仲冬之月，日在斗，昏東壁中，旦軫中。律中黃鍾。冰益壯，地始坼，鶡旦不鳴，虎始交，芒始生，荔挺出，蚯蚓結，麋角解，水泉動。

《孝經緯》曰：小雪後十五日，斗指壬，爲大雪；後十五日，斗指子，爲冬至。

《三統曆》曰：大雪爲十一月節，冬至爲十一月中氣。

《周書·時訓》曰：大雪之日，鶡鳥不鳴；後五日，虎始交；後五日，荔挺出。冬至之日，蚯蚓結；後五日，麋角解；後五日，水泉動。

《白虎通德論》曰：十一月律謂之黃鍾何？ 黃者，中和之色也。鍾，動也，言陽氣動於黃泉之下，動養萬物也。

《晉·樂志》曰：十一月之辰謂之子。子者，孳也，謂陽氣至此更孳生也。

《夏小正》曰：十一月王狩，言王狩之時也。冬獵爲狩。

《吕氏春秋》曰：仲冬命之曰暢月。注云：暢，充也。

《月令》曰：仲冬行夏令，則其國乃旱，氛霧冥冥，雷乃發聲；行秋令，則天時雨汁，瓜瓠不成，國有大兵；行春令，則蝗蟲爲敗，水泉咸竭，民多疥癘。

季冬月

《月令》曰：季冬之月，日在婺女，昏婁中，旦氐中。律中大吕。雁北鄉，鵲始巢，雉鴝，雞乳，征鳥厲疾，冰方盛，水澤腹堅。日窮於次，月窮於紀，星回於天。數將幾終，歲且更始。

《孝經緯》曰：冬至後十五日，斗指癸，爲小寒；後十五日，斗指丑，爲大寒。

《三統曆》曰：小寒爲十二月節，大寒爲十二月中氣。小寒、大寒者，十二月極寒之時，相對爲大小，月初寒爲小，月半寒爲大。

《周書·時訓》曰：小寒之日，雁北嚮；又五日，鵲始巢；又五日，雉始雊，雁不北嚮，民不懷生；鵲不始巢，國不安寧；雉不始雊，國乃大水。大寒之日，鷄始乳；又五日，鷙鳥癘疾；又五日，水澤腹堅。鷄不始乳，淫女亂男；鷙鳥不癘，國不除兵；水澤不腹堅，言乃不從。

《白虎通德論》曰：十二月律謂之大吕何？大者，大也。吕者，拒也，言陽氣欲出，陰不許也。吕之爲言拒者，旅抑拒難之也。

《晉·樂志》曰：十二月之辰謂之丑。丑者，紐也，言終始之際，故以紐結爲名也。

《夏小正》曰：十二月，玄駒賁。玄駒，蟻也。賁者，走於地中也。

《纂要》曰：十二月曰暮冬，亦曰杪冬、涂月、暮節、暮歲、窮稔、窮紀。

《月令》曰：季冬行秋令，則白露蚤降，介蟲爲妖，四鄙入保；行春令，則胎夭多傷，國多固疾，命之曰逆；行夏令，則水潦敗國，時雪不降，冰凍消釋。

一色雲

《韓詩外傳》：凡草木花多五出，雪花獨六出。雪花曰霙，雪雲曰同雲。同，謂雲陰與天同爲一色也。故《詩》云：“上天同雲，雨雪雰雰。”

一丈凍

郭義恭《廣志》：北方地寒，冰厚三尺，地凍一丈。

千里雪

《楚詞》：“層冰峨峨，飛雪千里。”王逸注云：北極常寒也。東坡詩云："峨眉山西雪千里。"謝燮《雨雪曲》云："峨峨六尺冰，飄飄千里雪。"

千年冰

《杜陽雜編》[①]：順宗即位年，拘彌國貢常堅冰，云其國有大凝山，其中有冰，千年不釋。及齎至京師，潔冷如故，雖盛暑赫日，終不消。嚼之，與中國冰凍無異。又《神異經》云：北方有層冰萬里，厚百丈。又《尸子》曰：朔方之寒冰，厚六尺。北極左右，有不釋之冰。又《漢·五行志》云：元和間，琅邪井冰厚丈餘。

紺碧霜

《拾遺記》：廣延國霜色紺碧。又云：嶁州，霜甘也。《漢武帝內傳》曰：仙家上藥，有玄霜紺雪。

入液雨

《瑣碎錄》：閩俗，立冬後逢壬日，謂之入液。至小雪出液得雨，謂之液雨。無雨，則主來年旱。諺云："液雨不流籌，高田不要作。"又謂之藥雨，百蟲飲此水而蟄。林公弁詩云："液雨初生小院寒。"

復槽水

《水衡記》：黃河水，十月名復槽水，落復故道也。

蹙凌水

《水衡記》：黃河水，十一月、十二月名蹙凌水，冰斷復結，蹙起成層也。

寶硯爐

《天寶遺事》：內庫有七寶硯爐一所，曲盡其巧。每冬寒硯

---

① 此書名底本原無"雜"字，茲據四十二卷本校補。下文"杜陽雜編"同。

凍，置於爐上，硯凍自消，不勞置火，帝常用之。

暖玉鞍

《天寶遺事》：岐王有玉鞍一面，每至冬月則用之，雖天氣嚴寒，此鞍在座下，如有温火之氣。

暖金合

《裴鉶傳奇》：進士張無頗過袁天罡女，袁大孃受藥，以暖金合盛之，曰：“寒時但出此合，則一室暄暖，不假爐炭矣。”金合乃廣利王宫中之寶。

却寒簾

《杜陽雜編》：咸通九年，同昌公主下降，錫錢五百萬貫，仍罄内庫寶貨以實其宅，更賜金麥銀粟數斛。堂設連珠之帳，續真珠以成也，却寒之簾，類玳瑁，班有紫色，云却寒鳥骨所爲也。則未知出何書。

却寒犀

《杜陽雜編》：同昌公主堂中設却寒犀，又綴五色玉香囊，貯辟寒香。前輩詩云：“辟寒犀外凍雲平。”

禦寒裘

《提要録》：太祖登極，九州各貢方物，燕國劉大王守光遣使進禦寒裘一牀。

辟寒金

《古今詩話》：嗽金鳥出崑明國①，形如雀，色黄。魏明帝時，其國來獻，飼以真珠及兔腦，常吐金屑如粟，宫人争取爲釵鈿，謂之辟寒金。此鳥不畏寒也。宫人相嘲曰：“不服辟寒金，那得帝

---

① “嗽金鳥”，四十二卷本作“嗽寒鳥”。

王心。不服辟寒鈿,那得帝王憐。"古樂府云:"誰似辟寒金,借與空牀暖。"

辟寒香

《述異記》:漢武帝時,外國貢辟寒香,室中焚之,雖大寒必減衣。

衣狐裘

《呂氏春秋》:衛靈公天寒鑿池,言不寒。宛春曰:"君衣狐裘,坐熊席,四隅有火,所以不寒。"

設羆褥

《拾遺記》:周靈王起昆昭之臺,設狐腋素裘、紫羆大褥。一人以指彈席上,而暄風入室,裘褥皆棄臺下。

捏鳳炭

《天寶遺事》:楊國忠以炭屑用蜜捏塑成雙鳳,至冬日,則焰於爐中。及先以白檀木鋪於爐底,餘炭不許參雜。

置鳳木

《杜陽雜編》:李輔國嚴凝之時,置鳳首木於高堂大廈中。其木高一尺,而雕刻如鸞鳳之形,和煦之氣如二三月,故別名曰常春木。

呵牙筆

《天寶遺事》:李白嘗於便殿對明皇撰詔誥①。時十月,大寒,筆凍莫能書字。帝敕宮嬪十人侍於李白左右,令各執牙筆呵之,白遂取而書詔。李白之受聖眷也,如此之厚。

得玉馬

臧榮緒《晉書》:新蔡王騰發於并州,於常山之真定縣遇天大

---

① "嘗",底本原作"常",茲據四十二卷本校改。

雪，平地數丈，雪融不積。騰怪而掘之，得玉馬，高尺許，上表獻之。藜藿野人《立春》詩云："玉馬自能銷朔雪，土牛更爲發春風。"

炷暖香

《雲林異景志》：寶雲溪有僧舍，盛冬若客至，不然薪火，暖香一竈，滿堂如春。詹克愛《題西山禪房》詩云："暖香竈罷春生室，始信壺中別有天。"

吐氣火

《葛仙翁別傳》：公與客談話時，天氣大寒，仙公謂客曰："居貧，不能人人得爐火，請作一大火，共致暖者。"仙公因吐氣，火赫然從口中出①。須臾，火滿室，客皆熱脱衣也。

煮建茗

《開元遺事》：逸人王休居太白山下，日與僧道異人往還。每至冬時取冰，敲其精瑩者煮建茗，以共賓客飲之。

飲羔酒

《提要録》：世傳陶穀學士買得黨太尉家故妓。遇雪，陶取雪水烹團茶，謂妓曰："黨家應不識此。"妓曰："彼麤人，安有此景，但能於銷金帳下，淺斟低唱，飲羊羔兒酒耳。"陶默然愧其言。東坡詩云："試問高吟三十韻，何如低唱兩三杯。"

作妓圍

《天寶遺事》：申王每冬月苦寒之際，令宮女密圍於坐側，以禦寒氣，謂之妓圍。

揣妓肌

《天寶遺事》：岐王每冬寒手冷，不近火，惟於妙妓懷中揣其

---

① "出"字底本原無，兹據四十二卷本校補，意更暢。

肌膚,謂之暖手。

選肉陣

《開元遺事》:楊國忠選婢妾肥大者,行列於前,令遮風,謂之肉陣。

暖寒會

《開元遺事》:巨豪王元寶每冬月大雪之際,令僕夫掃雪爲徑,躬立彷前,迎揖賓客,具酒炙宴樂,爲暖寒會。

送臘粥

皇朝《東京夢華録》:十二月都城賣撒佛花,至初八日,有僧尼三五爲群,以盆器盛金銅佛像,浸以香水,楊柳灑浴,排門教化。諸大寺作浴佛會,并送七寶五味粥,謂之臘八粥。都人又是日亦以菓子雜料煮粥而食。

省寮火寮,召刀反。

《前漢紀》:冬,民既入,婦人同巷,相從夜績。一月相從,一月以省費寮火,同巧拙而合習俗也。

温母席

《搜神記》:羅威,字德行,少喪父,事母至孝。母年七十,天大寒,常以自温席,而後授其處。

暖母枕

《東觀漢記》:黃香,字文彊,江夏安陸人,事母至孝。每冬寒,則身暖枕席。夏,則扇枕使涼。東坡詩云:"願子聚爲江夏枕,不勞揮扇自寧親。"

扣冰魚

《孝子傳》:王祥,少有德行,事後母至孝。盛寒冰凍,網罟不施,母欲得生魚,祥解褐,扣冰求之。忽冰開,有雙鯉躍出,祥獲以奉母,時人謂之至孝所致。黃民《本後章》云:"臥冰泣竹慰母心。"

號林筍

《楚國先賢傳》:左臺御史孟宗,事後母至孝。母性嗜筍,及母亡,冬節至,宗入林哀號而筍生,以供祭祀。杜甫詩云:"遠傳冬筍味,更覺綵衣春。"

問歲餘

《魏略》:董遇好學。人從學者,遇不肯教,云:"當先讀書百徧,而義自見。"從學者云:"苦無暇日。"遇曰:"當以三餘。"或問三餘之意。遇曰:"冬者,歲之餘;夜者,日之餘;雨者,晴之餘。"又見任彥升。山谷詩云:"皇文開萬卷,家學陋三餘。"東坡詩云:"醉飽高眠真事業,此生有味在三餘。"

足文史

《漢書》:方朔自言年十三,學三冬,文史足用。注云:貧子冬日乃得學。

賞心樂事

張　鎡　撰

竇懷永　點校

【題解】

《賞心樂事》，一卷，各類目録多題北宋張鑑撰。據《宋史》所記，確有名爲"張鑑"者，字德明，涿州范陽（今河北涿州一帶）人，係瀛州團練使張藏英之孫。父張裔，以蔭補供奉官。鑑幼即嗜學，"入衛州霖落山肄業，凡十餘年"，至太平興國三年（978）擢進士第，"釋褐大理評事、監泰州紫墟権務"。後爲太子右贊善大夫、知婺州，就遷著作郎。還，拜監察御史，歷殿中侍御史。淳化中，協助鎮壓王小波等，拜左諫議大夫、户部使。宋真宗咸平初年，改工部侍郎，出知廣州，復移知朗州，皆有政績。後以疾徙知相州。景德初年卒，時年五十八。詳可參《宋史》其傳，然似未見提及撰寫本書。

檢南宋周密撰《武林舊事》，其卷十收有一篇題爲"張約齋《賞心樂事并序》"者，序文署"嘉泰元年歲次辛酉十有二月，約齋居士書"。稽其文字，與世傳署名"張鑑"之《賞心樂事》基本雷同。又據周密《齊東野語》，卷一五收録有一篇《玉照堂梅品》，末署"紹興（熙）甲寅人日約齋居士書"，其中有云：

> 淳熙歲乙巳，予得曹氏荒圃於南湖之濱，有古梅數十，散漫弗治。爰闢地十畝，移種成列。增取西湖北山别圃江梅，合三百餘本，築堂數間以臨之。又挾以兩室，東植千葉緗梅，西植紅梅各一二十章，前爲軒楹如堂之數。花時居宿其中，環潔輝映，夜如對月，因名曰"玉照"。

此文字描述與本文獻中所記"玉照堂賞梅""玉照堂西賞西緗梅""玉照堂東賞紅梅"等事，基本契合。明田汝成《西湖遊覽志餘》卷十則徑言"張功甫爲梅園於湖上，作堂其間，曰'玉照堂'"，復引如上文字，詳述南湖之事，並云："張鎡功甫，號約齋，忠烈王諸孫，能詩，一時名士，大夫莫不交遊。"明吴之鯨《武林梵志》卷一"廣壽慧雲禪寺"中亦記有張鎡南湖之事。再據《浙江通志·山川》所記，"白洋池一名南湖，宋時張鎡功甫構園亭其上，號曰'桂隱'"，《武林舊事》卷十亦收有《約齋桂隱百課》篇，亦皆與本文獻中八月所記"桂隱攀桂"事吻合。據此種種推之，《武林舊事》所記"張約齋《賞心樂事并序》"之"張約齋"當即張鎡也。

　　張鎡，字功甫(又作功父)，號約齋，本秦州成紀(今甘肅天水)，寓居南宋都城臨安(今浙江杭州)，曾歷直秘閣、臨安通判、司農寺丞、太府寺丞等職，因韓侂胄、史彌遠事而被貶死，時約在端平二年(1235)。著有《仕學規範》四十卷，《南湖集》十卷等。《宋史》未爲其列傳，生平事跡欠詳。今人楊海明《張鎡家世及其卒年考》(《浙江師範學院學報》1983 年第 4 期)、曾維剛《張鎡年譜》(人民出版社 2010 年)等已有考證，可資參閱。楊家俊《張鎡研究二題》(《四川師範學院學報》2002 年第 3 期)，已考本文章作者乃張鎡，然斷張鑑乃張鎡之弟，或可再考。

　　《賞心樂事》一書以歲時爲次，匯輯一年中遊賞娛樂之事一百餘則，例如正月"天街觀燈"，三月"寒食郊遊"，五月"重午節泛蒲"，七月"叢奎閣前乞巧"，九月"重九登城把萸"，十一月"冬至節餛飩"，時間跨越春夏秋冬四季，或即一名"四并集"取意之所在。全書僅記事名，不詳繪事狀，難免失之簡略，然對於研究宋代禮儀習俗、民間風情、社會文化等仍具有一定的參考價值。

　　本書以"張鑑"署名而作爲獨立文獻者，於《説郛續》《學海類編》《水邊林下》等叢書中皆有收録，《叢書集成初編》又據《學海類編》本排印後收入册 1339，最爲通行。就條目總數、具體用字而言，各本之間略有差異。如《學海類編》所收條目計一百一十三則，《説郛續》《水邊林下》所收計一百二十四則，二者相差達十一則。又如張鑑原序，《説郛續》本未見。倘若以"張約齋"署名者，《武林舊事》《武林梵志》《西湖遊覽志餘》《宋稗類鈔》等文獻多有收録，且以《武林舊事》於時間上爲早。兩種之間，在具體文字、條目等方面，實以《武林舊事》所收者更勝，詳可參見整理校記。

　　今以知不足齋叢書本《武林舊事》卷十所收本篇爲底本(校記本簡稱"底本")，參校以《續修四庫全書》第 885 册所影印國家圖書館藏清《水邊林下》叢書本(校記中簡稱"校本")，整理如下。至於作者，今據上考，擬更正作張鎡。

張約齋賞心樂事并序

余掃軌林扃_{陳刻開}①，不知衰老，節物遷變②，花鳥泉石，領會無餘。每適意時，相羊小園③，殆覺風景與人爲一。閒引客攜觴，或幅巾曳杖，嘯歌往來，澹然忘歸。因排比十有二月燕遊次序，名之曰"四并集"，授小庵主人，以備遺忘。非有故，當力行之。然爲具眞率，毋至勞費及暴殄沈湎，則天之所以與我者爲無負無褻。昔賢有云：不爲俗情所染，方能說法度人。蓋光明藏中，孰非遊戲？若心常清净，離諸取著，於有差別境中，而能常入無差別定，則淫房_{陳刻坊}酒肆④，徧歷道場⑤，鼓樂音聲，皆談般若。倘情生智隔_{陳刻情知物隔}⑥，境逐源移，如鳥黏黐，動傷軀命，又烏知所謂說法度人者哉？聖朝中興，七十餘載，故家風流⑦_{陳刻流風}，淪落幾盡，有聞前輩典刑，識南湖之清狂者，必長哦曰："人生

---

① 知不足齋叢書本《武林舊事》於篇題下特別注明："陳氏寶顔堂秘笈本參校。"底本於"扃"字下有"陳刻開"三字，意指此處之"扃"字在《寶顔堂秘笈》本作"開"。下四處同，皆不復出。

② "遷變"，校本作"千變"，義近可通。

③ "相羊"，校本作"徜徉"，同。

④ "房"，校本作"坊"。

⑤ "徧"，校本作"徧"。

⑥ 此句校本作"倘情知物隔"。

⑦ "風流"，校本作"流風"。

不滿百,常懷千歲憂①。畫短苦夜長,何不秉燭遊?"一旦相逢,
不爲生客。

嘉泰元年歲次辛酉十有二月,約齋居士書。②

正月孟春③

歲節家宴。

立春日迎春春盤④。

人日煎餅會。

玉照堂賞梅。

天街觀燈。

諸館賞燈。

叢奎閣賞山茶⑤。

湖山尋梅。

攬月橋看新柳。

安閒堂掃雪。

二月仲春⑥

現樂堂賞瑞香⑦。

社日社飯。

玉照堂西賞緗梅⑧。

南湖挑菜。

---

① "千歲",校本作"千載"。
② 此處兩句校本作"張鑑撰"三字。
③ 此標題校本無"孟春"二字。
④ 此句校本無"迎春"二字。
⑤ 此句校本無"賞"字。
⑥ 此標題校本無"仲春"二字。
⑦ 此句校本無"賞"字。
⑧ 此句校本無"西賞"二字。

玉照堂東賞紅梅①。

餐霞軒看櫻桃花②。

杏花莊賞杏花③。

群仙繪幅樓前打毬④。

南湖泛舟。

綺互亭賞千葉茶花⑤。

馬塍看花。

三月季春⑥

生朝家宴。

曲水修禊⑦。<small>陳刻流觴。</small>

花院觀月季⑧。

花院觀桃柳⑨。

寒食祭先掃松⑩。

清明踏青郊行。<small>陳刻遊。</small>⑪

蒼寒堂西賞緋碧桃⑫。

滿霜亭北觀棣棠⑬。

---

① 此句校本無"賞"字。
② 此句校本無"看"字。
③ 此句校本無"賞"字。
④ 此句校本作"群仙繪幅樓前後毬",復小字注"一作樓前打毬"。
⑤ 此句校本無"賞"字。
⑥ 此標題校本無"季春"二字。
⑦ 此句校本作"曲水流觴"。
⑧ 此句校本作"花院月丹"。
⑨ 此句校本無"觀"字。
⑩ 此句校本作"寒食郊遊"。
⑪ 此條校本無。
⑫ 此句校本無"賞"字。
⑬ 此句校本無"觀"字。

碧宇觀筍。

鬪春堂賞牡丹芍藥^①。

芳草亭觀草。

宜雨亭賞千葉海棠^②。

花苑蹴秋千。^③

宜雨亭北觀黃薔薇^④。

花院賞紫牡丹^⑤。

艷香館觀林檎花^⑥。

現樂堂觀大花^⑦。

花院嘗煮酒^⑧。

瀛巒勝處賞山茶^⑨。

經寮鬪新茶^⑩。

群仙繪幅樓下賞芍藥^⑪。

四月孟夏^⑫

初八日亦庵早齋,隨詣南湖放生食糕糜。^⑬

芳草亭鬪草。

---

① 此句校本無"賞"字。
② 此句校本無"賞"字。
③ 此條校本無。
④ 此句校本無"觀"字。
⑤ 此句校本無"賞"字。
⑥ 此句校本無"觀""花"二字。
⑦ 此句校本無"觀"字,且於句末有小字注"一作大茶"。
⑧ "嘗",校本作"賞"字。
⑨ 此句校本作"瀛巒勝處山花"。
⑩ 此句校本無"新"字。
⑪ 此句校本無"下賞"二字。
⑫ 此標題校本無"孟夏"二字。
⑬ 此條校本作"初八日亦庵早齋""南湖放生食糕糜"兩條。

芙蓉池賞新荷①。

蕊珠洞賞荼蘼②。

滿霜亭觀橘花③。

玉照堂嘗青梅④。

艷香館賞長春花⑤。

安閒堂觀紫笑⑥。

群仙繪幅樓前觀玫瑰⑦。

詩禪堂觀盤子山丹⑧。

餐霞軒賞櫻桃⑨。

南湖觀雜花⑩。

鷗渚亭觀五色鶯粟花⑪。

五月仲夏⑫

清夏堂觀魚。

聽鶯亭摘瓜。

安閒堂解粽。

重午節泛蒲家宴⑬。

---

① 此句校本無"賞"字。
② 此句校本無"賞"字。
③ "觀橘花"三字,校本作"菊花"二字。
④ 此句校本無"嘗"字。
⑤ 此句校本無"賞"字。
⑥ 此句校本無"觀"字。
⑦ 此句校本無"觀"字。
⑧ 此句校本作"詩禪堂盤子山丹花"。
⑨ 此句校本無"賞"字。
⑩ 此句校本無"觀"字。
⑪ 此句校本無"觀"字,"鶯"作"嬰"。
⑫ 此標題校本無"仲夏"二字。
⑬ 此句校本無"家宴"二字。

煙波觀碧蘆。

夏至日鵝炙。<small>陳刻臠①。</small>

綺互亭觀大笑花。②

南湖觀萱草③。<small>陳刻花。</small>

鷗渚亭觀五色蜀葵。④

水北書院採蘋。

清夏堂賞楊梅⑤。

叢奎閣前賞榴花⑥。

艷香館嘗蜜林檎⑦。

摘星軒賞枇杷⑧。

六月季夏⑨

西湖泛舟。⑩

現樂堂嘗花白酒⑪。

樓下避暑。

蒼寒堂後碧蓮。

碧宇竹林避暑。

---

① 此句三字校本無。
② 此條校本作"綺互亭火笑花"，"火"字下小字注"一作大"。
③ 此句校本作"南湖萱花"。
④ 此句校本無"觀"字。
⑤ 此句校本無"賞"字。
⑥ 此句校本無"賞"字。
⑦ 此句校本作"艷香館密林檎"。
⑧ 此句校本無"賞"字。
⑨ 此標題校本無"季夏"二字。
⑩ 此條校本無。
⑪ 此句校本無"嘗"字，"花白酒"作"南白酒"。

南湖湖心亭納涼。①

芙蓉池賞荷花。

約齋賞夏菊②。

霞川食桃。

清夏堂賞新荔枝③。

七月孟秋④

叢奎閣上乞巧家宴。⑤

餐霞軒觀五色鳳兒⑥。

立秋日秋葉宴⑦。

玉照堂賞玉簪⑧。

西湖荷花泛舟⑨。

南湖觀稼⑩。<small>陳刻觀魚。</small>

應鉉齋東賞葡萄⑪。

霞川觀雲⑫。<small>陳刻霞川水莊。</small>

珍林剥棗。

---

① 此條校本無。
② 此句校本無"賞"字。
③ 此句校本無"賞"字。又,頗疑"賞"字當作"嘗"。
④ 此標題校本無"孟秋"二字。
⑤ 此條校本作"叢奎閣前乞巧",無家宴事。
⑥ 此句校本無"觀"字,又"鳳兒"作"鳳仙花"。
⑦ 此句校本無"宴"字。
⑧ 此句校本無"賞"字。
⑨ 此句校本無"泛舟"二字。
⑩ "觀稼",校本作"觀魚"。
⑪ 此句校本無"賞"字。
⑫ "觀雲",校本作"水莊"。

八月仲秋①

湖山尋桂。

現樂堂賞秋菊②。

社日糕會。

衆妙峰賞木樨③。

中秋摘星樓賞月家宴。④

霞川觀野菊⑤。

綺互亭賞千葉木樨⑥。

浙江亭觀潮⑦。

群仙繪幅樓觀月。

桂隱攀桂。

杏花莊觀雞冠黄葵⑧。

九月季秋⑨

重九家宴。

九日登高把萸。⑩

把菊亭採菊。

蘇堤上玩芙蓉⑪。

---

① 此標題校本無"仲秋"二字。
② "賞秋菊",校本作"秋花"二字。
③ "賞木樨",校本作"山木犀"。
④ 此條校本無。
⑤ 此句校本無"觀"字。
⑥ 此句校本無"賞"字,"木樨"作"木犀"。
⑦ 此句校本無"亭"字。
⑧ 此句校本無"觀"字。
⑨ 此標題校本無"季秋"二字。
⑩ 此二條校本作"重九登城把萸"六字。
⑪ "上玩"二字,校本作一"看"字。

珍林嘗時果。

景全軒嘗金橘^①。

滿霜亭嘗巨螯香橙。^②

杏花莊篘新酒^③。

芙蓉池賞五^{陳刻三。}色拒霜^④。

十月孟冬^⑤

旦日開爐家宴。

立冬日家宴。^{陳刻脫。}^⑥

現樂堂暖爐。

滿霜亭賞蚤霜^⑦。^{陳刻密橘。}

煙波觀買市。

賞小春花。

杏花莊挑薺。

詩禪堂試香。

繪幅樓慶暖閣。^⑧

十一月仲冬^⑨

摘星軒觀枇杷花^⑩。

---

① 此句校本無"嘗"字。

② 此條校本無。

③ "篘",校本作"蒭",誤。

④ 此句校本無"賞"字,"五色"作"三色"。

⑤ 此標題校本無"孟冬"二字。

⑥ 此處兩條校本皆無。

⑦ 此句校本無"賞"字,"蚤霜"作"密橘"。

⑧ 此條校本無。

⑨ 此標題校本無"仲冬"二字。

⑩ 此句校本無"觀"字。

冬至節家宴①。

繪幅樓食餛飩。②

味空亭賞蠟梅③。

孤山探梅。④

蒼寒堂賞南天竺⑤。

花院賞水仙⑥。

繪幅樓前賞雪⑦。

繪幅樓削雪煎茶。⑧

十二月季冬⑨

綺互亭賞檀香蠟梅⑩。

天街閱市⑪。

南湖賞雪。

家宴試燈⑫。陳刻安閒堂試燈。

湖山探梅。

花院觀蘭花⑬。

---

① “家宴”，校本作“餛飩”。
② 此條校本無。
③ 此句校本無“賞”字，“蠟”字作“臘”。
④ 此條校本無。
⑤ 此句校本無“賞”字。
⑥ 此句校本無“賞”字。
⑦ 此句校本作“群仙繪幅樓前觀雪”。
⑧ 此條校本無。
⑨ 此標題校本無“季冬”二字。
⑩ 此句校本無“賞”字，“蠟”字作“臘”。
⑪ “閱市”，校本作“閙市”，形誤。
⑫ “家宴”，校本作“安閒堂”。
⑬ 此句校本無“觀”字。

瀛巒勝處賞雪①。

二十四夜餳果食。

玉照堂賞梅②。

除夜守歲家宴③。

---

①　"賞雪"，校本作"觀雪"。

②　"賞梅"，校本作"看早梅"。

③　"家宴"二字校本無。

月 令 解

張 虙 撰

劉 丹 點校

【題解】

月令解，十二卷，南宋張虙撰。虙，生卒不詳，字子宓，浙江慈溪人。精通《詩》《易》。宋寧宗慶元二年(1196)進士，曾主管户部架閣文字，改太學正，復遷太常博士、國子博士、國子監丞、著作佐郎兼權都官郎官、秘書丞等。端平初年，被召爲國子司業兼侍講。不久即卒，詔贈四官。《宋史》有其傳，《延祐四明志》《慈溪縣志本傳》《南宋館閣續録》等亦有其資料，可以參看。

《月令解》乃《禮記·月令》之注解，記載了四時物候變化及皇帝大臣、黎民百姓在十二個月中的祭祀禮儀、生活禁忌、日常習俗等多種事情。《月令解》始撰於張虙任國子司業兼侍講期間，稿未成即病歸，還鄉後繼續完成。從張虙所撰之表與劄來看，蓋其本意乃是想爲皇帝提供一份可以借鑑的文獻，“以十二月分爲十二卷，書之納於禁中”，“時當此月，陛下則以此月一卷觀覽”，以便國君以民爲本，知曉民事，體恤民情，助力國家興盛、長治久安。這與古代儒家以民爲本、以授民時的政治思想一致。是故《四庫全書總目提要》稱之云：“古帝王法政施令之大端，皆彰彰具存，得其意而變通之，未嘗非通經適用之一助。”誠然，在針對一些文句的“解”上，《月令解》頗有可以商榷、甚至略顯牽强之處。

《宋史·藝文志》載“張虙《月令解》十二卷”，而《明史·藝文志》中却不見此書，朱彝尊《經義考》卷一四九亦言“未見”，頗疑此書當時傳播範圍極小，不易得見。今就目力所及，《月令解》主要有《四庫全書》《四明叢書》《四庫全書珍本初集》三個版本，其中《四庫全書》本係由《永樂大典》中輯出，且在校勘上最善，後兩者均係源自於該本，唯個别文字略有不同。《月令解》目前未見整理本，毋燕燕《張虙〈月令解〉探析》(《華中學術》2014 年第 1 期)於該文獻之相關問題略有考證。

今據《四庫全書》所收《月令解》整理如下。

四庫全書總目提要

　　《月令解》十二卷，宋張處撰。處，慈溪人。慶元丙辰進士，官至國子祭酒。是編乃處端平初入侍讀幄時以纂。未及竟，以病歸。家居時乃續完之，表進於朝。十二月各自爲卷。奏稱每一月改，則令以此一月進於御前，可以裁成天地之道，輔相天地之宜。雖未免過膠古義，不盡可見施行，然辭義曉暢，於順時出政之際，皆三致意焉，其用心有足取者。《月令》於劉向《別錄》屬《明堂陰陽記》，當即《漢書·藝文志》所云古明堂之遺事，在《明堂陰陽》三十篇之內者。《呂氏春秋》錄以分冠十二《紀》。馬融、賈逵、蔡邕、王肅、孔晁、張華皆以爲周公作，鄭康成、高誘以爲即不韋作。論者據《漢百官表》言太尉爲秦官，或又據《國語》晉有元尉、輿尉之文，謂尉之名不必起於秦。然究不得因元尉、輿尉遂斷三代必有太尉也。意不韋採記舊文，或傅益以秦制歟？今考其書，古帝王法政施令之大端，皆彰彰具存，得其意而變通之，未嘗非通經適用之一助。至其言誤某令則致某灾，殆因《洪範》庶徵而推衍之，遂爲漢儒陰陽五行之濫觴，處解皆未能駁正。然列在《禮經》，相沿已久，亦不能獨爲處咎也。原書因隨月進御，故凡解見孟月者，仲月、季月皆重見。《永樂大典》所載合爲一編，多刪其複，於例爲協。間有刪之不盡者，今併汰除，以歸畫一焉。

進《月令解》表

臣虑言:臣竊以後天而奉天時,雖夙參於造化;按月以觀《月令》,實肇見於聖明。矧臨萬務之繁,欲極群書之博。惟拔尋於要領,庶頤愛於精神。臣惶懼惶懼,頓首頓首。考《呂氏春秋》之書,承周末聖賢之論,《紀》分十二,井然彙列之條,歲盡一周,粲若環循之次,雜之於禮,附以爲經。漢相奏之,固嘗表采;唐宗定此,亦就刊删。雖號鈎深於斯文,未知區別於令序,曷若以孟、仲、季析爲寒暑之期,於朔、望、弦占作旦昏之候?所謂舉目皆可見,若欲鋭情又何加?凡厭飫使自得之,非睿知孰能與此?兹蓋恭遇皇帝陛下,心存兢業,學務雍熙。藝圃覽遊,澹若耆書之樂;經幃訪問,淵乎耆古之懷。方當省歲以有爲,因聽負暄之入獻。取諸儒共集之典,釐每卷各立之門。會析木、會元枵,隨所舍而改;中夾鍾、中太簇,視其律以更。據往知今,自我作古,嚴恭寅畏,外此何求?輔相裁成,由兹而出。執而論曆,殊史家黑白之分;寫以爲圖,笑巧匠丹青之象。其《月令解》十二卷,繕寫成十二册,謹隨表上進以聞。臣惶懼惶懼,頓首頓首。謹言。

奏《月令解》劄子

　　臣昨者叨侍經筵，適講《月令》秋之三月。嘗與侍讀鍾震言，欲待《月令》終篇，以十二月分爲十二卷，書之納於禁中。時當此月，陛下則以此月一卷觀覽。凡一月之中，陰陽消長之運，星夜出入之躔，氣序之遷改，景物之多易，與夫園林草木之華盛，鳥獸蟲魚之生育，田舍耕耘之節，婦子蠶桑之期，歷歷具載。使置之座側，又切於崔寔之《政論》；置之几案，何減乎魏徵之諫疏？其於贊化，爲益多矣。既而以病，予告有志不成，緣臣身則病矣，而眼猶能觀故書，心猶能記舊事。於是以秋三月已成之説，上接乎春夏，下逮夫季冬，一一爲之解釋，通前爲十二卷。陛下或許以投進，即當涓日備録，裝襭送上。每一月改，則令以此一月進於御前，陛下展卷，時時玩之。或謂智本天賜，聰本天生，一覽無遺，成誦在心，何假纂集之爲？不知此非爲記問設也，惟欲於宮中無事，清閒之燕，舉目在前而已。昔有談修養之術者，欲書《月令》置左右，如“冬夏至，宜謹嗜欲”之類，庶得自警。謂陛下守此，則可以裁成天地之道，可以輔相天地之宜，豈爲修養之術哉？臣不勝惓惓。

月令解卷一

宋　張慮　撰

孟春之月，

孟春者，斗建寅之辰也。《漢志》云"引達於寅"，則寅，引也。夏正爲正月。

日在營室，

正月之中。《三統曆》云："日在室十四度。"《元嘉曆》云："日在室一度。"疏謂《月令》據其大略，不細與曆同。日與斗建常相合，寅與亥合。正月斗建寅，則日在亥，室星屬亥也。案，此説由不知歲差，故以爲據其大略，又泥於"子與丑合""寅與亥合"之説，皆非也。營、室二星。

昏參中，旦尾中。

每月必記昏、旦中星者，人君南面而治，仰觀天文以授民事，故舉南方之中星爲候。《月令》"中星"疏亦謂："據大略而言，不與曆正同，但一月之内有中者即得載之。"案，此亦由不知歲差，故有是説。中星一晝一夜分天之半。參十星，西方之宿；尾九星，東方之宿。參與尾相望也。

其日甲乙，

《左傳》云"天有十日"，以應五行。五行播於四時，故十日各有所屬。甲乙屬春。注："乙之言軋也。時萬物皆解孚甲，自抽軋而出,因以爲日名焉。"疏云:"日功之名。"

其帝太皞,其神句芒。

據經,惟曰其帝其神,初不言祀正。《前漢·魏相傳》言"東方之神大皞,乘震、執規司春者",而注、疏以爲祀其帝又祀其神,有主必有配,皆以義起禮耳。後世因其言,則祀禮不復,廢矣。然其帝其神,名號亦自取義。元氣廣大謂之皞天,則皞者,廣大之意。木初生時句曲而有芒角,故曰句芒。

其蟲鱗。

鱗亦謂之蟲。所謂鱗蟲三百六十,龍爲之長。注:"鱗,龍蛇之屬,有孚甲,似木。"

其音角。

疏謂春時調和,樂以角爲主。角,觸也。物觸地而出,戴芒角也。

律中大簇。

大簇者,月建寅之律也。律,候氣之管,以銅爲之,實以葭灰,以羅縠覆之,置緹緵室中。孟春氣至,則大簇之律應而吹灰。中者,氣與律相當也。《國語》云:"大簇,所以金奏贊陽出滯。"《漢志》云:"簇,奏也。陽氣大,奏地而達物也。"

其數八。

金、木、水、火,得土而成,木數三,得土五數,故爲成數八。

其味酸,其臭羶。

在口者爲味,有形則有味。木曰曲直,而曲直作酸,木實之性。然則木實酸通於鼻者爲臭,有氣則有臭。凡草木所生,其氣羶也。

其祀户,祭先脾。

凡五祀，皆有功於人，故立祀以報之，又各從其類也。春祀戶者，戶在門之內，《易·節卦》："不出戶庭，不出門庭。"解者謂"奇爻在前，戶之象，偶爻在前，門之象"。是奇者爲戶，偶者爲門。春祀戶，秋祀門。戶祀其出，門祀其入。戶在內，於人爲尤近。當冬寒時，塞向墐戶，春氣和，則人闢戶矣，故祀其神。祭用牲之藏，時各有所先。既非本屬，又不可論相生，又不可論相尅，雖與古《尚書》文合，又不可通其義。此蓋不過示有所先耳。當以人六脈之次第求之。自右手起，以命脈爲主，於是爲脾、爲肺；乃入左手，爲心、爲肝、爲腎，此其次第，非出於人之私也。故用牲之藏，其所先者亦依之。而春夏中央，秋冬之際定矣，故春先脾。

東風解凍，蟄蟲始振，魚上冰，獺祭魚，鴻雁來。

此記正月時候也。冰凝則魚潛而下，冰釋則魚躍而上。獺祭魚者，以魚方可取，祭而後食，猶人食必祭也。天之生物，自有稟性之善者，特其偏耳。雁隨陽者，《禹貢》謂之陽鳥。雁之隨陽，居無定所。從中土視之，自北而南謂之來，自南而北亦謂之來。孟春之來，自南方而北也。

天子居青陽左个，乘鸞路，駕倉龍，載青旂，衣青衣，服倉玉。

天子每時居處，及所乘車馬、所建旌旗、所服衣玉、所食牲穀及器物之屬，皆順時氣也。春爲青陽，呂氏取之以名天子所居，名與居正相稱也。此當寅上正月位也，孟月則居左个。"个"者，《左傳》"置饋於个"，釋者謂："个，廂也。"鸞路者，《明堂位》言"鸞車，有虞氏之路"。車之有鸞，不特有虞氏之制，意自有虞氏始。然春乘鸞路，取其色，非取其聲。《後漢·輿服志》"耕車"注："車必有鸞。而春獨曰鸞路者，鸞鳳類而色青，故以名春路。"陸佃

《禮圖》於“太常”條下謂：“青路謂之鸞路者，則‘鸞，青鳳’故也。”以此知鸞路正取其色之青。倉龍者，倉青也。《曲禮》言“左青龍”，“倉龍”即“青龍”，以馬爲龍。《周禮》：“馬八尺以上爲龍。”此天子所駕也。《詩》疏：“騏青而微黑。”青旂，旂色尚青也。載，謂建之於車。《周禮》：“交龍爲旂，旂必有鈴。”青衣，所衣之衣尚青色也。青色爲衣，古未之見，唯近世夏休辨六服之色，以袞之色如褮褮青草也，鷩赤、毳黄、希白、玄黑皆然。倉玉，玉之青者。服，謂冕旒及笄并佩玉尚青色也。《玉藻》：“水蒼玉。”以文色似水之蒼。《周禮》：“蒼璧青圭。”此皆玉之青者。《山海經》：“武珧石似玉，青地白文色。”揚雄《羽獵賦》：“説玉眩耀青熒。”顔師古注：“言其色青而有光耀也。”

食麥與羊，其器疏以達。

麥，木穀也。疏云：“麥實有孚甲，屬木。”《尚書·五行傳》以羊爲火畜。春氣貴和，食其當方之穀，而以火畜助之。食得其調，則疾不生，亦所以安性也。古人之食，惟取其宜而已，不以珍異進也。器疏以達，春主發散，疏則散，達則發。或謂疏爲刻鏤之象，求之太過。此特言其開暢而已。

是月也，以立春。先立春三日，大史謁之天子曰：“某日立春，盛德在木。”天子乃齊。立春之日，天子親帥三公九卿、諸侯、大夫，以迎春於東郊。

立春爲正月節。迎春於東郊者，人君後天而奉天時，當其氣至則出郊以迎，所以導之也。太史、禮官之屬先三日謁之，將以致天子之齊也。盛德四時皆有，德或生或長，或斂或藏，是其德也。天地之大德，固難於形容，至其分而爲四時則各有所在，故因其分而言其盛，則天地之德於是著矣。春之盛德在木，木屬春也。凡見於萬物之生，木之德也。親帥群臣迎之於東郊，所以重其至，示敬也。迎，迎其氣耳，非有神矣。或謂即太皥、句芒，故迎而祭之。注引《文曜鈎》謂靈威仰。

還反，賞公卿、諸侯、大夫於朝，命相布德和令，行慶施惠，下及兆民。慶賜遂行，毋有不當。

古者賞以春夏，順時氣也。迎春之賞，蓋喜其氣之至，故行賞以飾喜，尤爲順時之大者。然是賞也，惟及於公卿、諸侯、大夫而已，未及兆民也。於是命之相臣，指居輔佐之任者，布德以助春之德，和令以和春之令。曰慶、曰惠，又出乎賞之外，以行以施，及於兆民。慶賜則又總言上之所與，毋有不當，使當得者皆得所予，雖廣而無一妄予者。古人淳厚，安有欺罔之事邪？

乃命大史守典奉法，司天日月星辰之行，宿離不貸。毋失經紀，以初爲常。

《周禮》：“大史之職，掌六典，逆邦國之治；八法，逆官府之治。”則守典奉法，是其職也。然頒歲年於官府都鄙，頒朔於邦國，皆大史職也，豈惟六典、八法而已？日月星辰行於天者，大史司之。宿如《天文志》“填星居宿其國。案，《漢書·天文志》作“填星所居國吉，居宿久，國福厚。”此刪改其文，“國”字下應脫一“吉”字。五星所聚宿，其國王。”案，《天文志》作“其國王天下”，此刪去“天下”二字。是宿也。離，如月離於畢，是離也。大史司之。曰宿、曰離皆無貸者，言占驗不差也。案，《月令》乃言推步不差耳，非言占驗。經紀，謂日月星辰行天之躔度，初如曆法之元，孟子所謂“故也”。用是爲常，此不可變者。治曆明時，本貴乎革，若其法之初，則不可得而易。

是月也，天子乃以元日祈穀於上帝。乃擇元辰，天子親載耒耜，措之於參保，介之御間，帥三公九卿、諸侯、大夫躬耕帝藉。

案，藉田今本作籍，非。**天子三推，三公五推，卿、諸侯九推，反執爵於大寢。三公九卿、諸侯、大夫皆御，命曰勞酒。**

元日，或以爲吉日，或以爲善日，其説則同。然以書所稱元日觀之，則元日乃正月朔旦也。吕氏創法，則以元日行禮，祈穀、躬耕本一事，其行禮則同一日。既曰元日，又曰元辰。元日即朔日；元辰，於是日取其時也。十二支謂之辰，元日曰“以”，則以朔日行之，無俟乎擇元辰。曰“擇”，則於元日之中，取其辰之良者用之，故謂之擇也。《左傳》：“郊祀后稷，以勸農事，故啓蟄而郊，郊而後耕。”此周制也。吕氏不遵此禮，《月令》春祈穀，夏亦祈穀，祈穀非郊也。祈穀禮畢，於是講躬耕之禮。耒耜，田器也，措之參保介之御間。參，凡車上人皆可言參乘。保介，注以爲衣甲之士，非也。《詩·臣工》云：“嗟嗟保介。”“介”猶“副”也。諸侯來朝，介或九人、七人、五人。天子之保介猶諸侯之保介也，則介豈謂衣甲？天子之車，安得有甲士？惟耒耜之器，非車上所能容，所以措之於左右之間。御間即謂天子所坐之處。帥公卿、諸侯、大夫，以身帥之也。躬耕者，《祭統》云：“天子諸侯，非莫耕也。”身致其誠信，誠信之謂盡，盡之謂敬，敬盡可以事神明。帝藉，古説謂爲天神借民力所治之田，以“藉”爲“借”。或云“耤，蹈藉也，躬親履踐之義”，皆不若應劭以爲典籍。蓋千畝之田，必有籍以紀之。曰帝藉，則與民之公田異矣。《周禮》甸師“帥其屬而耕耨王藉”，則“帝藉”即“王藉”，“帝藉”之“帝”非指天也。曰三推、五推、九推，此則尊卑勞逸之辨也。人君惟知稼穡之艱難，親耕之禮，蓋體民也。耕藉而反，亦已勞矣，故飲之酒，亦猶勞農也。然觀執爵之語，則非有盛禮，如平時即執爵而酹意者，持酒如勸賓之禮。大寢非燕之所，所以示禮之特。名曰勞酒，此特爲耕罷而設御，如御食於君之御。

是月也，天氣下降，地氣上騰，天地和同，草木萌動。

天地之氣亦人之氣也。孟冬之月，天地不通，閉塞而成冬。今也一降一騰，和同無間，所謂天地交泰，故生草木。萌動之爲言，亦猶人初受氣於胎元，嚮之靜者自此動矣。

王命布農事，命田舍東郊，皆修封疆，審端徑術，善相丘陵、阪險、原隰土地所宜，五穀所殖，以教道民，必親躬之。田事既飭，先定準直，農乃不惑。

農事布於春而斂於秋。農事之布，必王命之。不曰天子而曰王，不以天子之尊嚴臨下也。田非田畯之官，即謂凡有田者。舍於東郊，謂民畢出於廬舍也。觀此一節，即《周禮·大司徒》之職。《大司徒》有條目易曉，此乃總而論之。蓋自商鞅開阡陌之後，古制隳廢，大司徒之職亦難復舊。今惟因其近似者行之，修封疆，審端徑術，即制其畿疆，作其溝封，正其道塗，均其地域也。善相丘陵、阪險、原隰土地所宜，五穀所殖，即五地之物，辨以土會；十有二土，十有二壤，辨以土宜；五物九等，辨以土均。然後稼穡樹藝之所宜畢見，於此而始可以任地事也。度土而積之謂之封，界畫以守之謂之疆，每歲修之使勿壞。術與遂同，夫間有遂，遂上有徑。審則詳視之，端則理正之。相，如《詩》言"相其陰陽"。古之勤民如此。至其教道之方，不徒形之空言，必躬親以率之，民烏得而不從？田事既飭，言治田之事各有條理矣，亦有所先。各適其平謂之準，各得其正謂之直。民無惑心，則爭競之念自絶，先王經理天下，如一家然。

是月也，命樂正入學習舞。

樂正者，樂官之長。學者，教育人才之地。《文王世子》云：

“釋菜不舞。”則習舞非爲釋菜也。春陽既動，萬物出地，故王者習舞，所以應之。樂以舞爲重，古人所致意。衆仲之對、季札之觀，皆舞也。夫子與顔淵論韶舞，與賓牟賈論武王之舞，亦舞也。其屈伸俯仰、綴兆疾舒，皆關於造化。孟春之習，豈區區爲釋菜哉？且《月令》所言自有次第。習舞之後，乃始習樂，習樂之後，乃大合樂，則習舞居先，見舞之爲重也。

乃修祭典，命祀山林川澤，犧牲毋用牝。禁止伐木。毋覆巢，毋殺孩蟲、胎夭、飛鳥，毋麛，毋卵。毋聚大衆，毋置城郭。掩骼埋胔。

重祭禮，故於歲始，而省録之曰“山林川澤”，則群祀無不舉也。犧牲毋用牝，爲傷妊也，此山林川澤之禮然耳。若天地宗廟大祭，雖非孟春，亦不用牝也。斧斤以時入山林，當草木萌動之時，固禁止之。覆巢則鳥何以生育？孩蟲、胎夭皆不可殺。獸曰麛，鳥曰卵，亦不用，皆所以遂其生育之性。飛鳥或謂初飛之鳥，據仲秋“群鳥養羞”注，有翼曰鳥，閩蚋之屬，此其類也。不聚大衆，大衆聚則宰殺必多；不置城郭，置則填築必傷物。骨枯曰骼，肉腐曰胔，或掩之，或埋之，推其所愛於其生者，以及其死者也。

是月也，不可以稱兵，稱兵必天殃。兵戎不起，不可從我始。

兵主殺，以殺氣而逆生氣，所以有天殃。老氏曰：“用兵不敢爲主，而爲客。”蓋不可從我始之謂也。湯之造攻自鳴條，用兵之義，未嘗不然，況方春之始乎？

毋變天之道，毋絶地之理，毋亂人之紀。

日月東西，相從不已，風霆流形，庶物露生，是天道之顯者，變之可乎？載華嶽而不重，振河海而不洩，是地理之顯者，絶之可乎？五常，設教之倫，五事，敬用之範，是人紀之顯者，亂之可乎？《月令》載此於孟春，亦春秋正王道之端之意，其示戒深矣。

孟春行夏令，則雨水不時，草木蚤落，國時有恐。行秋令，則
其民大疫，猋風暴雨總至，藜莠蓬蒿並興。行冬令，則水潦爲敗，
雪霜大摯，首種不入。

行令，或以爲天之行令，或以爲君之行令。天令之不時，乃
君令之所致，其實一也。行夏令，則孟春之時似夏，雨水乃正月
節。不時，則非時而有也。草木以長養之蚤，故其落亦蚤。國時
有恐，非常常恐也。有時或然，如驚雷震電之類。行秋令，則孟
春之時似秋，春氣温，秋氣涼。當温而涼則爲疫。秋後多風多
雨，徒長惡草耳。行冬令，則孟春之時似冬，春去冬未遠，冬之水
潦，積陰所成，春尚有之，所以敗物。或時降霜，或時降雪，此皆
冬之物也。摯猶至也。首種非止一物。首種，如今人言發頭布
種之初也。不入，謂不入土，蓋氣寒也。

月令解卷二

宋　張虙　撰

仲春之月，

仲春者，斗建卯之辰也。《漢志》云："冒茆於卯。"則卯，冒也。顏師古曰："茆謂叢生，音莫保反。"夏正爲二月。

日在奎，

二月之中。《三統曆》云："日在婁四度。"《元嘉曆》云："日在奎七度。"日與斗建常相合，卯與戌合，二月斗建卯，則日在戌奎，星屬戌也。奎十六星。

昏弧中，旦建星中。

弧九星，建在斗之上，弧與建相望也。

其日甲乙。其帝大皞。其神句芒。其蟲鱗。其音角。律中夾鍾。其數八。其味酸，其臭羶。其祀户，祭先脾。

夾鍾者，月建卯之律也。仲春氣至，則夾鍾之律應。《周語》云："夾鍾出四隙之細。"《漢志》云："言陰夾助大簇宣四方之氣，而出種物也。"夾鍾又謂之圜鍾，以春主規言之也。

始雨水，桃始華，倉庚鳴，鷹化爲鳩。

此記二月時候也。漢初以雨水爲二月節，劉歆改雨水爲正月中，驚蟄爲二月節，雨水則不復冰矣。桃始華，春華之盛莫如桃。倉庚，黃鸝也。出於幽谷，遷於喬木，故鳴也。詩人取其嚶嚶之聲。當春之時，物有化，此造物之一妙也。鷹與鳩迭相化。《月令》言"鷹化爲鳩"，《王制》言"鳩化爲鷹，然後設罻羅"。鷹鷙而鳩仁，春陽育物，使鷙者能仁，《月令》書之；鳩化爲鷹，變而之不仁矣，故《月令》不書。

天子居青陽大廟，乘鸞路，駕倉龍，載青旂，衣青衣，服倉玉，食麥與羊，其器疏以達。

此當卯上二月位也。仲月所居在左右之中。不謂之中，而謂之大廟。《月令》有寢廟、有大廟。寢廟，祖宗之廟也；大廟，爲天子所居，而有廟稱。如今稱廊廟、稱廟堂，無嫌也。方愨解云："以其或享神於此，故謂之廟。"若是，則大廟之內凡百神祇，隨四時而祀者常在其中，故以廟稱尊之。曰大，天子不敢以爲己居也，此吕氏之制也。案，《月令》明堂即《考工記》五室十二堂之制，四正之堂稱大廟，八廂稱左个、右个，廟與个乃深淺之名。廟者穆然而深也，不必享神之所始稱廟。《爾雅》云："室有東西廂曰廟，大廟有室而無寢。"

是月也，安萌牙。案，今本牙作芽，古本通用牙。**養幼少，存諸孤。**

皆所以助生氣也。萌芽指草木之類，萌動則始苗，牙則浸長矣。安之，恐觸之而折也。幼少指人。《周禮·大司徒》："保息養萬民，一曰慈幼。"注："慈幼，謂愛幼少也。産子三人與之母，二人與之餼。"後世遂有收養委棄小兒者。至於幼而無父曰孤，則尤不可不存之。孤而不存，則類絕矣。待人詳於待物。

擇元日，命民社。

孟春以元日祈穀，曰"以"則不待擇，謂正月朔旦也。今命民社曰擇元日，與擇元辰同。《郊特牲》言"社日用甲"，此之元日蓋甲日也。甲爲日之始，猶朔旦也。大夫以下成群立社，曰置社，則民固有社，然必出天子之命。

命有司省囹圄，去桎梏，毋肆掠，止獄訟。

囹圄，禁人之所，則省而察之，恐人者被苦也。桎梏，禁人之器，則去而除之，恐害人手足也。肆謂暴尸，掠謂箠楚，則戒之。方天地作解之時，人應之爲解之事，皆所以順生氣，然非上之人得徧行之，故以命有司。

是月也，玄鳥至。至之日，以大牢祠於高禖，天子親往，后妃帥九嬪御。乃禮天子所御，帶以弓韣，授以弓矢，於高禖之前。

《商頌》言：“天命玄鳥，降而生商。”故《史記·商本紀》因謂簡狄行浴，見玄鳥墮其卵，取吞之而生契，其言遂流於誕。孔穎達《詩》疏引“仲春玄鳥至之日，以大牢祀於高禖”，玄鳥春分而至，氣候之常，記其祈福之時，故言天命玄鳥，則《詩》疏之言可信。是知高禖之祀，自古有之矣。惟《月令》所言高媒之祀，其禮爲重，天子親往，異乎常祀，祠用大牢，幾過乎郊。昔孔子垂教，怪神之事置之不語，上下神祇之禱，不取子路。故孔子於祭禮未嘗不謹，亦未嘗或流於誕經之所言。爲農有祈，爲兵有祈，與凡水旱有祈皆正也。《周禮》六祝、六祈、六辭、六號，非不多也。獨不見禖宮嘉祥之事。雖然精神所感，何幽不格？念慮所通，惚恍有象。高禖之祥，豈容億度？《禮記》之載，自有舊典，朝家之行，又有成式，惟在上之人確守之耳。

是月也，日夜分，雷乃發聲，始電。蟄蟲咸動，啓戶始出。先雷三日，奮木鐸以令兆民曰：“雷將發聲，有不戒其容止者，生子不備，必有凶灾。”

日夜分，與仲秋同，無長短之差也。春則雷發聲，秋則雷收聲，雷不特發聲而已。電是陽光至，此陽氣漸盛，其光乃見。春則蟄蟲啓戶，秋則蟄蟲坏戶。孟春蟄蟲始振，則振而已，猶未出也,今則啓户而出矣。雷之發聲,陰陽家可以數推,故先雷三日,可以令兆民。《玉藻》言疾風迅雷則必變,雖夜必興,衣服冠而坐。況聞其發聲之始乎?其有不戒容止,生子不備,必有凶灾,無足怪也。古者愛民如愛子弟,木鐸所以振文教,奮而警之,何其慮之深哉。

日夜分,則同度量,鈞衡石,角斗甬,正權概。

制器尚象,雖曰多端,然不出三者。度長短者不失毫釐,量多少者不失圭撮,權輕重者不失黍絫。當日夜之分,天時適平,聖人因是稽器於人,以上承天之所爲,而下正其所爲。同律度量衡,自舜以來謹之矣。石出於衡,斗甬出於量。權者衡之用,概者量之用。曰同、曰鈞則致其謹,曰角、曰正則致其審矣。

是月也,耕者少舍,乃修闔扇。寢廟畢備,毋作大事,以妨農之事。

農之作也,出而在田,農之息也,入而在舍。曰少舍,則暫焉而已,又乘其隙而修闔扇。注云:"用木曰闔,用竹葦曰扇。"似失之鑿。此之闔扇,不過當寒時塞向墐户,今修之,則亦啓其向之塞、闢其户之墐而已。"寢廟畢備"句當屬下,古人慮農事之或妨也,謂農之闔扇可乘間而修之。若國之寢廟既已畢修,則不必作此大事,以妨農之事。蓋寢廟告成,無有虧闕,不俟修也。

是月也,毋竭川澤,毋漉陂池,毋焚山林。

竭澤而漁,古人所惡,況當春時哉?陂池儻漉而取之亦竭矣。春蒐,火弊,獻禽,注:"火弊,火止也。"春田主用火,因焚萊除陳草,此惟蒐時爲然耳,常時固有禁也,皆所以遂生物之性也。

天子乃鮮羔開冰,先薦寢廟。

鮮,注讀爲獻,或讀如字。繫牲曰鮮,用羔羊,爲火畜故也。

不以羊而以羔，方少陽用事之時，而又品物少故也。先薦寢廟，所以重時物，且不敢以人之餘奉神也。王者之於祖禰，以人道事之則有寢，以神道事之則有廟。《月令》凡薦新之類皆曰寢廟意者，廟則四時有常祭，寢則以時物薦新，言寢廟與單言廟不同。

上丁，命樂正習舞，釋菜。天子乃帥三公九卿、諸侯、大夫親往視之。仲丁，又命樂正，入學習樂。

孟春命樂正入學習舞矣，至是，又以上丁之日命樂正習舞，唯恐舞者之容節有一或失也。鄭氏注將舞，必釋菜於先師以禮之，則此之釋菜，正天子與群臣入學之禮。天子與群臣親往視其習舞，無違禮矣。至仲丁，始命樂正入學習樂，習樂則凡樂無所不習，不特舞樂。樂者，天地之和也。古人作樂，所以導和於天下，乃時之常事，非必有爲而然也。

是月也，祀不用犧牲，用圭璧，更皮幣。

孟春之時，犧牲不用牝而已。至是，舉犧牲皆不用矣。若高禖之用大牢，開冰之用羔，此二者乃天子所行之事，每歲惟一舉，不以常禮論也。以圭璧易犧牲，非但用圭璧，又用皮幣以更之。

仲春行秋令，則其國大水，寒氣總至，寇戎來征。行冬令，則陽氣不勝，麥乃不孰，民多相掠。行夏令，則國乃大旱，暖氣蚤來，蟲螟爲害。

行秋令，則仲春之時似秋，秋時多雨，所以爲大水。秋將入寒，所以寒氣總至，寇戎乘金氣也。行冬令，則仲春之時似冬。仲春之時，陽氣宜勝，今則不勝，麥爲寒氣所害，故不孰。民之相掠，由無麥也。行夏令，則仲春之時似夏，夏時多旱，暖氣未當來而來。蟲螟，暖氣所生也。

月令解卷三

宋　張　虙　撰

季春之月，

季春者，斗建辰之辰也。《漢志》云："振美於辰。"則辰，振也。夏正爲三月。

日在胃，

三月之中，《三統曆》云："日在胃七度。"《元嘉曆》云："日在胃九度。"日與斗建常相合，辰與酉合，故三月斗建辰，則日在酉，胃星屬酉也。胃三星。

昬七星中，旦牽牛中。

七星，南方之宿，以其數有七，謂之七星。二十八宿皆星也。獨謂南方之中星爲星者，以星爲陽之精，南方之中得陽之正故也。牽牛六星，北方之宿，七星與牽牛相望也。

其日甲乙，其帝大皥，其神句芒。其蟲鱗。其音角。律中姑洗。其數八。其味酸，其臭羶。其祀戶，祭先脾。

姑洗者，月建辰之律也。季春氣至，則姑洗之律應。《周語》云："姑洗，所以修絜百物，考神納賓。"《漢志》云："洗，絜也，言陽氣洗物，辜絜之也。"

桐始華，田鼠化爲鴽。虹始見，萍始生。

此記三月時候也。桐之爲木，見於《詩·定之方中》，云可中琴瑟,亦世有用之材,故取以紀時。鼠,穴於地者,忽爲飛禽,此尤造物之神也。虹,螮蝀也,朝見於西,莫見於東,日之氣也。萍,水草。

天子居青陽右个,乘鸞路,駕倉龍,載青旂,衣青衣,服倉玉,食麥與羊,其器疏以達。

此當辰上三月位也。季月居右个。

是月也,天子乃薦鞠衣於先帝。

鞠衣,后之蠶服也。蠶事近矣,欲求福祥之助,乃薦此服於神。先儒以先帝爲大皞之屬,蠶桑雖后事,天子未嘗不親焉。其始也,薦鞠衣以求福,其後也,皮弁素積,卜三宮之吉者,入於蠶室,皆所以重其事也。

命舟牧覆舟,五覆五反,乃告舟備具於天子焉。天子始乘舟,薦鮪於寢廟,乃爲麥祈實。

《爾雅》言"天子造舟,諸侯維舟",則天子固有所駕之舟也。舟牧,主舟之官也。至尊所乘,不可不謹。五覆五反,防其傾漏,乃告備具,天子於是乘舟,亦猶後世以春時出遊歟?惟天子不以無事而出,因薦鮪於寢廟。所以乘舟者,欲薦鮪也。《禮》:季冬獻魚,春薦鮪。鮪曰王鮪,異乎常魚,故春特以薦焉。薦鮪之日,爲麥祈實。麥而不實,與無麥同,故先時致祈,爲民之切也。

是月也,生氣方盛,陽氣發泄。句者畢出,萌者盡達,不可以內。

春之氣固主生矣,至於季春始爲盛。陽生於子,出於寅,及乎辰則始發泄。由辰而前,句者非不出也,出之爲未畢;萌者非不達也,達之爲未盡。至於辰,乃畢乃盡焉。春主發散,則出而外之時也。

天子布德行惠，命有司發倉廩，賜貧窮，振乏絕。開府庫，出幣帛，周天下，勉諸侯，聘名士，禮賢者。

凡所布施，皆順天也。成周盛時，鄉師周萬民之囏阨，司門養死政之老孤，其天患民病則司救，以王命施惠。邦之委積，遺人掌之；野之鋤粟屋粟，旅帥聚之，所以待貧窮乏絕者至矣。《月令》之布德行惠，蓋倣其近似者爲之，故亦以之命有司。穀藏曰倉，米藏曰廩。貧窮曰賜，賜則所以予之。乏絕曰賑，賑則貸之而已。此猶未足以見其宣散也。至於開府庫以出幣帛，凡天下之諸侯皆勉之以從事，以之聘名士，以之禮賢者。蓋天下之貧窮乏絕，天子豈一一能徧？所勉諸侯行之者，惟以聘禮名士賢者爲急，此所謂不徧物之智也。

是月也，命司空曰：“時雨將降，下水上騰。循行國邑，周視原野，修利隄防，道達溝瀆，開通道路，毋有障塞。”

《周禮》：“司空掌邦土。”《月令》亦設此官而命之。春時多雨，下水上騰，蓋水氣相感而然。雨多害物，故爲之備。循行國邑之間，周視原野之地，有隄防則當修利，有溝瀆則當道達，有道路則當開通，使之無有障塞，如此爲備，則雨多不爲害矣。

“田獵，罝罘、羅罔、畢翳、餧獸之藥，毋出九門。”

當春物生，鳥獸方字乳，又非爲蒐除害之時，傷之則逆天時。此田獵之具所以毋出九門，每門之內或有藏此具者，皆不得出，禁之也。

是月也，命野虞毋伐桑柘。鳴鳩拂其羽，戴勝降於桑。具曲、植、籧、筐①。后妃齋戒，親東鄉躬桑。禁婦女毋觀，省婦使，

---

① “具”，底本原誤作“其”。

以勸蠶事。蠶事既登，分繭稱絲效功，以共郊廟之服，毋有敢惰。

野虞，如《周禮》山虞、澤虞之類。桑柘，蠶所食，戒之無伐，愛其所食也。仲月鷹化爲鳩，至是其羽始備。拂，披拂也。《詩》以雎鳩、鳲鳩比后夫人之德，故喜觀其拂羽以爲蠶之候。戴勝，纖紝之鳥，頭上所戴若勝然。后妃齋戒，如承大祭，觀採桑，示帥先天下也。婦女，以蠶爲事者。觀謂遊樂也，案，此句舊在“如《詩》鄭之《溱洧》”下，於文不順，今改正。如《詩》鄭之《溱洧》，豈可不禁？婦使亦省，恐以他役奪其務也。凡此皆所以勸其事也。“登”如麥之登、穀之登。效功，注謂敕往蠶者勸戒之，似失之迂。此直指蠶之登，與孟夏后妃獻繭不同矣。分繭稱絲，使各效其功之多寡，以共郊廟之服，無有敢惰者。以上之人所以躬率者，誠也。

是月也，命工師，令百工審五庫之量，金、鐵、皮、革、筋、角、齒、羽、箭、幹、脂、膠、丹、漆，毋或不良。百工咸理，監工日號，毋悖於時，毋或作爲淫巧，以蕩上心。

天氣和適，造作爲宜。工師，百工之師。《孟子》“工師得大木”是也，故命之令百工。五庫以五材而得名，凡所治之材不離乎五材，令之使審焉。不謂之材而謂之量，以其材各有所受也。一有不良，工則審之，百工咸理，不特一工爲然也。監工日號，不特一日爲然也。弓人春液角，夏治筋，秋合三材，寒定體，此謂之時，不可悖也。夫工固有巧也，然過乎巧則爲淫。無得過乎淫，使生奢泰之心。

是月之末，擇吉日大合樂。天子乃帥三公九卿、諸侯、大夫親往視之。

自孟春樂正入學，先習舞。仲春上丁，又命樂正習舞。至仲丁，樂正入學習樂，則樂已成矣。是月之末，擇吉日，大合樂。天子與群臣親往視之。習樂在學，而合樂亦在學，此樂之極盛也。

是月也，乃合累牛騰馬，遊牝於牧。犧牲駒犢，舉書其數。

此不過欲其生息之多，書其數者，亦恐没所有也。

合國難，九門磔攘，以畢春氣。

注謂："難，陰氣。"非也。聖人順陰陽之氣，惟恐邪之有以干正。天地之間有不正之氣，聖人於是有難之之法。《周禮》："方相氏帥百隸而時難。"以索室毆疫難之法，所以逐不正也。陰陽，天地之正氣也，不可以邪干之。季春之難，謂之畢春氣。春氣發生有不正者，干之則發生之功不遂，於是乎難畢者，令春氣得以成功也。磔攘，磔牲於九門之上。自方相氏時難之法廢，而後有磔攘九門，即上言九門，謂之國則總内外言之也。

季春行冬令，則寒氣時發，草木皆肅，國有大恐。行夏令，則民多疾疫，時雨不降，山陵不收。行秋令，則天多沈陰，淫雨蚤降，兵革並起。

季春之時似冬。冬之氣爲寒，故寒氣時發。草木皆肅，謂枝葉無條暢之意。國有大恐，又甚於國時有恐，以嚴寒可畏故也。季春之時似夏，則民多疾疫，溫氣大勝也。陽亢爲旱，故雨不降，高者暵於熱，故山陵之物不收。季春之時似秋，則天氣沈陰，非春和時，秋有淫雨，春乃如之，兵革之起，金氣之應也。

月令解卷四

宋　張虙　撰

孟夏之月，

孟夏之月，孟夏者，斗建巳之辰。《漢志》云："巳盛於已。"則巳，已也。_{上音似，下音以。}夏正爲四月。

日在畢，

四月之中，《三統曆》云："日在井初度。"《元嘉曆》云："日在畢十五度。"日與斗建常相合，巳與申合，故四月斗建巳，則日在申，畢星屬申也。畢八星。

昏翼中，旦婺女中。

翼二十二星，南方之宿。婺女四星，北方之宿。翼與女正相望也。

其日丙丁，

丙丁屬夏，注："丙之言炳也。"時萬物皆炳然，著見而强大，因以爲日名。

其帝炎帝，其神祝融。

據經惟曰其帝其神，初不言祀正。《魏相傳》言："南方之神炎帝，乘離，執衡，司夏也。"火性炎上，故曰炎。融者，火之明盛也。神必有祝，遂稱祝融。

其蟲羽。

羽亦謂之蟲,所謂羽蟲三百六十,鳳爲之長。注:"象物從風鼓翼,飛鳥之屬。"

其音徵。

疏謂夏時調和,樂以徵爲主。徵,祉也,物盛大而繁祉也。

律中中吕。

中吕者,月建巳之律也。孟夏氣至,則中吕之律應。《周語》云:"中吕宣中氣。"《漢志》云:"言微陰始起未成,著於其中,旅助姑洗,宣氣齊物也。"

其數七。

火數二,得土五數,故爲成數七。

其味苦,其臭焦。

火曰炎上,而炎上作苦。焦言火炎而不宜上。按,此句未詳。蓋夏之氣爲然。

其祀竈,祭先肺。

夏與冬爲對。人之生,不在家則在路。夏祀竈,賴其養於家;冬祀行,資其庇於路。此夏之祀所以主竈也。祭用牲之藏,當以人之六脈次第求之。自右手起,以命脈爲主,於是爲脾、爲肺,故夏先肺也。

螻蟈鳴,蚯蚓出。王瓜生,苦菜秀。

此記四月時候也。螻,螻蛄也,能鳴。蟈,蛙也。《周禮》:"蟈氏掌其禁。"其鳴尤甚。蚯蚓亦能鳴,謂之歌女,此時始出地未鳴也。王瓜,大瓜也,種最多,有大有小,此言其生,謂大種也。苦菜,《詩》謂之荼,今人亦多食。劉易喜食苦馬菜,爲狄青所治。

天子居明堂左个,乘朱路,駕赤駵,載赤旂,衣朱衣,服赤玉。

明堂,古天子聽政之堂,吕氏取以名。夏爲朱明,名與所居

正相稱也。此當巳上，四月位也。朱路謂路飾之以朱者也。赤
騮，赤身黑鬣曰騮，周人尚赤，戎事乘騵，注："騵騮，馬白腹。"赤
旂，旂色尚赤也。載，謂建之於車也。《周禮》"交龍爲旂"，凡旗
通謂之旂，旂必有鈴。朱衣，所衣之衣尚赤色也。赤玉，謂玉色
之赤者。服，謂冕旒及笄并佩玉尚赤色也。《相玉經》云："赤擬
鷄冠。"

食菽與鷄，其器高以粗。

菽，水穀。案，原本作"菽，穀。"脱"水"字，則下文"一用尅我"句不明矣，今
補。鷄，木畜，夏氣盛烈。一用尅我，不使太過；一用生我，不使
減退。器高以粗者，夏主長大，高則長，粗則大，亦象物盛長也。

**是月也，以立夏。先立夏三日，大史謁之天子曰："盛德在
火。"天子乃齊。立夏之日，天子親帥三公九卿、大夫以迎夏於
南郊。**

立夏爲四月節。迎夏於南郊者，人君後天而奉天時，當其氣
至則出郊以迎，所以導之也。夏之盛德在火，火屬夏也。凡見於
萬物之長，火之德也。親帥群臣迎之南郊，所以重其至，示敬也。
迎，迎其氣耳，非有神也。或謂即炎帝祝融，故迎而祭之。注引
《文耀鉤》謂："赤熛怒。"

還反，行賞，封諸侯。慶賜遂行，無不欣説。

南郊迎氣，公卿大夫與焉，而無諸侯，及還反行賞，則有諸侯
之封焉。上有慶賜，固人情之所欣説。然滿堂飲酒，一夫鄉隅而
泣，亦足以爲慶賜之累，故無不欣説則善也。

乃命樂師，習合禮樂。

季春大合樂，天子帥群臣親往視之。至是又習合焉，不特樂
也，禮亦在其中，故曰習合禮樂，不可一日廢。故以時習合之，非

有所爲也。

命大尉贊桀俊，遂賢良，舉長大。行爵出禄，必當其位。

夏曰長，此助長氣也。大尉，古司馬之官，以辨論官材爲職。桀俊以才，言必贊之，懼其或堙晦也；賢良以德，言必遂之，懼其有沮滯也。長謂日加益者，大謂由小學而造大學者，從而舉之。爵以馭貴，禄以馭富，無不各當其位。言於孟夏，皆所以助長氣也。

是月也，繼長增高，毋有壞墮。毋起土功，毋發大衆，毋伐大樹。

當夏之時，物無不長也，無不高也。勿使有壞，是繼也；勿使有墮，是增也。土功一起，築城鑿池，能無壞墮乎？大衆一發，車徒征行，能無壞墮乎？若伐大樹，則壞墮又甚矣。此所當戒也。

是月也，天子始絺。

絺以却暑，暑而絺，猶寒而裘也。此天下之常，惟天子所服，則尤以順時爲重也。

命野虞出行田原，爲天子勞農勸民，毋或失時。命司徒循行縣鄙，命農勉作，毋休於都。

野虞位卑，故命之出行田原。曰爲天子者，見上之人留意於農。野虞之行，如天子親勸勞然。司徒位尊，故命之循行縣鄙，令農勉作以趨時。都者，國都也，人情所樂居。令其在田而不在都也。

是月也，驅獸，毋害五穀，毋大田獵。

夏曰苗，以其爲苗除害也。五穀正長，而獸或害之，何以有秋？蜡迎虎而祭，以其能食田豕，則養穀以驅獸，重其所當重。然終不敢大爲田獵，以傷蕃廡之氣也。

農乃登麥,天子乃以彘嘗麥,先薦寢廟。

季春爲麥祈實,至是始熟,農遂登而獻之。麥,火穀;彘,水畜。嘗麥以水勝火,不使熱之過也。寢廟,祖廟也,祖廟必有寢。《月令》凡天子嘗新,必先薦寢廟,一食不敢忘親也。

是月也,聚畜百藥。

《周禮》:"醫師掌聚毒藥。"注:"聚畜百藥。"蕃廡之時,毒氣盛也。藥之可採者,不必皆在孟夏,以其蕃廡之時,所可采者爲多。

靡草死,麥秋至。

《詩·小雅》:"無草不死,無木不萎。"注:"盛夏養萬物之時,草木枝葉猶有萎槁者。"此正靡草之類,非專一物。俗諺有"夏枯草"。麥之言秋,蓋萬物成熟爲秋,麥至是熟,故曰麥秋。上已登麥矣,今復言麥秋至者,蓋登麥,農以新爲獻耳,如今農夫獻新。論麥秋,則今始至也。

斷薄刑,決小罪,出輕繫。

刑以秋冬,今當夏時,所斷者薄刑,所決者小罪。輕繫,如漢時獄,逾冬免死。若輕者,令皆出之。

蠶事畢,后妃獻繭。乃收繭稅,以桑爲均,貴賤長幼如一,以給郊廟之服。

《周禮·內宰》:"后妃率內外命婦,始蠶於北郊,以爲祭服。"則蠶於蠶室者,內外命婦也。后妃因內外蠶事之畢,以其繭獻於天子。當季春蠶事之興也,天子薦鞠衣以求福。今蠶既畢,后獻繭於天子,以告功成,禮也。注謂后妃受內命婦之獻,非也。繭稅,謂收所養之繭稅,此與帝藉之收不同。帝藉之收,盡收之也,此曰乃收繭稅,既曰稅,則惟稅之而已,不盡收也。帝藉供粢盛,所用廣。若給郊廟之服，服不必常易新也。以桑爲均其多寡，則隨桑之多寡。貴賤長幼如一，什一則皆什一，什二則皆什二也。此一節不可從注疏之説。

是月也，天子飲酎，用禮樂。

疏引《詩》“爲此春酒”，至此始成，與漢“嘗酎”異。觀注疏之言，則此飲酎非在廟也。嘗酎之意，載於《左傳·襄公二十二年》“見於嘗酎與執燔焉。”則酎在廟也。至漢則高廟酎、惠帝廟酎，酎禮行於宗廟。若《月令》所言，則無在廟之禮。《月令》凡先薦寢廟，皆天産之物，麥、稻、鮪、含桃，如飲酎直曰“天子飲酎用禮樂”，用禮樂則飲酎之禮在當時爲最盛，此疏所以言與漢嘗酎異也。

孟夏行秋令，則苦雨數來，五穀不滋，四鄙入保。行冬令，則草木蚤枯，後乃大水，敗其城郭。行春令，則蝗蟲爲灾，暴風來格，秀草不實。

行秋令，則孟夏之時似秋。秋雨傷稼，謂之苦雨。此雨數來，穀何以養？鄙界上邑小城曰保，入保，慮饑也。行冬令，則孟夏之時似冬，草木未寒而枯。冬德屬水，水尤爲盛，故大水敗城郭也。行春令，則孟夏之時似春，蝗蟲以溫氣而生，夏宜熱而溫，故蝗生也。暴風，卒然之風，春多有之。夏行春令，故有此風。草當春則生，今非時，故秀而不實也。

月令解卷五

宋　張慮　撰

仲夏之月，

仲夏者，斗建午之辰。《漢志》云“咢布於午”，則午，咢也。夏正爲五月。

日在東井，

五月之中，《三統曆》云：“日在井三十一度。”《元嘉曆》云：“日在東井十八度。”日與斗建常相合，午與未合，故五月斗建午，則日在未，井星屬未也。井八星。

昏亢中，旦危中。

亢四星，東方之宿；危三星，北方之宿。時日長夜短，昏旦不相望也。

其日丙丁，其帝炎帝，其神祝融。其蟲羽。其音徵。律中蕤賓。其數七。其味苦，其臭焦。其祀竈，祭先肺。

蕤賓者，月建午之律也。仲夏氣至，則蕤賓之律應。《周語》云：“蕤賓，所以安靖神人，獻酬交酢。”《漢志》云：“蕤，繼也；賓，導也。”言陽始導陰氣，使繼養物也。

小暑至，螳蜋生。鵙始鳴，反舌無聲。

小暑爲六月節。今月建午，而言小暑至者，《詩》言“七月流火”，火流則暑退，暑退於孟秋，則極盛於季夏，當五月。小暑爲

六月節者，此見暑至之漸也。蟷蜋，《方言》云：“譚，魯以南謂之
蟷蠰，三河之域謂之蟷蜋，燕趙之際謂之食厖，齊杞以東謂之
馬穀。”

天子居明堂大廟，乘朱路，駕赤駵，載赤旂，衣朱衣，服赤玉，
食菽與鷄，其器高以粗。

此當午上，五月位也。

養壯佼。是月也，命樂師修鞀、鞞、鼓，均琴、瑟、管、簫，執
干、戚、戈、羽，調竽、笙、箎、簧，飭鐘、磬、柷、敔。命有司爲民祈，
祀山川百源，大雩帝，用盛樂。乃命百縣雩祀百辟卿士有益於民
者，以祈穀實。

先命有司祈祀者，於是始講雩禮，曰“大雩”，則雩，帝也。用
盛禮，則祀之也。不特天子舉是禮於上，又以命百縣百辟卿士有
益於民，如句龍、后稷等。《月令》言縣，即天子之縣内諸侯也。
夫雩，將以求雨也。今乃以祈穀實，蓋祈雨正爲穀也。以祈穀
實，猶爲麥祈實，無非爲民也。

農乃登黍。是月也，天子乃以雛嘗黍，羞以含桃，先薦寢廟。

《月令》書登麥登稻之後，天子必以牲嘗之，而薦寢廟。惟此
月書登黍，則獨以異文。登者，謂農以新獻於上，非正熟時。《説
文》謂黍以暑得名，今小暑至，農遂登黍。方愨謂非秬黍，特其種
類之早者。雛鳥之始生，以始生之鳥嘗新登之黍，亦相宜也。至
於薦之寢廟，又不直致，而羞以含桃焉。含桃，注謂櫻桃。漢叔
孫通語惠帝取櫻桃獻宗廟，諸果獻由此興。通不過謂時新之物，
當先薦宗廟耳，未必識《月令》所書之意。觀《家語》載魯哀公賜
孔子桃與黍，孔子以桃雪黍。古人以桃雪黍，自有深意。案，《家
語》乃云孔子先食黍而後食桃。公曰黍者所以雪桃，非爲食之也，其事於含桃絶不相

涉。孔子獨知《月令》,於薦黍之時加以含桃。方愨云,含桃實雖小而類桃,故亦謂之桃。不然《月令》薦新非一事,何獨此加以含桃邪?案,解內亦以《月令》爲吕不韋書,不得云孔子獨知《月令》矣。其下所云殊無意義,應有脱誤。

令民毋艾藍以染,毋燒灰,毋暴布。

藍以染青,故青出於藍。夏染之爲最美也。聖人恐其取之多,非所以助物長,故戒之。《周禮》"染人"注:凡染,當及盛暑熱潤。則是月用藍以染,正得其宜。既戒人無艾藍矣,又令毋燒灰、暴布,此二事亦爲染發也。《考工記》:"帨氏涷帛,以欄爲灰。"言以欄木之灰漸釋其帛,則灰爲染之用矣。布爲人之服,去地尺曰暴。案,"尺"字原書作"天",今改正,據《考工記》云:"去地尺暴之。"非"去地尺曰暴"也。語亦舛誤。晝暴諸日,則布亦必暴矣。燒灰暴布,則耗傷陽氣,不欲張而用之也。

門閭毋閉,關市毋索。挺重囚,益其食。

門閭毋閉,欲陽氣之宣也。《周禮》設司關司市之職,非欲罔民之利也。上之人不窮民隱,則貨賄倍出矣。重囚與輕繫不同。輕繫可出,重囚則寬益其食,恐以瘐死,傷助長氣也。

遊牝別群,則執騰駒。案,陸德明《經典釋文》云"執"如字,蔡本作"繫"。**班馬政。**

季春遊牝於牧,至是則別群,春合累牛騰馬,至是則執騰駒,皆防物之性,恐其傷生也。馬政莫重於《周禮》。大司馬"掌邦政",夫掌天下之政而以司馬名,則其重可知。至於趣馬、巫馬之簡治,校人、廋人之乘卓,圉師、牧師之牧養,無非政也。班即頒也。《左傳》有班馬之聲,與此班之義不同。

是月也,日長至,陰陽争,死生分。君子齊戒,處必掩身,毋

躁，止聲色，毋或進，薄滋味，毋致和，節耆欲，定心氣。百官静，事毋刑，以定晏陰之所成。

　　此章與仲冬對文。夏日長至，冬日短至，至之言極也。陰陽爭者，夏則陰方來而與陽遇，冬則陽方來而與陰遇，未各止其所，故爭也。天地造化，陰陽消長，著於《易》者，何嘗有爭？此亦以人所料度言之耳。夏言死生分，冬曰諸生蕩，惟言生而不言死，蓋自生而死，如草木昆蟲之類，有生於春夏而死於秋冬者，顯然可見，故言死生分。自死而生，則起於萌蘖之微，初無可見之跡，故言諸生蕩。然此則論時令而然，若君子所以治身，則冬夏若異而實同，蓋人之一身，嘗欲至誠滌慮，退藏於密，此道固無分於冬夏。夏則戒以毋躁，與冬之欲寧異者。暑爲躁，寒爲寧。聲色，人所欲，止之毋使之進；滋味，人所欲，薄之毋使致和。耆欲則節之，心氣則欲定。凡爾百官，雖曰趨事，又貴静。事毋刑，則不尚殺戮。凡此以微陰方生而未定，故定之者，君子也。君子定其所成。

　　鹿角解，蟬始鳴。半夏生，木堇榮。

　　又記時候也。重紀時候者，先紀時候以明應節，後言時候以應分至。所應不同，故重紀之也。麋鹿之生，皆能解角，猶蛟龍之蜕骨也，而其時則不同。鹿，山獸，所謂“鹿走山林”是也；麋，澤獸，所謂“澤中之麋”是也。山高而澤卑，鹿受高燥之氣多，必資陰氣；麋受卑濕之氣多，必資陽氣。所以鹿感陰而解角，麋感陽而解角。解言生新而解舊也。蟬以仲夏鳴，若寒蟬則以孟秋鳴，蟬與寒蟬異種也。半夏生，仲夏居夏之半，而是藥生於此時，故因以爲名。木堇朝榮而暮隕。

　　是月也，毋用火南方。可以居高明，可以遠眺望，可以升山

陵，可以處臺榭。

此四語當反觀之。其曰可以者，則惟仲夏爲宜也。蓋高明可居也，或以生疾，所以仲夏爲宜；眺望可遠也，或困目力，所以仲夏爲宜；山陵可升也，或有嵐瘴，所以仲夏爲宜；臺榭可處也，或有高寒，所以仲夏爲宜。

仲夏行冬令，則雹凍傷穀，道路不通，暴兵來至。行春令，則五穀晚孰，百螣時起，其國乃饑。行秋令，則草木零落，果實蚤成，民殃於疫。

行冬令，則仲夏之時似冬。冬有雹凍，今其時似冬，則有傷穀之害。道路不通，夏而寒故也。行春令，則仲夏之時似春。夏去春未遠，一氣之差，則穀遂晚熟。螣蝗之屬，言百者，明衆類並爲害。蝗起傷穀，宜其饑也。行秋令，則仲夏之時似秋，此是寒早也，草木於夏而零落，果實於夏而早成，氣序不調，民宜疫也。

月令解卷六

宋　張　慮　撰

季夏之月，

季夏者，斗建未之辰也。《漢志》云："昧薆於未。"則未，昧也。夏正爲六月。

日在柳，

六月之中，《三統曆》云："日在張三度。"《元嘉曆》云："日在柳十二度。"日與斗建常相合，未與午合，故六月斗建未，則日在午。柳星屬午也。柳八星。

昏火中，旦奎中。

火，心星也。火三星，東方之宿；奎十六星，西方之宿。火與奎正相望也。

其日丙丁，其帝炎帝，其神祝融。其蟲羽。其音徵。律中林鍾。其數七。其味苦，其臭焦。其祀竈，祭先肺。

林鍾者，月建未之律也。季夏氣至，則林鍾之律應。《周語》云："林鍾和展百事，俾莫不任肅純恪。"《漢志》云："林，君也。言陰氣受任，助蕤賓君主種物，使長大楙盛也。"

温風始至，蟋蟀居壁。鷹乃學習，腐草爲螢。

皆記時候也。孟春言東風，孟秋言涼風，此風應時也。而夏之温風乃言於夏末者，蓋温風至則陽氣極也。蟋蟀以羽翼未成而居壁。鷹學習,學搏擊也。腐草爲螢,木之腐也蟲生,草之腐也爲飛螢。

天子居明堂右个,乘朱路,駕赤騮,載赤旂,衣朱衣,服赤玉,食菽與鷄,其器高以粗。

此當未上,六月位也。

命漁師伐蛟、取鼉、登龜、取黿。

四者甲類,秋乃堅成。皆水族也,故以命漁師。必於季夏者,欲以盛暑之氣燥其皮甲,利其耐久故也。

命澤人納材葦。

葦,荻之小者,生於大澤,故令澤人納之。欲其柔韌可用,故納於季夏之時。織以爲薄,必擇其材者。

是月也,命四監大合百縣之秩芻,以養犧牲,令民無不咸出其力,以共皇天上帝、名山大川、四方之神,以祠宗廟社稷之靈,以爲民祈福。是月也,命婦官染采,黼黻文章,必以法故,無或差貸。黑黃倉赤,莫不質良,毋敢詐僞,以給郊廟祭祀之服,以爲旗章,以別貴賤等給之度。

《周禮》婦官有典婦功、典枲染人等,此既染采,則獨指染人也。黼黻文章則見於冕服者,其事爲重,不可以無法。不可以無故法者,古人所創。故者,古人所用,一或差貸,則爲不衷之服。黑黃倉赤,泛言五采,又非冕服比矣。必欲其質,必欲其良,質取其實,良取其善。一有詐僞,則邪慝之物也。郊廟祭祀之服,蓋總言之,且不特用之於服也。以爲旗章,則貴賤以分,等給有度,皆從此以定婦官之職,可不謹哉!

是月也,樹木方盛,乃命虞人入山行木,毋有斬伐。不可以興土功,不可以合諸侯,不可以起兵動衆。毋舉大事,以搖養氣,

毋發令而待，以妨神農之事也。水潦盛昌，神農將持功，舉大事則有天殃。

木生於春，長於夏，至夏末垂則盛矣。虞蓋山虞也。行木，循而行之也。毋有斬伐，慮傷方盛之材也。興土功，合諸侯，起兵動衆，此皆大事也。不可興而興，不可合而合，不可起不可動而起之動之，皆所以搖養氣也。養氣，萬物作於春，而氣主生長於夏，而氣主養，故謂之養氣。土將用事，氣欲靜也，不可搖之。發令，謂將有征役也。發之過早，而使民蹻足而待，其不妨民事乎？神農之事，即指民事也。土神稱神農，若先嗇之類。此季夏也，而言土，知土用事也。水潦盛昌，土至此潤溽而易雨。持功，猶言用事也。水潦盛昌，神農將用事，而人乃舉大事以妨之，違盛逆天，而天灾適當之矣。

是月也，土潤溽暑，大雨時行，燒薙行水，利以殺草，如以熱湯，可以糞田疇，可以美土疆。

注：潤溽，謂塗溼也。潤溽乃雨之證，故大雨時行，曰時行，則非常有，所謂涷雨者。田家因之，或燒或薙，謂治草也，所以行水。是水既行，則草無不死，如彼熱湯，復以所除之草糞其田疇，美其土疆。"疆"即《周禮》疆蓻也。

季夏行春令，則穀實鮮落，國多風欬，民乃遷徙。行秋令，則丘隰水潦，禾稼不孰，乃多女災。行冬令，則風寒不時，鷹隼蚤鷙，四鄙入保。

行春令，則季夏之時似春。當春之時，萬物初榮，至夏季，穀垂成矣。今行春令，氣不足以成之，所以鮮落，非衰而落也。風欬，肺受春風而欬。民之遷徙亦以春主發散，人情亦然。行秋令，則季夏之時似秋，水潦以金生水故也。稼不孰，以水爲害也。

行冬令，則季夏之時似冬，因風而寒，故曰風寒。冬時如此，鷹隼未陰而先擊，注謂得疾厲之氣。孟夏行秋令，季夏行冬令，皆四鄙入保，皆有所畏而然。

中央土，

四時五行固是天地所生，而四時是氣，五行是物。氣輕虛，所以麗天，物質凝，所以屬地。四時係天，年有三百六十日，則春夏秋冬各分居九十日。五行以配四時，布於三百六十日間。以木配春，以火配夏，以金配秋，以水配冬，以土則每時寄王十八日也，故九十日之間，戊己之日各有九也。雖每分寄而位本未宜處於季夏之末，火金之間，故在此陳之也。周人兆黃帝於南郊，迎土氣於季夏，亦以是爾。曆於立秋以前言土王用事，即其時也。橫渠張載云：以易言之，八卦之位，坤在西南致養之地，當離兌之間。離爲夏爲火，兌爲秋爲金，則坤爲土，在中央宜也。又木生火，火生土，土生金，金生水，則土自當在火金之間也。

其日戊己，

戊己屬中央，注："戊之言茂也，己之言起也。"萬物皆枝葉茂盛，其含秀者抑屈而起，因以爲日名。

其帝黃帝，其神后土。

據經，惟曰："其帝其神。"初不言祀正。《魏相傳》言："中央之神黃帝，乘坤艮，執繩，司下土也。"黃者，中之色也，五行獨土。神稱后者，后，君也，位居中，統領四行，故稱君也。

其蟲倮。

"倮"亦謂之蟲。注：象物露見，不隱藏。虎豹之屬恒淺毛。

其音宮。

疏謂：宮，中也。居中央，暢四方，唱始施生，爲四聲綱也。

律中黄鍾之宫。

春夏秋冬各有律以候氣。季夏十八日，土之氣至，則黄鍾之律應，黄鍾全律，其應在十一月。若季夏土氣至，則黄鍾之宫聲應耳。黄鍾五聲，與其最尊，一聲應中者，氣與律聲相當也。疏謂：“土寄王四季，無候氣之管，取黄鍾宫聲以應土耳。”非也。管即律也，無管何以言律中耶？

其數五。

五者，土之正數。

其味甘，其臭香。

甘者，味之本也。香者，臭之本也。

其祀中霤，祭先心。

中霤，一室之主，居中而奠四隅。《郊特牲》云：家主中霤而國主社。故中央祀中霤。祭用牲之藏，當以人六脈之次第求之，自右手起，以命脈爲主，於是爲脾、爲肺，乃入左手爲心，故中央先心也。

天子居大廟大室，乘大路，駕黄駵，載黄旂，衣黄衣，服黄玉，食稷與牛，其器圜以閎。

大廟位左右个之中，大室又爲大廟之中，故中央土居之。疏云：“周之明堂，以夏世室推之，大室在中央，大於四角之室。”觀疏意，則大室在夏明堂之内。案，四正之堂稱大廟，以其共一大室，故曰大廟、大室。明大室居四正之堂中央耳。疏内未嘗專主夏明堂言，此語非也。大路獨尊於四路，不以色稱也。殷路之制而飾之以黄，所駕者黄駵，所載者黄旂，所衣者黄衣，黄衣爲後世人主常服。稷，土穀，五穀之長。牛，土畜，形最大，位居中央，食當方之穀，畜亦異於他時也。器圜者象土，周帀於四時，閎者取其高廣。案，“殷路之制”以下七十有八字原本誤在仲秋之末，今移於此。

月令解卷七

宋　張慮　撰

孟秋之月，

孟秋者，斗建申之辰也。《漢志》云："申堅於申。"則申，堅
也。夏正爲七月。

日在翼，

七月之中，《三統曆》云："日在翼十五度。"《元嘉曆》云："日
在翼十度。"日與斗建常相合，申與巳合，故七月斗建申，則日在
巳，翼猶在巳也。翼二十二星。

昏建星中，旦畢中。

建非二十八宿，由建星在斗上。斗二十六度，其度既寬，不
知何日的至斗之中，故舉星也。畢八星，建與畢相望也。

其日庚辛，

庚辛屬秋。注："庚之言更也，辛之言新也。萬物皆肅然改
更，秀實新成，因以爲日名。"

其帝少皞，其神蓐收。

據經，惟言其帝其神，初不言祀正。《魏相傳》言西方之神少
皞，乘兌，執矩，司秋也。元氣廣大謂之皞，春爲大皞，秋爲少皞。
蓐收者，秋時物摧辱而收斂。

其蟲毛。

毛亦謂之蟲。所謂毛蟲三百六十,麟爲之長。注:象物應涼氣而備寒,狐貉之屬,生胹毛也。

其音商。

疏謂秋時調和,樂以商爲主。商之爲言章也,物成熟可章度也。

律中夷則。

夷則者,月建申之律也。孟秋氣至,則夷則之律應。《周語》云:"夷則,所以詠歌九則,平民無貳。"《漢志》云:"則,法也,言陽氣正法度,而使陰氣夷當傷之物也。"

其數九。

金數四,得土五數,故爲成數九。

其味辛,其臭腥。

金曰從革,而從革作辛。凡辛腥者皆屬金。

其祀門,祭先肝。

春祀户,秋祀門。奇曰户,偶曰門。户祀其出,塞向墐户,至春而出也。門祀其入,寶藏告成,至秋而入藏也,故祀其神。祭用牲之藏,當以人六脈之次第求之。自右手起,以命脈爲主,於是爲脾、爲肺,乃入左手爲心、爲肝,故秋先肝也。

涼風至,白露降,寒蟬鳴。鷹乃祭鳥,始用行戮。

此記七月時候也。涼未至於寒,故秋爲涼風。若北風,其涼則寒矣。露四時皆有之,惟白露則氣肅,白露爲霜是也。蟬至秋則無聲,非寒蟬,何以能鳴?秋鷹祭鳥,與獺祭魚、豺祭獸小異,雖均是示有先之意,惟鷹祭時鳥猶生也,祭後始殺之,故云始用行戮。今鷹夜擒小鳥以溫爪,曉則縱之,則鷹誠有不直殺之理。

天子居總章左个,乘戎路,駕白駱,載白旂,衣白衣,服白玉,

秋曰白藏。不言白而言章，赤白爲章，則白在章之中矣。四時惟秋繼夏爲尅我者，尅我成章，則曰赤曰白不相離，故以總章名秋所居。此當申上七月之位也。秋所乘路色宜尚白，今曰戎路者，蓋以兵車言之，如《詩》之"元戎""小戎"也。《詩》之兵車有飾，而此秋所乘路爲戎路。疏謂如周革路而飾之以白。周革路鞔之以革而漆之，無他飾。白駱，白馬，黑鬣曰駱。白旂，旂色尚白也。載，謂建之於車。《周禮》：交龍爲旂。旂必有鈴。白衣，衣色尚白也。白玉，玉色尚白。《相玉經》云："白如截肪。"

食麻與犬，其器廉以深。

麻，木穀也。金王之時食麻，恐其或過，取物之泄我者以殺之。犬，金畜也。金王之時食犬，恐其或悖，取物之同類者以和之。秋主刻，制器廉以深。廉，稜也，以對春觀，疏則圓廣，廉則方嚴矣，達則顯，深則隱。

是月也，以立秋。先立秋三日，大史謁之天子曰："某日立秋，盛德在金。"天子乃齋。立秋之日，天子親帥三公九卿、諸侯、大夫以迎秋於西郊。

立秋爲七月節。迎秋於西郊者，人君後天而奉天時。當其氣至，則出郊以迎，所以導之也。秋之盛德在金，金屬秋也。凡見於萬物之斂，金之德也。親帥群臣迎之於西郊，所以重其至，示敬也。迎，迎其氣耳，非有神也。或謂即少皥蓐收，故迎而祭之。注引《文耀鉤》謂："白招拒。"

還反，賞軍帥、武人於朝。

夫與公卿、大夫、諸侯迎春，既反則賞公卿、大夫、諸侯於朝。與公卿、大夫迎秋，既反則移其賞公卿、大夫、諸侯者，以賞軍帥、武人，雖各因其類，亦見古人不專於文德，以奪武功也。

天子乃命將帥,選士厲兵,簡練桀俊,專任有功,以征不義,詰誅暴慢,以明好惡,順彼遠方。

迎秋之後,先命將帥。士必選,欲其精也;兵必厲,欲其銳也。人有桀俊之才,必簡練之,以發其才。有功之人,蓋見之已試者,以征不義,收功必易。人謂使功不如使過,非也。詰,問其罪也;誅,責其罪也。人人知暴慢者有罪,則知上之好惡矣。故遠方無不順服。

是月也,命有司修法制,繕囹圄,具桎梏,禁止姦,慎罪邪,務搏執。命理瞻傷,察創,視折。審斷,決獄訟,必端平,戮有罪,嚴斷刑。天地始肅,不可以贏。

迎秋之後,又命有司,欲其修明法制。仲春省囹圄,去桎梏,至秋則繕囹圄,具桎梏,非有異也。春主生,秋主殺。秋既主殺,則姦邪可藉此搏執也。若命理則又精矣。傷欲其瞻,創欲其察,折欲其視。斷決囚欲如片言折獄,然不可以不審。曰獄曰訟,以端平爲尚。端之爲言正也,端則無偏無詖,若輕重其心,則非端矣;平則無反無側,若上下其手,則非平矣。有罪之人,於是可戮。嚴爲斷刑,順天地肅殺之氣也。贏,有餘也,秋之爲言揫也,揫,斂也,肅則揫斂,非有餘矣,皆順天也。此章反覆用刑之道,謂秋主肅殺,天之道,不可以不順。然天之道好生,聖人之道將以教民,非以虐民,又未嘗不寓其惻隱之仁也。端之爲義何如?門曰端門,正其居也。月曰端月,正其始也。爲治不在多言,在循乎正而已。所由必正道,適堯舜文武爲正道也;所用必正人,選侍御僕從亦正人也。則端之義廣矣。平之爲義何如?《書》言“迂衡”,平如衡也。《詩》言“如砥”,平如砥也。治致太平,豈有他術?此心之平,則溥博無私,斯民無不被其澤,一視同仁,天下皆在我覆幬之中,則平之義廣矣。

是月也,農乃登穀。天子嘗新,先薦寢廟。

元日祈穀雩。祈穀,務農重穀也。穀之種類多,曰五穀,曰九穀。凡人資以養者皆穀也。若仲秋所登之穀,天子以新而嘗,則嘉種之尤嘉者,可爲百穀之長,故惟以穀名之。登麥、登黍,時之所嘗皆新也。而惟於穀獨言新者,以此種熟時始可言新。穀之升也,以彘嘗麥,以鷄嘗黍,凡所嘗,皆有配也。而嘗穀無之者,見穀之爲寶,非他物所能配也。至於寢廟之薦,其事亦異。魚如鮪必薦,果如含桃必薦,意非不誠也。嘗穀、嘗黍無不先薦,禮非不嚴。至於嘗新而薦,則事歿如事生,事亡如事存,一飲食不敢先嘗,此天子之孝也,亦天下人心所同也。

命百官始收斂,完隄防,謹壅塞,以備水潦。修宮室,坏垣墙,補城郭。

經言收斂,非止爲時物也。向之疏達者,今廉以深矣;向之開通者,今修以補矣。事事物物,皆以應摰斂之義。曰隄防、曰壅塞,或全或謹,此爲水潦之備而已。若宮室則當修,垣墙則當坏,城郭則當補,此又治國之常經,不可緩者。治國猶治家也,藩籬衰敗,則盜得以生心,棟宇傾敧,則人得以肆侮。國體所繫,非止於禦灾捍患而已也。

是月也,毋以封諸侯、立大官,毋以割地、行大使、出大幣。

此節若與《祭統》言於"嘗出田邑,發秋政"不合,然亦不悖也。封諸侯,謂始建國封之者。割地,謂有功而加地者。諸侯始封,則當立卿、立大夫,皆大官也。割地,則當遣使賜幣。此大使、大幣,蓋其鋪張揚厲,以表時之盛顯,設藩飾以爲國之光,殊失收斂之意,所以戒之,勿使爲也。

　　孟秋行冬令,則陰氣大勝,介蟲敗穀,戎兵乃來。行春令,則其國乃旱,陽氣復還,五穀無實。行夏令,則國多火災,寒熱不節,民多瘧疾。

　　行冬令,則孟秋之時似冬。當陰生之時,而重陰固勝矣。穀熟有年,而介蟲敗之,爲災非小。戎兵之來,亦陰類也。行春令,則孟秋之時似春。其國乃旱,秋無苦雨可也,旱則不可也。秋而苦旱,是陽已往而復還,陽氣復還,宜萬物之所喜,而反不能成實,則出之非時,非徒無益已。行夏令,則孟秋之時似夏,陽愈盛矣。陽盛則爲火。《周禮》"秋時有瘧寒疾",矧又行夏令乎?

月令解卷八

宋　張慮　撰

仲秋之月，

仲秋者，斗建酉之辰也。《漢志》云：“留孰於酉。”則酉，留也。夏正爲八月。

日在角，

八月之中，《三統曆》云：“日在角十度。”《元嘉曆》云：“日在軫十五度。”日與斗建常相合，酉與辰合，故八月斗建酉，則日在辰，角屬辰也。角二星。

昏牽牛中，旦觜觿中。

牽牛六星，北方之初宿；觜觿三星，西方之末宿。牛與觜亦相望也。

其日庚辛，其帝少皞，其神蓐收。其蟲毛。其音商。律中南呂。其數九。其味辛，其臭腥。其祀門，祭先肝。

南呂者，斗建酉之律也。仲秋氣至，則南呂之律應。《周語》云：南呂者，贊陽秀物。案，《國語》無“物”字，此張氏增成其義。《漢志》云：“南，任也，言陰氣旅助夷則任成萬物也。”

盲風至，鴻雁來。玄鳥歸，群鳥養羞。

此記八月時候也。疾風來至，秋寖深矣。《月令》以草木蟲鳥紀時候，惟雁則三時有之，春也，秋也，冬也。以雁之知時，尤爲可驗。孟春言鴻雁來，仲秋言鴻雁來，雁之隨陽，初無常所，南北皆其居也。孟春之來，自南來也；仲秋之來，自北來也。玄鳥，燕也，與雁不同。春至而秋歸，歸其所也。群鳥養羞，羞謂所食也。養而蓄之，以備冬藏，以是知先時而備。物猶能之，人靈於物，可不知有先具邪？

天子居總章大廟，乘戎路，駕白駱，載白旂，衣白衣，服白玉，食麻與犬，其器廉以深。

此當酉上，八月位也。

是月也，養衰老，授几杖，行糜粥飲食。

養老之禮，古之盛禮也。若指衰老之人，則其禮不同矣。然授以几杖，與致仕之人相似，待之亦不薄。至於行糜粥飲食，毋乃視如饑餓者乎？蓋飲食所以養其氣，而爲之糜粥焉，惟恐有以傷之。此其憫老之篤，殆與祝哽、祝噎之意類，未可輕視也。

乃命司服，具飭衣裳，文繡有恒，制有小大，度有短長，案，今本訛作“長短”，據宋本改正。**衣服有量，必循其故，冠帶有常。**

人知九月授衣，故先期有司服之命，不知古人深意自有在也。夫衣服爲身之章，亦爲身之檢也。筋骸之束，肌膚之會，所以收斂者，衣服也。當摰斂之時，具飭衣裳，豈徒然哉？正以合摰斂之義。衣裳則盛服也，衣服則泛指也。上衣下裳，此盛服也。文繡以爲美，宜常而不宜異。制之小大，度之短長，一毫不容差也。若衣服，則泛指矣。量猶數也，過數則侈，非其故矣。人情莫不喜新而厭故，不循其故，則有奇衺不衷之患。冠帶尤身之所重者，亦有常而不變，故曰衣服不貳，從容有常，此詩人所以思故也。

乃命有司，申嚴百刑，斬殺必當，毋或枉橈。枉橈不當，反受其殃。

古人之於刑，謹之重之。孟秋既命嚴斷刑矣，至此又從而申嚴之。刑章有五，而曰百刑，舉罪以言也。傷膚毀髮，古人尚不忍，若斷者不可復續，死者不可復生，則斬殺之辟，可枉橈而不當乎？此章不特戒之而已，直以反受其殃警之，非設爲之辭也。觀《呂刑》一篇，反覆用刑之道，直謂苗民殺戮無辜，上帝降咎，乃絕厥世，則反受其殃，信不誣也。夫人臣任用刑之責，以枉橈而被殃，固其所自取，有不足念者。惟國家以若人而掌刑，一夫茹苦，三年大旱，一婦銜冤，六月隕霜，怨恨所鍾，乖氣成象，至於促國之脈，銷國之福，殃在若人之身，而毒流四海之大，則掌刑之責，其可輕付？可不畏哉，可不謹哉？

是月也，乃命宰祝循行。犧牲，視全具；案芻豢，瞻肥瘠；察物色，必比類；量小大，案，今本訛作"大小"，據宋本改正。**視長短，皆中度。五者備當，上帝其饗。**

季夏養犧牲，蓋授充人，而芻人至此命宰祝，又循行之，以物至此形成而不變也。視其全具，知所以養之者皆可用；案其芻豢，知所以食之者皆已至，然後求之五者。五者之分，當依疏説，蓋欲求之於牲也。瞻肥瘠，瞻肥腯與否也；察物色，察騂黝之別也；必比類，已行故事曰比，品物相隨曰類，五方異其色，是比也，大暤配東，亦用青，其類也；量小大，大謂牛、羊、豕成牲者，小謂羔、豚之屬；視長短者，天地之牛角繭栗，宗廟之牛角握之屬也。惟一一皆中度，斯謂備當。一有不合，非備當也。古者聖王奉其祭祀，敬之至則無一事不敬，故不憚其委曲；誠之極則無一物不誠，故不嫌其反覆。施之於神，神其有不饗乎？後世視肹蠁爲茫昧，付幽深於不可測，鹵莽之患生而怠慢之念起，宜乎神之不格也。

天子乃難，以達秋氣。

聖人有以順陰陽之氣，深慮夫邪之得以干正。天地之間有不正之氣。注：陰慝，不當言陰，謂之邪慝可也。案，鄭注無"陰慝"二字，即他處解釋"難"者亦無之，不知何以云然。難之法固所以逐不正也。季春之難，所以畢春氣。春氣發生，有不正者干之，則發生之功不遂，於是乎難。曰畢者，令春氣得以成功也，故在季春。仲秋之難，所以達秋氣。時當仲秋，正萬寶告成之時，有不正者干之，則氣必抑塞，於是乎難。曰達者，令秋氣得以行也，故在仲秋。夏則不難，當夏之時，陽氣極盛，邪氣自銷，不待乎難。至冬則又大難矣。難則磔牲。唯秋則不磔，蓋達秋氣，則有輔相裁成之意，惟天子能之，亦不假有所磔也。

以犬嘗麻，先薦寢廟。

以犬嘗麻，以金勝木也。《月令》凡言"嘗"，取義亦不同。或勝之，或生之，或合之。先薦寢廟，麻始熟也。

是月也，可以築城郭，建都邑，穿竇窖，修囷倉。

孟秋嘗補城郭，至是則築之。城郭所以衛民，王公設險以守其國，此其所設也。孟秋，民未可役，有破壞，姑補之，是月則可築矣。城郭築則都邑建矣。竇窖所以藏粟，穿謂鑿土，爲之修則理其舊也。爲國有常經，不可一朝廢。凡此皆斂藏之事，順而行之宜矣。

乃命有司，趣民收斂。務畜菜，多積聚。乃勸種麥，毋或失時。其有失時，行罪無疑。

孟秋嘗命百官收斂矣，至是令有司以之趣民。古者視國如家，視民如子，惟恐不得其所也。菜不熟曰饉，《詩》："我有旨蓄，亦以御冬。"多積聚，則不特菜而已。既戒之積其所已有，又勸之殖其所未有。麥者，接乏之穀也，於民尤切。麥備四時之氣，當秋而種，洎夏而熟，一或失時，將無以濟穀之所不及。以失時而得罪，亦猶今惰農有刑也。夫聖人之愛民甚矣，豈肯輕以刑加之？至失時之罪，懲之不少恕，此固所以愛之也。後世民自爲生，上之人反因其有而取之，一或犯禁，小者鞭扑，大者黥隸，與古人用刑之意殊矣。

是月也，日夜分，雷始收聲。蟄蟲坏户，殺氣浸盛，陽氣日衰，水始涸。日夜分，則同度量，平權衡，正鈞石，角斗甬。

又記年候也。日夜分，與仲春同，無長短之差也。仲春雷出地奮，故發聲；仲秋雷已潛藏，故收聲。雷無聲則百蟄皆藏，猶人之坏户也。殺氣，秋之正氣，至是浸盛，猶未爲極。然陰氣浸盛，則陽氣日衰，一日霜降，水涸天地間，肅肅乎嚴矣。至於度量、權衡、鈞石、斗甬，亦以此時而一其制。舜覲群后於四嶽，同律度量衡，此聖人急，先務之也。聖人所以一道德而同風俗，乃自器用始。《漢志》云：「凡律度量衡用銅者，所以同天下，齊風俗也。」未知舜之所造，其亦用銅否乎？然舜講於守朝之日，而《月令》以春秋分者，後世政治又詳於古。《周禮》質人同其度量，壹其淳制，犯禁者有罰，其所以重之則一也。

是月也，易關市，來商旅，納貨賄，以便民事。四方來集，遠鄉皆至，則財不匱。上無乏用，百事乃遂。

仲夏關市無索矣，至秋則萬寶告成，可以究貨賄所從出，爲斯民之便也。關譏而不征，市廛而不税，此爲來商賈之至要。先王之時，此道未嘗不易易也，易則無險阻矣，此固商賈所以願出於王之塗，所以願藏於王之市。貨賄者，商賈之所有也。上之人待之易，則貨賄納於上，納於上則民得所資，其事爲便；其或險阻艱難，則貨賄隱於下，隱於下則民失所資，其事多缺矣。夫四方之集，遠鄉之至，豈有以號召之哉？成周之時，司關、司市，設官分職，無非爲民也。以此理財，財若無由而足，而君有餘財，民有餘力，其道乃出於此。然則財不匱而上無乏用，百事乃遂，蓋自易中得之。後世設關則爲暴於市，則罔市利，豈知易易之義哉？

凡舉大事，毋逆大數，必順其時，慎因其類。

季夏之月，言舉大事；仲秋之月，言舉大事。季夏則戒之，言舉大事之殃；仲秋則教之，言舉大事之道。此道特言於仲秋者，秋令踰半，國之大事可舉也。事雖欲舉，當有順而無逆。天下之事，其成其否，自有數默存乎其間，謂之大數，則尤其不可轉移者，是烏可逆哉？然數不可得而見，能察時者，是知數也。時可爲則數亦可爲。大如湯武之革命，非知數也，能知時也，是謂順天時。既得矣，乃因其類而推之。聖人作事，爲萬世法，豈一一能自料哉？亦不過觸類而通之，故曰以類度類，以道觀盡。

仲秋行春令，則秋雨不降，草木生榮，國乃有恐。行夏令，則其國乃旱，蟄蟲不藏，五穀復生。行冬令，則風災數起，收雷先行，草木蚤死。

行春令，則仲秋之時似春。秋而多雨，禾頭生耳，雨可畏也。然或不降，則無以助陰氣之肅，所以草木榮而不枯。國之有恐，殺氣不行，人有玩心也。行夏令，則仲秋之時似夏，旱則絕無雨矣，甚於不降也。蟲當藏而不藏，穀不當生而復生，皆非正也。行冬令，則仲秋之時似冬。秋而多風，田野間尤畏之。或有數起，其傷必多。雷已收聲，謂之收雷，而先行者，非時而發也。草木未當死而死，如冬時。夫時正仲秋，萬寶告成，萬民之所說也。一失其正，則在天之時，或旱或風，草木將歸根復命，或生或死。所以裁成輔相之道，不可不謹也。

月令解卷九

宋 張處 撰

季秋之月，

季秋者，斗建戌之辰也。《漢志》云："畢入於戌。"則戌，畢也。夏正爲九月。

日在房，

九月之中，《三統曆》云："日在房五度。"《元嘉曆》云："日在氐七度。"日與斗建常相合，戌與卯合，故九月斗建戌，則日在卯，房正屬卯也。房四星。

昏虛中，旦柳中。

虛二星，北方之宿；柳八星，南方之宿。虛與柳正相望也。

其日庚辛，其帝少皞，其神蓐收。其蟲毛。其音商。律中無射。其數九。其味辛，其臭腥。其祀門，祭先肝。

無射者，月建戌之律也。季秋氣至，則無射之律應。《周語》云："無射，所以宣布喆人之令德，示民軌儀。"《漢志》云："射，厭也，言陽氣究物，而使陰氣畢，剝落之終而復始，亡厭已也。"

鴻雁來賓，爵入大水爲蛤。鞠有黃華，豺乃祭獸戮禽。

雁當仲秋自北而來，至是則如賓，言來而得所，如賓之授館也。造物之妙，或變或化，難以理詰。爵入大水爲蛤，既非可以形求，又非可以色求，所可得而言者，當春發生則鷹化爲鳩，鼠化爲鴽,其化者亦不自知其化,此春時也。當秋冬之時,爵之爲蛤,雉之爲蜃,非化也,入大水爲之,此由得水而然也。草木彫零,鞠始茂盛,物皆黃而落,鞠獨黃而華,此其異也。豺之性貪而忍,祭獸,知有先矣。以獸爲未足,又用禽而戮之,凡此用物以紀時也。

天子居總章右个,乘戎路,駕白駱,載白旂,衣白衣,服白玉,食麻與犬,其器廉以深。

此當戌上,九月位也。

是月也,申嚴號令,命百官貴賤無不務內,以會天地之藏,無有宣出。

國之號令,何嘗不嚴?至是又申之,使無懈惰,皆所以順時也。前乎此命,百官始收斂,今則命百官貴賤無不務內,蓋人之品有貴賤,其具天地之性則無貴賤。當天地嚴肅之時,務自收斂,豈惟貴者當然?賤者亦當然。季春言不可以內,至季秋則言無不務內,皆因時也。天地之氣,有發亦有藏,人豈能自異於天地?藏則不復宣出矣。會猶參也。以是而觀,人之一身與天地並立而爲三。頃刻之中,或呼或吸,皆有陰陽;一日之中,或作或息,必順晝夜;則一歲之中,或出或內,豈能離春秋之舒慘乎?

乃命冢宰,農事備收,舉五穀之要,藏帝藉之收於神倉,祇敬必飭。

仲秋趣民收斂,猶未備也,至是始備。收言無一物之不收也。冢宰於此時可以舉五穀之要,要,如宰夫之治要,司會之月,要多寡之總數也。冢宰將以制國用,不舉其要,國用何由而制?然此特舉其要而已。漢文帝問宰相一歲錢穀出入之數幾何,周勃辭以不知,是失舉要之職。陳平辭以有主者,又失舉要之義。唐至以宰相領度支、領鹽鐵,失之益遠矣。帝藉者,藉田所種之穀，以供粢盛也。倉謂神倉，重粢盛之所委，不敢待以常用，曰祇曰敬，而又飭之，無或忽也。古人事神之道，寧過乎恭，毋失之忽。

是月也，霜始降，則百工休。乃命有司曰：“寒氣總至，民力不堪，其皆入室。”

工居四民之中，亦居六職之中，國之器用所資也。霜降則休，注謂寒而膠漆之作不復堅好，此未盡古人之意。蓋當休老勞農之時，凡終歲勤動者無不休矣。百工之役，使之少息，此亦聖人順時之政也。夫積陰成寒，其氣總至，歲時之所同也。民生畏寒，入此室處，亦其情之所同也，又何待上之人諄命之，而後知所避哉？聖人之於民，不啻父母之視其子，有害必使之遠，惟恐或罹其害也；有災必使之去，惟恐或陷於灾也。痒癢疾痛，甚於在己。民未嘗以力之不堪告於上也，而上之人探其情言之，爲是恩勤之教，嗚呼，仁哉！

上丁，命樂正入學習吹。是月也，大饗帝，嘗犧牲，告備於天子。

上丁，上旬之丁。丁取文明之盛。習吹，則以是月將大饗也。春習舞，秋習吹，注謂：“春夏重舞，秋冬重吹。”諸解則謂各舉其一相備之辭。竊謂舞之爲藝，其綴兆疾舒之節，當春習之熟矣。惟有聲者，隔而不習，則聲必澀。古詩所謂“久不吹之澀欲無”。所以仲春之月，上丁，樂正習舞矣。至仲丁，又命習樂。注：習樂者，習歌與八音。豈非有聲者不可遽已邪？然則饗帝之前，俾之習吹，正爲此耳。矧秋屬金，金有聲者，亦因其時。大饗帝者，言徧祭五帝也。嘗者，宗廟之秋祭也。以秋祭之犧牲告備於天子，以物成可嘗之時尤所重故也。仲秋視全具，至此又告備，古人於祭祀誠蔫如此，不厭其煩也。嘗與烝，秋冬祭名，不當別求義。秋而嘗，_{案，原本"而嘗"上脱"秋"字，今補。}則《月令》季秋有"嘗犧牲"之文。冬而烝，則《月令》孟冬有"大飲烝"之文。周之嘗以仲，此言於季者，彼取時之仲，此取時之盛。飲烝，則烝祭畢而飲也。

合諸侯，制百縣，爲来歲受朔日，與諸侯所税於民輕重之法、貢職之數，以遠近土地所宜爲度，以給郊廟之事，無有所私。

疏云："諸侯謂畿外國，百縣謂鄉遂。"是則畿外諸侯，以在遠，故合之；縣内諸侯，則徑施制焉，皆欲令受正朔也。秦以建亥爲正，故於九月言来歲之禮。百縣在畿内，取民之法一定，此鄭氏言《周禮》"畿内用貢法"是也。諸侯則如《周禮》"邦國用助法"，所以上之人從而制之。輕重之法，諸侯所取乎下者；貢賦之法，諸侯所共乎上者。遠近所宜，則若《周禮》"男服貢器物，衛服貢財物"之類；土地所宜，則若《禹貢》"徐州貢土五色，揚州貢金三品"之類。以此爲度，昭然可考。夫人君享四海九州之奉，豈爲一己之私哉？蓋以給宗廟之事爲主也。大宰以九貢致邦國之用，而一曰祀貢，則天下之用未嘗先於祀事者。

是月也，天子乃教於田獵，以習五戎，班馬政。命僕及七騶咸駕，載旌旐，授車以級，整設於屏外。司徒搢扑，北面誓之。天子乃厲飾，執弓挾矢以獵，命主祠祭禽於四方。

《周禮·大司馬》"中秋教治兵"，遂以獮田。彼以中秋，而此以季秋，中秋則以順時氣，季秋則以農隙也。夫田獵之教，非觀美也，正所以習武備也。馬政有國之急務，如《周禮》趣馬、巫馬之簡治，校人、廋人之乘阜，圉師、牧師之牧養，莫不有政焉。平時講之熟矣，至田獵之時又從而班之。《周禮》夏官司馬，則凡馬職皆屬夏官，故仲夏班馬政，所以順天時也。今季秋又班馬政，則以田獵故也。僕掌車，驖掌馬。咸駕，以馬駕車也。旌旗所以爲表識，授之以級，自上而下，不可亂行，此整設也。屏外則天子師田張幕，有幕，故亦有屏。司徒設教，八曰以誓教恤，則民不怠。誓以犯田法之罰，搢扑於帶，以示有事於教，無事於刑。北面則又以教。兵本主殺也，飾，戎服之飾也，從而屬之，所以振揚其威武。親執弓挾矢以獵，以萬乘之尊而從事於弓矢，以天光之穆穆而周旋於馳逐之樂，則武事日以張，軍容日以壯，此田獵之禮，古人之所重，非若後世視爲觀美也。主祠典祭祀者得禽，則以祠四方之神。《周禮》："秋致禽以祀祊。"鄭康成云："祊當爲方。秋田主祭四方，報成萬物。"

是月也，草木黃落，乃伐薪爲炭。蟄蟲咸俯在內，皆墐其戶。

炭以禦寒，人所資非不急也。必待草木黃落之後始取之，物既歸根，用亦隨宜。斧斤以時入山林，此亦王政之一也。蟄蟲知避殺氣，使其首向內。曏知坏戶而已，今又墐其戶。坏，益也，謂稍小之也；墐，塗閉之。蟲知畏殺氣如此，人靈於物，可不謹所避哉？

乃趣獄刑，毋留有罪。收祿秩之不當，供養之不宜者。

趣之爲言督之也。爲政無取於督趣，爲獄刑則惡乎淹滯，不惡乎督趣。自入秋來，孟則嚴斷刑，仲則申嚴百刑，至季則趣獄刑，無一時不爲刑慮。古人以刑爲重事，諄諄於告戒之間。《易》曰："山上有火，旅，先王以明謹用刑，而不留獄。"旅爲不處，而聖人以不留獄象之，信矣。桎梏之苦，箠楚之痛，望而畏之，此豈可留也？祿秩之不當，供養之不宜，皆從而收之，亦以順天時也。夫祿秩之不當，無時不可收，豈獨嚴於秋令？天下猶一家耳，一家之內,凡所給予,豈無倖得者,豈無過受者?予之於前而收之於後,予之於平日而收之於秋,此亦政也。供養之物,亦猶是也。《月令》之所食,多取乎時之生尅;《內則》之所食,多取乎時之肥美,不宜則慮其反爲己害,尤嚴於秋也。大抵三秋之政,雖條畫有不同,然其大指,惟務於嚴肅,不欲其弛玩而無度;惟務於收斂,不欲其散漫而無統。聖人因時而出政,不如是則幾於逆天。

是月也,天子乃以犬嘗稻,先薦寢廟。

稻即《周禮》"稻人掌稼下地",所生者至是始熟,故薦之。穀之種最多,惟稻之熟最晚,薦新於孟秋之月,薦晚於季秋之月,或蚤或晚,無不薦也。

季秋行夏令,則其國大水,冬藏殃敗,民多鼽嚏。行冬令,則國多盜賊,邊竟不寧,土地分裂。行春令,則暖風来至,民氣解惰,師興不居。

季夏水潦盛昌,故行夏令則爲大水,然其害猶未即見。而殃敗乃成於冬,大水所積也。鼽嚏之疾,亦水氣所成歟?盜賊,陰類也。秋盡則爲冬令,今未盡而行冬令,所謂重陰,盜賊之起,亦時使然。四境之不安,土地之分裂,皆生於盜賊之多也。秋氣肅殺,而行春令,則風爲暖風。民失摰斂之義,則有懈惰之情。師興不居,師興則勞民矣。又遷徙無常,民愈勞也。此皆非時之灾也。

月令解卷十

宋　張　虙　撰

孟冬之月，

孟冬者，斗建亥之辰也。《漢志》云："該閡於亥。"則亥，該也。夏正爲十月。

日在尾，

十月之中，《三統曆》云："日在箕七度。"《元嘉曆》云："日在尾十二度。"日與斗建常相合，亥與寅合，故十月斗建亥。則日在尾，尾屬寅也。尾九星。

昏危中，旦七星中。

危三星，北方之宿；七星，南方之宿。危與七星相望。

其日壬癸，

壬癸屬冬。注："壬之言任也，癸之言揆也。時萬物懷任於下，揆然萌芽，因以爲曰名。"

其帝顓頊，其神玄冥。

據經惟言其帝其神，初不言祀正。《前漢·魏相傳》言北方之神顓帝，乘坎，執權，司冬者。顓之爲言專也，陰盛則靜而專；頊之爲言正也，冬氣升而其位正，故帝曰顓頊。春爲蒼天，知冬爲玄；南爲明方，知冬爲冥，故神曰玄冥。

其蟲介。

介亦謂之蟲，所謂介蟲三百六十，龜爲之長。注：介，甲也，象物閉藏地中，龜鼈之屬。

其音羽。

疏謂冬時調和，樂以羽爲主。羽，聚也，聚藏宇覆之也。

律中應鍾。

應鍾者，月建亥之律也。孟冬氣至，則應鍾之律應。《周語》云：“應鍾，均利器用，俾應復。”《漢志》云：“言陰氣應無射，該藏萬物，而雜陽閡種也。”

其數六。

水數一，得土五數，故爲成數六。

其味鹹，其臭朽。

水潤下作鹹，凡鹹、朽者皆屬焉。氣若有若無爲朽。

其祀行，祭先腎。

冬與夏爲對。人之生不在家則在路，夏祀竈，賴其養於家；冬祀行，資其庇於路。然行祀於冬者，冬，歲之終，役車其休，故冬祀行也。祭用牲之藏，時各有所先。惟冬先腎爲本屬，若春、夏、秋與中央皆非本屬。當以人六脈之次第求之，自右手起，以命脈爲主，於是爲脾、爲肺，乃入左手，爲心、爲肝、爲腎，故冬先腎也。

水始冰，地始凍。雉入大水爲蜃。虹藏不見。

此紀十月時候也。水，流物也，至是成冰，陰氣凝沍也；地，堅物也，至是合凍，亦陰氣凝沍也。造物之妙，或變或化，難以理詰。雉入大水爲蜃，既非可以形求，又非可以色求，所可得而言者，當春發生，則鷹化爲鳩，鼠化爲鴽，其化者亦不自知，此春時也。當秋冬之時，爵之爲蛤，雉之爲蜃，非化也，入大水爲之，此由得水而然也。虹，天地之淫氣。見於春，乘陽也；藏於冬，伏陰也。天地之間，無非氣也。其曰温厚嚴凝之氣，此正也。或爲愆，或爲厲，或爲淫，皆非正也。

天子居玄堂左个，乘玄路，駕鐵驪，載玄旂，衣黑衣，服玄玉，

冬爲玄英，所以吕氏取之，以名天子所居。此當亥上十月位也。玄路，路之色玄也，在天之色則爲玄，在人之色則爲黑。鐵驪，鐵則玄色之重者，馬純黑曰驪，夏后氏尚黑，戎事乘驪。玄旂，旂之色尚玄也。載，謂建之於車。《周禮》交龍爲旂，旂必有鈴。黑衣，所衣之衣尚黑色也，古六服有玄衣。玄玉，玉之黑也。服，謂冕旒及笄并佩玉尚玄色也。《相玉經》云："黑倅純漆。"

食黍與彘，其器閎以奄。

黍，火穀。彘，水畜。寒氣不可過，故食火穀以減之。寒氣不可抑，故食當方之牲以存之。

是月也，以立冬。先立冬三日，大史謁之天子曰："某日立冬，盛德在水。"天子乃齊。立冬之日，天子親帥三公九卿、大夫，以迎冬於北郊。

立冬爲十月節。迎冬於北郊者，人君後天而奉天時，當其氣至則出郊以迎，所以導之也。冬之盛德在水，水屬冬也。凡見於萬物之藏，水之德也。親帥群臣迎之於北郊，所以重其至，示敬也。迎，迎其氣耳，非有神也。或謂即顓帝玄冥，故迎而祭之。注引《文曜鈎》謂"叶光紀"。

還反，賞死事，恤孤寡。

迎冬還反，所行之賞與三時異。蓋因殺氣之盛，而念死事之人，慮其孤寡不得所養，從而賞之。順時之政，於是爲至。漢羽林孤兒者，取從軍死事之子孫養羽林官，教以五兵，他時發以爲軍養之將以用之，非古意。

是月也，命大史釁龜筴占兆，審卦吉凶。是察阿黨，則罪無有掩蔽。

言釁龜筴，則不特龜釁，筴亦釁矣。古者物成則釁，此當物辨之初而釁焉，示新也。龜爲卜，筴爲筮。龜以卜而有兆，筴以筮而有卦。兆有象，故言占；卦有數，故言審。占兆審卦，則吉凶見矣。吉凶總承上辭也。夫大史，日官也。以龜筴之事命之可見矣。而阿黨之察亦係焉，何也？意者，古之史官，實持褒貶之權，人臣有罪，皆得而大書之，如董狐之書趙盾，南史之書崔杼，則阿黨之罪，雖欲隱蔽，得乎？此古之史官，非星翁曆士之比也。

是月也，天子始裘。

隕霜而冬裘具，故司裘以仲秋獻良裘，以季秋獻功裘，至是而天子始服矣。天子所服衣，以順時爲重也。

命有司曰：“天氣上騰，地氣下降。天地不通，閉塞而成冬。”

天地交，泰，故春言和同。天地不交，否，故冬言閉塞。和同之時，天下皆知春之爲春，不必告詔也。閉塞之時，天下雖知之，而或有不謹者，所以命有司也。人苟知閉塞之義，則事事物物皆不敢肆矣。

命百官謹蓋藏。命司徒循行積聚，無有不斂。

蓋藏之當謹，凡爾百官，莫不皆然。仲秋嘗以積聚趣民矣，至是司徒循行之，無有不斂，猶恐有遺利也。

坏城郭，戒門閭，修鍵閉，慎管籥，固封疆，備邊竟，完要塞，謹關梁，塞蹊徑。飭喪紀，辨衣裳，審棺椁之薄厚，塋丘壟之大小、高卑、厚薄之度，貴賤之等級。

三里之城，七里之郭，有國之常制。坏之，欲其厚固也。有城郭則有門閭，故從而戒之。有門閭則有鍵閉，又從而修之。有鍵閉則必有管籥，又從而謹之。外而爲封疆，欲其固，又外而爲邊境，欲其備。下至於要害之當完，關梁之宜謹，蹊徑之當塞，無不致意。此九者皆已略舉於秋，至此總而命之，則四海九州之廣，無有闕漏之處。至於喪紀之事，此亦閉藏之具，故順時飭正之。其衣裳、棺椁、丘壟，又因而辨之耳。或謂“喪紀人之終事，以歲之終飭人之終事”。又謂“天地升降，辨衣裳之時，雖死猶謹，曾子易簀似之”。此皆失之鑿也。

　　是月也，命工師效功，陳祭器，按度程，毋或作爲淫巧，以蕩上心。必功致爲上。物勒工名，以考其誠。功有不當，必行其罪，以窮其情。

　　霜降而百工休，休則無作矣，故可以效功也。君子不敢以私褻同其所尊敬，故陳祭器而不及燕器。凡器有度有程，皆從而案之。毋或作爲淫巧，以蕩上心，柳宗元深病之。以爲舍此時則可以爲之乎？是不然。當季春，命工師審量之日，因其作，以此戒之。孟冬，命工師效功之日，因其成，又以此戒之。功致者，功之至者也。功不至，則器易壞矣。誠則盡心於所造，不敢滅裂者。情則有不盡之處，而功不至者，物勒其名，久之常存，則誠可考矣。功或不當，必治其罪，則情可窮矣。古之人雖一器物，其不苟也如此。

　　是月也，大飲烝。天子乃祈來年於天宗，大割祠於公社及門閭，臘先祖五祀。勞農以休息之。天子乃命將帥講武，習射御，角力。

　　此皆當十月農工之畢，故舉勞農之事，而其事不一也。烝，宗廟之冬祭也。《月令》有“嘗犧牲”之言，有“大飲烝”之言。烝、

嘗乃宗廟秋冬祭名。嘗犧牲，是以嘗祭之犧牲告備也；飲烝，烝
不可以爲升，蓋烝祭畢而飲，故曰飲烝，言飲此烝也。大則非常
飲。烝祭最盛，飲酒亦盛也。天宗日爲陽，宗月爲陰，宗北辰爲
星宗。祈年，則《詩》所謂"以興嗣歲也"。祈年之禮大而簡，故不
以牲言。公社及門閭則大割以祠之。大割大殺，群牲也。先祖
五祀則曰臘，臘謂以獵得之肉祭之，此等之祭總謂之蜡。若別而
言之，天宗、公社、門閭謂之蜡，其祭則皮弁、素服、葛帶、榛杖。
其臘先祖五祀謂之息民之祭，其服則黄衣黄冠，要之皆是勞農以
休息之也。古者君民一體，其借民之力，固欲其趨時無怠；其愛
民之力，又欲其順時少休。雖然，聖人之治天下，不使民一日有
怠心，故曰爲政日新。夫以息老勞農之日，宜可以少休矣，而講
肄武事，不容少弛。射御維精，必使習而熟之。力有小大，使相
角而自見。故民心但覺其有事，而無弛慢者。

**是月也，乃命水虞、漁師收水泉池澤之賦，毋或敢侵削衆庶
兆民，以爲天子取怨於下。其有若此者，行罪無赦。**

魚至冬而美，故取魚以冬。取魚則有賦，故水泉池澤之賦，
命二官收之，亦其職也。先王之時，川有衡，澤有虞。爲之厲禁，
非爲賦設也。後世澤之葦蒲，舟鮫守之；海之鹽蜃，祈望守之。
守之嚴，則征之嚴，民始失利矣。今《月令》戒其侵削，或取怨於
下，若此者，行罪無赦，蓋亦恐有司苛取以病民乎！

**孟冬行春令，則凍閉不密，地氣上泄，民多流亡。行夏令，則
國多暴風，方冬不寒，蟄蟲復出。行秋令，則雪霜不時，小兵時
起，土地侵削。**

行春令，則孟冬之時似春。凍閉不密，地氣上泄也。民之流
亡，亦以發散故也。行夏令，則孟冬之時似夏。夏風多暴，陽氣

所作。風而不寒，蟄者亦不得其藏也。行秋令，則孟冬之時似秋。秋令則寒氣遲，故雪霜皆不時降。小兵非大，軍旅時起，金氣勝也。土地侵削，挈斂所致也。

月令解卷十一

宋　張慮　撰

仲冬之月，

仲冬者，斗建子之辰也。《漢志》云："孳萌於子。"則子，孳也。夏正爲十一月。

日在斗，

十一月之中，《三統曆》云："日在斗初度。"《元嘉曆》云："日在斗十四度。"日與斗建常相合，子與丑合，故十一月斗建子，則日在斗。斗屬丑也。南斗六星。冬至之日，日在斗。此曆家所占，以定四時也。《漢志》以仲冬之初在斗十二度，後世歲差之法以爲七十五年差一度，若爾則日之在斗積久而差，殆將入箕矣。或謂黃道歲差常不過推盪於星紀三十度之間，故邵雍立差法，惟於日月交會之際，以陰陽虧盈求之，遂不差。大抵陰常虧，陽常盈，只於此處差了，曆上當通理。程頤以此法冠絕古今。案，歲差者，以恒星考日躔而覺其差。冬至，日躔所起，仍復其故處，於黃道本無差數，而恒星則移而東。故唐虞時，冬至日在虛，周末在斗，今在箕初矣。此求之陰陽虧盈，以斷天行。非也。

昏東辟中，旦軫中。

辟六星，北方之宿；軫四星，南方之宿。辟與軫相望也。

其日壬癸，其帝顓頊，其神玄冥。其蟲介。其音羽。律中黃

鍾。其數六。其味鹹，其臭朽。其祀行，祭先腎。

黃鍾者，月建子之律也。仲冬氣至，則黃鍾之律應。《周語》云：“黃鍾所以宣養六氣九德。”《漢志》云：“黃者，中之色，君之服也。鍾者，種也。陽氣施種於黃泉，孳萌萬物，爲六氣元也。”

冰益壯，地始坼。鶡旦不鳴，虎始交。

此紀十一月時候也。冰益壯，則水之冰者愈壯，其寒氣增於地上矣。地始坼，則地之凍者，以陽微升而坼，其暖氣生於地下矣。鶡旦，求旦之鳥，至是不鳴，與虎之交，皆以陽生也。

天子居玄堂太廟，乘玄路，駕鐵驪，載玄旂，衣黑衣，服玄玉，食黍與彘，其器閎以奄。

此當子上，十一月位也。

飭死事，

孟冬嘗賞死事矣，至仲冬又飭之，皆所以順天時也。人爲國事而死，先王之所不忍，故從而賞之。然國之爲國，不免用人於死地，所以飭之，欲其有死志也。此所以人忘其死也。

命有司曰：“土事毋作，慎毋發蓋，毋發室屋及起大衆，以固而閉。地氣沮泄，是謂發天地之房，諸蟄則死，民必疾疫，又隨以喪。命之曰暢月。”

觀此一節，聖人奉若天時，知閉塞而成冬。故凡發撤掩蓋等事，一一禁之，以固而閉。言固而且閉，惟恐沮泄地氣，有以發天地之房也。蟄則死矣。民必疾疫，疫而繼以喪，民亦死矣。然聖人之心，謂在天有時，不可以不順，而一氣潛萌於無形，又不可不審也。夫當黃鍾動而萬物潛起，則天地之房固自隱然萌動。其氣未嘗不暢，非閉塞所可遏，於是命之以名。其名謂何？曰暢月，言其氣之舒暢也。他月未嘗特立一名也。此見天地之氣，於閉塞之中而有調達之理，於謹固之中而有發生之意。命之以名，豈苟云乎哉？

是月也，命奄尹申宮令，審門閭，謹房室，必重閉。省婦事，毋得淫。雖有貴戚近習，毋有不禁。乃命大酋，秫稻必齊，麴糵必時，湛熾必絜，水泉必香，陶器必良，火齊必得。兼用六物，大酋監之，毋有差貸。

酒之用非一，曰公酒、曰禮酒、曰秩酒，以供祭祀，以供賓客，以共王及后之飲。《周禮》設官掌之，今曰大酋，其酒正歟？其酒人歟？六物之數，即《周禮》所謂酒材也。一物不具，非式法也，必有差貸之患。然六物皆具，而不得其時，則所作未必善。當冬而造，則時之所宜。酒宜寒，故作於冬，欲其溫，故作之於陽生之月。夫一酒之用，古人致嚴如此，固欲其旨也。而大禹反惡之，何耶？惟天下之美物足以溺人，禹之兢兢，正恐爲其所溺也。然則大酋之所作，固當遵《月令》所命而致嚴。大酋之所共，又當知大禹所惡而致懼也。

天子命有司祈祀四海、大川、名源、淵澤、井泉。

此皆謂水神也。水之功在天地間大矣。聚而爲海，達而爲川，發而爲源，瀦而爲淵澤，鑿而爲井泉。順盛德之時而祭之，所以答其利也。

是月也，農有不收藏積聚者，馬牛畜獸有放佚者，取之不詰。山林藪澤，有能取蔬食、田獵禽獸者，野虞教道之。其有相侵奪者，罪之不赦。

此章之意，惟欲民知所愛，務自收斂，以爲冬備。其有積聚之不收藏、馬牛畜獸之放佚，此遊惰之民也。不幸爲人所取，上未嘗詰之，惡有遊惰也。其有能取蔬食、田獵禽獸於山林藪澤者，此勤力之民也。野虞於此又教而道之，喜其勤力也。或有侵盜之者，罪之不赦。彼遊惰之民，爲人所取，上未嘗加問。此勤力之民，爲人侵奪，上爲之罪其人。或置而不詰，或罪之而不赦，上之人所以示民好惡者如此。

是月也，日短至，陰陽爭，諸生蕩。君子齊戒，處必掩身。身欲寧，去聲色，禁耆慾，安形性，事欲靜，以待陰陽之所定。

此章與仲夏對文。夏日長至，冬日短至，至之言極也。夏言死生分，冬惟言諸生蕩，言生而不言死。蓋自生而死，如草木昆蟲之類，有生於春夏而死於秋冬者，顯然可見，故言死生分。自死而生，則起於萌蘖之微，初無可見之跡，故惟言諸生蕩。蕩謂物動將萌芽也。夏則戒以毋躁，冬以身欲寧繼之，皆欲其靜也。至於聲色，不徒止之，而直欲去之；耆慾不徒節之，而直欲禁之。外則養其形而毋勞，内則養其性而毋悖。凡事一歸於靜，又重於日長至之時也。凡此以微陽方生，陰未退聽，爭而未定，故待之也。《月令》一篇，聖人所以順陰陽之序，相天地之宜，上焉爲國家計，下焉爲民生計，至纖至悉，無遺恨矣。惟未見其所以修身養心之要，蓋至於二至之時見，極其齊戒之誠。聲色不邇，耆慾不萌，一遵其至。靜而無所爲，然後知聖人修身養心之要，誠不苟也。

芸始生，荔挺出，蚯蚓結，麋角解，水泉動。

又記時候也。以物紀候，《月令》皆然。惟仲冬，則以微陽生於地下，凡物之生於地下者尤驗。注以芸爲香草，以荔挺爲馬薤。方愨引王氏以荔挺亦爲香草，蓋《楚辭》有薜荔，亦香草，緣木而生也。蚯蚓在穴，氣動則交也。孟冬水始冰，至仲冬而冰益壯，陰氣凝涸也。微陽既生，則凝涸者動矣。

日短至，則伐木，取竹箭。

木大竹小。大者言伐，小者取之而已。箭又竹之小者。

是月也，可以罷官之無事、去器之無用者。塗闕廷門閭，築圂圇，此所以助天地之閉藏也。案，今本脱所字，據宋本補。

罷無用之官，去無用之器，有塗者，有築者，無非收斂固護，不使汗漫之意。《月令》自入秋來，凡所動作施爲，無非示收斂之義。至冬，又從而閉藏矣。今於仲月之末反覆之、總括之，無他，以一陽既生，物皆嚮榮，氣不可少泄，正"雷在地中，復，后以至日閉關，商旅不行"之時，惟持養之深，則其鋭無挫，保護之堅，則其鋒不折。助天地之閉藏，乃所以助天地之發達也。

仲冬行夏令，則其國乃旱，氛霧冥冥，雷乃發聲。行秋令，則天時雨汁，瓜瓠不成，國有大兵。行春令，則蝗蟲爲敗，水泉咸竭，民多疥癘。

行夏令，則仲冬之時似夏，患旱與仲秋同。氛霧則旱，氣使然。雷聲遂先期而發。行秋令，則仲冬之時似秋，雨汁者，水雪雜下，以雪雜水，如物之有汁，謂之雨汁。瓜瓠至秋而堅，至冬而成。今或不成，則民無濟涉之具。孟月行秋令，則有小兵；仲月行秋令，則有大兵，皆金氣勝也。行春令，則仲冬之時似春，蝗蟲之災，與孟夏同。水泉之竭，陰氣弱也。疥癘，虛陽作之也。

月令解卷十二

宋　張慮　撰

季冬之月，

季冬者，斗建丑之辰也。《漢志》云："紐牙於丑。"則丑，紐也。夏正爲十二月。

日在婺女，

十二月之中。《三統曆》云："日在危初度。"《元嘉曆》云："日在女十度。"日與斗建常相合，丑與子合，十二月斗建丑，則日在女，女亦屬丑也。女四星。

昏婁中，旦氐中。

婁三星，西方之宿；氐四星，東方之宿。婁與氐相望也。

其日壬癸，其帝顓頊，其神玄冥。其蟲介。其音羽。律中大呂。其數六。其味鹹，其臭朽。其祀行，祭先腎。

大呂者，月建丑之律也。季冬氣至，則大呂之律應。《國語》云："大呂助陽宣氣。"《漢志》云："呂，旅也，言陰氣大旅，助黃鍾宣氣牙物也。"

雁北鄉，鵲始巢，雉雊，鷄乳。

此紀十二月之時候也。雁將北矣。不曰歸而曰鄉，以北非雁所居也。

天子居玄堂右个，乘玄路，駕鐵驪，載玄旂，衣黑衣，服玄玉，

食黍與彘，其器閎以奄。

此當丑上，十二月位也。

命有司大難，旁磔，出土牛以送寒氣。

難者，所以驅不正之氣。邪氣既已難矣，若寒氣，則非不正之氣也，故有以送之。《東漢志》："季冬立土牛六頭於國都、郡縣城外丑地，以送大寒。"又於立春之日立青幡，施土牛耕人於門外，以示兆民。至後世惟存立春之制，而無季冬之制矣。

征鳥厲疾，

征鳥，注以爲鷹隼，似失之拘。征鳥猶言過鳥也，以寒氣之極，凡飛禽之類爲寒所逼，無雲飛之意，行於空中者，皆猛厲迅疾也。

乃畢山川之祀，及帝之大臣，天之神祇。是月也，命漁師始漁，天子親往，乃嘗魚，先薦寢廟。

冬寒，魚不行，乃性定而充肥。應鏞云："嘗者，試而驗之也。"將薦於所尊敬，不敢輕也。藥必先嘗，膳必品嘗，此致敬於君與親也。大饗帝則嘗犧牲，薦寢廟則嘗魚，致敬於天與親也。然非必食而嘗之，特展視而告全具耳。秋祭曰嘗，亦謂物已備成，嘗而後祭，以見其孝也。

冰方盛，水澤腹堅，命取冰，冰以入。令告民出五種，命農計耦耕事，修末耜，具田器。

水始冰，水則冰矣而未壯；冰益壯，冰則壯矣而未盛。至是則無處不冰。水澤腹堅，則其堅達於水之腹。冰以入，入凌室也。耦耕，二人相耦而耕。計，謀之也。耕必資末耜，農所舊有，故修之。田器，泛指鎡錤之類，故具之。

命樂師大合吹而罷。

季春大合樂，固有吹矣。季秋又習吹，至是大合吹而罷樂，所以導和氣。至是大合而罷，皆所以畢一歲之事。

乃命四監，收秩薪柴，以共郊廟及百祀之薪燎。

四監，郊各有監，以受其入也。仲夏命之，合百縣秩芻，以養犧牲矣。至是又命之收秩薪柴，以共祭祀燔燎之用也。

是月也，日窮於次，月窮於紀，星回於天，數將幾終，歲且更始。專而農民，毋有所使。天子乃與公、卿、大夫共飭國典，論時令，以待來歲之宜。

十二月之辰在丑，曰星紀，蓋月當建丑。日月星辰之行，至此月皆周於故處。既會之後，於是又分行焉，至次年建丑之月復會如初，周而復始。次，舍也。紀，會也。日曰窮，日盡於此。月曰窮，月盡於此。星曰回，非一星故也。數於此而一終。數未正終，其謂之終，蓋幾而近之也。以去年季冬三百五十四日未滿，三百六十五日未得正，終然數之。終乃歲之始，時當更始，事事物物悉為變改，農事為尤重。專者，欲其一意於耕稼之事，徭役之則志散而失業，尤上之所當戒也。

乃命大史次諸侯之列，賦之犧牲，以共皇天、上帝、社稷之饗。乃命同姓之邦，共寢廟之芻豢。命宰歷卿大夫至於庶民土田之數，而賦犧牲，以共山林名川之祀。凡在天下九州之民者，無不咸獻其力，以共皇天、上帝、社稷、寢廟、山林、名川之祀。

國之大事在祀。莫尊於天地，莫親乎宗廟，而山川諸祀次之。凡祀，無不用犧牲也。惟宗廟以芻豢言，蓋犧牲則泛指，芻豢則見其畜養之精。以同姓之邦共之，所以親宗廟也。諸侯之國有小大，命太史書列之以共賦。卿大夫采地亦有小大，歷而數之，則小宰之事。其非采地，以其邑之民多少賦之。雖然，民非神之福不生，雖有邦國采地，此賦要由民而出也。古先聖王先成民而後致力於神，唯能成於民，則凡普天之下食土之毛者，無不咸獻其力，共其祀也。

季冬行秋令，則白露蚤降，介蟲爲妖，四鄙入保。行春令，則胎夭多傷，國多固疾，命之曰逆。行夏令，則水潦敗國，時雪不降，冰凍消釋。

行秋令，則季冬之時似秋。白露降於秋者，冬行秋令，則白露降。丑爲黿蟹斂藏之氣，不厚，故反爲妖。四鄙入保，畏兵之象，以秋爲金故也。行春令，則季冬之時似春。春則句者出，萌者達。今冬行春令，則生氣蚤至，不充其性，所以多傷。生不充性，疾久不差，時運之逆，莫大於此。行夏令，則季冬之時似夏。水潦盛昌，夏之時也。冬行夏令，則水潦至於敗國。冬者，雪之時，謂之時雪。時雪不降，而冰凍消釋，盛陽爍之也。

養生月覽

周守忠　撰

陈　麟　點校

【題解】

養生月覽，二卷，南宋周守忠撰。守忠，亦有作"守中"者，號榕庵，生平不詳，約生活於南宋嘉定年間。

《養生月覽》以月爲序，以"養生"爲旨，自月首至月尾，匯輯晉唐以來不同月份中不同養生之俗，包括陰陽調攝、歲時飲食、藥方療疾、趨吉避凶等大類，計五百餘條，《續修四庫全書》將其收入子部醫家類，然借之既可窺兩宋初興四時養生學之背景，亦可見其時禮儀風俗之所尚，故今收入歲時類。

周氏於序文中稱："予嘗講求養生之説，編次成集，謂之《月覽》矣。懼其遺遺，於是復爲《雜類》。收羅前書未盡之意，非固爲諄復，蓋欲覽者之得其詳也。"文末署"嘉定十五年歲次壬午"云云。《雜類》者，即周守忠所著《養生雜類》也。推其意，蓋《雜類》《月覽》，相輔相成，且嘉定十五年（1222）時，二書均已殺青。

本次整理，以明謝潁校正重刊本《養生月覽》（收入《續修四庫全書》第1029 冊，上海古籍出版社 2002 年）爲底本，以明胡文焕校正《壽養叢書》本（萬曆年間胡氏刊刻）《養生月覽》爲校本，適當參考今人李文極、薛鳳奎點校本《養生月覽》（人民衛生出版社 1989 年版），重新點校。底本原即編有目錄，今亦一併照錄。

養生月覽序①

予嘗講求養生之説，編次成集，謂之《月覽》矣。懼其遐遺，於是復爲《雜類》。收羅前書未盡之意，非固爲諄復，蓋欲覽者之得其詳也。昧者不審乎是。始見予之《月覽》也，或患乎拘；嗣見予之《雜類》也，復慮乎雜。胡不思淘金於砂，然後麗水之寶出焉？採玉於石，然後荆山之璞見焉？弗始乎拘，烏乎達？弗由乎雜，烏乎一？予書之詳也，蓋指人以入道之序，若夫深造自得，左右逢原，則付諸悟理。君子夫何疑焉？

嘉定十五年歲次壬午迎富之日。榕庵周守忠書②。

---

① 此序不見於校本。
② “榕”，底本作上容下木字形，乃“榕”之異體字，全文皆同，兹皆典正。

養生月覽目録

上　卷

正　月七十四條^① ……………………………………（554）

二　月三十五條 …………………………………………（560）

三　月四十六條 …………………………………………（563）

四　月三十二條^② ……………………………………（566）

五　月八十條　 …………………………………………（569）

六　月二十九條 …………………………………………（576）

下　卷

七　月五十三條 …………………………………………（579）

八　月三十三條 …………………………………………（583）

九　月二十八條 …………………………………………（586）

十　月三十二條 …………………………………………（588）

十一月二十五條 …………………………………………（590）

十二月五十條　 …………………………………………（592）

---

　　①　“七十四”，底本原作“三十四”，校本作“七十四”，然底本正月實七十四條，故徑據校本改。又各月條目數字之前校本皆有一“計”字。

　　②　“三十二”，校本作“二十二”，底本四月實確作三十七條。

養生月覽上

榕庵　周守忠　纂集

鄉貢進士錢塘縣知縣樵陽謝頲校正重刊

正　月

正月一日子丑時，燒糞掃，令人倉庫不虛。《月令圖經》

元日子後丑前，吞赤小豆七粒，椒酒一合，吉。同上

正月旦鷄鳴時，把火遍照五果及桑樹上下，則無蟲。時年有桑果灾生蟲者，元日照者，必免灾。《四時纂要》

元日寅時，飲屠蘇酒，自幼及長。《雜五行書》

正月旦及正月半，以麻子、赤豆二七顆，置井中，辟瘟病甚效。同上。

元日平旦，吞鹽豉七粒，終歲不於食中誤吃蠅子。呂公《歲時雜記》

正月一日燒朮及飲食朮湯。同上。

元日服桃湯。桃者五行之精，厭伏形氣，制百鬼。《荆楚歲時記》

元日縷懸葦炭、桃棒門户上，却癘疫也。同上。

元日，日未出時，朱書百病符，懸户上。《月令圖經》

正月一日未明，小兒不長者，以手攀東牆，勿令人知。或云於狗竇中使人牽拽。《瑣碎録》

元日庭前爆竹，以辟山臊惡鬼也。山臊在西方深山中，長尺

餘,性不畏人。犯之令人寒熱病,畏爆竹聲。《太平御覽》

元日,造五辛盤。正元日,五熏鍊形。註曰:五辛所以發五藏氣。周處《風土記》①

正月一日,取五木煮湯以浴,令人至老鬚髮黑。徐偕注云:道家謂青木香爲五香,亦云五木。《雜修養書》

元日,進椒栢酒。椒是玉衡星精,服之令人身輕能音奈老,栢是仙藥。又云:進酒次第,當從小起,以年少者爲先。崔氏《四民月令》②

元日,造桃板著户,謂之仙木。像欎壘山桃樹,百鬼畏之。《玉燭寶典》

歲旦,服赤小豆二七粒,面東以薑汁下,即一年不疾病。家人悉令服之。《四時纂要》

元日,取小便洗腋氣,大效。《瑣碎録》③

正月一日,取枸杞菜煮作湯沐浴,令人光澤,不病不老。《雲笈七籤》

正月一日,取鵲巢,燒之,著於廁,能辟兵。《四時纂要》

歲旦日,埋敗履於庭中,家出印綬。《墨子秘録》

正月朝早將物去塜頭,取古磚一口,將咒要斷,一年無時疫,懸安大門也。《本草》

臘月鼠向正旦朝所居處埋之,辟瘟疫。《梅師方》

昔有齊人歐明者,乘船過青草湖,忽遇風晦暝,而逢青草湖君,邀歸止家堂宇。謂歐明曰:"惟君所須富貴金玉等物,吾當與

---

① 此處文獻出處五字底本無,兹據校本補。
② "崔氏",校本作"崔寔"全名。
③ 此處文獻出處三字底本無,兹據校本補。

卿。”明未知所答。傍有一人，私語明曰[①]：“君但求如願，並勝餘物。”明依其人語。湖君嘿嘿然，須臾便許。及出，乃呼如願，即是一少婢也。湖君語明曰：“君領取至家，如要物，但就如願，所須皆得。”明至家，數年遂大富。後至歲旦，如願起晏[②]，明鞭之，願以頭鑽糞帚中，漸没失所。後明家漸漸貧。今人歲旦糞帚不出户，恐如願在其中。《搜神記》

正月一日，取鵲巢燒灰，撒門裏辟盗。《墨子秘録》

正月三日，買竹筒四枚置家中四壁上，令田蠶萬倍，錢財自來。《四時纂要》

正月四日拔白，永不生，凌晨拔，神仙拔，白日。他月做此。拔白髭髮也。同上。

正月五日，取商陸根細切，以玄水漬之三日，陰乾，可治為末服。三寸匕，玄水服下，日三服。百日，伏屍盡下，出如人狀。醮埋之。祝曰：“伏屍當屬地，我當屬天，無復相召。”即去，隨故道無還顧。常先服之，禁一切血肉辛菜物。《雲笈七籤》

正月七日上會日，可齋戒。《四時纂要》

正月七日男吞赤豆七顆，女吞二七顆，竟年不病。《雜五行書》

人日夜，多鬼鳥過人家，搥床打户、拔狗耳、滅燈以禳之。《荆楚歲時記》

正月八日沐浴，去灾禍。神仙沐浴日。《四時纂要》

正月十日人定時沐浴，令人齒堅。凡齋戒沐浴，皆當盥沐五香湯。其五香湯法：用蘭香一斤，荆花一斤，零陵香一斤，青木香一斤，白檀一斤。凡五物切之，以水二斛五斗，煮取一斛二斗，以

---

① “曰”，底本原作“白”，兹據校本校正。
② “晏”，校本作“宴”，可通，晚也。

自洗浴也。此湯辟惡，除不祥氣，降神靈，用之以沐，並治頭風。
《雲笈七籤》

廁前草，月初上寅日，燒中庭，令人一家不著天行。《四時纂要》

正月上寅日，擣女青末，三角，絳囊盛①，繫前帳中大吉。能
辟瘟病。女青，草也。《肘後方》②

正月十五日，殘餬糜熬令焦，和穀種之，能辟蟲也。《四時纂要》

正月十五日，作膏粥以祠門户。《玉燭寶典》

正月十五日，作豆糜，如油臀其上，以祠門户。《荊楚歲時記》

正月十五日，燈盞，令人有子。夫婦共於富家局會所盜之，
勿令人知，安卧床下，當月有娠。《本草》

正月望日，以柳枝插户上，隨柳枝所指處祭之，致酒脯祭之。
《齊諧記》云：吳縣張成，夜於宅東，見一婦人，曰：“我是地神，明
日月半，宜以糝糜、白粥祭我，令君家蠶桑萬倍。”後用如言③。
今人謂之粘錢財。《歲時記》

上元日可齋戒，誦《黃庭度人經》，令人資福壽。《纂要》

立春日，食生菜不可過多，取迎新之意，及進漿粥，以導和
氣。《千金月令》

上學之士，當以立春之日清朝，煮白芷、桃皮、青木香三種，
東向沐浴。《雲笈七籤》

立春日，鞭土牛，庶民爭之。得牛肉者，其家宜蠶。亦云治病。
吕公《歲時雜記》

後生於立春並社日食薑者，至納婦拜門日，腰間有聲如嚼薑

---

① “絳”，校本作“縫”，義長。
② “肘後方”，底本原誤作“用後方”，兹據校本逕正。
③ “用”，校本作“果”。

然，皆以爲戒。同上。

打春時，春牛泥撒在簷下，蚰蜒不上。《瑣碎録》

立春後有庚子日溫蕪菁汁，合家大小並服，不限多少，可理時疫。《傷寒類要》

入春宜晚脱綿衣，令人傷寒霍亂。《雲笈七籤》

正月之節，宜加綿襪以暖足。《千金月令》

正月，宜進桑枝湯及造煎以備用。其桑枝湯方：取桑枝如箭簳大者，細挫，以酥熬作湯。又桑枝煎方：取桑枝大如箭簳者，細剉三升，熬令微黄，以水六升煎三升，去滓，以重湯煎取二升，下白蜜三合，黄明膠一兩，炙作末，煎成，以不津器封貯之。同上。

正月韭始青，可以食。凡韭不可以作羹食，損人，作虀佳。凡作虀，必先削一所地，去上一寸土，取韭，不洗，便投沸湯中漉出，鋪所削新土上良久，然後入水淘擇。同上。

正月不可釋綿襦，宜食粥。凡粥有三等：一曰地黄以補虚。取地黄四兩，擣取汁，候粥半熟即下之，以綿裹椒一百粒，生薑一斤投粥中，候熟出之，下羊腎一具，去脂膜，細切如韭葉大，加少鹽食。二曰防風以去四肢風①。取防風二大分，煮，取汁作粥。三曰紫蘇以去擁氣。取紫蘇子熬，令黄香，以水研濾，取汁作粥。同上。

正月勿食虎豹狸肉，令人傷神損氣。《千金方》

正月不得食生蒽，令人面上起遊風。同上。

正月勿食梨。《梅師方》

正月食鼠殘，多爲鼠瘻。小孔下血者是此病。《本草》

---

① “肢”，底本、校本皆作“胑”，俗寫，兹逕典正。

正月之節，食五辛以辟癘氣。蒜、蔥、韭、薤、薑也。《食醫心鏡》

正月雨水，夫妻各飲一盃，還房，獲當時有子，神效也。《本草》

正月初婚忌空房，多招不祥，不可不謹。不得已，當以熏籠置床上禳之。《瑣碎錄》

正月甲子拔白，晦日汲井花水服，令髭髮不白。《四時纂要》

正月未日夜，蘆苣火照井、廁中，百鬼走。《荊楚歲時記》

正月寅日，燒白髮，吉。《千金方》

正月二日，取章陸根三十斤，淨洗粗切長二寸許，勿令中風也。絹囊盡盛，懸屋北六十日，陰燥爲末，以方寸匕水服。旦先食服。十日見鬼，六十日使鬼取金銀寶物、作屋舍，隨意所欲。八十日見千里，百日登風履雲，久服成仙。《雲笈七籤》

春不可食肝，爲肝王時，以死氣入肝傷魂也。《金匱要略方》

春服小續命湯五劑，諸補散各一劑，百病不生。《千金方》

春月飲酒茹蔥，以通五藏。《莊子》

春三月，每朝梳頭一二百下，至夜欲臥，須湯去聲。熱鹽湯一盆，從膝下洗至足，方臥，以通洩風毒脚氣，勿令雍滯。《四時養生論》

春七十二日，省酸增甘，以養脾氣。《千金方》

春間不可食鯽魚頭，其中有蟲也。《瑣碎錄》

春三月夜臥早起。此出《黃帝素問》。又按《雲笈七籤》曰：季春月宜臥起俱早。

趙先生曰：欲除屍蟲之法，春月擇甲乙夜，視歲星所在，朝之再拜，正心竊祝，曰："願東方明星君，扶我魂，接我魄，使我壽如松柏，生年萬歲生不落，願爲甲，除身中三屍九蟲，盡走消滅，常擇潔靜，頻行之爲善。"此仁德樂生君木也，木尅土，所以土屍去，

妙訣秘之。《雲笈七籤》

　　太虛真人曰：常以春甲寅日，夏丙午日，秋庚申日，冬壬子日暝臥時，先擣朱砂、雄黃、雌黃三物等分，細擣，以棉裹之，使如棗大，臨臥時塞兩耳中，此消三屍、鍊七魄之道也。明日日中時，以東流水沐浴畢，更整飾牀席，易著衣物，浣故者，更履展，先除澡之都畢，又掃灑於寢牀下，通令所住一室淨潔。平安枕臥向上，閉氣握固良久。微咒曰：“天道有常，改易故新。上帝吉日，沐浴爲真。三氣消屍，朱黃安魂。寶鍊七魄，與我相親。”此道是消鍊屍穢之上法，改易真形之要訣也。四時各取一日爲之。同上。

　　春日宜腦足俱凍。同上。又按《千金月令》曰：正月之節，宜加綿襪暖足[①]。

　　凡臥，春欲得頭向東，有所利益。同上。

二　月

　　二月二日，取枸杞菜煮作湯沐浴，令人光澤，不病不老。《雲笈七籤》

　　二月二日，不欲眠。《千金月令》

　　昔巢氏時，二月二乞得人子歸養之，家便大富。後以此日出野田中採蓬茨，向門前以祭之，云迎富。《歲華紀麗》

　　二月六日、八日宜沐浴，齋戒，天祐其福。《雲笈七籤》

　　二月八日，拔白，神仙良日。《四時纂要》

　　二月八日黃昏時沐浴，令人輕健。《雲笈七籤》

　　二月九日，忌食一切魚鱉。同上。

　　二月九日，勿食魚。仙家大忌。《白雲先生雜忌》

---

①　此句校本作“宜加綿襪以暖之”。

二月十四日，忌遠行，水陸並不可往。《雲笈七籤》

二月勿食黃花菜及陳葅，發痼痰，動痼氣。勿食大蒜，令人氣壅，關膈不通。勿食蓼子及雞子，滯人氣。勿食小蒜，傷人志性。勿食兔肉，令人神魂不安。勿食狐貉肉，傷人神。同上。

二月腎藏氣微，肝藏正王，宜净膈去痰，宜泄皮膚，令得微汗，以散去冬溫伏之氣。同上。

二月勿食梨。《梅師方》

二月勿食蓼，傷腎。《白雲先生雜忌》

二月勿食雞子，令人常惡心。《千金方》

二月宜食韭，大益人心。同上。

二月行途之間，勿飲陰地流泉，令人發瘧瘴，又損脚，令軟。《本草》

二月初，便須灸兩脚三里、絕骨對穴各七壯，以洩毒氣，至夏即無脚氣衝心之疾。《四時養生論》

二月之節不可食生冷。《千金月令》

二月中不可吊喪問疾，可衣夾衣。同上。

每至二月吐痰，緣中年向後，瀉多困憊，至於風勞氣冷，多起自痰涎。可取牛蒡子一合以上，羌活一兩，同牛蒡子擣爲末入，五更初，投新汲水一椀，打令勻，略起，東向服之，便臥良久，以撩胸膈，當吐，以盆盛之，勿令起坐。凡是壅滯痰涎出盡，至黃膽水最妙。盥漱訖，取炎餅，切，火上炙，令黃，便喫之。仍煎薑蜜湯下，至老不染瘴癘，縱病亦不能害人。《頤生論》

二、三月內天晴日，取薯蕷，洗去土，小刀子刮去黑皮後，又削去第二重白皮，約厚一分已來，於净紙上，著篩中曬，至夜收於紙籠內，著微火養之。至來日曬，以乾爲度。如未乾，天色陰，即

火焙，便爲乾薯藥，入丸散用。其第二重白皮，依前別曬焙取爲麵，絕補益。《四時纂要》

二月取百合根曝乾，搗作麵，細篩，絕益人。同上。

二月上壬日①，取土泥蠶屋，宜蠶。同上。

二月上丙日沐髮②，愈疾。南陽太守目盲，太原王景有沉痾，用之皆愈。同上。

二月上辰日，取道中土泥門户，辟官事。同上。

二月上壬日取土，泥屋四角，大宜蠶也。同上。

二月乙酉日，日中北首卧，合陰陽，有子即貴也。《四時纂要》

桃杏花，二月丁亥日收，陰乾爲末，戊子日和井花水服方寸匕，日三服，療婦人無子，大驗。同上。

二月庚寅日，勿食魚，大惡。《千金方》

驚蟄日，以石灰糝門限外，免蟲蟻出。《瑣碎録》

春分後，宜服神明散，其方用蒼朮、桔梗各二兩，附子一兩，炮，烏頭四兩，炮，細辛一兩，右搗篩爲散，絳囊盛。帶之方寸匕，一人帶一家無病。有染時氣者，新汲水調方寸匕，服之，取汗便差。《千金月令》

春秋二社，是日人家皆戒兒女夙興，以舊俗相傳，苟爲晏起，則社翁社婆遺屎其面上。其後面黄者是其驗也。吕公《歲時雜記》

社日，小學生以蔥繫竹竿上，於窗中托之，謂之開聰明。或加之以蒜，欲求能計算也。同上。

社日，學生皆給假，幼女輟女工。云是日不廢業，令人懵。同上。

---

① "上壬日"，校本作"上五日"。
② "上丙日"，校本作"上卯日"。

社日，飲酒治聾。同上。

<h2 align="center">三　月</h2>

三月一日，不得與女人同處，大忌之。《雲笈七籤》

三月三日，勿食百草。《外臺秘要方》

三月三日，採艾爲人以掛户，以備一歲之灸用。凡灸避人神之所在。《千金月令》

三月三日，取桃花末收之①，至七月七日取烏鷄血和，塗面及身，三二日後，光白如素。太平公主秘法。《四時纂要》

三月三日收桃葉，曬乾，搗篩，井花水服一錢，治心痛。同上。

三月三日是神日，勿食諸鱗物。《百一歌》

三月三日乃上巳日，可以採艾及蔓菁花療黄病。《月令》

上巳日，取黍麴和菜作羹，以壓時氣。《荆楚歲時記》

三月三日，取薺菜花鋪竈上及床席下，可辟蟲蟻，極驗。《瑣碎録》

三月三日，收苦練花或葉於席薦下，可辟虱蚤。同上。

三月三日，勿食鳥獸五藏及一切果菜五辛等物，大吉。《千金方》

三月三日取桃葉，一云桃根，搗取汁七升，以大醋一升同煎，令得五六分，先食，頓服之。隔宿無食，即屍蟲俱下。《本草》

三月三日勿食五藏肉、百草心。《雲笈七籤》《金書仙誌戒》

三月三日，取枸杞菜煮作湯沐浴，令人光澤，不病不老。《雲笈七籤》

三月六日申時洗頭，令人利官。七日平旦浴、日入時浴，並

---

①　"桃花末"，底本原形誤作"桃花米"，兹據校本改。

招財。《四時纂要》

三月六日，日入時沐浴，令人無厄。《雲笈七籤》

三月十一日，老子拔白日。《真誥》

三月十三日，拔白永不生。《四時纂要》

漢末有郭虞者，有三女，一女以三月上辰，一以上巳二日回，三女產乳並亡，迄今時俗以爲大忌。故於是月是日，婦女忌諱，不復止家，皆適東流水上，就適遠地祈被自潔濯也。《風土記》

三月十六日，忌遠行，水陸俱不可往。《雲笈七籤》

三月二十七日宜沐浴。同上。

三月宜食韭，大益人心。此出《千金方》。又按《雲笈七籤》曰：季春食韭發疾。

三月勿食生薤。《本草》

三月勿食小蒜，傷人志性。《千金方》

三月中可服單衣。《千金月令》

三月採桃花未開者，陰乾百日，與赤箭等分搗，和臘月豬脂，塗禿瘡，神效。《四時纂要》

三月食鷄子，終身昏亂。《白雲先生雜忌》

三月之節，宜飲松花酒。其法取糯米淘百遍，以神麴和。凡米一斗，用神麴五兩。春月取松花精，長五六寸者至一尺餘，鼠尾者，各三兩枚，細剉一升烝之，絹袋盛之，酒一升浸取，五日堪服。一服三合，日三服，久服神仙。《千金月令》

三月勿食脾，乃是季月土旺在脾故也。《千金方》

三月羊糞曬乾，燒灰存性，和輕粉麻油，可傅惡瘡。一名百草霜。《瑣碎錄》

三月勿食蛟龍肉及一切魚肉，令人飲食不化，發宿病，傷人神，氣恍惚。此出《千金方》。又按《纂要》曰：三月庚寅日食魚凶。

三月入衡山之陰，取不見日月松脂，煉而餌之，即不召而自來。服之百日，耐寒暑；二百日，五藏補益；服之五年，即見西王母①。同上。

三月不得食陳葅，夏熱病，發惡瘡。《本草》

三月採章陸，一名商陸，如人形者神，逐陰之精，此神草也。殺伏屍，去面䵟黑，益智不忘。男女五勞七傷，婦女乳産餘病，帶下結赤白皆愈。右用麴十斤，米三斗，加天門冬成末一斗，釀酒，漬章陸六日，便齋服，五日食減，二十日穀腸肥，容氣充茂，諸蟲皆去，耳目聰明，皆滅②。以月宿與鬼日家丁時，取商陸服如棗，日三。道士常種此藥草於静室之園，使人通神，令人不老長生，去三蟲，治百病，毒不能傷矣。《雲笈七籤》

春季月食生葵，令飲食不消化，發宿疾。《食療本草》

春季月末一十八日省甘增醎，以養腎氣。《千金方》

季春月陽熾陰伏，勿發泄大汗，以養藏氣；勿食馬肉，令人神魂不安；勿食麞鹿肉等，損氣損志。《雲笈七籤》

季春月，肝藏氣伏，心當向王，宜益肝補腎。是月火相水死，勿犯西北風；勿久處濕地，必招邪毒；勿大汗當風；勿露體星宿下，以招不祥之事。同上。

世傳婦人死於産蓐者，其鬼唯於一百五日得自湔濯，故人家於寒食前一日，皆畜水，是日不上井以避之。呂公《歲時雜記》

寒食日，取黍穰，於月德上取土，脫墼一百二十口，安宅福德

---

① "西王母"，校本作"西王女"。
② "皆滅"二字前疑有脱字，今本《雲笈七籤》卷八二有"瘢痕"二字。

上，令人致福。《四時纂要》

寒食日，以細袋盛麵，掛當風處。中暑調水服。《瑣碎録》

寒食日，水浸糯米，逐日換水，至小滿漉出，曬乾炒黄，碾末水調，療打撲傷損及諸瘡腫。同上。

寒食一百五日，預採大蓼曝乾，能治氣痢，用時擣羅爲末，食前粥米飲調下一錢，最效。同上。

清明前二日，夜鷄鳴時，炊黍米熟，取釜湯遍灑井口甕邊地，則無馬蚿，百蟲不近井甕，甚神驗。《齊民要術》

清明日，日未出時，采薺菜花枝候乾，夏日做挑燈杖，能祛蚊。薺菜亦名護生草，於清明日取花陰乾，暑月置近燈燭，則能令蚊蛾不侵。《瑣碎録》

清明日，熨斗内着火炒棗子，於卧帳内上下，令煙氣出，令一人問："炒甚底？"答曰："炒狗蚤。"凡七問七答，狗蚤不生矣。同上。

四　月

四月四日，日昳時沐浴，令人無訟。《雲笈七籤》

四月七日沐，令人大富。《四時纂要》

四月八日，不宜遠行，宜安心静念，沐浴齋戒，必得福慶。《攝生月令》

四月八日，勿食百草。《外臺秘要方》

四月八日，勿殺草伐樹。《金書仙誌戒》

四月八日，取枸杞菜煮作湯沐浴，令人光澤，不病不老。《雲笈七籤》

四月九日，日没時浴，令人長命。《四時纂要》

四月十六日拔白，則黑髮。同上。

四月，食雉令人氣逆，食鱔魚害人。《白雲先生雜忌》

四月之節，宜服新衣，宜進溫食，宜服暖藥，宜食羊腎臛。造羊腎臛法，右以兔絲子一兩研煮，取汁濾之，溲麵，切煮服。以羊腎一具，切炊作臛服之，尤療眼暗及赤痛。《千金月令》

四月之節，宜服附子湯。其方用附子一枚，炮，勿令焦，爲末，分作三服，以生薑一片，用水一升，煎取五合，明早空腹服。同上。

四月之節，宜食筍，以寬湯湧滿，先旋湯轉，然後投筍於中，令其自轉，不得攪，攪即破，候熟出之，如此則色青而軟，軟而不爛，可以食。和皮擘開，内粳米飯、細切羊肉，並土蘇椒、醶豉汁、鹽花等，却以麵封之，文火燒，聞香即熟。去皮，厚一寸截之，以進筍味，此最佳。同上。

四月之節，可以飲椹酒，尤治風熱之疾。可以造椹煎，其造椹煎法：用椹汁三斗、白蜜兩合、酥一兩、生薑汁一合，以重湯煮椹汁，取三升入鹽酥等，煮令得所，於不津器中貯之。每服一合，和酒調服，理百種風疾。同上。

四月爲乾，生氣卯，死氣酉。是月也，萬物以成，天地化生，勿冒極熱，勿大汗後當風，勿暴露星宿，皆成惡疾。《攝生月令》

四月，勿食鷄肉，勿食生薤。同上。

四月，宜補腎助肺，調和胃氣，無失其時。同上。

四月勿食葫，傷人神，損膽氣，令人喘悸，脅肋氣急。《千金方》

四月勿食暴鷄肉，作内疽。在胸腋下出漏孔。丈夫少陽[①]，婦人絕孕，虛勞之氣。同上。

---

① "丈夫"，底本原形誤作"文夫"，兹據校本改。

四月勿食蛇肉、鱓肉，損神害氣。_{同上。}

四月不得入房，避陰陽，純用事之月也。_{同上。}

四月勿食生蒜，傷人神，損膽氣。《食醫心鏡》

孟夏，夜臥早起，思無怒，勿泄大汗。《雲笈七籤》

凡臥，夏欲得頭向東，有所利益。_{同上。}

夏不用枕冷物鐵石等，令人眼暗。_{同上。}

夏月不得大醉。《四時養生論》

夏三月，每朝空心吃少蔥頭、酒，令血氣通暢。_{同上。}

風毒脚氣，因腎虛而得。人生命門，屬在於腎。夏月腎氣衰絕，若房色過度，即傷元氣而損壽，亦不宜多服疏藥。_{同上。}

夏三月①，宜用五枝湯澡浴，浴訖以香粉傅身，能祛瘴毒，疏風氣，滋血脈。其五枝湯方：用桑枝、槐枝、楮枝、柳枝、桃枝各一握，麻葉二斤，右前六味②，以水一石，煎至八斗許，去滓，温浴，一日一次。其傅身香粉方：粟米一斤作粉，如無粟米粉，以葛粉代之，得③；青木香、麻黄根、附子炮裂、甘松、藿香、零陵香、牡蠣，已上各二兩④；右件八味⑤，杵羅爲末，以生絹作袋盛之，浴畢傅身。_{同上。}

夏七十二日省苦增辛，以養肺氣。《千金方》

夏月宜食苦蕒以益心。《瑣碎録》

夏三月夜臥早起，無厭於日，使志無怒。《皇帝素問》⑥

---

① "三月"，校本誤作"二月"。
② "前"，校本作"件"。
③ 此處"一斤"至"得"句，校本作雙行注文。又"得"，校本作"亦得"。
④ "已上各二兩"五字校本作雙行注文。
⑤ "右件"，底本原誤作"六件"，兹據校本改。
⑥ 此四字據校本補。

夏不可食諸心。《金匱要略方》

<h2 style="text-align:center">五　月</h2>

五月一日，日中時沐浴，令人身光。此出《雲笈七籤》。又按《荆楚歲時記》曰：五月一日沐浴，令人吉利。

五月一日，取枸杞菜煮作湯沐浴，令人光澤，不病不老。《雲笈七籤》

塚上去及磚石主温疫①，五月一日取之瓦器中盛埋之，著門外堦下，闔家不患時氣。《本草》②

五月五日采索五色桃印爲門户飾，以止惡氣。《續漢書·禮儀志》③

五月五日取蟾蜍，可合惡疽瘡；取東行螻蛄，治婦難産。崔寔《四民月令》

五月五日蓄採衆藥，以蠲除毒氣。《太平御覽》

五月五日，荆楚人將艾以爲人，懸門户上，以禳毒氣。《荆楚歲時記》

五月五日，以五彩絲繫臂者，辟兵及鬼，令人不病温。《風俗通》

五月五日未明時採艾，見似人處，攬而收之，用灸有驗。《荆楚歲時記》

五月五日午時，採艾，治百病。《四時纂要》

五月五日取浮萍，陰乾，燒煙，去蚊子。《千金月令》

五月五日午時，採百藥心，相合擣，鑿桑樹心作孔，内藥於其中，以泥封之，滿百日開取暴乾，擣作末，以傅金瘡。同上。

---

① "去"，校本作"上"。頗疑"去"乃"土"之誤。

② 此處兩字出處校本無。

③ "續漢書"，底本原誤作"續汉言"。

五月五日，粽子等勿多食。食訖，以菖蒲酒投之。取菖蒲根節促者七莖，各長一寸，漬酒中服之，治傷損。同上。

五月五日午時，聚先所蓄時藥燒之，辟疫氣。或止燒术。《歲時雜記》①

五月五日正午時，於韭畔面東不語②，取蚯蚓糞乾而收之③，或爲魚刺鯁④，以少許擦咽外，刺即消，謂之六一泥。同上。

五月五日，目眚者⑤，以紅絹或開花⑥，凡紅赤之物以拭目而棄之，云得之者，代受其病。同上。

五月五日，取青蒿搗石灰，至午時，丸作餅子，收畜，凡金刃所傷者，錯末傅之。同上。

五月五日午時，宜合瘧疾鬼哭丹。先以好硇半兩，細碎，安於鐵銚內，以寒水石一兩爲末圍定，然後以瓷椀蓋却，濕紙封椀縫，炭火熬煙出，熏紙黃色即止。取出，以紙襯放地上，出火氣毒，良久，細研爲末，入龍腦、射香各少許，研匀後，以烝餅水泡爲丸如梧桐子大，朱砂爲衣，每服一丸。發日早晨於功德堂香煙上度過，面北方，井花水吞下，忌熱食、魚鮓、生果，十數日永瘥。此藥合時，忌婦人、僧尼、雞犬及孝服人見。如女人有疾，可令男子拈入口內，服之立效，藥不吐瀉。《四時養生論》

五月五日，用熨斗燒一棗，置床下，辟狗蚤。《瑣碎錄》

五月五日，作赤靈符着心前，禁辟五兵。《抱朴子》

---

① 此處出處前校本有"吕公"二字。
② "韭畔"，校本作"韭畦"，義長。
③ "取"字校本無。
④ "鯁"，校本作"所鯁"。
⑤ "目眚"，底本原作"生目"二字，當係"眚"字之誤，茲據校本改，義更明晰。
⑥ "開花"，校本作"榴花"。

五月五日午時，以朱砂寫茶字倒貼之，蛇蝎不敢近。《瑣碎錄》

五月五日五更，使一人堂中向空扇，一人問云："扇甚底"？答："扇蚊子。"①凡七問乃已，則無蚊蟲。同上。

五月五日午時，寫白字倒貼於柱上，四處則無蠅子。同上。

五月五日午時，望太陽將水咒曰："天上金鷄吃蚊子腦髓，燈心上吸太陽氣。"念咒七次，遇夜，將燈心點照，辟去蚊子。同上。

五月五日取鱉爪，著衣領中，令人不忘。同上。

五月五日，蒿苣成片，放櫥櫃內，辟蟲蛀衣帛等物。收蒿苣葉亦得。同上。

五月五日，取臘水灑屋下②，辟蚊蠅。同上。

五月五日，以葵子微炒，搗，羅爲末，患淋疾者，每食前以溫酒調下一錢，最驗。同上。

五月五日，取鯉魚枕骨燒服，止久痢。《千金方》

五月五日，勿以鯉魚子共豬肝食，必不消化，成惡疾。同上。

五月五日，鱉子共鮀魚子食之③，作癉黃。同上。

五月五日，取露草一百種，陰乾，燒爲灰，和井花水重煉，令釅醋爲餅，腋下挾之，乾即易，主腋氣臭，當抽一身間瘡出，即以小便洗之。《本草》

五月五日日中時，取葛根爲屑，療金瘡斷血，亦療痦。同上。

五月五日取豬齒治小兒驚癇，燒灰服，并治蛇蛟。同上。

五月五日，取蝙蝠倒懸者，曬乾，和桂薰陸香爲末燒之，蚊子去。同上。

---

① "扇"字校本無。

② "灑"，校本作"洗"。

③ "鮀魚子"，校本作"鮑魚子"。

五月五日，取東向桃枝，日未出時作三寸木人，著衣帶中，令人不忘。《千金翼方》

五月五日，採莧菜和馬齒莧爲末，等分，調與妊娠服之，易產。《食療本草》

五月五日，勿見血物。《雲笈七籤》

五月五日午時，桃仁一百箇①，去皮、尖，於乳鉢中細研成膏，不得犯生水，候成膏，入黃丹三錢，丸如梧桐子大，每服三丸。當瘧發日，面北，用溫酒吞下，如不飲酒，井花水亦得。合時忌鷄犬、婦人見。《本草》

端午日午時，或歲除夜，收豬心血同黃丹、乳香相和，研爲丸如鷄頭大，以紅絹裝盛掛於門上②，如有子死腹中者，冷酒磨下一丸。《博濟方》

端午日，取白礬一塊，自早日曬至晚收之。凡百蟲所嚙，以此末傅之。《瑣碎錄》

五月五日，以蘭湯沐浴。《大戴禮》

五月五日，取蠶蛾爲末，津調塗刺頭上，刺良久即出。本法用晚蠶蛾，蓋將臀倒點濕，繭子頭出者，生收，用竹筒兩頭有節者，於一頭錐穿，放入蛾，塞之，令自在乾死。遇有竹木等刺肉内不能出者，取少許爲末，點刺上即出。《廣惠方》

五月五日，取百草頭細剉曬乾，用紙裹收之。要用，取一撮，以白紙封角，勿令病人問③。以絳帛繫藥，先以眼案臂面北，繫

---

① "桃仁"，底本作"桃人"，兹據校本改。
② "裝"，校本作"袋"。
③ "問"，校本作"開"。

裏臁，藥下，以當三錢共繫之①。男左臂，女右臂，治一切瘡疾，極有驗。《千金方》②

五月五日，取蒜一片去皮，中破之，刀割令容巴豆一枚，去心皮，内蒜中，令合，以竹挾，以火炙之，取可熱，搗爲三圓③，遇患瘧者，未發前服一圓，不止，復與一圓。《肘後方》

五月五日及夏至日，取日未出時，面東汲井花水一盞，作三漱門閫中。如此四十日④，即口臭永除矣。《墨子秘録》

五月五日，取螢蟲研汁虹撚髮，白即黑矣⑤。同上。

五月五日，勿食一切菜，發百病。《瑣碎録》，又出《千金方》。

端午日午時，書“儀方”二字，倒貼於柱脚上，能辟蚊蟲。《瑣碎録》

端午收蜀葵赤白者，各掛陰乾⑥，治婦人赤白帶下。赤者治赤，白者治白，爲末，酒服之。《四時纂要》

端午日，採桑上木耳白如魚鱗者⑦，患喉閉者⑧，搗碎，棉裹如彈丸，蜜浸，含之便差。同上。

端午日日未出時，採百草頭，唯藥苗多即尤佳，不限多少，搗取濃汁，又取石灰三五升，取草汁相和，搗脱作餅子，曝乾。治一切金瘡，血立止，兼治小兒惡瘡。同上。

端午日取葵子燒作灰，收之。有患石淋者，水調方寸服之，

---

① “共”，校本作“奠”。
② 此條出處校本作“衛生千金方”五字。
③ 量詞“圓”校本作“丸”，本條下一處同。
④ “四十日”，校本作“三十日”。
⑤ 此處二句義略不通，校本作“取螢火蟲二七枚，撚髮，自黑矣”，義長。
⑥ “掛”，校本作“收”。
⑦ “魚鱗”，校本僅作一“魚”字。
⑧ “患”字上校本有一“有”字。

立愈。同上。

獨頭蒜五顆，黃丹一兩，午月午日午時中，擣蒜如泥，調黃丹爲丸，丸如鷄頭子大，曬乾。患心痛，醋磨一丸服之。同上。

端午日午時，不可取井花水沐浴，一年疫氣不去。《瑣碎録》

端午日午時有雨，將天雨水研朱砂，於好紙上書“龍”字，如小錢大，次年端午日午時有雨，用黑筆亦書“龍”字如前字大，二字合之，搓成小圓①，臨産用乳香煎湯吞下，男左女右握手②。本日午時無雨③，則前字不可用矣。同上。

蘩蔞，一名鷄腸草，主積聚，瘡痔不愈者④，五月五日日中採之，乾，燒作焦灰。《千金方》⑤

小蒜五月五日採，暴乾，疹主心煩悶⑥，解諸毒。小兒丹癠。同上。

五月二十日，宜拔白。《四時纂要》⑦

五月君子齋戒，節嗜欲，適寒温⑧。五月五日、六日、十六日別寢⑨，犯之三年，致大病⑩。同上。

五月五日、六日、七日、十五日、十六日、十七日、二十五日、二十六日、二十七日九毒日，忌房事。犯之，不過三年。《瑣碎録》

五月俗稱惡月，俗多六齋放生。案《月令》“仲夏陰陽交，死

① 此句校本作“圓作小丸”。
② “手”，校本作“出”。
③ 此句校本作“如次年午時無雨”，略不同。
④ 此二句校本作“主積年惡瘡痔不愈者”。
⑤ 此處出處三字底本無，據校本補。
⑥ 此句校本作“葉主心煩痛”，略不同。
⑦ 此處出處四字底本無，據校本補。
⑧ 此句校本作“薄滋味”。
⑨ “五月”，校本作“是月”。“六日”，底本原作“六月”，誤，兹據校本改。
⑩ 此句校本作“致卒”。

生分，君子齋戒，止聲色，節嗜慾"也。董勛《問禮俗》

五月，勿食韭，令人乏氣力。此出《金匱要略方》，又《白雲先生雜忌》云損人目①。

俗忌五月上屋，害人②。五月脫精神③，如上屋，即自見其形，魂魄則不安矣。《酉陽雜俎》

俗忌五月曝床薦席。按《說苑》云④，新野庾寔嘗以五月曝席，忽見一小兒死在席上，俄失之，其後寔子遂亡。《太平御覽》⑤

五月宜服五味子湯。其方取五味子一大合，以木杵臼擣之，置小瓷瓶中，以百沸湯點入少蜜，即密封頭⑥，置火邊良久，乃堪服。《千金月令》

五月，勿食肥濃，勿食煮餅，伏陰在內。可食溫暖之味。《月令圖經》

五月，勿食麞肉，傷人神氣。《千金方》

五月⑦，勿食馬肉，傷人神氣。同上。

五月，勿食澤中停水，令人患鱉瘕病也。《本草》

五月戊辰日，用豬頭祭竈，令人百事通泰。《墨子秘錄》

五月，勿食鹿，傷神。《本草》

五月食未成核果，令人發癰節及寒熱。同上。

仲夏，勿大汗當風，勿暴露星宿，皆成惡疾；勿食雞肉，生癰疽、漏瘡；勿食虵鱔等肉，食則令人折算壽，神氣不安。《雲笈七籤》

---

① "損人目"三字底本無，茲據校本補。
② "害人"，校本作"言人"，屬下讀。
③ "脫"，校本作"蛻"。
④ "說苑"，校本作"異苑"。
⑤ "太平御覽"，底本原誤作"太平易覽"，茲據校本改。
⑥ "密封"，底本原作"蜜封"，茲據校本改。
⑦ "五月"，底本原作"十月"，誤。

夏至，浚井改水，可去温病。《續漢書禮儀志》

夏至，着五綵辟兵，題曰遊光厲鬼，知其名者，無温疾。《風俗
通》①

京輔舊俗皆謂夏至日食百家飯，則耐夏，然百家飯難集，相
會於姓柏人家，求飯以當之。吕公《歲時雜記》

夏至一陰生，皆服餌硫黄，以析陰氣②。同上。今服金液丹也。

夏至日採映日果，即無花果也，治咽喉。同上。

夏至後迄秋分，勿食肥膩餅臛之屬，此與酒漿果瓜相妨，入
秋節變生，多諸暴③。《雲笈七籤》

六　月

六月一日沐，令人去疾攘灾④。《四時纂要》

六月六日，沐浴齋戒，絶其營俗。此出《雲笈七籤》。又按《瑣碎録》
云：六月六日忌沐浴，俗云令人狐臭。

六月六日，勿起土。《金書仙誌戒》

六月七日、八日、二十一日浴，令人去疾禳灾。《四時纂要》

六月十九日拔白永不生。同上。

六月二十四日，老子拔白日。《真誥》

六月二十四日，忌遠行，水陸俱不可往。《雲笈七籤》

六月二十七日，食时沐浴，令人輕健。同上。

六月二十七日，取枸杞菜煮作湯沐浴，令人光澤，不病不老。
同上。

---

① “風俗通”三字底本原作大字，然意指此條之出處，非正文，故今據體例改作
小字。

② “析”，校本作“折”。

③ “暴”字下，校本有一“下”字。

④ “攘灾”，校本作“禳灾”，義同。

六月可以飲烏梅漿止渴。其造梅漿法：用破烏梅並取核中人碎之，以少蜜內，熟湯調之。《千金月令》

六月可以飲木瓜漿。其造木瓜漿法：用木瓜削去皮，細切，以湯淋之，加少薑汁，沉之井中，冷以進之。同上。

六月勿食澤水，令人病鼈瘕。《四時纂要》

六月食韭目昏。《千金方》

六月勿食脾，乃是季月土旺在脾故也。同上。

六月勿食茱萸，傷神氣。同上。

六月勿食羊肉，傷人神氣。同上。

六月勿食鶩肉，傷人神氣。同上。

六月勿食雁肉，傷人神氣。同上。

季夏增醎減甘，以資腎藏。是月腎藏氣微，脾藏絕王，宜減肥濃之物；宜助腎氣，益固筋骨，切慎賊形之氣；勿沐浴後當風，勿專用冷水浸手足，慎東來邪風，犯之令人手癱緩、體重、氣短、四肢無力。《雲笈七籤》

季夏勿食羊血，損人神魂，少志健忘。勿食生葵，必成水癖。同上。

夏季月末一十八日，省甘增醎，以養腎氣。《千金方》

夏季月食露葵者，犬噬，終生不瘥。《四時纂要》

夏季之月土王時，勿食生葵菜，令人飲食不消化，發宿病。《千金方》

暑月不可露臥。《瑣碎録》

暑月極熱，扇手心，則五體俱涼。同上。

造醬於三伏內，黃道日浸豆，黃道日烝拌黃。忌婦人見，即無蝸蟲。同上。

六月伏日，並作湯餅，名爲辟惡。《荆楚歲時記》

伏日切不可迎婦，婦死已，不還家。《四時纂要》

三伏日，宜服腎瀝湯，治丈夫虚羸、五勞七傷、風温、腎藏虚竭、耳聾目暗。其方：用乾地黄，六分。黄芪，六分。白伏苓，六分。五味子，四兩。羚羊角屑，四兩。桑螵蛸，四兩，微炙①。地骨皮，四兩。桂心，四兩。麥門冬，去心，五分。防風，五分。磁石，十二分，碎如棋子，洗至十數遍，令黑汁盡。白羊腎，一具，豬亦得。去脂膜，如柳葉切。② 右以水四大升，先煮腎，耗水升半許，即去水上肥沫等，去腎滓，取腎汁煎諸藥，取火大合，絞去滓，澄清。分爲三服。三伏日各服一劑，極補虚，復治丈夫百病。藥亦可以隨人加減。忌大蒜、生蔥、冷、陳、滑物。平旦空心服之。此出《四時纂要》。又按《千金方》云：夏大熱則服腎瀝湯三劑，百病不生。

養生月覽上

---

① "微炙"，底本原作"破炙"，不通，兹據校本改。
② 此條上述注文小字，底本原皆作正文大字，兹據校本及上下文體例校改。

養生月覽下

榕庵　周守忠　纂集①

鄉貢進士錢塘縣知縣樵陽謝潁校正重刊

七　月

七月七日，勿念惡事，仙家大忌。《白雲先生雜忌》

七月七日取麻勃一升，人參半升，合烝，氣盡令遍，服一刀圭，令人知未然之事。《四時纂要》

七月七日取商陸根細切，以玄水漬之三日，陰乾，可治爲末，服方寸匕，以水服下，日三服，百日伏屍盡下，出如人狀，醮埋之。祝曰：伏屍當屬地，我當屬天，無復相召。即去隨故道無還顧。常先服之，禁一切血肉辛菜物。《雲笈七籤》

七月七日取菖蒲，酒服三方寸匕，飲酒不醉，好事者服之獲驗。不可犯鐵，若犯之，令人吐逆。《千金方》

七月七日採松子，過時即落，不可得。治服方寸匕，日三四，一云一服三合。百日身輕，二百日行五百里。絕穀服昇仙，得飲水，亦可和脂服之，丸如梧桐子大，服十丸。同上。

七月七日午時，取生瓜葉七枚，直入北堂，面向南立，以拭面靨②，即當滅矣。《淮南子》

---

① "周守忠"，底本原作"周守中"，茲逕據上卷校改。

② "靨"，底本改下"面"作"黑"，俗寫，茲據校本典正。

七月七日取烏鷄血和三月三日桃花末，塗面及遍身，二三日，肌白如玉。《太平御覽》①

七月七日採守宮陰乾，合以井花水，和塗女身，有文章。如以丹塗之，塗不去者不淫，去者有姦。此出《淮南萬畢術》。又按《博物志》曰：蝘蜓以器養之，食以朱砂，體盡赤，所食滿七斤，搗萬杵，以點女人支體，終身不滅，故號曰守宮。又按《萬畢術》曰：守宮飾女臂有文章，取守宮新合陰陽已牝牡各一，藏之甕中，陰百日，以飾女臂，則生文章，與男子合陰陽輒滅去。

七月七日，其夜灑掃於庭，露施几筵，設酒脯時果，散香粉於筵上，以祈牽牛織女，見天漢中②，有奕奕白氣，有光耀五色，以此爲徵應。見者便拜，而願乞富乞壽，無子乞子。唯得乞一③，不得，兼求二年乃得④。言之頗有受其祚者。《風土記》

七月七日取赤小豆，男吞一七粒，女吞一七粒⑤，令人畢歲無病。韋氏《月錄》

七月七日曬曝革裘，無蟲。同上。

七月七日取蜘蛛綱一枚，着衣領中，令人不忘。此出《四時纂要》。又按《墨子秘錄》云：七夕日取蜘蛛陰乾，内衣領中，令人不忘，記事多。

七月七日取苦瓠瓢白，絞取汁一合，以酢一升，古錢七文和漬，微火煎之，減半，以沫内眼眥中，治眼暗。《千金方》

七夕取烏鷄血，點塗手面三日，爛白如玉，傅身亦三日，以温湯浴之。《墨子秘錄》

七夕取露蜂蛹子百枚，陰百日，令乾，碾末，用蜜和塗之，可

---

① “太平御覽”四字底本作正文大字，今據校本及體例改作小字。
② “天漢”，底本原作“大漢”，兹據校本改。
③ “唯”，校本作“爲”。
④ “二”，校本作“三”。
⑤ “一七”，校本作“二七”。

除黔黯。同上。

七夕日取螢火蟲二七枚，撚髮自黑矣。同上。

七夕日取百合根，熟搗，用新瓦器盛，密封，掛於門上。桂陰乾百日①，拔白髮，用藥搽之，即生黑髮矣。同上。

七夕日，取螢火蟲、蝦蟆，端午日鼠膽、伏翼，和服半寸匕，三七日見鬼，可與語，指伏，實矣。同上。

七夕日取赤腹蜘蛛，於屋下陰百日，乾，取塗足，可行水上矣。同上。

七月十一日，取枸杞菜煮作湯沐浴，令人光澤，不病不老。《雲笈七籤》

七月十五日中元日，可行道建齋，修身謝過。《正一修身旨要》

七月十五日，取佛座下土，着臍中，令人多智也。《四時纂要》

七月十五日收赤浮萍，用筲箕盛，放桶盛水②，曬乾爲末，遇冬雪寒水調三錢服③，又用漢椒末抹浮萍擦身上，則熱不畏寒。詩云："不傍江津不傍岸，用時須用七月半。冷水裏面下三錢，假饒鐵人也出汗。"《瑣碎錄》

當以七月十六日，去手足爪，燒作灰服之，即自滅消九蟲，下三屍。《雲笈七籤》

七月二十二日沐④，令髮不白。《四時纂要》

七月二十五日浴，令人長壽。同上。

七月二十五日早食時沐浴，令人進道。《雲笈七籤》

---

① "桂"，校本同，然義似有不暢。
② "放"，底本原作"故"，不通，茲據校本改。
③ "冬雪"，底本原作"冬雷"，不通，茲據校本改。
④ "二十二日"，校本作"二十三日"。

七月二十八日拔白，終身不白。《四時纂要》

七月丑日，取富家中庭上泥甕，令人富。勿令人知。此出《本草》。又按《墨子秘録》云：七月内取富家田中土塗甕，大富也。

七月食蕈，上有蠋蟲，害人。《白雲先生雜忌》

七月食薤損目。同上。

七月收角蒿，置氈褥、書籍中，辟蛀蟲。《四時纂要》

七月之節，宜出衣服、圖書以暴之。《千金月令》

七月勿食麖芰①，作蟯蟲。《千金方》

七月勿食茱萸，傷神氣。同上。

七月勿食生蜜，令人暴下發霍亂。同上。

七月勿食菱肉②，動氣。《本草》

七月勿食雁，傷神。《孫真人食忌》

立秋日人未動時，汲井花水，長幼皆呷之。吕公《歲時雜記》

立秋日，以秋水下赤小豆，云止赤白痢。同上。

立秋日，太陽未昇，採楸葉熬爲膏，傅瘡瘍，立愈。謂之楸葉膏。《瑣碎録》

立秋日不可浴，令人皮膚粗燥，因生白屑。同上。

立秋後五日，瓜不可食。《千金月令》

入秋小腹多冷者，用古磚煮汁服之，主噦氣。又令患處熨之三五度，差。《本草》

七月中暑氣將伏，宜以稍冷爲理，宜食竹葉粥。其竹葉粥法：取淡竹葉一握，栀子兩枚，切，熬以水煎，澄，取漬，即細淅粳米，研取泔，下米於竹葉栀子汁中，旋點泔煮之，候熟，下鹽花進

---

① “麖芰”，校本作“菠芰”。
② “菱肉”，校本作“麖肉”。

之。《千金月令》

秋服黃芪等丸一兩劑,則百病不生。《千金方》

秋不可食諸肺。《金匱要略方》

立秋後,宜服張仲景八味地黃圓①,治男子虛羸百疾,衆所不療者。久服輕身不老,加以攝養,則成地仙。其方用乾地黃,半斤。乾薯藥②,四兩。白茯苓,二兩。牡丹皮,二兩。澤瀉,二兩。附子,炮,二兩。肉桂,一兩③。山茱萸,四兩,湯,炮五遍。右擣篩蜜爲圓,如梧桐子大,每日空腹酒下二十圓。如稍覺熱,即大黃圓一服,通輕尤妙。此出《四時纂要》。又按《養生論》內一味,用熟乾地黃。

秋三月早臥早起,與雞俱興。《皇帝素問》

秋七十二日,省辛增酸,以養肝氣。《千金方》

秋日宜足腦俱凍。《雲笈七籤》

凡臥秋欲得頭向西,有所利益。同上。

秋初夏末,熟氣酷甚,不可於中庭脫露身背,受風取涼。五藏俞穴,並會於背,或令人扇風,或揎露手足,此中風之源④。若初染諸疾,便宜服八味圓⑤,大能補理腑臟,驅禦邪氣。仍忌三白,恐衝剋藥性。出《四時養生論》。其八味圓方已具在前,唯前方用乾地黃,此方用熟乾地黃。

八　月

八月一日已後,即微火暖足,勿令下冷無生意。《千金方》

弘農鄧紹,八月朝入華山,見一童子以五色囊承取柏葉下

---

① "圓",校本作"丸",義近同。下一處同。
② "乾薯藥",底本原作"乾署藥",茲據校本改。又,頗疑"藥"乃"葉"之誤。
③ "一兩",校本作"二兩"。
④ "風"上二字,底本略殘泐不能辨,茲據校本補。
⑤ "圓",校本作"丸"。本條下一處"圓",校本則同。

露，露皆如珠子。亦云赤松先生取以明目。今八月朝作眼明囊也。《續齊諧記》

八月三日宜浴。《四時纂要》

八月四日，勿市附足物，仙家大忌。同上。

八月七日沐，令人聰明。同上。

八月八日，以枸杞菜煮作湯沐浴①，令人光澤，不病不老。《雲笈七籤》

八月八日不宜眠。《千金月令》

八月十日，四民並以朱點小兒頭，名爲天灸，以厭疾也。《荆楚歲時記》

八月十九日拔白，永不生。《四時纂要》

八月二十二日日出時沐浴，令人無非禍。《雲笈七籤》

八月二十日②，宜浴。《四時纂要》

八月辰日施錢一文，日倍還富貴。《墨子秘録》

八月可食韭，並可食露葵。《千金月令》

八月勿食生蒜，傷人神，損膽氣。《食醫心鏡》③

八月勿食葫，傷人神，損膽氣，令人喘悸，脅肋氣急。《千金方》

八月勿食薑，傷人神，損壽。同上。

八月勿食豬肺，及粃和食之，至冬發疽。同上。

八月勿食鷄肉，傷人神氣。同上。

八月勿食雉肉，損人神氣。同上。又云八月建酉日食雉肉，令人短氣④。

---

① "以"，校本作"取"。
② "二十"，校本作"二十五"。
③ 此條出處四字底本無，據校本補。
④ "氣"字下校本有一"也"字。

八月勿食麕肉，動氣。《本草》

八月勿食芹菜，恐病蛟龍瘕，發則似癲，面色青黃，小腹脹。同上。

八月行途之間，勿飲陰地流泉，令人發瘧瘴，又損脚令軟。同上。

仲秋宜增酸減辛，以養肝氣。無令極乾[1]，令人壅。《雲笈七籤》

八月勿食生蜜，多作霍亂。同上。

八月勿食生果子，令人多瘡。同上。

仲秋肝藏少氣，肺藏獨王，宜助肝氣，補筋養脾胃。同上。

八月起居以時，勿犯賊邪之風，勿增肥腥，令人霍亂。同上。

八月勿食鷄子，傷神。《四時纂要》

八月宜合三勒漿，非此月則不佳矣。其法用訶梨勒、毗梨勒、庵摩勒[2]，以上並和核用，各三兩，搗如麻豆大，用細白蜜一斗，以新汲水二斗，熟調，投乾净五斗瓷甕中，即下三勒末，熟攪，數重紙密封[3]。三四日開，更攪，以乾净綿拭去汗，候發定，即止，但密封。此月一日合，滿三十日即成。味至日美，飲之醉人，消食下氣。同上。

八月陰氣始盛，冷疾者宜以防之。《千金月令》

八月採楮實，水浸去皮瓤，取中子日乾，仙方單服其實，正赤時取中子陰乾，篩末，水服二錢匕，益久乃佳。《本草圖經》

八月前，每箇蟹腹内，有稻穀一顆，用輸海神，待輸芒後，過

---

① “乾”，校本作“飽”。

② “毗梨勒”，校本作“毘梨勒”。

③ “密封”，底本原作“蜜封”，兹據校本改。本條下一處“密封”同。

八月方食。未經霜有毒。《食療本草》

秋分之日，不可殺生，不可以行刑罰，不可以處房帷，不可吊喪問疾，不可以大醉。君子必齋戒静專以自檢。《千金月令》

九　月

九月九日，採菊花與茯苓、松柏脂丸服，令人不老。《太清諸草本方》

九月九日，俗以茱萸插房頭，言辟惡氣而禦初寒。周處《風土記》

九月九日佩茱萸，食餌，飲菊花酒，令人長壽。《西京雜記》

九月九日以菊花釀酒，其香且治頭風。吕公《歲時雜記》

九月九日天欲明時，以片餻搭兒頭上，乳保祝禱云，如此云百事皆高也。同上。

九月九日收枸杞浸酒飲，不老，亦不髮白，兼去一切風。《四時纂要》

九月九日菊花暴乾，取家糯米一斗烝熟，用五兩菊花末溲拌①，如常醖法，多用細麵麴，爲候酒熟，即壓之去滓，每暖一小盞服，治頭風頭旋。《聖惠方》

九月九日，真菊花末飲服方寸匕，治酒醉不醒。《外臺秘要方》

九月九日，勿起床席。《金書仙誌戒》

九月十六日，老子拔白日。《真誥》

九月十八日，忌遠行，不達其所。《雲笈七籤》

九月二十日，宜齋戒沐浴，浄念，必得吉事，天祐人福。同上。

九月二十日，鷄三唱時沐浴，令人辟兵。同上。

---

① “溲”，校本作“同”。

九月二十一日，取枸杞菜煮作湯沐浴，令人光澤，不病不老。同上。

九月二十八日，宜浴。《四時纂要》

九月之節，始服夾衣。陰氣既衰，陽氣未伏，可以餌補修之藥。《千金月令》

九月中，宜進地黃湯。其法：取地黃净洗，以竹刀子薄切，暴乾，每作湯時，先微火熬，碾爲末，煎如茶法。同上。

九月食薑損目。此出《千金方》。又曰：九月勿食薑，傷人神損壽。

九月勿食脾，乃是季月土旺在脾故也。同上。

九月勿食犬肉，傷人神氣。同上。

九月食霜下瓜，血必冬發。此出《本草》。又孫真人云：食霜下瓜成反胃病。

九月食麕肉動氣。同上。

州縣城及人家，九月内於戌地開坎，深三尺以上①，埋炭五斤或五十斤或五百斤②。戌火墓也，自然無火灾。《千金方》

秋季月末一十八日，省甘增醎，以養胃氣。同上。

秋季之月土王時，勿食生葵菜，令人飲食不化，發宿病。同上。

季秋節約生冷，以防厲疾。勿食諸薑，食之成痼疾；勿食小蒜，傷神損壽，魂魄不安；勿食箓子③，損人志氣；勿以豬肝和餳同食，至冬成嗽病，經年不差；勿食鴉、雉等肉④，損人神氣；勿食鷄肉，令人魂不安，魄驚散。《雲笈七籤》

---

① "以上"，校本作"以土"，則屬下讀。
② "五斤"下校本尚有"或五秤"三字。
③ "箓子"，校本作"蓼子"。
④ "鴉"，底本原作"雅"，兹據校本改。

　　季秋肝藏氣微，肺金用事，宜增酸以益肝氣，助筋補血，以及其時。同上。

　　九月十日，取章陸根三十斤淨洗，粗切長二寸許，勿令中風也。絹囊盡盛，懸屋北，六十日陰燥爲末，以方寸匕水服之，旦先食服。十日見鬼；六十日使鬼取金銀寶物、作屋舍，隨意所欲；八十日見千里；百日身飛行，登風履雲，腸化爲筋；久服成仙矣。同上。

十　月

　　十月一日宜沐浴。《四時纂要》

　　十月四日，勿責罰人，仙家大忌。同上。又按《雲笈七籤》云：十月五日，勿責罰人也。

　　十月十日宜拔白。同上。

　　十月十三日，老子拔白日。《真誥》

　　十月十四日，取枸杞菜煮作湯沐浴，令人光澤，不病不老。《雲笈七籤》

　　十月十五日，下元日，可行道建齋，修身謝過。《正一修身旨要》

　　十月十八日，雞初鳴時沐浴，令人長壽。《雲笈七籤》

　　十月上亥日，採枸杞子二升，採時面東摘。生地黃汁三升，以好酒二升，於瓷缾內浸二十一日取出，研，令地黃汁同浸，攪之，却，以三重封其頭了，更浸，候至立春前三日開。已過，逐日空心飲一盃，至立春後，髭鬢變白，補益精氣，服之耐老，輕身無比。《經驗後方》

　　十月上巳日，採槐子服之。槐者，虛星之精，去百病，長生通神。《太清草本方》

　　十月之節，始服寒服。《千金月令》

十月宜進棗湯。其棗湯法：取大棗除去皮核，中破之，於文武火上翻覆炙令香，然後煮作湯。同上。

十月勿食豬肉，發宿病①。《白雲先生雜忌》

十月勿食椒，損心傷血脈。《千金方》

十月勿食生薤，令人多涕唾。同上。

十月勿食被霜菜，令人面上無光澤，眼目澀痛。同上。

十月不得入房，避陰陽，純用事之月也。同上。

十月食獐肉，動氣②。《本草》

冬七十二日，省鹹增苦，以養心氣。《千金方》

冬月勿以梨攪熱酒而飲，令頭旋不可枝梧。《瑣碎錄》

冬不可食豬腎。《金匱要略方》

冬月伸足臥，則一身俱暖。同上。

冬夜臥，衣被蓋覆太暖，睡覺張目，出其毒氣，則永無眼疾。同上。

凡臥，冬欲得頭向西，有所利益。《雲笈七籤》

冬日宜溫足凍腦。同上。

孟冬，早臥晚起，必候天曉，使至溫暢。無泄大汗，勿犯冰凍。溫養神氣，無令邪氣外至。同上。

冬不用枕冷物、鐵石等，令人眼暗。同上。

冬月夜長及性熱，少食溫軟物。食訖搖動令消，不爾成脚氣。同上。

冬月食芋不發病③，他時月不可食。《本草》

①　"宿病"，校本作"宿疾"，義同。
②　"獐"，校本作"麞"。
③　"芋"，校本作"羊"。

冬月不宜多食蔥。同上。

冬三月早卧晚起，必待日光。《皇帝素問》

冬服藥酒兩三劑，立春則止，終身常爾，則百病不生。《千金方》

冬月宜服鍾乳酒，主補膏髓，益氣力，逐濕。其方用乾地黄，八分。菖藤，一升，熬，別爛擣。牛膝，四兩。五加皮，四兩。地骨皮，四兩。桂心，二兩。防風，二兩。仙靈脾，三兩。鍾乳，五兩，甘草湯浸三日，以半升牛乳瓷瓶中浸炊。於炊飯上烝之，牛乳盡出，暖水净陶洗，碎如麻豆。① 右諸藥並細剉，布袋子貯，浸於三斗酒中，五日後可取飲。出一升，清酒量其藥味，即出藥。起十月一日至立春止。忌生蔥、陳臭物。《四時纂要》

十一月

十一月十日、十一日，拔白永不生。《四時纂要》

十一月十一日，不可沐浴，仙家大忌。同上，並《雲笈七籤》。又按《千金月令》云：十一日宜沐浴。

十一月十一日，取枸杞菜煮作湯沐浴，令人光澤，不病不老。《雲笈七籤》

十一月十五日，過夜半時沐浴，令人不憂畏。同上。

十一月十六日沐浴，吉。《四時纂要》

十一月勿食龜鱉，令人水病。同上。

十一月勿食陳脯。同上。又按《千金方》云：十一月勿食經夏臭脯，成永病，頭眩陰瘻。

十一月勿食鴛鴦，令人惡心。同上。

---

① 自"於炊飯"至此處四句，底本、校本皆作正文大字，然據文義及上下文體例，頗疑此四句或係繼續解釋鍾乳製作之注文，當作小字。

十一月勿食生菜，令人發宿疾。<small>同上。</small>

十一月勿食生薤，令人多涕唾。<small>《千金方》</small>

十一月勿食鼠肉、燕肉，損人神氣。<small>同上。</small>

十一月勿食鰕蚌著甲之物。<small>同上。</small>

十一月食獐肉，動氣。<small>《本草》</small>①

十一月陰陽爭，冬至前後各五日別寢。<small>《四時纂要》</small>

十一月取章陸根淨洗，粗切長二寸許，勿令中風也。絹囊盡盛，懸屋北六十日②，陰燥爲末，以方寸匕水服之，旦先食服。十日見鬼；六十日使鬼取金銀寶物、作屋舍，隨意所欲；八十日見千里；百日身飛行，登風履雲，腸化爲筋；久服成仙矣。<small>《雲笈七籤》</small>

仲冬，勿以炎火炙腹背；勿食蚫肉，傷人神魂；勿食焙肉，宜減醎增苦，以助其神氣；勿食螺蚌蟹鱉等物，損人志氣，長屍蟲；勿食經夏黍米中脯臘，食之成水癖疾。<small>同上。</small>

仲冬腎氣正王，心肺衰，宜助肺安神，補理脾胃，無乖其時。勿暴溫暖，切慎東南賊邪之風。犯之令人多汗，面腫，腰脊強痛，四肢不通。<small>同上。</small>

十一月之節，可以餌補藥，不可以餌大熱之藥，宜早食，宜進宿熟之肉③。<small>《千金月令》</small>

共工氏有不才子，以冬至日死，爲疫鬼，畏赤小豆。故冬至日，以赤小豆粥厭之。<small>《四時纂要》</small>

冬至日鑽燧取火，可去溫病。<small>《續漢書·禮儀志》</small>

冬至日陽氣歸內，腹中熱，物入胃易消化。<small>《養生要集》</small>

---

① 校本中，此條與上一條前後次序互換。
② "屋北"，底本原誤作"屋其"，兹據校本及上下文改。
③ "宜"，校本無。

冬至日勿多言，一陽方生，不可大用。《瑣碎録》

每冬至日，於北壁下厚鋪草而臥，云受元氣。《千金方》

冬至日取胡蘆盛蔥汁、根莖，埋於庭中，到夏至發之，盡爲水，以漬金玉銀青石各三分，自消矣。曝令乾，如飴，可休糧，久服神仙，名曰神仙消金玉漿，又曰金漿。《三洞要録》①

仲冬之月，日短至，陰陽爭，諸生蕩，君子齋戒，處必掩身，身欲寧，去聲色，禁嗜欲，安形性，事欲靜，以待陰陽之所定。《禮記》

十二月

十二月一日宜沐浴。《雲笈七籤》

十二月二日宜浴，去灾。《四時纂要》

十二月三日，宜齋戒，燒香念仙。《雲笈七籤》

十二月七日拔白，永不生。《四時纂要》

十二月八日沐浴，轉除罪障。《荆楚歲時雜記》

十二月十三日，夜半時沐浴，令人得玉女侍房。《雲笈七籤》

十二月十五日沐浴，去灾。《四時纂要》

十二月二十三日沐，吉。同上。

十二月二十四日，床底點燈，謂之照虛耗也。《夢葉録》②

十二月勿食牛肉，傷人神氣。《千金方》

十二月勿食生薤，令人多涕唾。同上。又按《雲笈七籤》云：季冬勿食生薤，增痰飲疾。

十二月勿食蟹鱉，損人神氣。又六甲食之，害人心神。同上。

十二月勿食鰕蚌著甲之物。同上。

十二月勿食麢肉，動氣。《本草》

---

① “三洞”，底本原作“二洞”，兹據校本改。

② 此條出處，校本作“瑣碎録”。

十二月勿食脾，乃是季月土旺在脾故也。《千金方》

冬季之月土王時，勿食生葵菜，令人飲食不化，發宿疾。同上。

冬季月末一十八日，省甘增醎，以養腎氣。同上。

冬季去凍就溫，勿泄皮膚大汗，以助胃氣，勿甚溫暖，勿犯大雪。是月肺藏氣微，腎藏方王，可減醎增苦，以養其神。宜小宣，不欲全補。是月衆陽俱息，水氣獨行，慎邪風，勿傷筋骨，勿妄針刺，以其血凝津液不行。《雲笈七籤》

季冬勿食豬犬肉，傷人神氣；勿食霜死之果菜，失人顏色；勿食自死肉，傷人神魂；勿食生椒，傷人血脈。同上。

十二月癸丑日造門，令盜賊不敢來。《墨子秘錄》

十二月上亥日，取豬肪脂內新瓦器中，埋亥地百日，主癰疽，名膃脂，方家用之。又一斤脂，著雞子白十四枚更良。《本草》

宣帝時陰子方者，臘日晨炊，而竈神形見，子方再拜，以黃羊祀之。自是以後，暴至巨富。故後常以臘日祠竈[1]。《搜神記》

歲暮臘埋圓石於宅隅，雜以桃核七枚，則無鬼疫。《淮南萬畢術》

臘夜持椒三七粒臥井旁，勿與人言，投於井中，除溫疫。《養生要術》

臘日掛豬耳於堂梁上，令人致富。《四時纂要》

臘日收豬脂，勿令經水，新器盛，埋亥地百日，治癰疽。此月收亦得。同上。又按《孫真人食忌》云：臘月豬肪脂，可煎膏用之。

臘日取皂角燒爲末，遇時疫，早起，以井花水調一錢，服之必效，差。同上。

---

① "常"，底本原作"當"，茲據校本改。

臘月勿歌舞，犯者必凶。《千金方》

臘月空心用炙餅卷板豬脂食之，不生瘡疥，久服身體光滑。《瑣碎録》

臘日取豬脂四兩懸於廁上①，入夏，一家即無蠅子。同上。

臘日取活鼠以油煎爲膏，湯火瘡滅瘢疵極良。《本草圖經》

臘後遇除日，取鼠頭燒灰②，於子地上埋之，永無鼠耗。《瑣碎録》

臘月好合藥餌，經久不喝。《四時纂要》

臘月水日曬薦席，能去蚤蝨。《瑣碎録》

臘月收雄狐膽，若有人卒暴亡，未移時者，温水微研，灌入喉即活。常須預備救人，移時即無及矣。《續傳信方》

臘月好合茵陳圓療瘴氣、時疫、温黄等。若嶺表行，此藥常須隨身。其方用茵陳，四兩。大黄，五兩。豉心，五合③，熬令香。恒山，三兩。梔子仁④，三兩，熬。硝硝，三兩。杏仁⑤，三兩，去皮尖熟研後入之。鱉甲，二兩，炙，去膜⑥，酒及醋塗炙⑦。巴豆，一兩，去皮心熬，別研入之。右九味搗篩，蜜和爲圓。初得時氣，三日旦飲服五圓，如梧桐子大。如人行十里，或利或汗，或吐或不吐，不汗利等，更服一圓，五里久不覺，即以熱飲促之。老小以意酌度。凡黄病、痰癖、時氣、傷寒、痎瘧、小兒熱欲發癇，服之無不差，療瘴神效，赤白痢亦效。春初一服，一年不病。忌人莧、蘆筍、豬肉。收瓶中，以蠟固

---

① "日"，校本作"月"。
② "鼠頭"，校本作"鼠一頭"，略異。
③ "心"上一字校本作"豉"。
④ "梔子仁"，底本原作"梔子人"，兹據校本改。
⑤ "杏仁"，底本原作"杏人"，兹據校本改。
⑥ "去"，底本原作"夫"，不通，據校本改。
⑦ "醋塗炙"三字，底本作正文，大字，兹據校本改作注文。

瓶口,置高處,逐時減出。可三二年一合。《四時纂要》

臘月取青魚膽陰乾,如患喉閉及骨鯁,即以膽少許,口中含咽津即愈。《齊人千金月令》

十二月暮日,掘宅四角,各埋一大石爲鎮宅主,灾異不起。《本草》

十二月三十日,取枸杞菜煮作湯沐浴,令人光澤,不病不老。出《雲笈七籤》①。又按《四時纂要》云:三十日浴,吉,去灾也。

十二月晦日前兩日,通晦三日齋戒燒香,靜念,仙家重之。《四時纂要》

十二月晦日,日中懸屠蘇沉井中令至泥,正月朔日平曉出藥,置酒中煎數沸,於東向户中飲之。屠蘇之飲,先從小起,多少自在。一人飲一家無疫,一家飲一甲無疫②。飲藥酒得三朝,還滓置井中,能仍歲飲,可世無病。當家内外有井,皆悉著藥,辟温氣也。其方用大黄,十六銖。白朮,十八銖。桔梗,十五銖,去蘆頭。蜀椒十五銖,去目。桂心,十八銖,去皮。烏頭,六銖,炮,去皮臍。蘆筍,十二銖。右七味㕮咀絳袋盛之。出《和劑局方》。一方又有防風一兩,去蘆頭。

歲暮日合家髮投井中,咒曰:“敕使某甲家口眷,竟年不患傷寒,辟却五瘟鬼。《墨子秘録》

歲除夜,積柴於庭燎之③,辟灾而助陽氣。《四時纂要》

歲除夜,空房中集衆燒皂角,令煙不出眼淚出爲限,亦辟疫氣。吕公《歲時雜記》

除夜戒怒罵婢妾,破壞器皿,仍不可大醉也。《瑣碎録》

---

① “出”字上底本原有一“四”字,疑衍,兹據校本逕删。
② “甲”,校本作“里”。
③ “之”,校本作“火”。

歲除夜，集家中所不用藥焚之中庭，以辟疫氣。<small>呂公《歲時雜記》</small>

除夜，神佛前及廳堂房圂，皆明燈至曉，主家宅光明①。<small>《瑣碎錄》</small>

歲夜於富家田内取土泥竈，主招財。<small>同上。</small>

歲除夜四更，取麻子、小豆各二七粒，家人髮少許，投井中，終歲不遭傷寒、温疫。<small>《魚龍河圖》</small>

除夜五更，使一人堂中向空扇，一人問云："扇甚底？"答云："扇蚊子。"凡七問乃已，則無蚊蟲也。<small>《瑣碎錄》</small>

養生月覽下

---

① "宅"，校本作"室"，義同。

乾淳歲時記

周　密　撰

陳　麟　點校

【題解】

乾淳歲時記，一卷，南宋周密（1232－1298）撰。密，字公謹，有草窗、蘋州、四水潛夫、弁陽老人等號。祖籍濟南（今山東濟南），先人隨宋高宗南渡，寓居吳興（今浙江湖州）。景定二年（1261），入臨安浙西安撫司幕（《癸辛雜識》後集）。咸淳初，任兩浙運司掾屬（元袁桷《清容居士集》卷三三《師友淵源錄》）。咸淳十年（1274），監豐儲倉（《癸辛雜識》前集、續集卷上）。景炎年間（1276—1278），出任義烏（今浙江義烏）知縣（清嘉慶《義烏縣志》卷八）。宋亡家破，居杭州癸辛街，以南宋遺老自居，專事著述。工詞，與吳文英并稱“二窗”。元大德二年（1298）卒，年六十七。生平撰編宏富，有《齊東野語》《癸辛雜識》《蘋洲漁笛譜》《草窗詞》《草窗韻語》《絕妙好詞》《武林舊事》《志雅堂雜鈔》等傳世。關於周密家世生平，在明朱存理《珊瑚木難》卷五中收有《弁陽老人自銘》，近人夏承燾《唐宋詞人年譜》中有《周草窗年譜》，均可參看。

乾淳者，乃南宋孝宗趙眘年號乾道（1165－1173）與淳熙（1174－1189）之合併略稱。據文字來看，《乾淳歲時記》一卷，是從周密所撰《武林舊事》卷二與卷三中摘擇歲時相關之文字而獨立成書的，主要記述南宋臨安（今浙江杭州）一年中主要節日之儀式風俗與繁榮盛況，如端午節、乞巧節等，計二十六事，由其中可窺見南宋時期各類禮俗特點。至於該書獨立成書流傳之時間與成書緣由，似已難考。但就目前文獻來看，陶宗儀將其收入《說郛》，或可說明元末明初時期該書已經流傳較廣，亦是今最易得見之版本。本次即以《說郛》宛委山堂 120 卷本中卷六九所收本書爲底本（《說郛三種》，上海古籍出版社 1988 年影印），以清鮑廷博《知不足齋叢書》本《武林舊事》爲校本，重新整理。

乾淳歲時記

宋 周 密 撰

元 正

朝廷元日、冬至，行大朝會。儀則：百官冠冕朝服，備法駕，設黃麾仗三千三百五十人，_{視東京已減三之一}。用太常雅樂、宮架、登歌，太子、上公、親王、宰執並赴紫宸殿立班進酒，上千萬歲壽。上公致辭，樞密宣答。及諸國使人及諸州入獻朝賀，然後奏樂、進酒、賜宴。

此禮不能常行，每歲禁中止是。以三茅鐘鳴，駕興，上服襆頭、玉帶、靴、袍，先詣福寧殿龍墀及聖堂炷香，_{用臘沉腦子}。次至天章閣祖宗神御殿，行酌獻禮，次詣東朝奉賀，復回福寧殿，受皇后、太子、皇子、公主、貴妃至郡夫人、內官、大內已下賀。賀畢，駕始過大慶殿，御史臺、閤門分引文武百僚，追班稱賀，大起居十六拜，致辭上壽，樞密宣答，禮畢，放仗。

是日，後苑排辦御筵於清燕殿，用插食盤架。午後，修內司排辦晚筵於慶瑞殿，用煙火、進市食、賞燈，並如元夕。

立 春

前一日，臨安府進大春牛，設之福寧殿庭。及駕臨幸，內宮皆用五色絲綵杖鞭牛。御藥院例取牛睛，以充眼藥。餘屬直閤婆_{號管人都行首}。掌管。預造小春牛數十，飾彩旛、雪柳，分送殿閣，巨璫各隨以金銀錢彩段爲酹。

是日，賜百官春旛勝，宰執、親王以金，餘以金裏銀及羅帛爲之，係文思院造進，各垂於幞頭之左入謝。後苑辦造春盤供進，及分賜貴邸、宰臣、巨璫，翠縷紅絲，金雞玉燕，備極精巧，每盤直萬錢。學士院撰進春帖子，帝后、貴妃、夫人、諸閣，各有定式，絳羅金縷，華粲可觀。臨安府亦鞭春開宴，而邸第饋遺，則多效内庭焉。

元　夕

禁中自去歲九月賞菊燈之後，迤逦試燈，謂之"預賞"。一入新正，燈火日盛，皆修内司諸璫分主之，競出新意，年異而歲不同。往往於復古、膚福、清燕、明華等殿張掛，及宣德門、梅堂、三閒臺等處臨時取旨，起立鰲山。

燈之品極多，見後燈品。每以蘇燈爲最。圈片大者，徑三四尺，皆五色琉璃所成，山水人物，花竹翎毛，種種奇妙，儼然着色便面也。其後福州所進，則純用白玉，晃耀奪目，如清冰玉壺，爽徹心目。近歲新安所進益奇，雖圈骨悉皆琉璃所爲，號"無骨燈"。禁中嘗令作琉璃燈山，其高五丈，人物皆用機關活動，結大綵樓貯之。又於殿堂梁棟窗户間爲涌壁，作諸色故事，龍鳳噀水，蜿蜒如生，遂爲諸燈之冠。前後設玉栅簾，寶光花影，不可正視。仙韶内人，迭奏新曲，聲聞人間。殿上鋪連五色琉璃閣，皆毯文、戲龍、百花。小窗間垂小水晶簾，流蘇寶帶，交映璀璨。中設御座，恍然如在廣寒清虛府中也。

至二鼓，上乘小輦，幸宣德門觀鰲山。擎輦者皆倒行，以便觀賞。金爐腦麝如祥雲，五色熒煌炫轉，照耀天地。山燈凡數千百種，極其新巧，怪怪奇奇，無所不有，中以五色玉栅簇成"皇帝萬歲"四大字。其上伶官奏樂,稱念口號致語,其下爲大露臺,百藝群工,競呈奇技。內人及小黃門百餘,皆巾裹翠蛾,傚街坊清樂傀儡,繚繞於燈月之下。

既而取旨,宣喚市井舞隊及市食盤架。先是,京尹預擇華潔及善歌叫者謹伺於外,至是歌呼競入。既經進御,妃嬪內人而下,亦爭買之,皆數倍得直,金珠磊落,有一夕而至富者。宮漏既深,始宣放煙火百餘架,於是樂聲四起,燭影縱橫,而駕始還矣。大率傚宣和盛際,愈加精妙,特無登樓賜宴之事,人間不能詳知耳。

都城自舊歲冬孟駕回,則已有乘肩小女、鼓吹舞綰者數十隊,以供貴邸豪家幕次之玩,而天街茶肆,漸已羅列燈毬等求售,謂之"燈市"。自此以後,每夕皆然。三橋等處,客邸最盛,舞者往來最多。每夕樓燈初上,則簫鼓已紛然自獻於下。酒邊一笑,所費殊不多,往往至四鼓乃還。自此日盛一日。姜白石有詩云:

燈已闌珊月氣寒,舞兒往往夜深還。

只因不盡婆娑意,更向街心弄影看。

又云:

南陌東城盡舞兒,畫金刺繡滿羅衣。

也知愛惜春遊夜,舞落銀蟾不肯歸。

吳夢窗《玉樓春》云:

茸茸貍帽遮梅額,金蟬羅剪胡衫窄①。

乘肩爭看小腰身,倦態強隨間鼓笛。

問稱家在城東陌,欲買千金應不惜。

---

① "衫"上一字底本空闕,茲據校本校補作"胡"。

歸來困頓殢春眠,猶夢婆娑斜趁拍。

深得其意態也。

至節後,漸有大隊,如四國朝、傀儡、杵歌之類,日趨於盛,其多至數十百隊①。天府每夕差官點視,各給錢酒油燭,多寡有差,且使之南至昇暘宮支酒燭,北至春風樓支錢。終夕天街鼓吹不絕。都民士女,羅綺如雲,蓋無夕不然也。

至五夜,則京尹乘小提轎,諸舞隊次第簇擁前後,連亘十餘里,錦繡填委,簫鼓振作,耳目不暇給。吏魁以大囊貯楮券,凡遇小經紀人,必犒數十②,謂之"買市"。至有黠者,以小盤貯梨、藕數片,騰身送出於稠人之中,支請官錢數次者,亦不禁也。李篔房詩云:

斜陽盡處蕩輕煙,輦路東風入管弦。

五夜好春隨步暖,一年明月打頭圓。

香塵掠粉翻羅帶,蜜炬籠綃鬭玉鈿。

人影漸稀花露冷,踏歌吹度曉雲邊。

京尹幕次,例占市西坊繁鬧之地,賣燭粃盆,照耀如畫。其前列荷校囚數人,大書犯由,云"某人爲不合搶撲釵環,挨搪婦女",繼而行遣一二,謂之"裝燈",其實皆三獄罪囚,姑借此以警奸民。分委府僚巡警風燭,及命轄房使臣等分任地方,以緝奸盜。三獄亦張燈,建淨獄道場,多裝獄戶故事及陳列獄具。

邸第好事者,如清河張府、蔣御藥家,鬧設雅戲煙火,花邊水際,燈燭粲然,遊人士女縱觀,則迎門酌酒而去。又有幽坊静巷

---

① "十百",校本作"千百"。
② "數十",校本作"數千"。

好事之家，多設五色琉璃泡燈，更自雅潔，靚粧笑語，望之如神仙。白石詩云：

> 沙河雲合無行處，惆悵來遊路已迷。

> 却入静坊燈火空，門門相似列蛾眉。

又云：

> 遊人歸後天街静，坊陌人家未閉門。

> 簾裏垂燈照樽俎，坐中嬉笑覺春溫。

或戲於小樓，以人爲大影戲，兒童歡呼，終夕不絕。此類不可遽數也。

西湖諸寺，惟三竺張燈最盛，往往有宮禁所賜、貴璫所遺者。都人好奇，亦往觀焉。白石詩云：

> 珠絡琉璃到地垂，鳳頭御帶玉交枝①。

> 君王不賞無人進，天竺堂深夜雨時。

元夕節物，婦人皆帶珠翠、鬧蛾、玉梅、雪柳、菩提葉、燈毬、銷金合、蟬貉袖②、項帕，而衣多尚白，蓋月下所宜也。遊手浮浪輩，則以白紙爲大蟬，謂之“夜蛾”。又以棗肉炭屑爲丸，繫以鐵絲然之，名“火楊梅”。節食所尚，則乳糖、丸子、䭔餶、科斗粉、鼓湯、水晶膾、韭餅及南北珍果，并皂兒糕、宜利少、澄沙團子、滴酥鮑螺、酪麵、玉消膏、琥珀餳、輕餳、生熟灌藕、諸色瓏纏③、蜜煎、蜜裏④、糖瓜、蔞煎、七寶薑豉、十般糖之類，皆用鏤鍮裝花盤架車兒，簇插飛蛾，紅燈綵盞，歌叫喧闐。幕次往往使之吟叫，倍酬

---

① “御帶”，校本作“銜帶”。
② “蟬貉袖”，校本作“蟬貂袖”。
③ “瓏纏”，校本作“龍纏”。
④ “蜜裏”，校本作“蜜果”，同。

其直。白石亦有詩云：

　　貴客鈎簾看禦街，市中珍品一時來。

　　簾前花架無行路，不得金錢不肯回。

　　競以金盤鈿合簇釘饋遺，謂之“市食合兒”。翠簾銷幕，絳燭紗籠，遍呈舞隊，密擁歌姬，脆管清吭，新聲交奏，戲具粉嬰，鬻歌售藝者，紛然而集。至夜闌，則有持小燈照路拾遺者，謂之“掃街”。遺鈿墮珥，往往得之，亦東都遺風也。

舞　　隊

大小全棚傀儡：

　　查查鬼_{查夫}①

　　李大口_{一字口}

　　賀豐年

　　長瓠斂_{長頭}

　　兔吉_{兔毛大伯}

　　吃遂

　　大憨兒

　　魖妲②

　　麻婆子

　　快活三郎

　　黃金杏

　　瞎判官

　　快活三娘

---

① “查夫”，校本作“查大”。
② “妲”，校本作“旦”。

沈承務

一臉膜

貓兒相公

洞公觜

細姐①

河東子

黑遂

玉缺兒②

交椅

夾捧③

屏風

男女竹馬

男女杵歌

大小斫刀鮑老

交衮鮑老

子弟清音

女童清音

諸國獻寶

六國朝

四國朝

穿心國入貢

孫武子教女兵

---

① "姐"，校本作"旦"。

② "玉缺兒"，校本作"玉鐵兒"。

③ "捧"，校作"棒"。

遏雲社

緋綠社

胡女①

鳳阮嵇琴

撲蝴蝶

回陽丹

火藥

瓦鼓②

焦鎚架兒

喬三教

喬迎酒

喬親事

喬樂神_{馬明王}

喬捉蛇

喬學堂

喬宅眷

喬像生

喬師娘

獨自喬

地仙

旱划船

教象

---

① "胡女",底本"胡"字略殘泐不清,兹據校本補。又,校本作"胡安女"三字。
② "瓦鼓",校本作"瓦盆鼓"。

裝態

村田樂

鼓板

踏蹺①

撲旗

抱鑼裝鬼

獅豹蠻牌

十齋郎

耍和尚

劉袞

散錢行

貨郎

打嬌惜

其品甚夥，不可悉數。首飾衣裝，相矜侈靡，珠翠錦綺，眩耀華麗，如傀儡、杵歌、竹馬之類，多至十餘隊。

十二、十三兩日，國忌禁樂，則有裝宅眷籠燈前引，珠翠盛飾少年尾其後，訶殿而來，卒然遇之，不辨真偽。及爲喬經紀人，如賣蜂糖餅、小八塊風子、賣字本、虔婆賣旗兒之類，以資一笑者尤多也。

燈 品

燈品至多，蘇、福爲冠，新安晚出，精妙絕倫。所謂"無骨燈"者，其法用絹囊貯粟爲胎，因之燒綴，及成去粟，則混然玻璃毬也。景物奇巧，前無其比。又爲大屏，灌水轉機，百物活動。趙

---

① "踏蹺"，校本作"踏橇"。

忠惠守吳日,嘗命制春雨堂五大間,左爲汴京御樓,右爲武林燈市,歌舞雜藝,纖悉曲盡。凡用千工。

外此有鯢燈,則移鏤犀珀玳瑁以飾之①。珠子燈,則以五色珠爲網,下垂流蘇,或爲龍船、鳳輦、樓臺故事。羊皮燈,則鏃鏤精巧,五色粧染,如影戲之法。羅帛燈之類尤多,或爲百花,或細眼,間以紅白,號"萬眼羅"者,此種最奇。

外此有五色蠟紙、菩提葉,若沙戲影燈馬騎人物,旋轉如飛。又有深閨巧娃,剪紙而成,尤爲精妙。又有絹燈剪寫詩詞,時寓譏笑,及畫人物,藏頭隱語,及舊京諢語,戲弄行人。有貴邸嘗出新意,以細竹絲爲之,加以綵飾,疏明可愛。穆陵喜之,令製百盞。期限既迫,勢難卒成,而内苑諸璫,恥於不自己出,思所以勝之,遂以黄草布剪縷,加之點染,與竹無異。凡兩日,百盞已進御矣。

挑　菜

二月一日,謂之"中和節",唐人最重。今惟作假,及進單羅御服,百官服單羅公裳而已。

二日,宮中排辦挑菜御宴。先是,預備朱綠花斛,下以羅帛作小卷,書品目於上,繫以紅絲,上植生菜、薺花諸品。俟宴酧樂作,自中殿以次,各以金篦挑之,后妃、皇子、貴主、婕妤及都知等,皆有賞無罰。以次每斛十號,五紅字爲賞,五黑字爲罰。上賞則成號真珠、玉杯、金器、北珠、篦環、珠翠、領抹,次亦鋌銀、酒器、冠鋌、翠花、段帛、龍涎、御扇、筆墨、官窰、定器之類。罰則舞唱、吟詩、念佛、飲冷水、吃生薑之類。用此以資戲笑。王宫貴

---

① "犀珀",校本作"金珀"。

邸,亦多傚之。

<h2 style="text-align:center">進　茶</h2>

仲春上旬^①,福建漕司進第一綱茶,名"北苑試新"。方寸小
夸,進御止百夸,護以黃羅軟盝,藉以青箬,裹以黃羅夾複,臣封
朱印,外用朱漆小匣,鍍金鎖,又以細竹絲織笈貯之,凡數重。此
乃雀舌水芽所造,一夸之直四十萬,僅可供數甌之啜耳。或以一
二賜外邸,則以生線分解,轉遺好事,以爲奇玩。

茶之初進御也,翰林司例有品嘗之費,皆漕司邸吏賂之。間
不滿欲,則入鹽少許,茗花爲之散漫,而味亦漓矣。禁中大慶
會^②,則用大鍍金䚻,以五色韻果簇釘龍鳳,謂之"繡茶",不過悅
目。亦有專其工者,外人罕知,因附見於此。

<h2 style="text-align:center">賞　花</h2>

禁中賞花非一。先期後苑及修內司分任排辦,凡諸苑亭榭
花木,粧點一新,錦簾綃幕,飛梭繡毬,以至茵褥設放,器玩盆窠,
珍禽異物,各務奇麗。又命小璫、內司列肆關撲、珠翠冠朵、篦環
繡段、畫領花扇、官窑定器、孩兒戲具、鬧竿龍船等物,及有賣買
菓木酒食、餅餌蔬茹之類,莫不備具,悉傚西湖景物。

起自梅堂賞梅,芳春堂賞杏花,桃源觀桃,粲錦堂金林檎,照
妝亭海棠,蘭亭修禊,至於鍾美堂大花爲極盛。堂前三面,皆以
花石爲臺三層,各植名品,標以象牌,覆以碧幕。後臺分植玉繡
毬數百株,儼如鏤玉屏。堂內左右各列三層,雕花彩檻,護以彩
色牡丹畫衣,間列碾玉水晶金壺及大食玻璃、官窑等瓶,各簪奇

---

① "仲春",底本原作"仲秋",茲據校本改。
② "會",校本作"賀"。

品，如姚、魏、御衣黄、照殿紅之類幾千朵，别以銀箔間貼大斛，分種數十百窠，分列四面。至於梁棟窗户間，亦以湘筒貯花，鱗次簇插，何翅萬朵。

堂中設牡丹紅錦地茵，自中殿①、妃嬪以至内官，各賜翠葉牡丹、分枝鋪翠牡丹、御書畫扇、龍涎金合之類有差。下至伶官樂部應奉等人，亦霑恩賜，謂之"隨花賞"。或天顔悦懌，謝恩賜予，多至數次。至春暮，則稽古堂、會瀛堂賞瓊花，静侣堂紫笑，净香亭采蘭挑筍，則春事已在緑陰芳草間矣。

大抵内宴賞，初坐、再坐，插金盤架者，謂之"排當"，否則但謂之"進酒"。

放　春

蔣苑使有小圃，不滿二畝，而花木匡匜，亭榭奇巧。春時悉以所有書畫、玩器、冠花、器弄之物，羅列滿前，戲效關撲。有珠翠冠，僅大如錢者，鬧竿花籃之類，悉皆縷絲玉金爲之，極其精妙。且立標竿、射垜及鞦韆、梭門、鬥鷄、蹴踘諸戲事，以娱遊客。衣冠士女，至者招邀杯酒，往往過禁煙乃已。蓋效禁苑具體而微者也。

社　會

二月八日爲桐川張王生辰，霍山行宫朝拜極盛，百戲競集，如緋緑社雜劇、齊雲社蹴毬、遏雲社唱賺、同文社耍詞、角觝社相撲、清音社清樂、錦標社射弩、錦體社花繡、英略社使棒、雄辯社小説、翠錦社行院、繪革社影戲、净髮社梳剃、律華社吟叫、雲機社撮弄，而七寶、濠馬二會爲最。玉山寶帶，尺璧寸珠，璀璨奪目，而天驥龍媒，絨轡

---

① "中殿"，校本作"殿中"。

寶轡，競賞神駿。好奇者至剪毛爲花草人物。廚行果局，窮極肴核之珍。有所謂意思作者，悉以通草、羅帛雕飾爲樓臺故事之類，飾以珠翠，極其精緻，一盤至直數萬，然皆浮靡無用之物，不過資一玩耳。奇禽則紅鸚、白雀，水族則銀蟹、金龜，高麗華山之奇松，交廣海嶠之異卉，不可縷數，莫非動心駭目之觀也。若三月三日殿司真武會，三月二十八日東嶽生辰，社會之盛，大率類此，不暇贅陳。

祭　掃

清明前三日爲寒食節，都城人家，皆插柳滿簷，雖小坊幽曲，亦青青可愛，大家則加棗䭔於柳上，然多取之湖隄。有詩云："莫把青青都折盡，明朝更有出城人。"

朝廷遣臺臣、中使、宮人，車馬朝饗諸陵原廟①，薦獻用麥糕稠餳，而人家上塚者，多用棗䭔薑豉。南北兩山之間，車馬紛然，而野祭者尤多，如大昭慶、九曲等處，婦人淡裝素衣②，提攜兒女，酒壺肴罍。村店山家，分餞遊息。至暮，則花柳土宜，隨車而歸。若玉津富景御園，包家山之桃關，東青門之菜市，東西馬塍，尼菴道院，尋芳討勝，極意縱遊，隨處各有買賣趕趁等人，野果山花，別有幽趣。蓋輦下驕民，無日不在春風歌舞中③，而遊手末技爲尤盛也。

浴　佛

四月八爲佛誕日，諸寺院各有浴佛會。僧尼輩競以小盆貯銅像，浸以糖水，覆以花棚，鐃鈸交迎，遍往邸第富室，以小杓澆

---

① "朝饗"，底本原作"朝響"，茲據校本改。
② "淡裝"，校本作"淚裝"。
③ "歌舞"，校本作"鼓舞"。

灌，以求施利。是日西湖作放生會，舟楫盛多，略如春時，小舟競賣龜魚螺蚌放生。

迎　新

戶部點檢所十三酒庫，例於四月初開煮，九月初開清。先是提領所呈樣品嘗，然後迎引至諸所隸官府而散。每庫各用疋布書庫名高品，以長竿懸之，謂之“布牌”。以木牀鐵擎爲仙佛鬼神之類，駕空飛動，謂之“臺閣”。雜劇百戲諸藝之外，又爲漁父習閑、竹馬出獵、八仙故事。及命妓家女，使裹頭花巾爲酒家保，及有花裹五熟盤架①、放生籠養等，各庫爭爲新好。庫妓之珵珵者，皆珠翠盛飾，銷金紅背，乘繡韉寶勒駿騎，各有皂衣黃號私身數對，訶導於前，羅扇衣笈，浮浪閑客，隨逐於後。少年狎客，往往簇釘持杯，爭勸馬首，金錢綵段，霑及輿臺，都人習以爲常，不爲怪笑。所經之地，高樓遝閣，繡幕如雲，累足駢肩，真所謂“萬人海”也。

端　午

先期學士院供帖子，如春日禁中排當，例用朔日，謂之“端一”。或傳舊京亦然。插食盤架，設天師艾虎，意思山子數十座，五色蒲絲百草霜，以大合三層，飾以珠翠、葵、榴、艾、花。蜈蚣、蛇、蝎、蜥蜴等，謂之“毒蟲”。及作糖霜韻果，糖蜜巧粽，極其精巧。又以大金瓶數十，遍插葵、榴、梔子花，環繞殿閣。及分賜后妃諸閣、大璫近侍翠葉、五色葵榴、金絲翠扇、真珠百索、釵符、經筒、香囊、軟香龍涎佩帶，及紫練、白葛、紅蕉之類。大臣貴邸，均被細葛、香羅、蒲絲、艾朵、彩團、巧粽之賜。而外邸節物，大率效

---

① “裹”，校本作“窠”。

尤焉。巧粽之品不一，至結爲樓臺舫艃。又以青羅作赤口白舌
帖子，與艾人並懸門楣，以爲禳檜。道宫法院，多送佩帶符篆。
而市人門首，各設大盆，雜植艾蒲、葵花，上掛五色紙錢，排釘果
粽。雖貧者亦然。湖中是日遊舫亦盛，蓋迤邐炎暑，宴遊漸稀故
也。俗以此日爲馬本命，凡御廏邸第上乘，悉用五綵爲鬃尾之
飾，奇鞿寶轡，充滿道途，亦可觀玩也。

禁中納涼

禁中避暑，多御復古、選德等殿，及翠寒堂納涼。長松修竹，
濃翠蔽日，層巒奇岫，靜窈縈深，寒瀑飛空，下注大池可十畝。池
中紅白菡萏萬柄，蓋園丁以瓦盎別種，分列水底，時易新者，庶幾
美觀。又置茉莉、素馨、建蘭、麝香藤、朱槿、玉桂、紅蕉、闍婆、簷
葡等南花數百盆於廣庭，鼓以風輪，清芬滿殿。御筵兩旁，各設
金盤數十架，積雪如山。紗廚後先皆懸掛伽蘭木、真臘龍涎等香
珠百餘。蔗漿金碗，珍果玉壺，初不知人間有塵暑也。聞洪景盧
學士嘗賜對於翠寒堂，當三伏中體粟戰慄①，不可久立，上問故，
笑遣中貴人以北綾半臂賜之，則境界可想見矣。

都人避暑

六月六日，顯應觀崔府君誕辰，自東都時廟食已盛。是日都
人士女，駢集炷香，已而登舟泛湖，爲避暑之遊。時物則新荔枝、
軍庭李，二果產閩。奉化項里之楊梅，聚景園之秀蓮新藕，蜜筒
甜瓜，椒核枇杷，紫菱、碧芡、來檎、金桃②，蜜漬昌元梅，木瓜豆
兒，水荔枝膏，金橘、水團，麻飲芥辣，白醪涼水，冰雪爽口之物。

---

① “當”，校本無。
② “來檎”，校本作“林檎”。

闕撲香囊、畫扇、涎花、珠佩。而茉莉爲最盛，初出之時，其價甚穹，婦人簇戴，多至七插，所直數十券，不過供一餉之娛耳。蓋入夏則遊船不復入裏湖，多占蒲深柳密寬涼之地，披襟釣水，月上始還。或好事者則敞大舫，設蘄簟高枕取涼，櫛髮快浴，惟取適意。或留宿湖心，竟夕而歸。

乞　巧

立秋日，都人戴楸葉，飲秋水、赤小豆。七夕節物，多尚果食、茜鷄。及泥孩兒號"摩睺羅"，有極精巧，飾以金珠者，其直不貲。併以蠟印鳧雁水禽之類，浮之水上。婦人女子，至夜對月穿鍼。餖飣盃盤，飲酒爲樂，謂之"乞巧"。及以小蜘蛛貯合內，以候結網之疏密，爲得巧之多少。小兒女多衣荷葉半臂，手持荷葉，效顰摩睺羅。大抵皆原舊俗也。

七夕前，修內司例進摩睺羅十卓，每卓三十枚，大者至高三尺，或用象牙雕鏤，或用龍涎拂手香製造，悉用鏤金珠翠。衣帽、金錢、釵錠、佩環、真珠、頭須及手中所執戲具，皆七寶爲之，各護以五色鏤金紗廚。制閫貴臣及京府等處，至有鑄金爲貢者。宮姬市娃，冠花衣領皆以乞巧時物爲飾焉。

中　元

七月十五日，道家謂之"中元節"，各有齋醮等會。僧寺則於此日作盂蘭盆齋。而人家亦以此日祀先，例用新米、新醬、冥衣、時果、綵段、麩棋，而茹素者幾十八九，屠門爲之罷市焉。

中　秋

禁中是夕有賞月延桂排當，如倚桂閣、秋暉堂、碧岑，皆臨時取旨，夜深天樂直徹人間。御街如絨線、蜜煎、香鋪，皆鋪設貨物，誇多競好，謂之"歇眼"。燈燭華燦，竟夕乃止。此夕浙江放

"一點紅"羊皮小水燈數十萬盞,浮滿水面,爛如繁星,有足觀者。或謂此乃江神所喜,非徒事觀美也。

觀 潮

浙江之潮,天下之偉觀也,自既望以至十八日為最盛。方其遠出海門,僅如銀線,既而漸近,則玉城雪嶺,際天而來,大聲如雷霆,震撼激射,吞天沃日,勢極雄豪,楊誠齋詩云"海湧銀為郭,江橫玉繫腰"者是也。每歲京尹出浙江亭教閱水軍,艨艟數百,分列兩岸,既而盡奔騰分合五陣之勢,並有乘騎弄旗標槍舞刀於水面者,如履平地。

倏爾黃煙四起,人物略不相睹,水爆轟震,聲如崩山。煙消波靜,則一舸無迹,僅有敵舟為火所焚,隨波而逝。吳兒善泅者數百,皆披髮文身,手持十幅大綵旗,爭先鼓勇,泝迎而上,出没於鯨波萬仞中,騰身百變,而旗尾略不霑濕,以此誇能。而豪民貴宦,爭賞銀綵。江干上下十餘里間,珠翠羅綺溢目,車馬塞途,飲食百物皆倍穹常時,而僦賃看幕,雖席地不容閑也。禁中例觀潮於天開圖畫,高臺下瞰,如在指掌。都民遙瞻黃繖雉扇於九霄之上,真若簫臺蓬島也。

重 九

禁中例於八日作重九排當,於慶瑞殿分列萬菊,燦然眩眼,且點菊燈,略如元夕。內人樂部,亦有隨花賞,如前賞花例。蓋賞燈之宴,權輿於此,自是日盛矣。或於清燕殿、綴金亭賞橙橘。遇郊祀歲則罷宴。

都人是日飲新酒①,泛萸簪菊。且各以菊糕為饋,以糖肉秫

---

① "日",校本作"月"。

麵雜物爲之①,上縷肉絲鴨餅,綴以榴顆,標以綵旗。又作蠻王獅子於上,又糜栗爲屑,合以蜂蜜,印花脫餅,以爲果餌。又以蘇子微漬梅鹵,雜和蔗、霜梨、橙、玉榴小顆,名曰"春蘭秋菊"。雨後新涼,則已有炒銀杏、梧桐子吟叫於市矣。

開 爐

是日御前供進夾羅御服,臣僚服錦襖子夾公服,"授衣"之意也。自此御爐日設火,至明年二月朔止。皇后殿開爐節排當。

是月遣使朝陵,如寒食儀。都人亦出郊拜墓,用絠毬楮衣之類。

冬 至

朝廷大朝會慶賀排當,並如元正儀,而都人最重一陽賀冬。車馬皆華整鮮好,五鼓已塡擁雜遝於九街。婦人小兒,服飾華炫,往來如雲。嶽祠、城隍諸廟,炷香者尤盛。三日之內,店肆皆罷市,垂簾飲博,謂之"做節"。享先則以餛飩,有"冬餛飩,年餺飥"之諺。貴家求奇,一器凡十餘色,謂之"百味餛飩"。

賞 雪

禁中賞雪,多御明遠樓。禁中稱"楠木樓"。後苑進大小雪獅兒,並以金鈴綵縷爲飾,且作雪花、雪燈、雪山之類,及滴酥爲花及諸事件,並以金盆盛進,以供賞玩。并造雜煎品味,如春盤餛飩、羊羔兒酒以賜。併於內藏庫支撥官券數百萬,以犒諸軍,及令臨安府分給貧民,或皇后殿別自支犒。而貴家富室,亦各以錢米犒閭里之貧者。

歲 除

禁中以臘月二十四日爲小節夜,三十日爲大節夜,呈女童驅

---

① "物",校本作"糅"。

儺，裝六丁、六甲、六神之類，大率如《夢華》所載。後苑修內司各進消夜果兒，以大合簇釘凡百餘種，如蜜煎珍果，下至花錫箕豆，以至玉杯寶器、珠翠花朵、犀象博戲之具，銷金斗葉、諸色戲弄之物，無不備具，皆極小巧。又於其上作玉輅，高至三四尺，悉以金玉等爲飾護，以貼金龍鳳羅罩，以奇侈求勝。一合之費，不啻中人十家之產，止以資天顏一笑耳。

后妃諸閣，又各進歲軸兒及珠翠百事、吉利市袋兒、小樣金銀器皿，並隨年金錢一百二十文。旋亦分賜親王貴邸、宰臣巨璫。至於爆仗，有爲果子人物等類不一。而殿司所進屏風，外畫鍾馗捕鬼之類。而內藏藥線，一爇連百餘不絕。簫鼓迎春。雞人警唱，而玉漏漸移，金門已啓矣。

歲晚節物

臘日賜宰執、親王、三衙從官、內侍省官並外閫、前宰執等臘藥，係和劑局方造進及御藥院特旨製造銀合，各一百兩以至五十兩、三十兩各有差。伏日賜暑藥亦同。

都下自十月以來，朝天門內外競售錦裝、新曆、諸般大小門神、桃符、鍾馗、狻猊、虎頭，及金綵縷花、春帖旛勝之類，爲市甚盛。八日，則寺院及人家用胡桃、松子、乳蕈、柿栗之類作粥，謂之"臘八粥"。醫家亦多合藥劑，侑以虎頭丹、八神、屠蘇，貯以絳囊，饋遺大家，謂之"臘藥"。至於餽歲盤合、酒檐羊腔，充斥道路。

二十四日，謂之"交年"，祀竈用花錫米餌，及燒替代及作糖豆粥，謂之"口數"。市井迎儺，以鑼鼓遍至人家乞求利市。至除夜①，則比屋以五色錢紙酒果②，以迎送六神於門。至夜爇燭粃盆，紅映霄漢，爆竹鼓吹之聲，喧鬧徹夜，謂之"聒廳"。小兒女終夕博戲不寐，謂之"守歲"。又明燈牀下，謂之"照虛耗"。及貼天行帖兒財門於楣。祀先之禮，則或昏或曉，各有不同。如飲屠蘇、百事吉、膠牙餳，燒尤賣懵等事，率多東都之遺風焉。

守歲之詞雖多，極難其選，獨楊守齋《一枝春》最爲近世所稱，併書於此：

竹爆驚春③，競喧闐，夜起千門簫鼓。流蘇帳暖，翠鼎緩騰香霧。停杯未舉，奈剛要，送年新句。應自賞，歌字清圓，未誇上林鶯語。從他歲窮日暮。縱閒愁、怎減劉郎風度④。屠蘇辦了，迤邐柳忻梅妬⑤。宮壺未曉，早驕馬，繡車盈路。還又把，月夕花朝，自今細數。

① "除夜"，校本作"除夕"。
② "錢紙"，校本作"紙錢"。
③ "竹爆"，校本作"爆竹"。
④ "劉郎"，校本作"阮郎"。
⑤ "忻"，校本作"忟"。

歲華紀麗譜

費　著　撰

胡　彥　點校

【題解】

歲華紀麗譜，一卷，元費著撰。著，生卒年不詳，四川華陽(今四川成都)人。元代至正年間(1341—1368)進士，授國子監助教，曾任漢中廉訪使、重慶府總管。除本文獻外，費著尚有《蜀錦譜》《楮幣譜》《錢幣譜》《民族譜》《箋紙譜》等文獻署其名，並主編過《成都府志》。

有唐一代，成都以經濟昌盛、商業繁榮、文化發達而雄冠西南，並以其獨特的地理環境和人文氣息，吸引着中原人士入蜀。李白曾有詩云："九天開出一成都，萬戶千門入畫圖。"(《上皇西巡南京歌十首》)韓愈更有"自古詩人皆入蜀"之嘆，亦可以想見其勝。歲華者，歲時也，全篇文字即是以"歲華"爲切入點，以"麗"爲内容，博記成都之繁華。开篇所言"成都遊賞之盛，甲於西蜀""蓋地大物繁，而俗好娛樂"，正是文獻内容之大背景。

《歲華紀麗譜》版本流傳不多，以明陳繼儒編《寶顏堂秘笈》本(上海文明書局 1922 年石印本)、清张海鹏编《墨海金壺》本(上海博古齋 1921 年據張氏刊本影印)最爲常見。前者於正文後另附有《箋紙譜》《蜀錦譜》二書，後者除同樣附有《箋紙譜》《蜀錦譜》二書外，還録有四庫提要文字，並且封面題署"歲華紀麗"、正文却題署"歲華紀麗譜"。兩種版本之間，文字基本雷同，唯個別文字以前者爲優。今擬以《寶顏堂秘笈》本爲底本，以《墨海金壺》本爲校本，予以整理，然略去《箋紙譜》《蜀錦譜》二書。另，《墨海金壺》本所附之四庫提要文字，今亦録入，以資參考。

歲華紀麗譜提要

　　《歲華紀麗譜》一卷，附《箋紙譜》一捲、《蜀錦譜》一捲，元費
著撰。著，華陽人，嘗舉進士，授國子監助教，官至重慶府總管。
成都自唐代號爲繁庶，甲於西南，其時爲之帥者，大抵以宰臣出
鎮。富貴優閒，歲時燕集，寖相沿習。故張周封作《華陽風俗
録》，盧求作《成都記》，以誇述其勝。邀頭行樂之説，今尚傳之。
迨及宋初，其風未息。前後太守如張詠之剛方、趙抃之清介，亦
皆因其土俗，不廢娛遊。其侈麗繁華，雖不可訓，而民物殷阜，歌
詠風流，亦往往傳爲佳話，爲世所艷稱。南宋季年，蜀中兵燹，井
閭凋敝，乃無復舊觀。著因追述舊事，集爲此書。自元旦迄冬
至，無不備載。其體頗近《荊楚歲時紀》，而盛衰俯仰，追溯陳迹，
亦不無《東京夢華》之思焉。唐韓鄂有《歲華紀麗》，爲類事之書，
此譜蓋偶同其名，實則地志也。末附《箋紙》《蜀錦》二譜，蓋漢唐
以來二物爲蜀中所擅，而未有專述其原委者。著因風俗而及土
產，稽求名品，臚列頗詳，是亦足資考證者矣。

歲華紀麗譜

（元）費著　撰

（明）陳繼儒　校
　　　王錫祚

　　成都遊賞之盛，甲於西蜀。蓋地大物繁，而俗好娛樂。凡太守歲時宴集，騎從雜沓，車服鮮華，倡優鼓吹，出入擁導，四方奇技，幻怪百變，序進於前，以從民樂。歲率有期，謂之故事。及期，則士女櫛比，輕裘袨服，扶老攜幼，闐道嬉遊。或以坐具列於廣庭，以待觀者，謂之遨床，而謂太守爲遨頭。宋朝以益州重地，嘗謀帥以命宋公祁。宰相對曰："蜀風奢侈，祁喜遊宴，恐非所宜。"宋朝不從，卒遣之。公先奉詔修《唐書》，因以書局自隨。自成都，每宴罷，盥漱，闔寢門，垂簾，燃二椽燭，媵婢夾侍，和墨伸紙，望之者知公修《唐書》，若神仙焉。嘗宴於錦江，偶微寒，命索半臂。諸婢各送一枚。公視之，慮有厚薄之嫌，訖不服，忍冷以歸。舊俗傳誇，以爲談本。田公況嘗爲《成都遨樂詩》二十一章①，以紀其實。而薛公奎亦作《何處春遊好詩》一十章，自號"薛春遊"，以從其俗，且欲以易尹京之舊稱。公知開府，專以嚴治，人謂之"薛出油"。此皆可以想承平之遺風也。至清獻公爲記，乃曰："曩時宴會，皆牙校掌之。蓋榷酤之利有餘，人樂於爲役。公帑歲入，亡慮千萬貫有奇。自新法頒行，酒坊爲官所鬻，牙校雖得

---

① "嘗"，底本原作"賞"，校本作"嘗"，義長，茲據改。

券錢，不足自贍。乃者議置成都市易務，方遊觀時，人情懼然，咸嘗歲之半^①，及浣花後始開。罷去，乃復朋聚遊江。今公使錢歲給三萬貫，常廩廩慮不足，譬之巨人以狹衾寢^②，覆趾則露肩，擁左則闕右，甚可笑也。今盤饌比舊從省，樂優之給，亦復過殺，設遂廢之，則非天子所以付畀一隅、惠保遠人之意。而小民之鬻肴果者，但營慕供藉以為養，此遊宴之不可廢也。"觀公此言，則蜀人之貧富欣戚，可以知政矣。今以元日為始，而第其事。

正月元日，郡人曉持小綵幡，遊安福寺塔，粘之盈柱，若鱗次^③，然以為厭禳，懲咸平之亂也。塔上燃燈，梵唄交作，僧徒駢集。太守詣塔前張宴，晚登塔眺望焉。

二日，出東郊，早宴移忠寺，舊名碑樓院。晚宴大慈寺。清獻公記云："宴罷，妓以新詞送茶，自宋公祁始。蓋臨邛周之純善為歌詞，嘗作茶詞，授妓首度之以奉公，後因之。"

五日，五門蠶市。蓋蠶叢氏始為之，俗往往呼為蠶叢。太守即門外張宴。

上元節，放燈。舊記稱："唐明皇上元京師放燈，燈甚盛，葉法善奏曰：'成都燈亦盛。'遂引帝至成都，市酒於富春坊。"此方外之言，存而勿論。咸通十年正月二日，街坊點燈張樂，晝夜喧闐。蓋大中承平之餘風。由此言之，則唐時放燈，不獨上元也。蜀王孟昶時^④，間亦放燈，率無定日。宋開寶二年，命明年上元放燈三夜。自是歲以為常，十四、十五、十六三日，皆早宴大慈

① "咸嘗"，校本作"減常"。
② "狹"，底本原作"挾"，校本作"狹"，義長，茲據改。
③ "次"，校本作"火"。
④ "昶"字底本原無，茲據校本補。

寺,晚宴五門樓,甲夜觀山棚變燈。其斂散之遲速,惟太守意也。如繁雜綺羅街道,燈火之盛,以昭覺寺爲最。又爲錢燈會,會始於張公詠。蓋燈夕,二都監戎服分巡,以察姦盜。既罷,故作宴以勞焉。通判主之,就宣詔亭或涵虛亭。舊以十七日,今無定日,仍就府治,專以宴監司也。

二十三日,聖壽寺前蠶市。張公詠始即寺爲會,使民鬻農器。太守先詣寺之都安王祠奠獻,然後就宴。舊出萬里橋,登樂俗園亭,今則早宴祥符寺,晚宴信相院。

二十八日,俗傳爲保壽侯誕日。出笮橋門,即侯祠,奠拜。次詣净衆寺邠國社丞相祠奠拜。畢事,會食,晚宴大智院。

二月二日,踏青節。初郡人遊賞,散在四郊。張公詠以爲不若聚之爲樂。乃以是日出萬里橋,爲綵舫數十艘,與賓僚分乘之,歌吹前導,號小遊江。蓋指浣花爲大遊江也。士女駢集,觀者如堵。晚宴於寶曆寺。公爲詩,有曰:"春遊千萬家,美人顔如花。三三兩兩映花立,飄飄似欲乘煙霞。"公鐵心石腸,乃賦此麗詞哉!後以爲故事。清獻公爲記:"時綵舫至增數倍,今不然矣。"八日,觀街藥市,早宴大慈寺之設廳,晚宴金繩院。

三月三日,出北門,宴學射山,既罷後射弓。蓋張伯子以是日即此地上升。巫覡賣符於道,遊者佩之,以宜蠶辟灾。輕裾小蓋,照爛山皁①。晚宴於萬歲池亭,泛舟池中。九日,觀街藥市,早晚宴如三月八日。二十一日,出大東門,宴海雲山鴻慶寺,登衆春閣觀摸石。蓋開元二十三年靈智禪師以是日歸寂,邦人敬之,入山遊禮,因而成俗。山有小池,士女探石其中,以占求子之

---

① "皁"字校本作一方形墨釘狀。

祥。既又晚宴於大慈寺之設廳。二十七日，大西門睿聖夫人廟
前蠶市。初在小市橘，田公以禱雨而應，移於廟前。太守先詣諸
廟奠拜，宴於衆淨寺，晚宴大智院。寒食，出大東門，早宴移忠
院，晚宴大慈寺設廳。曩時寒食，太守先設酒饌於近郊，祭鬼物
之無依者，謂之遥享。後置廣仁院，以葬死而無主者，乃遣官臨
祭之。而民間上塚者，各蟻集於郊外①。天禧二年②，趙公積嘗
開西樓亭榭，俾士庶遊觀。自是每歲寒食，闢園張樂，酒壚花市，
茶房食肆，過於蠶市。士女從觀，太守會賓僚凡浹旬，此最府庭
遊宴之盛。近歲自二月即開園，踰月而後罷，酒人利於酒息。或
請於府展其日，府尹亦許之③。

　　四月十九日，浣花佑聖夫人誕日也。太守出笮橋門，至梵安
寺謁夫人祠，就宴於寺之設廳。既宴，登舟觀諸軍騎射，倡樂導
前，泝流至百花潭，觀水嬉競渡。官舫民船，乘流上下。或幕帟
水濱，以事遊賞，最爲出郊之勝。清獻公記云："往昔太守分遣使
臣以酒均給遊人，隨所會之數以爲斗升之節。"自公使限錢，茲例
遂罷以遠。民樂太平之盛，不可遽廢，以孤其心。乃以隨行公使
錢釀酒畀之，然不逮昔日矣。

　　五月五日，宴大慈寺設廳。醫人鬻艾，道人賣符。朱索綵
樓，長命辟災之物，筒飯角黍，莫不咸在。

　　六月初伏日，會監司；中伏日，會職官以上；末伏日，會府縣
官：皆就江瀆廟設廳。初文潞公建設廳，以伏日爲會避暑，自是
以爲常。早宴罷，泛舟池中。復出就廳晚宴，觀者臨池張飲，盡

---

① "蟻"，底本原作"儀"，校本作"蟻"，義長，茲據改。
② "天"，底本原作"大"，誤，茲據校本逕改。
③ "日"，校本作"日月"兩字。又，此處兩句小字注文校本作大字正文。

日爲樂。趙清獻公使限錢，但爲初伏會，今因之。

七月七日，晚宴大慈寺設廳，暮登寺門樓，觀錦江夜市，乞巧之物皆備焉。十八日，大慈寺散盂蘭盆，宴於寺之設廳。宴已，就華嚴閣下散。

八月十五日，中秋玩月。舊宴於西樓，望月於錦亭，今宴於大慈寺。

九月九日，玉局觀藥市，宴監司賓僚於舊宣詔堂，晚飲於五門，凡二日。官爲幕帟棚屋，以事遊觀。或云有恍惚遇仙者。

冬至節，宴於大慈寺。後一日，早宴金繩寺，晚宴大慈寺。清獻公記云："至前一日，太守領客出北門石魚橋，具樽豆觀樵已，乃即天長觀晚宴。"蓋文潞公始爲之，後復罷。

月令七十二候集解

吳　澄　撰（題）

韓　宇　點校

【題解】

月令七十二候集解，一卷，舊題元吳澄撰。澄（1249—1333），字幼清，晚字伯清，元撫州崇仁（今江西樂安）人。祖父吳擇，爲人寬厚。父親吳樞，性格溫純。吳澄受家風影響，自幼聰慧，勤奮好學，宋咸淳六年（1270）應鄉試中選，惜次年就試禮部落第，遂歸故里著書講學。元至大元年（1308），被徵召任國子監丞，後升司業。至治三年（1323），拜翰林學士。泰定元年（1324），授經筵講官，修《英宗實録》，次年書成，辭官南歸。元統元年（1333），因病逝世，謚“文正”。吳澄著述甚富，諸經皆有精研，尤以《易纂言》《書纂言》《春秋纂言》《三禮考注》等用力最深，《老子》《莊子》《大玄經》《樂律》《八陣圖》等亦各有高論。今有《草廬吳文正公全集》傳世。

《月令七十二候集解》立足“七十二候”，將其分屬於二十四氣，條記各候之物候現象（即候應），既總結了一年中氣候變化的自然情況，也記録了古代社會中不同時期的不同禮儀風俗。該書歷來均題署吳澄撰，《四庫全書總目提要》已從引書、名物諸方面辨其僞：

考《禮記·月令》，本無七十二候之説，《逸周書·時訓解》乃以五日爲一候。澄作《禮記纂言》，亦引《唐月令》，分著五日一候之義，然不聞更有此書。其説以經文所記多指北方，非南方之所習見，乃博考《説文》《埤雅》諸書，兼訪之於農牧，著爲此編。然考證名物，罕所發明。又，既以螻蟈爲土狗，又載鼫鼠五技之説，自相矛盾。既以虹爲日映雨氣，又引虹首如驢之説，兼採雜書，亦乖解經之法，疑好事者爲之，託名於澄也。

不過，從該書署名“伯清”來推測，該書之編撰大抵不早於 14 世紀中葉，對於民俗學研究、氣象學研究、禮學研究等仍具有重要作用，故今亦收入歲時編，唯於作者處署一“題”字。

《月令七十二候集解》之文字，既有散見於古人著述者，如明郎瑛《七修類稿》，亦有以單篇文獻的形式收入各類叢書者，如清《學海類編》《碧琳琅館叢書》等。至於整理本，多是用於民俗學角度的參考，如楊蔭深《歲時

令節》(上海辭書出版社 2014 年版)"附録"部份即録有正文。今擬以清曹
溶輯、陶樾增訂《學海類編》經翼第九册(上海涵芬樓 1920 年據清道光十
一年晁氏木活字排印本影印)所收該書爲底本,重新整理,另補入《四庫全
書總目・經部・禮類存目》於該書之考證,以便觀覽。

四庫全書總目提要

　　舊本題元吳澄撰。其書以七十二候分屬於二十四氣，各訓釋其所以然。考《禮記・月令》，本無七十二候之説，《逸周書・時訓解》乃以五日爲一候。澄作《禮記纂言》，亦引《唐月令》，分著五日一候之義，然不聞更有此書。其説以經文所記多指北方，非南方之所習見，乃博考《説文》《埤雅》諸書，兼訪之於農牧，著爲此編。然考證名物，罕所發明。又，既以螻蟈爲土狗，又載鼫鼠五技之説，自相矛盾。既以虹爲日映雨氣，又引虹首如驢之説，兼採雜書，亦乖解經之法，疑好事者爲之，託名於澄也。

月令七十二候集解

元　崇仁吴澄伯清　著

　　夫七十二候，吕不韋載於《吕氏春秋》，漢儒入於《禮記·月令》，與六經同傳不朽。後魏載之於曆，欲民皆知，以驗氣序。然其禽獸草木，多出北方，蓋以漢前之儒皆江北者也。故江南老師宿儒，亦難盡識，況陳澔之註，多爲謬説，而康成、穎達，亦有訛處。予因是廣取諸家之解，并《説文》《埤雅》等書，而又詢之農牧，似得所歸。然後并將二十四氣什之於稿，以俟博識者鑑焉。

　　立春，正月節。立，建始也。五行之氣，往者過，來者續於此，而春木之氣始至，故謂之立也。立夏、秋、冬同。

　　東風解凍。凍結於冬，遇春風而解散。不曰春而曰東者，《吕氏春秋》曰：東方屬木。木，火母也，然氣温，故解凍。

　　蟄蟲始振。蟄，藏也；振，動也。密藏之蟲，因氣至而皆蘇動之矣。鮑氏曰：動而未出，至二月乃大驚而走也。

　　魚陟負冰。陟，升也。魚當盛寒，伏水底而遂暖，至正月陽氣至，則上遊而近冰，故曰負。

　　雨去聲。水，正月中。天一生水，春始屬木，然生木者必水也，故立春後繼之雨水。且東風既解凍，則散而爲雨水矣。

獺祭魚。獺，一名水狗，賊魚者也。祭魚，取魚以祭天也。所謂豺獺知報本，歲始而魚上遊，則獺初取以祭。徐氏曰：獺祭圓鋪，圓者，水象也；豺祭方鋪，方者，金象也。

候雁北。《月令》《漢書》作“鴻雁北”。雁，知時之鳥，熱歸塞北，寒來江南，沙漠乃其居也。孟春陽氣既達，候雁自彭蠡而北矣。

草木萌動。天地之氣交而爲泰，故草木萌生發動矣。

驚蟄，二月節。《夏小正》曰：正月啓蟄。言發蟄也。萬物出乎震，震爲雷，故曰驚蟄，是蟄蟲驚而出走矣。

桃始華。《呂氏春秋》作“桃李華”。桃，果名，花色紅，是月始開。

倉庚鳴。庚，亦作鶊，黃鸝也。《詩》所謂“有鳴倉庚”是也。《章龜經》曰：倉，清也；庚，新也。感春陽清新之氣而初出，故名。其名最多，《詩》曰黃鳥，齊人謂之搏黍，又謂之黃袍，僧家謂之金衣公子，其色鵷黑而黃，又名鵷黃。諺曰黃栗留、黃鶯、鶯兒，皆一種也。

鷹化爲鳩。鷹，鷙鳥也，鷂鸇之屬。鳩即今之布穀。《章龜經》曰：仲春之時，林木茂盛，口啄尚柔，不能捕鳥，瞪目忍飢，如癡而化，故名曰鷗鳩。《王制》曰：鳩化爲鷹。秋時也。此言鷹化爲鳩，春時也。以生育肅殺氣盛，故鷙鳥感之而變耳。孔氏曰：化者，反歸舊形之謂。故鷹化爲鳩，鳩復化爲鷹，如田鼠化爲鴽，則鴽又化爲田鼠。若腐草爲螢，鴶爲蜃，爵爲蛤，皆不言化，是不再復本形者也。

春分，二月中。分者，半也。此當九十日之半，故謂之分。秋同義。夏、冬不言分者，蓋天地間二氣而已。方氏曰：陽生於子，終於午，至卯而中分，故春爲陽中，而仲月之節爲春分，正陰陽適中，故晝夜無長短云。

玄鳥至。玄鳥，燕也。高誘曰：春分而來，秋分而去也。

雷乃發聲。陰陽相薄爲雷，至此四陽漸盛，猶有陰焉，則相薄乃發聲矣。乃者，《韻會》曰：象氣出之難也。註疏曰：發，猶出也。

始電。電，陽光也，四陽盛長，值氣泄時而光生焉，故曆解曰：凡聲，陽也。光亦陽也。《易》曰：雷電合而章。《公羊傳》曰：電者，雷光。是也。徐氏曰雷陽陰電，非也。蓋盛夏無雷之時，電亦有之，可見矣。

清明，三月節。按《國語》曰：時有八風。曆獨指清明風爲三月節，此風屬巽故也。萬物齊乎巽，物至此時皆以潔齊而清明矣。

桐始華。桐，木名，有三種：華而不實者曰白桐，《爾雅》所謂“榮桐木”是也；皮青而結實者曰梧桐，一曰青桐，《淮南子》曰“梧桐斷角”是也；生於山岡、子大而有油者曰油桐，《毛詩》所謂“梧桐不生山岡”者是也。今始華者，乃白桐耳。按《埤雅》：桐木知日月閏年，每一枝生十二葉，閏則十三葉，與天地合氣者也。今造琴瑟者以花桐木，是知桐爲白桐也。

田鼠化爲鴽。音如。按《爾雅註》曰：鼫鼠形，大如鼠，頭似兔，尾有毛，青黃色，好在田中食粟豆，謂之田鼠。《本草》《素問》曰鴽，鵪也，似鴿而小。《爾雅·釋鳥》：鴽，鴾母。郭註：鵪也，青州人呼爲鴾母。鮑氏曰：鼠，陰類；鴽，陽類。陽氣盛故化爲鴽，蓋陰爲陽所化也。

虹始見。去聲。虹，虹蜺也，《詩》所謂螮蝀，俗讀去聲也。註疏曰：是陰陽交會之氣。故先儒以爲雲薄漏日，日照雨滴，則虹生焉。今以水噀日，自劍視之，則暈爲虹。朱子曰：日與雨交，倏然成質，陰陽不當交而交者，天地淫氣也。虹爲雄，色赤白，蜺爲雌，色青白，然二字皆從蟲。《說文》曰：似螮蝀狀。諸書又云：嘗見虹入溪飲水，其首如驢。恐天地閒亦有此種物也，但虹氣似之借名也。

穀雨，去聲。三月中。自雨水後，土膏脉動，今又雨其穀於水也。雨讀作去聲，如"雨我公田"之雨，蓋穀以此時播種，自上而下也。故《說文》云"雨本去聲"。今風雨之雨在上聲，雨下之雨在去聲也。

萍始生。萍，水草也，與水相平，故曰萍。漂流隨風，故又曰漂。《曆解》曰：萍，陽物，靜以承陽也。

鳴鳩拂其羽。鳩，即鷹所化者，布穀也。拂，過擊也。《本草》云：拂羽飛而翼拍其身，氣使然也。蓋當三月之時，趨農急矣，鳩乃追逐而鳴，鼓羽直刺上飛，故俗稱布穀。

戴勝降於桑。戴勝，一名戴鵀，《爾雅註》曰：頭上有勝毛。此時恆在於桑，蓋蠶將生之候矣。言降者，重之若天而下，亦氣使之然也。

立夏，四月節。立字解見春。夏，假也。物至此時皆假大也。

螻蟈鳴。螻蟈，小蟲，生穴土中，好夜出，今人謂之土狗是也。一名螻蛄，一名石鼠，一名蠹，音斛。各地方言之不同也。

《淮南子》曰：螻蟈鳴，丘蚓出，陰氣始而二物應之。《夏小正》"三月螜則鳴"是也。且有五能，不能成一技：飛不能過屋，緣不能窮木，泅不能渡谷，穴不能覆身，走不能先人。故《説文》稱鼫爲五技之鼠。《古今註》又以螻名鼫鼠可知。《埤雅》《本草》俱以爲臭蟲，陸德明、鄭康成以爲蛙，皆非也。

蚯蚓出。蚯蚓，即地龍也，一名曲蟺。《曆解》曰：陰而屈者，乘陽而伸見也。

王瓜生。《圖經》云：王瓜處處有之，生平野、田宅及牆垣，葉似栝樓、烏藥，圓無丫缺，有毛如刺，蔓生，五月開黄花，花下結子如彈丸，生青熟赤，根似葛細而多糝，又名土瓜，一名落鵶瓜，今藥中所用也。《禮記》鄭玄註曰即萆挈。《本草》作菝葜。陶隱居以辨其謬，謂菝葜自有本條，殊不知王瓜亦自有本條，先儒當時如不檢書而謾言者可笑。

小滿，四月中。小滿者，物至於此，小得盈滿。

苦菜秀。《埤雅》以荼爲苦菜，《毛詩》曰"誰謂荼苦"，荼即茶也，故韻。今茶注本作茶。是也。鮑氏曰：感火之氣而苦味成。《爾雅》曰：不榮而實謂之秀，榮而不實謂之英。此苦菜宜言英也。蔡邕《月令》以謂苦蕒菜，非。

靡草死。鄭康成、鮑景翔皆云靡草葶藶之屬，《禮記註》曰：草之枝葉而靡細者。方氏曰：凡物感陽而生者則強而立，感陰而生者則柔而靡。謂之靡草，則至陰之所生也，故不勝至陽而死。

麥秋至。秋者，百穀成熟之期，此於時雖夏，於麥則秋，故云麥秋也。

芒種，_{上聲}。五月節。謂有芒之種穀可稼種_{去聲}矣。

螳螂生。螳螂，草蟲也，飲風食露，感一陰之氣而生，能捕蟬而食，故又名殺蟲。曰天馬，言其飛捷如馬也。曰斧蟲，以前二足如斧也。尚名不一，各隨其地而稱之。深秋生子於林木閒，一殼百子，至此時則破殼而出，藥中桑螵蛸是也。

鵙_{音局}。始鳴。鵙，百勞也，《本草》作博勞。朱子《孟注》曰：博勞，惡聲之鳥，蓋梟類也。曹子建《惡鳥論》：百勞以五月鳴，其聲鵙鵙然，故以之立名。似俗稱濁溫。故《埤雅》《禽經註》云：伯勞不能翺翔，直飛而已。《毛詩》曰：七月鳴鵙。蓋周七月，夏五月也。

反舌無聲。諸書以爲百舌鳥，以其能反復其舌，故名。特《註疏》以爲蝦蟆，蓋蛙屬之舌尖向內，故名之。今辨其非者，以其此時正鳴，不知失者也。《易通卦驗》亦名爲蝦蟆，無聲，若以五月正鳴，殊不知初旬見形後，形亦藏矣。陳氏曰：螳螂、鵙皆陰類，感微陰而或生或鳴，反舌感陽而發，遇微陰而無聲也。

夏至，五月中。《韻會》曰：夏，假也。至，極也。萬物於此皆假大而至極也。

鹿角解。_{音駭}。鹿形小，山獸也，屬陽，角支向前，與黃牛一同。麋形大，澤獸也，屬陰，角支向後，與水牛一同。夏至一陰生，感陰氣而鹿角解。解角，退落也。冬至一陽生，麋感陽氣而角解矣。是夏至陽之極，冬至陰之極也。

蜩_{音調}始鳴。《月令》注疏作"蟬始鳴"。蜩，蟬之大而黑色者，蜣螂脫殼而成，雄者能鳴，雌者無聲，今俗稱知了是也。按，蟬乃總名，鳴於夏者曰蜩，即《莊子》云"蟪蛄不知春秋者"是也。蓋蟪蛄夏蟬，故不知春秋；鳴於秋者曰寒蜩，即《楚辭》所謂"寒螿"也。故《風土記》曰：螅蛄鳴朝，寒螿鳴夕。今秋初夕陽之際，小而綠色，聲急疾者，俗稱都了是也。故《埤雅》各釋其義，然此物生於盛陽，感陰而鳴。

半夏生。半夏，藥名，居夏之半而生，故名。

小暑，六月節。《説文》曰：暑，熱也。就熱之中，分爲大小，月初爲小，月中爲大，今則熱氣猶小也。

温風至。至，極也，温熱之風，至此而極矣。

蟋音悉。蟀音率。居壁。一名蛬，音拱。一名蜻蚓，即今之促織也。《禮記註》曰：生土中。此時羽翼稍成，居穴之壁，至七月則遠飛而在野矣。蓋肅殺之氣初生則在穴，感之深則在野而鬬。

鷹始擊。《禮記》作"鷹乃學習"。擊，搏擊也。應氏曰：殺氣未肅，鷙猛之鳥始習於擊，迎殺氣也。

大暑，六月中。解見小暑。

腐草爲螢。曰丹良，曰丹鳥，曰夜光，曰宵燭，皆螢之別名。離明之極則幽陰，至微之物亦化而爲明也。《毛詩》曰：熠燿宵行。另一種也，形如米蟲，尾亦有火。不言化者，不復原形，解見前。

土潤溽音辱。暑。溽，濕也。土之氣潤，故蒸鬱而爲濕。暑，俗稱齷齪熱是也。

大雨時行。前候濕暑之氣蒸鬱，今候則大雨時行，以退暑也。

立秋，七月節。立字解見春。秋，揫也。物於此而揫斂也。

涼風至。《禮記》作"盲風至"。西方淒清之風曰涼風，溫變而涼，氣始肅也。《周語》曰"火見而清風戒寒"是也。

白露降。大雨之後，清涼風來，而天氣下降，茫茫而白者，尚未凝珠，故曰白露降，示秋金之白色也。

寒蟬鳴。寒蟬，《爾雅》曰：寒螿，蟬小而青紫者。馬氏曰：物生於暑者，其聲變之矣。

處暑，七月中。處，止也。暑氣至此而止矣。

鷹乃祭鳥，鷹，義禽也。秋令屬金，五行為義，金氣肅殺，鷹感其氣，始捕擊諸鳥，然必先祭之，猶人飲食祭先代為之者也。不擊有胎之禽，故謂之義。

天地始肅。秋者，陰之始，故曰天地始肅。

禾乃登。禾者，穀連藁秸之總名。又稻秫苽粱之屬皆禾也，成熱曰登①。

白露，八月節。秋屬金，金色白，陰氣漸重，露凝而白也。

鴻《淮南子》作候。雁來。鴻大雁小，自北而來南也。不謂南鄉，非其居耳。詳見雨水節下。

玄鳥歸。玄鳥，解見前。此時自南而往北也。燕乃北方之鳥，故曰歸。

群鳥養羞。《淮南子》作群鳥翔。三人以上為衆，三獸以上為群。群，衆也。《禮記註》曰：羞者，所羹之食。養羞者，藏之以備冬月

---

① "成熱"，當是"成熟"之誤。

之養也。

秋分，八月中。解見春分。

雷始收聲。鮑氏曰：雷二月陽中發聲，八月陰中收聲入地，則萬物隨入也。

蟄蟲坏音培。戶。淘瓦之泥曰坏，細泥也。按《禮記註》曰：坏益其蟄穴之戶，使通明處稍小，至寒甚乃墐塞之也。

水始涸。《禮記註》曰：水本氣之所爲，春夏氣至故長，秋冬氣返故涸也。

寒露，九月節。露氣寒冷，將凝結也。

鴻雁來賓。雁以仲秋先至者爲主，季秋後至者爲賓。通書作“來濱”。濱，水際也，亦通。

雀入大水爲蛤。雀，小鳥也，其類不一，此爲黃雀。大水，海也，《國語》云：雀入大海爲蛤。蓋寒風嚴肅，多入於海，變之爲蛤。此飛物化爲潛物也。蛤，蚌屬，此小者也。

菊有黃華。草木皆華於陽，獨菊華於陰，故言有桃桐之華，皆不言色，而獨菊言者，其色正應季秋土旺之時也。

霜降，九月中。氣肅而凝，露結爲霜矣。《周語》曰：馴見而隕霜。

豺祭獸。《月令》作“豺乃祭獸戮禽”。祭獸，以獸而祭天，報本也。方鋪而祭，秋，金之義。

草木黃落。色黃而搖落也。

蟄蟲咸俯。《淮南子》作俛。咸，皆也。俯，垂頭也。此時寒氣蕭凜，蟲皆垂頭而不食矣。

立冬，十月節。立字解見前。冬，終也，萬物收藏也。

水始冰。水面初凝，未至於堅也。

地始凍。土氣凝寒，未至於拆。

雉入大水爲蜃。雉，野鷄。鄭康成、《淮南子》、高誘俱註蜃爲大蛤。《玉篇》亦曰：蜃，大蛤也。《墨子》又曰：蚌，一名蜃。蚌非蛤類乎？《禮記》之註曰蛟屬，《埤雅》又以蚌、蜃各釋，似非蛤類。然按《本草》車螯之條曰：車螯是大蛤，一名蜃，能吐氣爲樓臺。又嘗聞海旁蜃氣成樓垣。《章龜經》曰：蜃大者爲車輪島嶼，月閒吐氣成樓，與蛟龍同也。則知此爲蛤明矣。況《爾雅翼》引《周禮》諸家辯蜃爲蛤甚明。《禮記》之註以謂雉由於蛇化之説，故以雉子爲蜃。《埤雅》既曰“似蛇而大，腹下盡逆鱗”，知之悉矣，然復疑之：一曰“狀似螭龍，有耳有角”，則亦聞而識之，不若《本草》《章龜經》爲是，即一物耳。大水，淮也，《晉語》曰：雉入於淮爲蜃。

小雪，十月中。雨下而爲寒氣所薄，故凝而爲雪。小者，未盛之辭。

虹藏不見。《禮記註》曰：陰陽氣交而爲虹。此時陰陽極乎辨，故虹伏。虹非有質，而曰藏，亦言其氣之下伏耳。

天氣上升，地氣下降。

閉塞而成冬。天地變而各正其位，不交則不通，不通則閉塞，而時之所以爲冬也。

大雪，十一月節。大者，盛也。至此而雪盛矣。

鶡鴠不鳴。《禽經》曰：鶡，毅鳥也，似雉而大，有毛角，鬪死方休，古人取爲勇士冠。名可知矣。《漢書音義》亦然。《埤雅》云：黃黑色，故名爲鶡。據此，本陽鳥，感六陰之極，不鳴矣。若郭璞《方言》：似雞，冬無毛，晝夜鳴，即寒號蟲。陳澔與方氏亦曰“求旦之鳥”，皆非也。夜既鳴，何爲不鳴耶？《丹鉛餘録》作雁，亦恐不然。《淮南子》作鳱鴠，《詩》註作渴旦。

虎始交。虎，猛獸，故《本草》曰能避惡魅。今感微陽氣益甚也，故相與而交。

荔挺出。荔，《本草》謂之蠡，實即馬薤也。鄭康成、蔡邕、高誘皆云馬薤，況《説文》云：荔似蒲而小，根可爲刷。與《本草》同。但陳澔註爲香草，附和者即以爲零陵香，殊不知零陵香自生於三月也。

冬至，十一月中。終藏之氣至此而極也。

蚯蚓結。六陰寒極之時，蚯蚓交相結而如繩也。

麋角解。説見鹿角解下。

水泉動。水者，天一之陽所生，陽生而動，今一陽初生，故云耳。

小寒，十二月節。月初寒尚小，故云。月半則大矣。

雁北鄉。去聲。鄉，向導之義。二陽之候，雁將避熱而回，今則鄉北飛之，至立春後皆歸矣，禽鳥得氣之先故也。

鵲始巢。喜鵲也，鵲巢之門每向太歲。冬至天元之始，至後二陽已得來年之節氣，鵲遂可爲巢，知所向也。

雉雊。音姤。雉，文明之禽，陽鳥也。雊，雌雄之同鳴也，感於陽而後有聲。

大寒，十二月中。解見前。

雞乳。育也。馬氏曰：雞，木畜，麗於陽而有形，故乳在立春節也。

征鳥厲疾。征，伐也。殺伐之鳥，乃鷹隼之屬，至此而猛厲迅疾也。

水澤腹堅。陳氏曰：冰之初凝，水面而已，至此則徹，上下皆凝。故云腹堅。腹，猶內也。

图书在版编目(CIP)数据

歲時廣記：外六種 / 劉芮方，張楊澂蓁等點校.
— 杭州：浙江大學出版社，2020.1(2023.3 重印)
（中華禮藏）
ISBN 978-7-308-19978-0

Ⅰ. ①歲… Ⅱ. ①劉… ②張… Ⅲ. ①歲時節令－
風俗習慣－中國－古代 Ⅳ. ①K892.18

中國版本圖書館 CIP 數據核字(2020)第 020524 號

歲時廣記(外六種)

劉芮方　張楊澂蓁　等　點校

出 品 人	魯東明
總 編 輯	袁亞春
項目統籌	黃寶忠　宋旭華
責任編輯	葉　抒
封面設計	周　靈
出版發行	浙江大學出版社
	（杭州市天目山路 148 號　郵政編碼 310007）
	（網址：http://www.zjupress.com）
排　　版	杭州朝曦圖文設計有限公司
印　　刷	浙江印刷集團有限公司
開　　本	710mm×1000mm　1/16
印　　張	40.5
字　　數	437 千
版 印 次	2020 年 1 月第 1 版　2023 年 3 月第 3 次印刷
書　　號	ISBN 978-7-308-19978-0
定　　價	188.00 圓